제국주의 체제와 동아시아 대항담론

이 책은 동아시아역사연구소 총서 15권입니다.

제국주의 체제와 동아시아 대항담론

초판 1쇄 발행 2016년 12월 20일

엮은이 | 구태훈 · 이진일
펴낸이 | 윤관백
펴낸곳 | 도서출판 선인

등록 | 제5-77호(1998.11.4)
주소 | 서울시 마포구 마포대로 4다길 4(마포동 324-1) 곳마루빌딩 1층
전화 | 02)718-6252 / 6257
팩스 | 02)718-6253
E-mail | sunin72@chol.com
Homepage | www.suninbook.com

정가   30,000원
ISBN   979-11-6068-014-0   93900

* 이 논문은 2013년 정부(교육부)의 재원으로 한국연구재단의 지원을 받아 수행된 연구임
  (NRF-2013S1A5B8A01055234).

제국주의 체제와 동아시아 대항담론

구태훈·이진일 엮음

서문

　한·중·일 사이의 역사인식 문제를 둘러싸고 '역사의 정치화'가 수그러들 기미가 여전히 보이지 않는 오늘날, 그렇다면 현재의 대치에서 몇 발자국 뒤로 물러나 불화의 근원과 장기적 지향점에 대한 내부적 성찰을 수행할 수 있는 시간이다. '식민지 근대'의 성격을 규명하는 문제가 해결되지 못한 채 논쟁적 첨예함을 유지하고 있으며, 서구중심주의적 세계관을 극복하는 문제는 여전히 우리 학문 전반이 안고 있는 힘겨운 과제이다.

　이 같은 상황에서 성균관대학교 〈동아시아역사연구소〉는 2010년부터 '동아시아 지성의 계보와 역사인식'에 대한 총괄적 연구를 목표로 지성·학문의 내적 논리와 역사인식의 상관관계를 추적하는 작업을 진행하고 있다. 서세동점기에서 오늘에 이르기까지 3단계로 시기를 나누었고, 각 단계 안에서 동아시아 근대학문이 서구와 주변 국가들로부터 전이, 수용, 변용, 전유되는 과정을 구체적으로 파악하고자 하는 작업이다. 제국 일본을 정점으로 하는 동아시아 질서 속에서 동아시아 지성계의 동향이 어떠했으며, 권력과 지식 사이에 어떤 상호작용이 있었는지를 규명하려 하고자 하는 것이 본 프로젝트의 목표이다.

　1단계(2010~2013)에서 근대로의 전환기 동아시아 지성과 학문의 문제를 다루었다면, 2단계(2013~2016)에서는 오늘의 역사적 문제들이 깊이 연루되어있는 제국주의 시대 동아시아를 다루고 있다. 여기에 총서로 묶어낸 2단계 2년차의 총괄 주제는 '제국주의 체제와 동아시아 근대학문'이다. (세부과제 1. 식민지 대항담론과 자국학, 세부과제 2. 일본제국주의와 식민지 연구의 계보) 일본의 조선 강점 시기 진행된 제국주의적 확장의 지적 배경을 살펴보면서, 이에 맞서 생성된 반식민 역사인식의 스펙트럼과 지적 계보를 추적하고자 하는 기획이다.

오늘날 동아시아 국가들 간의 역사갈등의 근원은 왜곡된 식민지 기억에서 시작되었다. 피/식민의 과거를 바르게 기억하는 일은 식민지 국민에게나 피식민지 국민에게나 고통스러운 과거와 직접 대면하여 그 상흔을 확인하는 작업이다. 본 연구진은 1단계에서 축적한 성과를 바탕으로 식민주의를 둘러싼 여러 이론적 경향과 역사방법론에 적극 개입하고자 하였다. 제국주의 시대는 근대 전환기의 매듭이자 전후 냉전기로 가는 길목이었다. 근대적 요소들과 전근대적 요소들이 공존하는 시기였으며, 서구와 동아시아가 만나고, 근대적 지식들이 동아시아인들에 의해 수용되던 시기였다. 동아시아 개별 국가들의 역사를 종합한다고 해서 동아시아 역사가 되는 것도 아니며, 공동의 역사상이 만들어 지는 것도 아니다. 일국사로 포함되지 않는 부분을 포함한 '다른 역사'를 지향해야만 '동아시아적 시야'를 확보할 수 있다.

동아시아 개별국가들의 국경을 넘는 학문과 지성의 전이와 상호 연결성은 어떤 형태로 진행되었으며, 그 결과는 무엇이었는가? 동아시아사 전체, 나아가 동서양 역사에서 피식민경험은 어떻게 자리매김 되어야 하는가? 피식민 경험이 갖는 보편적 의미는 무엇인가? 제국 일본은 서구의 제국주의와 근대화 이론을 차용해 서구의 제국주의 침략과 근대화에 저항하는 모순을 어떤 방식으로 넘어서고자 하였는가?

이 책은 이러한 문제의식을 갖고 연구한 결과를 모은 다섯 번째 결실이다.

1부 '식민과 반식민의 역사인식'에 실린 4편의 글에서는 역사인식의 문제를 다루었다. 최규진의 「역사주체의 새로운 발견과 역사인식」에서는 1919년 3/1운동 이후 민족해방운동의 전면적 변화 속에 형성되는 지식인의 계급의식을 다루고 있다. 사회주의적 의식이 수용되어 노동과 노동자가 새롭게 발견되었고, 노동자의 자발성이 강조되었다. 역사의 새로운 주체로써 노동계급이 설정된 것이다. 유물사관과 계급투쟁의 역사가 노동조합을 중심으로 확산되어 나갔으며 노동자 계급을 문화적으로 계몽시키고자 하는 기획들이 시도된다. 이에 반해 사회주의 진영과 대척점에 섰던 이들은 볼셰비키를 '과격파'로 번역하면서, 사회주의적 의식을 갖게 된 노동자를 '과격파'로 몰아가고자 하였다. 필자는 이를 우리 사회 반공주의의 시원으로 지적하고 있다.

김종복은 「일본 식민주의자들의 한국 고대사 인식을 위한 예비적 검토」를 통해 일본의 명치유신에서 러일전쟁까지 일본인이 저술한 한국사관련 저술 중 16종의 정보서와 15종의 역사서에서 저자의 이력과 저술목적, 이들의 한국 고대사와 관련된 인식을 살펴본다. 무엇보다 침략을 위해 조선의 지리, 제도 등 다양한 정보가 필요하였고, 조선을 식민지화 하려는 목적에 맞게 한국사가 왜곡되었다. 처음에는 일선동조론의 관점이 중심이 되었다면, 근대적 역사방법론을 습득한 이후에는 만선사의 입장에서 접근하였으며, 이는 다시 조선사회를 정체론과 당파성론으로 파악하고자 하는 시각과 연결된다. 이처럼 식민주의 사학은 조선침략을 정당화하고자 하는 논리였지만, 전달의 형식에서 근대적 서술 형태를 취함으로서, 근대 전환기 조선의 역사학에 많은 영향을 끼쳤음을 필자는 지적한다. 즉 조선인들의 조선사 편찬이나 저술에서 일본인들의 저작이 무비판적으로 수용되거나 인용, 번역되었던 것이다. 그 결과 근대역사학이 조선에서 미처 제대로 형성되기도 전에 식민주의 역사관이 먼저 신학문으로 받아들여지게 된 것이다.

　김지훈은 「근대 일본의 동아시아 역사상의 일면」을 통해 근대 일본의 역사가 구와바라 지쓰조(1871~1931)가 쓴 『동양사요』가 중국어로 번역되고 역사교과서로 사용되면서 중국의 동아시아 역사인식에 미친 영향을 분석하고 있다. 그에 따르면 중국의 동아시아 역사인식이 19세기 이후 형성된 근대 일본 역사학의 영향을 받았으며, 구와바라 지쓰조의 경우 왕조와 황제 중심의 편년체 서술에서 탈피하여 중국사를 중심으로 인도, 중앙아시아, 북방 유목민족, 한국 등의 관계를 서술하는 등 근대적 역사서술이 시도되었지만, 다른 한편 그러한 인식의 기저에는 『일본서기』를 근거로 한 '임나일본부'설 등 일본의 제국주의적 침략을 정당화하는 논리들이 자리하였다는 것이다. 나아가 이러한 왜곡된 역사서술의 수입이 중국인의 주변국 인식을 일정 정도 왜곡시켰고, 중국 중심의 동양사학을 벗어나지 못하는 한 요인이 되었음을 지적하고 있다. 고대사를 중심으로 진행된 일본의 역사왜곡 작업이 그 내용에서 근대 조선뿐 아니라 근대 중국에도 유사하게 전해졌고, 그 영향력에 따른 결과 또한 유사하게 귀결되었음이 단지 우연일 수만은 없을 것이다.

　네 번째 글 정현백의 「진보이념과 제국주의의 공존」에서는 제국주의 이론과 제국주의 현실을 놓고 고민하는 사회주의자들의 입장과 논쟁의 과정을 1884년에서 1차대전 종전기까지의 독일의 경우를 분석해 재구성하고 있다. 그것은 독일 사회민주주의자들의 진보적 이상주의가 군국주의, 식민지를 향한 욕망, 각축하는 열강 간의 냉엄한 현실 등과 부딪히면서 겪는 좌절과 혼동의 과정이기도 하였다. 1884년은 독일이 남서아프리카를 보호령으로 선포함으로서 식민사가 시작된 해이다. 그 중심의 한편에는 카우츠키와 베른슈타인이 있었고, 다른 한편에는 힐퍼딩과 룩셈부르크가 있었다. 기존 사회주의의 식민지문제를 다룬 글들에서 정치사적, 논쟁사적 담론분석을 중심으로 다뤄 왔던 것과는 달리, 특히 이 글은 식민의 주장에 내포된

문명화 이데올로기에 주목하고 있다. 그 결과 독일 사회민주주의자 지도자
들, 카우츠키도 베른슈타인도, 방법만 달랐을 뿐 서구중심주의적 경제관과
근대성의 신화에서 벗어나지 못하였음을 드러내고 있다.

　이들 네 글을 통해 근대 조선, 중국, 일본에서 형성된 역사인식이 자생
적, 독립적 구성물이 아닌 동아시아 개별국가들의 국경을 넘는 전이와 상
호 연결성의 결과였음을 확인할 수 있다. 아울러 그 어떤 학문적 전이도
원래의 이론이나 의도대로 진행되지 않았으며, 받아들여 전유한 과정도 각
기 자신들의 상황에 맞춰 변형, 혹은 왜곡을 거쳐 이루어졌음을 확인할 수
있다. 그러한 변형이나 왜곡은 피식민국가뿐 아니라 제국 독일이나 일본의
경우에도 마찬가지였다.

　2부 '식민지 대항담론과 조선의 지성'에서는 식민통치하 조선 지식인의
세계관과 역사관을 점검하는 세편의 글을 만난다. 「독립운동 계열의 한국
사 구성 체계」를 서술한 도면회는 특히 일제하 만주와 중국 본토에 망명했
던 독립운동가 중 대종교 조직에 참여했던 이들의 역사서술에 나타난 한국
사 체계를 검토하고 있다. 하지만 기존 연구들이 '단군 후예론' 등 대종교
역사서 중 위서 논란을 빚어온 자료들의 진위 여부가 중심에 있었다면, 본
글에서는 대종교단에서 발행한 김교헌의 『신단민사』, 『신단실기』 등 대표
저서들을 분석함으로써 대종교의 한국사 체계가 항일민족운동에 참여한
이들의 역사서술과 맺는 상호 관련성을 밝히면서, 전체 사학사적 맥락 속
에 이들의 위상을 다시 자리매김하고자 시도하고 있다. 도면회는 한민족을
단군의 후손으로 간주하는 인식이 궁극적으로 일본의 가족국가론을 수용
한 결과임을 설명하면서, 이는 국가권력의 구심점이 부재하는 현실에서 상
상의 국가권력을 구심점으로 침탈의 현실에 저항하여 국민통합을 이루고
자 하는 의도였음을 밝히고 있다. 이러한 대종교의 역사인식이 만주와 한

반도에 거주해 온 모든 종족을 '배달종족'으로 확대시켰고, 이에 따라 만주와 중국동부를 회복해야 할 영토로 규정함으로서 '일선동조론'과 괘를 같이하는 '만선동조론'으로 변용되었음을 지적한다.

최종길은 「동양평화론과 조선인의 인식」을 통해 안중근의 '동양평화론'을 재검토한다. 그가 남긴 미완의 '동양평화론'과 심문조서, 공판기록 등을 독해하면서 당대의 지식인들과 안중근의 국제정치 인식을 비교 점검하고, 이를 통해 안중근이 갖고 있던 현실인식의 시대적, 계급적 한계를 비판적으로 검토한다. 특히 안중근이 자신의 유고나 심문을 통해 누누이 밝히고 있는 동양평화론에서의 일본의 중심된 역할은 그의 세계인식의 진정성을 드러내고 있다고 필자는 보았다. 즉 안중근의 동양평화란 일본 천황이 중심이 되어 이루어질 사안이며, 이토 히로부미가 그런 천황의 뜻을 벗어난 인물이기에 처단했다는 안중근의 논리는 죽음을 목전에 둔 피고의 레토릭이 아닌 그의 진솔한 세계관을 드러낸 것이며, 이는 그가 국제정세에 대한 리얼리티가 부족했음을 드러내는 증거라는 것이 필자의 판단이다. 더욱이 안중근이 동학에 참가한 농민들을 악당으로 묘사함으로서 동학이 제시했던 새로운 세상에 대한 이상을 전혀 감지하지 못했음을 지적한다. 그리고 그러한 안중근의 국제정세 인식은 그에게만 해당되는 것이 아닌, 당시 개화파 지식인 일반의 좁은 세계인식을 그대로 반영한 것이라는 것이다. 사형 언도를 목전에 둔 피고의 증언과 변론을 어느 정도의 진정성을 갖고 판단할 것인가라는 문제는 단순한 사료비판을 넘어 해석자의 역사관에 따라 달리 판단할 수 있는 문제이다. 지금까지 안중근의 행위를 애국주의에 기반을 둔 절대 선으로 평가해 왔던 기존 프레임에서 벗어나, 동시대 다른 지식인들의 현실정세 인식이라는 잣대로 재판의 과정을 재검토함은 의미 있는 시도임에 분명하다.

다음으로 임경석의 「코민테른의 1922년 12월 결정서 연구」는 '조선문제'

와 관련 1922년 코민테른의 12월 결정서 채택에 참여했던 조선인 사회주의
자들 간의 갈등과 조정의 과정을 다루고 있다. 조선문제에 관한 코민테른의
1차, 2차 결정서에 대한 지난 연구에 이어 필자는 본 논문을 통해 '제3차 결
정서'의 발표 과정을 추적함으로서, 인터내셔널 내에서의 인정과 대표성 문
제를 놓고 벌인 조선인 사회주의자 간의 갈등과 '결정서'가 가져온 이후 운동
에서의 영향을 분석한다. 일제 식민 치하에서 '상해파', '이르쿠츠크파', 재서
울조선공산당', '재일본조선인혁명학생단' 등 네 개의 공산그룹으로 분열된
사회주의자들의 현실은 조국 없는 이들의 기댈 곳 없는 현실을 고스란히 드
러내고 있으며, 동시에 지역에 기반을 두고 유지되고 있는 당대 망명 사회주
의자들의 상충할 수밖에 없는 입장과 의식의 편차들을 보여준다. 이러한 상
황에서 코민테른 조선문제위원회의 어떠한 결정도 절충적이거나 편파적이
지 않을 수는 없었을 것이며, 일본을 포함한 제국주의 체제에 저항하고자 했
던 국제사회주의자들의 활동이 보여주는 시대적, 인식적 한계가 그 가장 약
한 고리인 조선의 사회주의자들로부터 터져 나왔던 것으로 해석할 수 있다.

이들 세 글을 통해 다시 한번 확인할 수 있는 바는 근대 조선 지식인의
현실인식이 개인이나 집단의 잘나고 못남과 무관하게 식민지 피억압민족
이라는 외부규정적 상황에 예속될 수밖에 없는 상황이었으며, 이러한 굴레
가 세계와 민족의 전망에 대한 인식을 제한함으로서 왜곡된 혹은 편향적
시각에서 벗어나기 어려웠다는 점이다. 누군들 이러한 굴레에서 자유로울
수 있었으랴.

3부 '대동아공영권'에는 세편의 글이 실려 있다. 일본 제국주의에 대한
논의 가운데 '대동아공영권' 담론은 그 핵심되는 개념임에도 불구하고 그
전체의 규모와 진행을 다룬 연구는 아직 우리에게 없다. '대동아공영권'이
제시하는 광역 지역질서 구상의 뿌리는 일본 고유의 구상이 아니라 이미

1차 대전 이후 서구의 지정학적 공간창출 구상을 통해 논의되고 시도되었던 기획이다. 하지만 '대동아공영권'에는 서구의 광역경제론외에도 '동아협동체론', '동아경제블록론', '신동아질서' 등등 일본의 제국주의적 동아시아 구상과 크고 작은 여러 사상적 지류들이 모여 구성되었다. 그 조각의 일부를 맞춘다는 생각으로 본 연구소에서는 이에 대한 접근을 시도해왔다. 먼저 송병권의 「1940년대 전반 일본의 동북아지역 정치경제 인식」에서는 1940년대 조선의 재계가 직면한 문제의식과 이에 대한 반응을 '광역경제론'이라는 개념 속에 분석해 냄으로써, '대동아공영권'에 대한 경제적 인식의 다양성과 지역적 이해관계의 차이를 이론적, 실무적 차원에서 드러내고자 하였다. 송병권은 이미 「1940년대 스즈키 다케오의 식민지 조선 정치경제 인식」 등을 통해 '동아 광역경제권'의 등장배경을 밝힌바 있다. 그는 먼저 '동아광역경제론'의 '동아블록경제론'과의 이론적 각축상황을 서술하면서, 독일에서 형성된 광역경제론을 수입해 동아시아에 적용시키는 과정에서의 변용과 중점의 이동에 대해 다루고 있다. 즉 일본경제가 '남방공영권'을 편입함으로써 보다 확장된 공영권 이론이 필요하게 되었으며, 동북아시아 지역의 역할 또한 조정될 수밖에 없게 된다. 이에 따라 식민지 조선 재계 안에서도 국제적 분업에 따른 '공영권' 내 조선의 위상의 재설정 문제가 논의된다. 그 결과 조선경제는 북변을 지키는 병참기지에서 남방권과의 자원개발, 물자교류라는 역할의 확대로 재해석되며, 이를 바탕으로 '대동아공영권' 내 조선 경제의 미래를 긍정적으로 판단했던 것이다. 물론 현실에서는 이들의 계획처럼 진행되지는 못했지만, 조선 재계의 대동아공영권에 대한 적극적 공명의 배경에는 이러한 계산과 욕망이 자리하고 있었음을 밝히고 있다.

지금까지 식민지 대만문제를 끈질기게 연구해 오고 있는 문명기는 「왜 '제국주의하의 조선'은 없었는가?」라는 글을 통해 일본의 자유주의적 식민정책학자였던 야나이하라 타다오의 식민지연구 속에서 취급한 대만과 조선의 문제를 비교해 다루고 있다. 필자는 특히 야나이하라가 젊은 시절부터 조선문제에 대해 가졌던 많은 관심에 비해 이를 다룬 학문적 연구가 많지 않았다는 의문을 바탕으로 그가 남긴 연구의 궤적을 추적하면서 식민지 이론과 식민지 현실 사이의 연관성을 검토하고 있다. 필자는 야나이하라가 조선에 대해 침묵한 근거를 대만이 자본주의적 발전과 정치적 자치도에서 어느 정도 조응해 나간 식민지였음에 비해 식민조선에서는 일본 식민통치의 정당성을 찾기 어려웠을 것이라는 점에서 찾는다. 그럼에도 자유주의적 사고에 기반한 야나이하라의 조선, 대만, 인도, 만주, 남양군도 등 동아시아 여러 국가들에 대한 폭넓은 관심과 연구는 1945년 이후 동아시아 지역연구로 연결되는 단초가 될 만큼 의미 있는 성과였음을 본 연구는 보여준다.

마지막으로 이진일은 일본의 대동아공영권 이론과 독일의 지정학자 하우스호퍼 간의 학문적 상호전이 문제를 다루고 있다. 1차 세계대전의 종전 이후 참전국가들의 국경 재편과 새로운 식민 공간에 대한 탐색은 지정학이라는 새로운 분과학문에 대한 관심을 증폭시켰고, 이 과정에서 독일의 하우스호퍼라는 인물은 '생존공간' 개념을 체계화한다. 다른 한편 일본은 제국주의적 팽창 과정에서 서구의 지정학적 개념을 받아들이고, 이를 자신들의 제국주의적 동아시아 인식과 결합시켜 '대동아공영권' 개념으로 발전시켜 나간다. 물론 이 개념이 하우스호퍼의 '생존공간' 개념만으로 구성되었던 것은 아니었다. 본 글을 통해 필자는 하우스호퍼가 일본에 관심을 갖게 되는 배경, 그의 지정학 이론의 전개, 일본이 그의 지정학 개념을 받아들여 광역경제론으로 발전시켜 나가는 과정을 추적함으로써, 양 국가 간의 학문적 상호전이가 이루어지는 구체적 계기들을 해명한다. 동시에 제국주의적 의도 하에 지리와 공간배치의 문제를 정치와 연결시키고자 했던 당대 지정학의 학문적 위상과 지리결정론의 한계를 규명하고자 했다. 하지만 이러한 학문적 전이가 서양에서 동양으로의 일방적 과정은 아니었고, 오히려 하우스호퍼가 일본을 통해 배워간 '대동아공영권'의 논리가 그의 지리학에 끼친 영향도 감지할 수 있다.

3부의 세 글이 공통적으로 보여 주는 것은 20세기 전반기 동·서양 제국주의 국가들이 추구했던 민족주의에 바탕을 둔 권역 헤게모니였다. 일본은 명분상으로는 기존의 지배적 식민세력에 저항해 동아시아를 서구로부터 지켜낸다는 허구적 국제 현실을 목표로 제시했지만, 실제로는 기존의 분할된 세계 속에서 스스로 자국 중심의 블록을 구성해 한몫을 차지하고자 하는 전략을 구사하였다. '대동아공영권'에 대한 부분적 연구 성과에도 불구하고 여전히 그 전체적 윤곽과 진행을 조망할 연구 성과가 아직 우리에게는 없다. 이러한 조각들이 모여 그 다양한 측면들이 종합적으로 조명되고 평가되는 기회가 오리라고 기대한다.

20세기 전반 서구에서 전개된 지리정치적 세계관은 2차 세계대전 이후 미국이 주도하는 냉전구도 속에서 지역학(area studies)이라는 이름으로 이어간다. 본 연구의 3단계 계획은 1945년 이후 현재에 이르는 전후 동아시아에서의 인문학의 재편과 역사인식의 궤적에 대한 탐구이다. 이들 기획을 통해 식민지 근대와 서구중심주의를 뛰어넘는 동아시아 공통의 지적 기반이 마련되고, 동아시아 인문학의 새 방향이 구체적으로 제시될 수 있기를 기대한다. 아울러 2단계 1년차를 끝으로 지금까지 동아시아역사연구소를 이끌어 왔던 구태훈 교수는 아쉽게도 소장직을 내려놓게 되었지만 2년차 결과물의 편집을 맡아주었다. 마지막 노고가 한 권의 완결된 책으로 출간될 수 있어 아쉬움을 달랠 수 있을 것 같다.

2016년 10월

저자들을 대신하여　이진일

차례

제3부 '대동아공영권'

제1부

식민과 반식민의 역사인식

역사주체의 새로운 발견과 역사인식

'과격파'의 표상을 중심으로

최규진

1. 머리말

흔히 말하듯이 1919년 3·1운동은 역사의 분수령이었다. 러시아혁명의 영향이 식민지 조선에도 불어닥쳤고, 1차 세계대전이 끝난 뒤에 생겨난 신기운이 밀려왔다. '신기운'이란 엄청난 비극을 불러온 세계대전에 대한 반성 속에서 생겨난 여러 기획을 일컫는 말이었다. 1920년대 식민지 조선도 '개조의 시대'라는 사상의 전환기를 맞이했다. 비록 여러 제약을 받았지만, 매체의 담론장에 사회주의가 모습을 드러내어 '공론장의 구조변동'[1]을 일으켰다. 합법·비합법 영역에서 사회주의 세력이 크게 활약하기 시작하면서 민족해방운동이 전환기를 맞이했다. 그 과정에서 지식인과 민족해방운동 진영은 '민족'을 다시 탐색하고 '계급'을 새롭게 발견했으며, 여성문제를 이전과 다른 틀로 고민하기 시작했다.[2]

1920년 초반 식민지 조선의 지식계와 사상계가 전환기를 맞이하여 요동

---

[1] 천정환, 「1920년대 독서회와 '사회주의 문화'」, 『대동문화연구』 64, 2008, 67쪽.

[2] 사회주의자들은 "노동자 대 자본가, 여성 대 남성, 민족 대 민족, 이것이 현대의 3대 문제"라고 파악했다(정우영, 「시사단편」, 『대중시보』 3호, 1921, 38쪽).

쳤다. 신사상 수용기의 특성을 반영하여 매우 혼란스럽기도 했다. 일제의 '문화통치'가 시작되는 시공간 속에서 민족과 계급, 그리고 문화를 둘러싼 지식인 사이의 담론지형이 복잡하게 얽혀갔다. 여러 담론 사이의 경쟁과 접속, 대립과 상호교류가 있었다. 1920년대 사상계는 낯선 지식체계를 구축하는 과정에서 여러 갈래가 뒤섞이고 엇갈렸다.

이 글은 1920년대 초반 사상의 전환기에 지식인의 역사인식 안에 계급 프레임이 자리를 잡는 모습을 탐색할 것이다.[3] 이 작업은 유물사관이 뿌리 내리는 과정에서 생겨난 여러 지식 현상을 점검하는 하는 일이기도 하다. 그러려면 먼저 노동에 대한 인식 체계를 짚고, 노동자를 둘러싼 담론지형을 살펴야 한다. 유물사관에 따른 역사인식이 어떠했는지도 밝혀야 할 것이다. 여기서 그치지 않는다. 운동으로서의 사회주의뿐만 아니라, '지식으로서의 사회주의, 또는 문화적 기획으로서의 사회주의'[4] 등을 검토해야만 총체적인 모습을 알 수 있다. 그러나 이 글은 당대의 볼셰비키를 번역한 말인 '과격파' 개념을 둘러싼 담론 헤게모니를 분석하여 사상계의 단면을 드러내는데 초점을 맞추었다. 그와 함께 '과격파'에 대한 수용자 태도를 분석하여 그들의 러시아혁명사 인식을 설명할 것이다.

사회주의 사상사와 운동사 연구에서 '내면세계와 심리적 계기',[5] '일상에 습속화한 사회주의'[6], 그리고 '번역 과정에 개입되는 조선의 맥락'[7] 등을

---

3) 박헌호는 근대지식 차원에서 '계급' 개념이 일으킨 인식론적 파장을 점검했다. 박헌호, 「'계급' 개념의 근대 지식적 역학－사회주의 연구노트1」, 상허학회 편, 『근대지식으로서의 사회주의』(깊은샘, 2008).

4) 상허학회 편, 『근대지식으로서의 사회주의』(깊은샘, 2008).

5) 임경석, 「20세기 초 국제질서의 재편과 한국 신지식층의 대응－사회주의 지식인의 형성 과정을 중심으로」, 『대동문화연구』 43, 2003, 22쪽.

6) 김현주, 「1920년대 전반기 사회주의 문화담론의 수사학－사회주의는 사회비평을 어떻게 변화시켰는가?」, 『대동문화연구』 64, 2008, 34쪽.

7) 장문석, 「전통지식과 사회주의의 접변－염상섭의 「현대인과 문학」에 관한 몇 개의 주석」, 『대동문화연구』 82, 2013, 139-140쪽.

고려해야 한다는 지적이 있었다. 사회주의 사상계에서 인식의 수준과 수용의 맥락에 따라 여러 경향이 생겨났다면,[8] 분파의 관점이 아닌 사상의 관점에서 다시 해석해야 할 것이 아직 많이 남아있다.[9] 이 글은 이러한 문제의식으로 매체에 나타난 '과격파' 이미지를 분석하면서 지배 이데올로기와 사회주의 사상의 긴장관계를 해명할 것이다. '과격파'를 둘러싼 인식의 지형도를 보는 것은 사상계의 풍향을 가늠하는 하나의 방법이 될 수 있다. 나아가 반공주의의 시원과 1920년대 '사회주의 문화담론'을 이해하는 데도 도움을 줄 것으로 기대한다.

2. 노동계급의 발견과 역사주체의 새로운 설정

1) 개조의 시대와 사회주의의 파장

1917년 러시아에 소비에트 정권이 들어서고 1918년 연합국이 제1차 세계대전에서 승리했다. 세계 곳곳에서 '개조'의 기운이 감돌았다. '세계 개조'란 민주와 평등을 지향하는 개혁을 뜻했다.[10] 그러나 식민지 조선에서 일어난 3·1운동은 자신의 뜻을 다 이루지 못했다. 3·1운동의 흥분과 좌절, 그 거

---

8) 박종린, 『일제하 사회주의사상의 수용에 관한 연구』, 연세대 박사학위논문, 2007.

9) 사회주의를 수용하는 시기에 여러 매체에서 사회주의에 대한 다양한 관점을 소개하고 있다. 보기를 들면 원종린의 글(「사회주의의 정의」, 『대중시보』 임시호, 1921)이 그러하다. 마르크스 엥겔스의 조류 말고도 다양한 측면에서 사회주의 사상을 탐색하고 있음을 알 수 있다. 비합법 사회주의운동 진영의 변혁론에 대해서는 임경석, 『한국 사회주의의 기원』(역사비평사, 2003), 428-461쪽을 참조하라. 각 '분파'의 기관지를 통해 사회주의자들의 정치노선을 점검한 책으로는 전명혁, 『1920년대 한국사회주의운동 연구』(2006, 선인)을 참조하라.

10) 정인성, 「3·1운동의 정치사상에 나타난 '정의'와 '평화」, 『대동문화연구』 67, 2009, 445쪽.

대한 파도가 휩쓸고 간 뒤에 대중의 마음은 어떠했을까. 계층에 따라 달랐
겠지만, 복잡한 심정이 엇갈리며 중층적이었을 것이다. 『개벽』에 따르면,
조선인심이 '격변하고 또 격변하는' 가운데 '혼동·미몽·방황' 속에 있다고
진단했다.11) 『대중시보』는 '위대한 침묵과 불안한 공기'가 감돈다고 했
다.12) 과도기의 불확실성과 유동성을 보여준다. 청년들은 3·1운동 직후
몇 년 동안 '면밀한 계획 없이 흥분 상태'에 있었다.13) 다음에서 보듯이 세
대 사이의 갈등도 새롭게 나타났다.

어느덧 동서고금의 思潮가 우리의 정원을 침입하야 출렁거리기를 시작하엿
다. 우리도 이에서 현실생활의 변동이 나기를 시작하엿다. 그리하야 其 변동은
날로 우리의 직접사실이 되어 우리로 하야곰 부득이 생활개조의 현상을 부르
짓지 안이치 못하게 되엇다. 이에서 舊한 현상을 그대로 가지고 잇는 老人派와
新한 현상을 吟味하는 靑年派의 사상 충돌이 되어가려 시작한다. 다시 말하면
노년과 청년의 間에는 상이한 정신의 작용을 가지고 서로 반대의 방면으로 거
름을 옮기게 되엇다.14)

새롭게 수용된 사회주의 사상은 3·1운동의 심상을 뒤흔들고, '광란적
각성의 시대'15)를 여는 계기도 마련했다. 보기를 들면, 사회주의 사상은 기
독청년에게도 큰 영향을 미쳤다. 기독교의 교리와 조직을 비난하고 교회
예배 도중에 목사를 비방하는 일도 있었다. 심지어 기독청년과 전도사들이
교회에서 드러내놓고 사회주의를 주장하다가 쫓겨나는 일도 있었다.16)

---

11) 「激變 又 激變하는 最近의 朝鮮人心」, 『개벽』 37, 1923, 5쪽.

12) 『대중시보』 임시호, 1921, 1쪽.

13) 이기훈, 『일제하 청년담론 연구』, 서울대 박사학위논문, 2005. 117쪽.

14) 오태환, 「急變하야 가는 新舊思想의 衝突」, 『개벽』 1, 1920, 80쪽.

15) 정태신, 「진리의 聖戰」, 『공제』 2, 1920, 1쪽.

16) 김권정, 「1920년대 전반 기독교 민족운동세력의 동향과 성격」, 『숭실사학』 14, 2001,
79쪽.

『청년』에 따르면, 조선에 유행이 일어났는데 "과격주의, 공산몽(共産夢), 노동사상, 무산주의의 가파른 흐름이 암류(暗流)했다." "다른 편에서는 자유연애 연애신성 연애지상 등"이 한꺼번에 쏟아지고 있었다.[17] 무언가 확연하게 바뀌긴 바뀌었다. 이 과도기와 혼동의 시기를 일컬어 식민지 조선에서도 '개조의 시대'라고 불렀다. 1920년대 초에 해방 또는 '개조'가 유행어가 되었다.[18]

지식인들은 "당면한 중대문제는 개조의 의의와 시대의 정신이 과연 무엇인지를 연구하는 것"이라고 생각했다.[19] 사회주의자들은 "박애를 말하며 윤리를 들먹이고 때로 대도(大道)를 부르짖는 문화주의"를 비판했다.[20] 사회주의자들은 '개조'를 어떻게 규정했을까. 신일용은 이광수의 민족개조론을 비판하면서, "Reconstruction은 재조(再造), 재건(再建), 재설(再設), 개조(改造), 개축(改築) 등의 말로 번역할 수 있다면서, 개조란 국가형태 정치조직과 사회 그리고 가정과 같은 것의 형태나 조직을 개조한다는 것"이라고 규정했다. 정신 개조나 개인 개조 따위와 분명하게 선을 그었다.

'개조'에 대한 개념사 정리는 1920년대 지식인의 인식체계와 사상을 이해하는 또 다른 열쇠가 되지만, 이 글의 목표가 아니다.[21] 개조는 정신개조, 인격개조, 사회개조, 민족성개조에 이르는 넓은 스펙트럼을 가졌고 개조의 방향은 평화주의, 인도주의, 세계주의가 지향하는 보편성에 맞추었다.[22] 개인의 개조인가 사회의 개조인가, 정신의 개조인가 정치·사회적

---

17) 主幹, 「시대의 변천과 사상의 趨向」, 『청년』 제3권 제6호, 1923, 4쪽.

18) 槿園, 「자유비평의 정신」, 『신생활』 9, 1922, 46쪽.

19) 若水, 「창간사」, 『대중시보』 임시호, 1921, 2쪽.

20) 金若水, 「心頭雜草」, 『대중시보』 임시호, 1921, 35쪽.

21) 개조론의 스펙트럼에 대한 연구로는 김형국, 「1919~1921년 한국 지식인들의 '改造論'에 대한 인식과 수용에 대하여」, 『忠南史學』 11, 1999.

22) 유선영, 「식민지의 '문화'주의, 變容과 事後」, 『대동문화연구』 86, 2014, 393쪽.

개조인가 하는 것을 놓고 의견이 갈렸다. 그에 따라 개조의 개념도 달랐다. 보기를 들면, 『개벽』의 한 필자는 개조란 "첫째 과학기술이 발달하여 인류의 힘이 자연의 위에 작용하는 것이며, 둘째, 강한 자가 약한 자를 압박하는 것에서 벗어나는 것이며, 셋째 평민시대로 바뀌는 것"을 뜻했다.[23] 『공제』의 한 필자는 약탈과 강도의 세계에서 협동과 생산의 세계로, 속박의 사회에서 자유의 천국으로, 계급 사회에서 평등 사회로 나아가는 시기라고 여겼다.[24] '인류적 혁명운동시기'[25]를 맞아 "세계의 전 인류와 함께 공존"[26]하는 것을 내세우기도 했다. 그러나 『동아일보』 계열은 '현대는 민족 경쟁시대'라고 규정하고,[27] 인격 발달을 개조의 논리로 삼았다.

많은 지식인은 '개조의 시대'가 열린 배경에 대해서 1차 세계대전과 함께 사회주의 영향을 주목했다. "구주대전이 종결되고 마르크스의 자본론이 行하매 세계에는 일대 신경향이 생겼다"[28]는 설명이 그 보기이다. 식민지 조선에서 개조란 '강자의 계급사회'를 끝내고 '약자의 평등사회'를 이루는 것이었다.[29] 이들이 말하는 '약자의 평등사회'란 "자본가의 반성에 기초한 온정주의"와 완전히 결별하고 '빈부의 계급전쟁'을 치러야만 이룩되는 사회였다.[30]

'계급전쟁'을 위한 비합법 출판물이 있었다. 나라 안팎에서 대중운동에

---

23) 「新時代와 新人物」, 『개벽』 3, 1920, 15-17쪽.

24) 김두희(김약수), 「전후 세계 대세와 조선 노동문제」, 『공제』 2, 1920, 4쪽.

25) 岳裔, 「현대사조 개관」, 『아성』 2, 1921, 18쪽.

26) 김두희, 「전후세계대세와 조선노동문제」, 『공제』 2, 1920, 8쪽.

27) 이지원, 『日帝下 民族文化 認識의 展開와 民族文化運動-民族主義 系列을 중심으로』, 서울대 박사학위논문, 2004, 157-158쪽.

28) 安廓, 「유식계급에 대하야」, 『공제』 2, 20쪽.

29) 김명식, 「현대사상의 연구」, 『아성』 4, 1921.10, 23쪽.

30) 若水, 「창간사」, 『대중시보』 임시호, 1921, 2쪽.

연루하고 당건설 운동으로 나아가려는 사회주의 진영의 움직임이 생겼다. 공개 출판물과 신문잡지 등의 매체를 통해 '계몽과 지식으로서의 사회주의'가 유포되었다. 검열 속에서도 제한적이나마 사회주의 기초지식과 레닌정부의 소식이 유통되었다. 민족주의 계열에서 낸 잡지와 신문마저도 사회주의를 소개하면서 두 진영이 함께 발맞추어야 나가야 한다는 논조를 펼치기도 했다. 다음 그림은 그 내용을 보여준다.

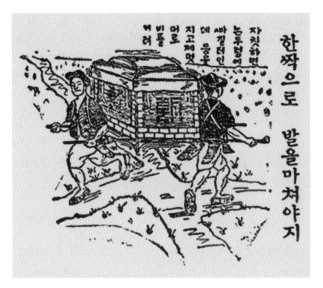

〈그림 1〉『동명』1권 4호 1922, 3쪽.

기존 사상과 사회주의를 화해시키려는 움직임도 있었다. 기독교 사회주의,[31] 불교사회주의의,[32] 혁신 유림 등이 그들이다. 보기를 들자. 『대중시

---

[31] 일제하 YMCA의 『靑年』속에는 자본주의에 대한 비판의 글들이 많이 보인다. 사회주의에 대해서 우호적인 글도 많다(노치준, 「일제하 한국 YMCA의 기독교 사회주의 사상 연구」, 『사회와 역사』7, 1987, 122쪽).

[32] 「大聖이 오늘 朝鮮에 태어난다면?」, 『삼천리』제4권 제1호, 1932, 71쪽.

보』에 실린 글은 석가모니를 오래된 사회주의자로 자리매김하고 있다. 석
가모니는 자신의 계급을 벗어나 영적 평등주의를 실현하려 했으며 "건설자
아니면 파괴자였다"고 보았다.[33] 사회주의를 다시 해석하고 새로 구성하는
과정에서 접합과 변용이 일어나기도 했다. 묵자를 '노농(勞農)주의자라고
규정하기도 했다.[34] 다음 두 글에서는 노자 · 묵자 · 공자 · 맹자의 사상을
무정부주의와 사회주의에 연결시키기도 한다.

> 동양이 西洋에 뒤진 것은 현대의 물질문명 - 그것뿐이오. 정신문명으로는
> 멧 천년의 先進이 된다. 크로포트킨의 무정부주의는 노자의 無治主義를 조곰
> - 곳친 것이고 맑쓰의 其産主義는 周나라의 井田制度 - 그것이다. 平等博愛는
> 墨子의 이상하든 바요. 民治主義는 孟子의 주장하는 그것이다. 또 물질문명으
> 로라도 결코 처음부터 떠러지엇든 것이 아니다.[35]

> 노자는 파괴적이고 방임적인 사회철학을 창안, 공자는 순전한 무정부주의
> 자, 맹자는 정전제도의 회복과 생사관계의 보호에 대하여 극력 주창한 것은 중
> 국 사회주의의 큰 견식이다. 그는 마치 현대의 마르크스와 같은 존재이다.[36]

위에 인용한 글을 쓴 원종린은 "중국은 고대로부터 사상의 기초가 모두
사회주의로서 3000년을 이어왔다"고 주장했다.[37] 그 밖에 사회주의와 아나
키즘의 영향을 크게 받았던 『공제』 창간호에서는 "조선을 개척한 배달 한

---

33) 滄海, 「社會主義 途程에 立ㅎ야 余의 釋迦牟尼觀」, 『대중시보』 3, 1921, 24-28쪽.
34) "이로써 推察하면, 墨子는 자기의 主義에 共鳴하는 사람을 단결하야, 직접 행동으로
  써 主義의 실현을 圖한 것이 분명하니, 이 점에서 墨子는 2000년 전의 勞農主義者라
  認할 수 잇는 同時에 그의 사상이나 행위에 잇서, 우리는 格別히 알아볼 필요가 잇
  다." 소춘(김기전), 「2천년전의 노농주의자 墨子」, 『개벽』 45, 1924, 22쪽.
35) 梁明, 「우리의 思想革命과 科學的 態度」, 『개벽』 43, 1924, 32-33쪽.
36) 원종린, 「중화의 사회주의」, 『대중시보』 3, 1921, 31쪽.
37) 원종린, 위의 글, 30쪽. 원종린은 「공자의 사상과 무정부주의」를 『대중시보』 4호에
  계속해서 쓸 것을 예고하고 있다.(『대중시보』 3, 1921, 33쪽).

아버님의 기쁨"을 그려 넣기도 했다.[38] '노동문제를 연구하고 신사상을 선전'하려 했던『공제』[39])가 전통의 맥락에서 신사상을 소개하려는 뜻을 엿보게 한다.

〈그림 2〉『공제』 창간호 1920, 5쪽.

2) 노동자와 계급, 그리고 문화

한국에서 근대적 노동 개념은 자본주의의 발전과 짝을 이루어 형성되었다.[40] 그러나 '노동(자)'을 둘러싸고 긴장과 경쟁이 본격화한 것은 1920년

---

38) 장문석, 「전통지식과 사회주의의 접변－염상섭의 「현대인과 문학」에 관한 몇 개의 주석」, 『대동문화연구』 82, 2013, 141쪽.

39) 『대중시보』 3, 1921에 실린 『공제』 광고.

대에 들어서였다.[41] 사회적 관계와 계급인식에 따라 노동(자)의 의미가 달라졌다. 사회주의를 수용하거나 반응했기 때문이다. 노동개념은 개인과 사회를 사유하는 새로운 틀로 자리 잡았고 노동문제에 대한 정치적 해석이 진행되었다. 물론 '개조의 시대'에 식민권력을 포함해서 너나없이 노동의 신성함을 강조했다. 그러나 그 위치설정과 목표는 달랐다. 국가의 부를 창조하는 노동자인가 아니면 변혁의 주체로서의 노동자인가 하는 것이 결정적인 차이다.[42]

노동을 둘러싼 담론의 지형을 유형화해보자. 첫째, 노동자를 문명개화로 나아가는 생산의 담당자로 자리매김하는 경우다. 아직 사회진화론을 떨어내지 못한 인식이다. 둘째, 민족주의자와 일부 사회주의자는 노자협조를 통한 민족의 단결과 생산력주의를 주장했다. 셋째, 많은 사회주의자들은 "노동문제의 해결책으로 온정주의니 협조주의니 하는 것은 자본가 주구의 섬어(譫語)"[43]라고 했다. 그러나 이 안에도 여러 층위가 있다.[44] 그 층위가

---

40) 노동이라는 말의 유래와 노동 개념의 변천과정에 대해서는 김경일, 한국개념사 총서 9 『노동』(소화, 2014)를 참조하라.

41) 김현주, 「노동(자), 그 해석과 배치의 역사–1890년대에서 1920년대 초까지」, 상허학회 편, 『근대지식으로서의 사회주의』(깊은샘, 2008), 43-44쪽.

42) 이호룡은 "1920년대 초의 사회주의자들은 아나키즘적 계급관에 입각하여 도시노동자들이나 농촌 소작인들을 모두 자본가와 지주로부터 수탈당하는 피착취계급으로 동일시하면서, 한국 농민의 대부분을 차지하고 있던 소작농을 프롤레타리아트로 규정하였다"고 한다(이호룡, 『한국의 아나키즘–사상편』, 지식산업사, 2001, 100쪽). 그러나 아나키즘과 사회주의가 그토록 분리 정립되었을까하는 의문이 든다. "기존 아나키즘 관련 연구들은 다른 사상과 분명하게 구별되는 아나키즘의 배타적 특징만을 강조하는 경향을 보여 왔다"는 평가도 눈여겨보아야 한다(하승우, 「항일운동에서 '구성된' 아나코–코뮨주의와 아나키즘 해석경향에 대한 재고찰: 크로포트킨의 사상을 중심으로」, 『동양정치사상사』 7권 1호, 2007, 6쪽).

43) 유진희, 「노동운동의 사회주의적 고찰」, 『공제』 2, 1920, 11쪽.

44) 김경일은 한국의 노동 개념을 근면주의와 이상주의로 나누어 파악한다. 근면주의란 산업이나 민족, 국가 또는 계급에 대한 헌신이나 봉사를 강조하는 경향이며, 이상주의는 "노동 자체에 고유한 가치와 의미를 부여하는 경향"이라고 했다(김경일,

생기게 된 근원을 사상 측면에서 살피면 사회주의와 아나키즘 사이의 대립
으로도 볼 수 있겠다.[45) 그러나 사회주의 변혁론과 관련지어 생각해보면
노동자 자발성과 의식적 지도 사이의 긴장이 있음을 발견하게 된다. "노동
자에게 교육을 먼저 보급시켜야 할지, 아니면 조직의 혁명을 먼저 일으켜
야 할지 이것은 우리가 숙고해야할 중요한 문제다"라는 지적이 그 사실을
보여준다.[46)

먼저 노동자의 자발성을 강조하는 경향을 살펴보자. 『공제』에는 "우리
노동자의 문제는 우리 노동자가 해결하여야만 한다. 다시 말하면 수동적
됨을 요치 않는다. 自發的을 要함이다"는 글을 실었다.[47) "민중의 일은 민
중 자체가 할 터이지오"[48)하는 언술도 있다. 또 "노동자는 먼저 건설하려
는 신사회에 대한 확실한 관념을 가져야 한다. 견확(堅確)한 관념을 가지
지 못한 노동자는 혁명이 수단은 될 수 있으나 그 주인은 될 수 없다"는
말을 인용하면서 노동자 해방은 노동자 자신이 그 목적을 도달해야 한다는
철저한 자주심을 길러야만 이룰 수 있다는 주장도 있다.[49)

이제 사회주의 의식과 지도를 강조하는 주장을 살펴볼 차례다. "사회주
의 의식을 가지지 못한 조합은 무산자의 목적이 아닌 탈선된 행동을 할 것

앞의 책, 227쪽). 그에 따르면, 마르크스주의자들의 노동관도 자유주의자들의 근면주
의와 공유하는 것이 있다고 한다. 그럼에도 마르크스주의자들은 인류와 인권 평등에
대한 기여를 내세우면서 근면주의와 이상주의를 불균등하게 결합했다고 한다. 마르
크스주의마저도 근대 기획의 틀 안에 갇혀있었다는 문제의식이 담겨있다. 그러나 개
념사적 접근과 함께 마르크스주의자들의 계급론이나 혁명론과 맞대어 가며 노동 담
론을 연구해야 할 영역이 아직 남아있다.

45) 이호룡, 앞의 책, 104쪽.
46) 변희용, 「教育乎? 革命乎」, 『대중시보』 3, 35쪽.
47) 「勞動者의 絶叫」, 『共濟』 창간호, 1920, 106-107쪽.
48) 申伯雨, 「사회운동의 선구자의 出來를 促함」, 『신생활』 2, 20쪽.
49) 변희용. 「신사회의 이상」, 『대중시보』 임시호, 1921, 3쪽.

이다"[50]는 식의 주장이 적지 않다. 이런 주장에는 경제투쟁과 정치투쟁이 분리되는 현상에 대한 고민이 담겨있다. 유진희가 『공제』에 실은 다음 글이 그 내용을 보여주고 있다.

> 노동 운동의 최초의 형식은 순경제적으로 賃銀과 時間에 관한 쟁투이었으나 組合 組織力으로 一步를 進하여 정치적 쟁투, 즉 정치적 자유와 정치적 권력의 가치를 존중하게 된 것이다. 사회주의의 발생은 노동 운동과 같이 자본주의의 산물이나 그러나 무산자 중에서 발생된 것은 아니다. 노동자 계급에 대한 자본가적 약탈로부터 오는 빈곤을 제거하려는 돌진에서 발족한 것이다"고 〈카우쓰키〉는 역설하였다.[51]

경제투쟁을 하는 노동조합이 어떻게 정치투쟁으로 나아갈 것인가. 유진희는 노동운동과 사회주의가 결합해야만 그렇게 될 수 있다면서 다시금 '지도'의 문제를 제기한다.

> 〈칼·맑스〉는 ○○○○○○○○○ ○○○○○○ ○○하였다(노동계급의 해방은 노동자 자신의 사업이어야 한다고 선언하였다 - 인용자). 此를 환언하면 무산자는 다만 自力으로써 자기를 해방할 수 있다 함이나 그러나 무산자 계급만 獨히 사회주의의 지도자란 의미는 아니다. …… 강렬한 노동운동을 伴來치 아니하는 사회주의가 無意義한 것은 多辯을 요치 않거니와 노동운동이 사회주의를 이해하고 此를 採用할 때 비로소 그 진정한 全力을 伸展할 수 있는 것이다.[52]

사회주의와 노동운동의 결합, 그것을 가능하게 하는 방법은 어디에 있을까. 이제 사회주의자들은 계급투쟁의 역사를 되돌아볼 수밖에 없었다.

---

50) 유진희, 앞의 글, 14-16쪽.
51) 유진희, 위의 글, 15쪽.
52) 유진희, 앞의 글, 15쪽.

1920년대 초, 많은 글에서 "모든 역사는 계급투쟁의 역사"라는 「공산당 선
언」의 구절을 자주 인용했다. 유진희는 유물사관이 학문의 역사에서 새로
운 시대를 열었으며 유물사관을 따를 때만이 계급투쟁이 가장 높은 가능성
을 가진다고 못 박았다.[53] 평등과 자유의 세계는 과거의 역사나 현재 사정
으로 볼 때 "도저히 평화적으로 될 수 없고 투쟁이라고 하는 계급적 대항이
있을 수밖에 없다"[54]는 주장이 사회주의 진영의 대세를 이루었다. 그러나
여전히 추상적인 선언일 따름이며 유물사관을 조선의 역사에 구체적으로
적용하려는 시도는 아직 없었다.[55] 통속적이고 기계적인 유물론을 받아들
인 상태에서 유물사관 그 자체에 대한 이해도 아직 정립하지 못하고 있었
다. 다음과 같은 박영희의 유물사관 인식이 그것을 보여준다.

　　따윈의 진화론은 식물에 대한 경쟁과 생식에 대한 경쟁이 모든 생물진화의
근원이라 하엿스나, 이 유물사관도 이 2개의 조건을 일반인류가 활동하는 역
사의 근본이라고 한다. 얼른 말하면 유물사관은 유기적 자연계에 잇는 진화의
법칙을 곳 인류발달의 역사에 적용한 것에 불과하다. 따라서 역사의 과정에는
진화에 잇는 同一한 필연성이 잇고 이동할 수 업는 결정조건이 잇다. 故로 결
코 인간의 자유의지로서는 좌우할 수 업다고 하는 결정론에 귀착(歸着)한다.
유물사관 외에도 사적유물사관, 사회적결정론 등이 잇스나 다 한가지로 인류
역사를 물질적 방면 즉 경제적 관계 생산적 현상에 두려는 것이다.[56]

노동문제를 둘러싼 인식의 변화는 경제적 불평등과 그에 따른 정치적

53) 유진희, 위의 글, 14-15쪽.
54) 김명식, 「현대사상의 연구」, 『아성』 4, 1921, 23쪽.
55) 1920년대 초반 문일평의 역사의식은 눈에 띈다. 그는 왕위쟁탈전이 아닌 계급투
　　쟁의 관점에서 조선의 역사를 보려 했으며 "동학혁명 이후에도 상하계급을 통하
　　여 아무 절실한 자각과 심각한 반성으로 근본적 개조를 단행치 못했다"고 평가했
　　다(문일평, 「조선 과거의 혁명운동」, 『동명』 2권 3호, 1923, 4쪽).
56) 朴英熙 編, 「重要術語辭典, 開闢 第五年 八月號 附錄」, 『개벽』 50, 1924, 67쪽.

해석 그리고 역사관의 변화만 불러온 것은 아니었다. 사회주의자들이 제기한 노동문제는 문화관의 전환에도 영향을 미쳤다.[57] 1920년대에 '문화'에 먼저 주목하고 문화주의를 제창한 것은 우파 민족주의 진영이다. 이들이 먼저 차지한 '문화'는 민족해방투쟁을 회피하기 위한 것, 그야말로 '개량'을 위한 우회로였다. 그래서 문화운동론과 문화주의자들에 대해 어떤 태도를 가질 것인가는 초기 사회주의 운동의 노선 정립에서도 중요한 이슈가 되기도 했었다. 그러나 조선 사회주의자들이 문화에 아무런 관심을 두지 않았던 것은 아니다. 초기부터 조선 사회주의자들은 '민중문화의 새로운 건설'을 의식하고 있었다.[58] 민중극을 제창하는 다음 글이 그 보기이다. "20세기 思潮가 얼마나 이 민중이라 하는 것을 중대시하며 따라서 민중문화이라고 하는 것을 중요시하는 지는 기자가 구구한 변론을 들이지 아니하여도 현명한 讀者諸君은 양해할 줄 아는 바이다."[59] 『공제』는 '노동문화'와 '노동사상'을 표어로 내걸었다.[60] '노동자 해방'을 위한 노동운동은 정의, 자유, 평등, 개체의 존중, 사회적 공동책임과 같은 문화적 의의를 지닌 사업으로 설정되기도 했다.[61] 다음 글에서 보듯이, 사회주의자들은 노동운동의 지렛대인 노동조합에 대해서도 교육 측면에서 사고하고 있었다.

소위 지식계급의 임의 지도에 맹종할 수밖에 없는 우리 노동계급은 강습소 강연회로 거의 무의식하게 끌려 다닙니다만 이것은 실상 노동자 자신을 위하

57) 최병구, 『1920년대 프로문학의 형성과정과 '미적 공통성'에 관한 연구』, 성균관대 박사학위논문, 2012.

58) 천정환, 「1920년대 讀書會와 '社會主義 文化'」, 『대동문화연구』 64, 2008, 45쪽.

59) 玄哲, 「文化事業의 急先務로 民衆劇을 提唱하노라」, 『개벽』 10, 1921, 108쪽; 허수, 「제1차 세계대전 종전 후 개조론의 확산과 한국 지식인」, 『한국근현대사연구』 50, 2009, 45쪽.

60) 신용하, 「朝鮮勞動共濟會의 창립과 노동 운동」, 『사회와 역사』 3, 1986, 133쪽.

61) 유진희, 앞의 글, 11-12쪽.

여 그리 有助한 교육 개설이 아니올시다. …… 노동조합은 노동자에 절호의
교육기관이올시다. 조합을 결성하는 것이 벌써 無上의 교육이니[62]

앞에 든 사례들은 1920년 초반의 운동 진영을 문화운동 대 노동운동이
라는 구도로 해석해서는 안 된다는 것을 보여준다. 문화에 초점을 맞추어
본다면, '문화' 계몽활동으로 조선을 문명화−근대화하려 했던 '문화주의자'
들의 근대화 기획과 민중문화 건설을 주장하는 사회주의 기획 사이의 대립
을 상정할 수 있겠다.

3. '과격파'를 둘러싼 역사인식의 분화

1) 볼셰비키의 번역어들

(1) 과격파

박은식은 『독립운동지혈사』(1920년)에서 볼셰비키당과 러시아혁명사의
의의를 다음과 같이 적었다.

　러시아혁명당은 처음으로 붉은 기를 높이 들고 전제(專制)를 뒤엎고 큰 정
의를 선포하였으며, 각 민족의 자유 · 자치를 인정하였다. 전에 극단적인 침략
주의자였던 러시아가 일변하여 극단적인 공화주의가 된 것이다. 이것이 세계
개조(改造)의 제일 첫 번째의 동기가 되었다.[63]

뒷날 민족개조론을 주장하면서 사회주의 진영과 대척점에 섰던 이광수

---

[62] 松斯生, 「노동조합의 교육적 의의」, 『공제』 7, 1921, 38쪽.
[63] 박은식 지음, 김도형 옮김, 『한국독립운동지혈사』 (소명출판, 2008), 156-157쪽.

는 1920년 상해에서 볼셰비즘에 다음과 같은 요지로 강연했다.

> 볼셰비즘이라 경제혁명이라, 각성하는 인류에게 처음 온 것은 사상혁명이
> 니 인류에게 사상의 자유와 평등을 표방한 것이니 문예부흥 종교개혁 등이오,
> 다음에 온 것은 정치혁명이니 정치에 자유와 평등을 표방한 것이니 法國 대혁
> 명 이래의 각국의 혁명이오, 그 후에 온 것은 경제혁명이 인류에게 재산의 자
> 유와 평등을 주기를 표방한 것이니 현대 각국의 사회주의운동이라[64]

위에서 보듯이, 러시아혁명당과 볼셰비즘이라는 용어가 있었다. 1917년
무렵에는 국내문헌에서는 '혁명당'이라는 용어가 소개되었다. 『반도시론』
은 러시아가 '혁명당'이 앞장서 민본주의의 공화국이 되었다고 소개했다.[65]
그럼에도 새롭게 '과격파'라는 말이 나타나 온갖 매체에서 큰 힘을 얻었다.
1920년에 발행된 한 잡지는 '과격파의 참화(慘禍)'를 설명하면서 "과격파란
말이 지금 널리 사람들 입에 오르내리고 날마다 신문잡지에 실린다"고 했
다.[66] 볼셰비키의 번역어로서 러시아혁명당과 과격파, 과격주의라는 용어
가 서로 경합하고 있었음을 알 수 있다.[67] 용어에 따라 러시아혁명과 소비
에트의 표상이 달라졌다. 그러나 '과격파'라는 용어를 썼다고 해서 모두 볼
셰비즘을 나쁘게 설명한 것만은 아니다. 『독립신문』 상해판은 "노동문제
가 미래 문명의 창조력이며 과격주의의 출현이 필연이다"라면서 '과격파'
에 대해서 우호적이다.[68]

언제부터 어떤 경로로 과격파, 과격주의라는 말이 유통되었을까. 1919

---

64) 「留日學友俱樂部의 第一回講演」, 『독립신문』, 1920년 3월 18일자.

65) 渡邊寬一, 「세계평론」, 『반도시론』 1권 2호, 1917, 53쪽.

66) 權域生, 「過激派의 慘禍를 顧하여 我同胞의 奮起를 促흠」, 『儒道』 창간호, 1921, 17쪽.

67) 같은 글 안에서 조차 과격파와 볼셰비즘을 함께 쓰는 경우가 있다. 예알 윌리암,
「과격파 수령 레닌의 마력」, 『서광』 6, 1920.

68) 『독립신문』, 1919년 10월 2일자.

년부터 일제 관제신문인『매일신보』에 과격파 기사가 실렸음을 확인할 수
있다. 『매일신보』가 말하는 과격주의의 정의는 무엇인가. "과격주의라 함
은 소위 공산주의, 무정부주의, 사회주의 가운데 과격한 주의이니 과격파
는 즉 이 과격주의를 따르는 자를 말한다."[69] 한 잡지는 과격파를 다음과
같이 정의했다.

> 노동계급이 정권을 장악하고 무력을 써서라도 극력 자본계급과 유식계급
> 등을 정복하여야 하겠다고 하는 것, 그것이 곧 과격파이다. 이를 실행하는 자
> 는 현재 러시아 과격 레닌, 트로츠키 일파가 그들이다. 그 정권을 노농정부라
> 함은 노동계급농민계급의 정부라는 뜻이다. 즉 이들은 가장 과격한 공산주의
> 자이니 노동자에 대해서 그 허영심을 선동하고 무력으로써 국가사회를 파괴하
> 면서 일찍이 지금과 같은 참상과 학대를 드러내고 있는 중이다.[70]

『매일신보』는 "사회주의자라기보다는 차라리 과격사상을 가진 노동
자"[71]라는 식의 기사를 써서 과격파를 사회주의자보다 더한 하나의 '괴
물'[72]로 여기게 만들었다. 『매일신보』는 이렇게 형성된 '과격'이라는 이미
지를 조선의 사회주의운동가뿐만 아니라 독립사상을 가진 일반인에게도
그대로 적용시켰다. 『매일신보』의 영향이든, 일본을 통해 들어와 뿌리내린
것이든, 과격파 용어가 굳어졌다. 『동아일보』나 『조선일보』를 비롯한 여러
매체에서 과격파 용어를 그대로 썼다. 과격파에 관련된 책이 유통되었고
책 광고를 통해 그 용어가 확산되었다.

---

[69] 「위험시대와 위험사상 上」,『매일신보』, 1921년 10월 19일자. 박헌호, 「1920年代 前
半期『每日申報』의 反－社會主義 談論 硏究」,『한국문학연구』29, 2005, 59쪽.
[70] 槿域生, 「과격파의 참화를 顧하야 我 동포의 奮起를 促흠」,『儒道』1호, 1921, 3, 16쪽.
[71] 「自覺하라, 계급타파, 過激派 首領을 描寫한 一封」,『매일신보』, 1920년 5월 5일자.
[72] 「過激派 瑣談(1), 괴물의 정체」,『매일신보』, 1920년 1월 14일자.

〈그림 3〉『동아일보』, 1921.9.22.

　『공제』,『아성』,『대중시보』같은 사회주의 지향의 잡지에도 과격파 용
어가 영향을 미쳤다. 차례로 그 보기를 들어보자.『공제』에서는 "과격파:
露國의 혁명 이래로 盛用되는 語라. 급격히 一刻을 猶豫치 안코 자기 등의
고찰에 위배되는 제도, 조직을 개혁코자 하는 一派."[73]라고 했다.『아성』
에서는 "러시아 마르크스주의는 공산허무주의와 과격주의로 변했다"면서
'과격'에 반감을 드러내기도 했다.『대중시보』는 '소위 과격파'라는 용어와
함께 볼셰비즘을 그대로 썼다. 두 사례를 들자.

　　① 노동자의 안전(眼前)에는 이미 여러 가지의 표본이 있는 것 같다. 무정부
　　　주의의 표본도 있고, 사회민본주의의 표본도 있고, 혁명적 조합주의의
　　　표본도 있고, 조합적 사회주의의의 표본도 있고, 소위 과격주의의 표본
　　　도 있지[74]

---

[73] 「통속유행어」,『공제』창간호, 1920, 161쪽.
[74] 변희용, 「신사회의 이상」,『대중시보』임시호, 1921, 3쪽.

② 무정부주의라든지 사회민본주의라든지 싼디칼리즘이라든지 길드소샬
리즘이라든지 볼세비즘이라든지[75]

『개벽』은 글 쓰는 사람마다 볼셰비키에 대한 용어가 달랐다. 박영희는
'소위 과격파'라는 용어와 함께 다수파라는 용어를 썼다. 그가 생각하는 볼
셰비키의 모습은 다음과 같다.

過激派(Bolshevism). 뽈쇄비슴을 역사적으로 말하면 露國의 정당이다. ……
뽈쇄빅은 맑스社會主義의 正系를 가지고「萬國의 無産者야 結束해라」는 標語
를 忠實하게 부르지젓다. 國家社會主義와는 反對로 國際主義이엿다. 레−닌의
發意로 共産黨이라구 改名한 것뿐이다. 가튼 社會主義일지라도 이 主義는 共
産的 色彩가 極히 濃厚한 것이다. …… 所謂 過激派 思想의 特徵은 勞働者의
支配, 直接行動, 國際主義, 非國家主義이다.[76]

검열을 받아야 했던 매체의 상황에 따라 또는 글 쓰는 사람의 지향에
따라 용어가 달랐다. 그러나 사회주의 필화사건으로 폐간되었던 『신생활』
에서는 마르크스 사상이야말로 볼셰비즘의 원천이 되었다고 분명하게 적
었다.[77]

(2) 과격의 이미지와 볼셰비즘

과격파라는 말이 유통될 때부터 그 번역어가 잘못되었다는 인식이 생겨
나기 시작했다. 그러나 '과격'의 이미지는 쉽게 지워지지 않았다. 『공제』에
나타난 '과격한 혁명적 사회주의'가 그 보기가 될 것이다.[78] 『공제』의 또

---

75) 변희용, 위의 글, 4쪽.

76) 朴英熙 編, 「重要術語辭典, 開闢 第五年 八月號 附錄」, 『개벽』50, 1924, 64쪽.

77) 辛日鎔, 「맑쓰思想의 硏究−階級鬪爭說」, 『新生活』6, 1922, 40쪽.

78) 孤蝶, 「社會主義의 略義」, 『개벽』3, 1920, 77쪽.

다른 지면에서는 '과격파' 대신 '광의파'라는 용어를 써서 볼셰비즘에서 '과격'의 이미지를 지우려 했다.[79] 매체에 나타난 것만을 놓고 본다면, '과격파'를 다수당이라고 부르는 일에 앞장 선 사람이 나경석이다. 그는 1920년에 『동아일보』 지면을 통하여 "노어의 '볼셰비키'를 중화인이 의역한 것과 같이 다수당이라 함이 적합한 것인데, 일본 신문업자가 과격당이니 과격파이니 명명한 것이다"라고 했다.[80] 나경석은 볼셰비키를 일본에서는 과격파라고 하고 중국에서는 다수파라고 했다는 중요한 사실을 전하고 있다. 그는 과격파라는 용어를 널리 쓰고 있는 현실에 맞서 1922년 『동아일보』에 다음과 같은 글을 다시 실었다.

> 요즈음 新熟語로 소위 과격파이니 위험주의이니 불령단(不逞團)이니 함을 연상하는 모양이외다. 일본이나 조선에서는 생각하기를 위험주의의 소유자 과격파라는 족속이 사람이 못할 흉악한 짓은 다 하는 줄 아는 듯 하외다. 그러나 우리 보기에는 과격파란 것은 하나도 없고 위험주의니 불령(不逞)이니 하는 족속은 보도 듯도 못하였나이다. 과격파라 함은 일본 신문 장사의 무식한 추측으로 생긴 상상이고 불령이라 함은 조선총독부의 전매품이고 위험이라는 것은 일본 내부성의 御用品이외다. 소위 과격파라 함은 볼셰비키를 지목하는 듯하나 얼토당토 아니한 語字이외다. 중국인이 此를 본역하여 다수당이라 하니 이것이 갈 데 없는 합당한 볼셰비키의 역어입니다. 그들의 표어는 이러하외다. "세상에는 네 것도 없고 내것도 없다. 일 아니하는 놈은 먹지도 못한다. 만인공영이 우리의 大道다"하는 것이외다. "우리는 조국이 없다. 가는 곳마다 조국이오 우리는 형제가 없다. 만나는 사람마다 형제다"하는 것이외다.[81]

과격파라는 용어를 피하면서도 번역어의 한계를 벗어나려는 뜻에서 볼

---

79) 霽觀, 「檢閱官의 許可를 得하야 全國勞動者諸君에게 檄을 送하노라」, 『共濟』 창간호, 1920, 51-52쪽.
80) 公民(나경석), 「과격파와 노령 동포」, 『동아일보』, 1920년 5월 21일자.
81) 공민, 「노령견문기」 2, 『동아일보』, 1922년 1월 20일자.

셰비즘이라는 용어를 그대로 쓰는 경우도 있었다. 유진희가 그랬다. 그는
『공제』에서 "대공업이 왕성한 불란서에서는 생디칼리즘이 왕성하고 "농업
노동이 왕성한 러시아에서는 專農주의의 색채를 띤 볼셰비즘이 성공"했다
고 적었다.[82]

2) 과격파와 반사회주의

『매일신보』가 전하는 러시아 과격파는 '인류를 금수(禽獸)로 만드는 부
인 국유제'를 주장하는 사람들이었다.[83] 또한 그들은 남녀학생을 한 집에
기숙시켜 선남선녀를 짐승으로 만든다고도 했다.[84] 지식 있는 러시아 사
람은 모두 내쫓기어 죽을 지경이고, 과격파의 수령들은 독일 사람이거나
유태사람이라고 설명했다.[85]

이러한 『매일신보』의 논조는 친일의 글을 통해 종합되고 재생산되었다.
다음 글이 그 내용을 보여준다.

> 유산계급의 토지 가옥 공장 등 전부는 몰수되었고 그 재산은 탈취되었으며
> 부인은 귀부인이나 유부녀나 처녀 됨을 가리지 않고 이른바 부인공유주의 하
> 에 능욕하니 지금 전 러시아에 처녀가 한 명도 없다. 어제까지는 귀족양반이라
> 부르고 자본주의 계급 또는 유식계급이라고 사회의 상류에 있었으며 노동이야
> 말로 감당하지 못하는 노인과 어린이까지도 지금 노동을 강제당하고 있다. 청
> 년은 징발을 당하여 전선에서 헛되이 동포와 서로 마주하는 포화에 그 시체를
> 묻게 되며 또는 노동능률이 없다고 감옥에 넣으며 또는 학살을 당하거나 과격
> 주의의 적이라고 체포되었다. 산업은 위축되며 물자는 궁핍하고 화폐는 완전

---

82) 유진희, 앞의 글, 17쪽.

83) 「인류를 驅하야 禽獸를 만드는 과격파의 부인국유」, 『매일신보』, 1919년 5월 2일자.

84) 「露國 과격파의 교육방침」, 『매일신보』, 1919년 8월 1일자.

85) 「平民專制의 露國」, 『매일신보』, 1920년 4월 17일자.

히 가치가 없게 되어서 먹으려 해도 먹을 것이 없고 입으려 해도 입을 옷이 없다. 사는 집이 없고 거지가 길에 가득하고 어제까지의 영화안락의 꿈은 깨져서 처자와 가족은 광야에 떠돌아다니고 자녀는 한 덩어리 밥을 얻으려고 귀중한 몸을 버리면서 겨우 길가에서 목숨을 유지하는 참상에 빠졌다. 1억 5천만 러시아 국민은 다 이처럼 생기가 없고 떠돌아다니며 나태하고 노동자는 더욱 그렇게 되어서 천하를 능멸하면서 절대평등자유를 표방하는 그들은 실로 절대의 전제압박을 감행하는 기운이 있으니, 근면하면 제대로 될 인민이 오히려 참살당하고 압박을 당하는 실정에 있다. 유산계급에 대해서는 압박이 당장 눈앞에 닥쳐 있다. 생명재산의 보장이 없고 그에 따라 수많은 귀신이 밤에 돌아다니는 아수라장을 연출함은 실로 러시아의 현상이다. 따라서 그들은 자기나라 파괴에만 만족하지 않고 여러 법률을 발표해서 그 주의를 선전하여 전 세계를 교란하고 그 인륜도덕과 사회조직을 다 없애버리지 아니하면 그치지 않을 것이다. 특히 우리 조선 사상계의 동란을 틈 타 그 독 묻은 손을 뻗치고자 하니 위태롭도다.[86]

'과격파'라는 용어가 계속 쓰이면서 반사회주의의 담론지형을 형성했다. 사회주의를 탄압하려고 만든 치안유지법이 1923년 2월에 처음 입안될 때 명칭은 '과격운동단속법'이었다.[87] 이 '과격운동단속법'의 외곽지대에 『매일신보』의 논조를 닮은 반과격파 담론이 폭넓게 있었다. 크게 보면 두 범주이다. 첫째, 혁명으로 생기는 국가적 희생을 막아야 한다는 주장이다. 『동아일보』에 실린 한 기사는 다음과 같이 적었다.

> 우리는 진보를 愛하며 평등을 愛하며 자유를 愛하며 개조를 원하는 자이라. 연이나 오인은 급진과 극변으로 인하여 발행하는 사회적 국가적 희생을 恐畏하며 손실을 피하고자 한다. 인류는 이성이 유한 동물이니 어찌 희생과 손실을 당한 후에야 반성하며 자각하리요[88]

---

86) 槿域生, 앞의 글, 17-18쪽.
87) 임경석, 「사상검사 이토 노리오(伊藤憲郎)의 조선 사회주의 연구」, 최규진 외, 『제국의 권력과 식민의 지식』 (선인, 2015), 333쪽.

둘째, 개인의 신성한 사유재산을 침해하기 때문에 과격사상을 거부해야 한다는 주장이다. 적화방지를 위해 자산가는 각성해야 한다는 주장도 있었다.[89] 다시 『동아일보』를 보자.

> 현대 사회조직은 사유재산을 기초하여 성립하였으니 도덕이나 법률이나 혹은 경제의 활동이 모두 이를 중심으로 作定되는도다. 人의 재산을 침범할까 이는 도덕상 죄악이요 또한 법률상 죄인이며 경제활동의 근본동기가 또한 占有에 在하는도다.[90]

일제는 드디어 1925년에 치안유지법을 조선에서 시행했다. 전문 7조로 된 치안유지법에서 제1조는 "국체(國體)를 변혁하고 또는 사유재산제도를 부인하는 것을 목적으로 하여 결사를 조직하거나 또는 그 정(情)을 알고서 이에 가입한 자는 십년 이하의 징역 또는 금고에 처함" 이라고 했다. 일제는 일찍부터 '과격파' 이미지를 유포시켜 치안유지법의 밑바탕을 다진 셈이다.

4. 맺음말

1920년대 식민지 조선에 '개조의 시대'가 찾아왔다. 이와 맞물려 사회주의 사상도 수용했다. 비록 여러 제약을 받았지만, 매체에 사회주의가 소개되고 사회주의 담론이 민족주의 담론과 경합을 벌였다. 합법·비합법 영역

---

88) 「과격파와 조선」(1), 『동아일보』, 1920년 5월 21일자.

89) 卞榮晩, 「財産家와 公共事業」, 『東明』 2-20, 1923.5.13., 3쪽; 류시현, 『崔南善의 '近代' 認識과 '朝鮮學' 研究』, 고려대 박사학위논문, 2005, 103쪽.

90) 「新道德을 論하여 社會를 望하노라(四)」, 『동아일보』, 1920년 7월 21일자.

에서 사회주의 세력이 크게 활약하기 시작하면서 민족해방운동도 새로운 방향을 찾아갔다. 1920년 초반 식민지 조선의 지식계와 사상계가 급격한 전환기를 맞이했다. 신사상 수용기의 특성을 반영하여 아주 어지럽고 복잡했다. 역동적인 과도기를 겪고 있었던 셈이다.

이 글에서는 개조의 시대에 미친 사회주의의 영향을 고려하면서 지식인과 노동자의 관계를 짚었다. 그리고 1920년대 초반 문화현상과 관련해서는 '문화주의자'들의 계몽적 근대 기획과 사회주의자들의 노동자(민중) 문화론으로 구분할 필요가 있다고 말했다. 사회주의자들은 '강자의 계급사회'에서 '약자의 평등사회'로 나아가는 것이 '근본적 개조'라고 생각했다. 사회주의자들은 노동자를 역사의 새로운 주체로 설정했다. 그러나 현실의 노동자는 아직 주체역량이 부족하기 때문에 사회주의가 노동자와 함께 '빈부의 계급전쟁'을 치러야 한다고 생각했다. 여기서 노동자 자발성과 '의식적 지도' 사이의 관계를 올바로 설정하는 문제에 맞닥뜨렸다. 이것은 아나키즘과 사회주의 사이의 대립으로 볼 것만이 아닌, 사회주의 진영 내부의 문제이기도 했다.

이 글에서는 볼셰비키를 번역한 말인 '과격파' 개념을 둘러싼 담론 헤게모니를 분석하여 지배 이데올로기에 포섭되거나 저항하는 모습을 살폈다. 이미 '러시아혁명당' 또는 볼셰비키라는 말이 있음에도 '과격파'라는 용어가 여러 매체를 통해 확산되었다. 사회주의 경향의 잡지에도 '과격파'라는 단어가 영향을 미쳤다. 볼셰비즘에 덮친 과격의 이미지는 한 걸음 더 나아가 괴물의 이미지로 바뀌었다.

'과격파'의 표상은 반공주의의 시원이 된다. 또 '과격파' 표상의 차이는 사회주의와 민족주의, 사회주의와 아나키즘 사이의 인식차이를 생성시켰다. 시간이 흐르면서 '과격파'를 볼셰비키라고 고쳐 불렀지만, 과격파의 이미지는 오래 지속되었다. '과격파'라는 용어가 계속 쓰이면서 반사회주의의 담론지형을 형성했다. 그들에게 '과격파'란 혁명으로 국가손실을 일으키며, 신성한 사유재산을 침해하고 패륜을 저지르는 존재였다. 치안유지법은 일제 식민통치를 위한 법이자 식민지 조선에 존재하는 반과격파를 위한 법이기도 했다. 일제는 일찍부터 '과격파' 이미지를 유포시켜 치안유지법의 밑바탕을 다진 셈이다.

1931년에 김경재는 "지금까지 사회운동에서 급진파, 사회주의자, 무정부주의자, 볼셰비키 등이 한데 어울리어 아무런 분야가 보이지 않았지만, 대구 충주 등에서 무정부주의자 단체와 기관이 생기고 관념적이나마 운동자 대부분은 스스로 볼셰비키라고 여기게 되었다"고 했다.[91] 그럼에도 '볼셰비키'라는 말은 식민지 조선에서 다시 쟁점이 된다. 1930년대 식민지 조선 사회주의운동 진영 안에서 '볼셰비키 운동'이 진행되었을 때 볼셰비키의 의미를 둘러싸고 인식차이가 또다시 생겨났다. 1930년대 당재건운동과 혁명적 노동조합·농민조합운동을 점검해야 조선에서 볼셰비키의 표상을 이해할 수 있다.

---

[91] 金璟載, 「1931년과 조선사상계 전망」, 『별건곤』 36, 1931, 16쪽.

일본 식민주의자들의 한국고대사 인식을 위한 예비적 검토

김종복

1. 머리말

19세기 전반 서구 제국주의 열강의 아시아 침략에 대해 일본은 왕정복고를 통해 명치유신을 단행한 이후 자신의 대내외적 모순을 극복하기 위하여 제국주의를 지향하며 조선을 침략하였다. 이 과정에서 일본은 근대 국민국가에 걸맞은 새로운 역사서술을 추구하였음에도 불구하고, 그것은 왕정복고라는 점에서 천황제에 입각할 수밖에 없었다. 萬世一系로서의 천황제는 일본 역사 그 자체였다. 이때 천황의 諸蕃으로 인식되어온 과거 조선의 고대국가들은 천황제의 역사적 정당성을 뒷받침하는 증거인 동시에, 현재 조선은 일본의 침략 대상이었기 때문에 그 역사를 포함하여 지리·제도 등 다양한 정보가 필요하였다. 이러한 이유로 근대 '일본사'의 창출 과정에서 한국 고대사는 새삼 주목되었고, 조선을 식민지화하려는 목적에 맞게 한국사를 왜곡하였다.

일본 근대역사학에서 한국사 연구는 처음에 漢學者 출신의 일본사 연구자들이 막부시대의 국학의 전통을 계승하여 日鮮同祖論의 관점에서, 나중에는 근대 역사방법론을 습득한 동양사 연구자들이 滿鮮史의 입장에서 접근하였다. 다른 한편으로 당대 조선의 사회경제와 정치에 대해 停滯論과 黨派性論으로 파악하는 시각도 등장하였다.[1] 만선사의 입장은 다시 정체론과 결부되어 한국사의 변화 발전이 외세에 의해 좌우되었다는 他律性論을 낳기도 하였다. 그래서 일본 식민주의 사학의 논리는 흔히 타율성론, 정체성론, 당파성론, 일선동조론으로 요약된다.[2]

이처럼 식민주의 사학은 일본의 조선침략을 역사적으로 정당화하려는 논리이지만, 그것이 '근대적' 역사서술 형식을 취했고 일본과의 관계사에 대해 많은 정보를 전한다는 점에서 근대 전환기 조선의 역사학에 많은 영향을 끼쳤다. 玄采가 林泰輔의 『朝鮮史』(1892)를 譯述하여 『東國史略』 (1906)을 편찬하거나 金澤榮이 『東史輯略』(1902)과 『歷史輯略』(1905)에서 近藤瓶城의 저작을 인용한 것이 그 증거인데, 여기서는 任那日本府 관련 기록이 무비판적으로 수용되었다.

한국 근대역사학은 그 성립 과정에서 식민주의 사학의 영향을 받았기 때문에 이를 비판하고 극복하는 것이 또 하나의 과제였지만 식민지하에서는 본격적으로 논의되기 어려웠다. 그에 대한 비판은 일제 패망 이후에 다방면에서 제기되었다. 이때 고대사와 관련해서는 일선동조론 및 그 연장선 상에 있는 任那日本府 쪽으로 논의가 집중되었다. 그러나 조선후기에 유득공을 비롯한 실학자들에 의해 새롭게 주목받았지만 그후 연구가 부진했던 발해사에 대해서는 아무런 언급이 없었다.

그 이유로서 김부식이 『삼국사기』를 신라 위주로 편찬한 점과 일제 官學者들이 고구려와 발해를 한국사에서 배제하고 滿洲史라는 가설의 역사권을 설정한 영향 때문이라는 지적은 정확하다.[3] 이처럼 근대 이후에 발해

---

[1] 旗田巍(李基東 譯), 『日本人의 韓國觀』(一潮閣, 1983).

[2] 송찬섭, 「일제의 식민사학」, 『한국의 역사학과 역사가』(하) (창비, 1994).

[3] 李佑成, 「南北國時代와 崔致遠」, 『한국의 歷史像』(創作과批評社, 1982), 149쪽.

사는 이른바 '滿鮮史' 단계에서 본격적으로 연구되었지만, 그러한 발상은 이미 外務省이 편찬한 『外交志稿』(1884)에서 발견된다.[4] 요컨대 명치유신 이후 일본에서 간행된 각종 역사서에는 발해가 적지 않게 언급되었고, 이때 형성된 渤海像은 이후 만선사에도 일정한 영향을 끼쳤을 것으로 추정된다.

이 점에 주목하여 필자는 식민주의 역사학에서의 발해사 인식을 만선사 성립 이전과 이후로 나누어 살펴보고자 하였다. 滿鮮史는 일본이 러일전쟁 이후 설립한 南滿洲鐵道株式會社의 東京支社에 滿鮮歷史地理硏究室이 설치되면서 본격화되었다. 그렇기 때문에 만선사에서의 발해사 인식을 파악하기 위해서는 그 이전 즉 명치유신 이후 러일전쟁 무렵까지 일본에서 간행된 한국사 관련 저술들부터 검토해야 한다.

그런데 조사 과정에서 필자는 31종의 저술을 확인하였으며, 그중에는 지금까지 한번도 검토되지 않은 것들이 절반 이상이나 된다. 이 때문에 저자 약력, 저술 목적, 그리고 내용 소개 등 기본적인 정보들을 정리하는 작업만으로도 제한된 지면을 초과해 버려, 부득이 발해사 인식에 대한 고찰은 다음 기회로 미룰 수밖에 없게 되었다. 결국 일본이 조선을 침략하는 과정에서 한국고대사를 어떻게 인식했는지를 이해하기 위한 예비적 고찰에 불과하게 된 점에 대해 양해를 구한다.

2. 일본 근대 초기(1875~1905)에 간행된 한국고대사 관련 저술

명치유신에서 러일전쟁까지 많은 일본인이 한국과 관련된 저술들을 발간하였다. 그중에서 한국고대사 및 이를 포함한 通史的 저술들의 간략한

---

[4] 李萬烈, 「19世紀末 日本의 韓國史 硏究」, 『淸日戰爭과 韓日關係』(一潮閣, 1985), 106쪽.

서지 사항을 간행 시기순으로 정리한 것이 다음의 〈표 1〉이다. 여기에 개항 이후의 역사만 다룬 근대사 저술은 제외하였다. 반면 엄밀한 의미에서 역사서는 아니지만 짧게나마 한국사의 흐름을 개관한 地誌 등은 포함하였다. 검토 대상 가운데 일부는 일선동조론 및 任那日本府와 관련되어 상당한 분석이 이루어진 바 있다.5)

〈표 1〉 1875∼1905년에 일본에서 간행된 한국고대사 관련 저술

	서명	성격	간행 시기	저자	학력·직업	분량	비고
1	朝鮮誌略	정보서	1875~02	東條 保		31장	
2	啓蒙 朝鮮史略	역사서	1875~04	菅原龍吉		7권 356장	
3	朝鮮新論	정보서	1876~01	總生 寬 (1843~1894)		32장	1896-03『朝鮮事件』 간행
4	朝鮮國地誌摘要	정보서	1876~03	近藤保祿	櫪木縣 士族	35장	
5	皇朝兵史	역사서	1880~04	陸軍文庫		2책 7권 178장	조선 관련 64장
6	朝鮮地誌	정보서	1881~07	坂根達郎	山口縣 士族	51장	
7	朝鮮國誌	정보서	1883~03	關根錄三郎 (1841~1890)		2권 30장	淸에서 필사한 것을 訓點

5) 李萬烈, 위의 글은 당시 발표된 논문들과 함께 〈표 1〉의 ⑨『外交志稿』·⑬『朝鮮史』·⑭『日韓古史斷』등에 대해 분석하였다. 그리고 趙東杰,『現代韓國史學史』(나남출판, 1998)은 '侵略三書'로서 ㉓『朝鮮王國』·㉖『朝鮮開化史』·㉗『韓半島』를 주목하였다. 최근에 최혜주,「근대 일본의 한국사관과 역사왜곡」,『근대 재조선 일본인의 한국사 왜곡과 식민통치론』(景仁文化社, 2010)은 이들을 포함하여 ②『啓蒙 朝鮮史略』·⑫『稿本 國史眼』·㉒『朝鮮史綱』·㉚『朝鮮史』까지 검토하였다.
⑤·㉔·㉛을 제외한 나머지 28종에 대해서는 櫻井義之,『朝鮮硏究文獻誌－明治·大正編』(龍溪書舍, 1979)에 기본적인 서지 사항이 수록되어 있다. 참고로 〈표 1〉에 포함된 책들은 日本國會圖書館(http://www.ndl.go.jp) 및 국가전자도서관(http://www.dlibrary.go.kr)에서 온라인으로 원문을 열람할 수 있다.
한편 ㉗『韓半島』는 348면에서 '日韓兩民族의 祖先論' 즉 일선동조론의 근거를 橫井時冬의『日本商業史』(金港堂書籍株式會社, 1898-12)의 고증에 따른다고 하였다. 이 책은 각 시기별로 朝鮮과의 交通 및 貿易 부분을 서술하면서 한국사에 대해서 언급하였다. 이러한 사례는 매우 많을 것으로 예상되지만, 분량상 본고에서는 ⑫『稿本 國史眼』만 예외로 하고 검토 대상에서 제외하였다.

8	鷄林地誌	정보서	1883~05	宇津木貞夫 (?~1891)	京都府 士族 육군참모본부 근무	49장	『讀史方輿紀要』의 조선 관련 부분의 번역
9	外交志稿	역사서	1884~07	外務省 記錄局		38권 1133면	1877~1881 완성 실무는 北沢正誠
10	朝鮮紀聞	정보서	1885~05	鈴木信仁	東京府 士族	190면	大鳥圭介 교열
11	朝鮮八道誌	정보서	1887~04	小松運	陸軍 軍醫	106면	
12	稿本 國史眼 1	역사서	1890~12	重野安繹 외 (1827~1910)	帝國大學 교수	53장	『日本史略』(1877)의 개정, 전7권
13	朝鮮史	역사서	1892~12	林泰輔 (1854~1922)	東京大學 古典 講習科 漢書課 山口高等中學 助敎	5권 212장	1901-06 『朝鮮近世史』간행
14	日韓古史斷	역사서	1893~12	吉田東伍 (1864~1918)	1901년부터 東京專門學校 강사	586면	「半島興廢考」(1891) 의 수정 증보
15	朝鮮志	역사서	1894~07	足立栗園		110면	
16	日韓交通史	역사서	1894~07	服部徹 (?~1908)		174면	
17	朝鮮地誌要略	정보서	1894~07	松本仁吉		96면	
18	朝鮮地理大戰爭	정보서	1894~07	白幡郁之助		88면	조선지리 34면
19	東邦關係	정보서	1894~09	渡邊修二郎 (1855~?)		387면	
20	支那朝鮮形勢錄	정보서	1894~10	秋山四郎 (?~1931)		91면	조선부분 39면
21	新撰朝鮮地理誌	정보서	1894~10	大田才次郎 (1864~1940)		262면	
22	朝鮮史綱	역사서	1895~02	西村豊 (1864~1928)	동경대학 古典科	2권 175면	
23	朝鮮王國	정보서	1896~10	菊池謙讓 (1870~1953)	東京專門學校 英語政治科	557면	
24	東洋分國史	역사서	1896~09	大槻如電 (1845~1931)		2권 143장	上卷(支那史) 74장 下卷 중 朝鮮史 25장
25	漢韓史談	역사서	1899~09	大槻如電		2권 99장	중학교 한문 교과서
26	朝鮮開化史	정보서	1901~01	恒屋盛服 (1855~1909)	磐前縣 英語學校, 興亞會 부설 支那語學校	540면	
27	韓半島	정보서	1901~05	信夫淳平 (1871~1962)	동경전문학교 英語普通科 東京高等商業 學校	694면	

28	朝鮮年表	역사서	1904~01	森潤三郎 (1879~1944)	京都帝大	316면	
29	朝鮮支那外征錄	역사서	1904~12	石川鴻齋 (1833~1918)		85면	朝鮮部 44면
30	朝鮮史	역사서	1905~06	久保天隨 (1875~1934)	東京帝大 漢文 學科	328면	
31	外交繹史	역사서	1915~08	那珂通世 (1851~1908)	慶應義塾 졸업 1896년부터 동경제대 강사	4권 550면	1893~1897년에 발표 한 논문들을 토대로 한 미완성 저서

위의 〈표 1〉을 통해 눈에 띄는 것은 첫째, 간행 저술의 시기적 집중성이다. ①~④는 1875년 운양호 사건 전후, ⑦~⑩은 1884년 갑신정변 전후, ⑬~㉒은 1894년 청일전쟁 전후, ㉓~㉗은 1896년 아관파천 이후, ㉘~㉚는 러일전쟁 전후에 각각 집중적으로 간행되었다. 일제의 조선 침략의 시기적 변화는 당연히 해당 시기 저술에도 일정한 영향을 끼쳤을 것이다.

둘째, 간행 저술의 분량 및 성격의 변화이다. 초반에는 조선의 지리 · 역사 · 제도 · 풍속 등 각종 정보를 중심으로 시론적 성격도 포함한 일종의 '정보서'[6] 계열의 저술들이 간행되었다. 이들은 분량이 비교적 적지만 조선 침략의 의도가 노골적으로 드러나 있다. 그러다 ⑬를 기점으로 점차 분량도 많은 역사서가 간행되기 시작하였다. 단순한 정보를 넘어서 조선에 대한 식민지배를 위해서는 보다 깊은 이해가 요구되었기 때문일 것이다.

셋째, 서술 방식도 초반에는 사실 나열 중심의 편년체적 서술이 주류를 이루다가 역시 ⑬ 이후에는 비록 형식적이나마 3시기 구분법을 사용한 근대적 서술이 늘어났다. 서술 방식은 변화는 저자들이 전통적인 한학자 출신

---

[6] 당시 일본에서는 조선에서 일어난 역사적 사건과 관련하여 시론적 간행물이 간행되었다. 운양호 사건 때에는 『朝鮮軍記』 · 『朝鮮新論』이 나왔고, 임오군란 때에는 38종의 간행물이 나왔다. 갑신정변이나 동학농민전쟁, 청일전쟁, 을미사변 때도 마찬가지였다. 당시에 조선의 地誌와 기행문도 수없이 간행되었다(趙東杰, 앞의 책, 244-245쪽). 이 글에서는 조선의 역사와 지리, 제도 등에 대해 개괄적으로 서술한 저술들은 그 목적이 조선에 대한 정보를 소개하는 데 있다는 점에서 '정보서'라고 명명한다.

에서 근대 교육을 이수한 대학 졸업자로 바뀌어가는 추세와 관련이 있다.

넷째, 근대적 역사서의 등장은 정보서 계열에도 영향을 끼쳐, ⑲·㉓·㉖·㉗같이 분량과 내용이 대폭 증가한 정보서를 낳게 되었다.

첫째를 제외한 나머지 특징들은 일단 일본에서 근대식 교육제도가 성립되는 과정과 무관하지 않으므로, 이를 간단하게 살펴보면 다음과 같다. 먼저 1877년 4월에 東京大學의 창립과 함께 그 文學部에 史學·哲學及政治學科와 和漢文學科가 설치되었다. 전자는 서양학문, 후자는 전통학문의 교육이 목적이었는데, 1879년 9월에 전자는 史學·哲學及政治學及理財學科로 개칭되었다가 사학과의 경우 교수 요원이 없다는 이유로 폐지되었다. 和漢文學科도 명목상 유지되었던 모양인지 문부성에서 漢學者 양성을 요청하자, 문학부는 1882년 5월에 정규 학과제도와 별도로 古典講習科를 부설하고 甲部와 乙部로 나누었다. 그 명칭은 國書課와 漢書課로 변경되어 1888년까지 지속되었다. 고전강습과 한서과 출신으로 市村瓚次郎·林泰輔 등이 있었다. 1886년 3월에 帝國大學令이 제정되고, 1887년 2월에 사학과 교수로서 독일에서 리스(Riess)가 초빙되면서 9월에 文科大學에 史學科가 다시 설치되었다. 그리고 1889년 6월에 國史科가 설치되었는데, 이와 동시에 和文學科와 漢文學科는 각각 國文科과 漢學科로 명칭이 바뀌었다.[7]

그렇기 때문에 이 시기의 대표적인 한국사 저술인 ⑬, ㉒, ㉚의 저자들은 (동경)제국대학 사학과가 아닌 古典講習科 漢書課나 漢文學科를 졸업하였다. 이들은 근대적 역사학보다는 막부시대의 한학적 전통과 가깝다는 점에 유념할 필요가 있다. 참고로 滿鮮史의 창시자인 白鳥庫吉은 1887년 9월에 새로 설치된 사학과의 1회 입학생이었다.

이상의 정리를 토대로 〈표 1〉에 소개한 31종의 저술들을 편의상 '정보서'

---

7) 류준필, 『동아시아의 자국학과 자국문학사 인식』(소명출판, 2013), 24-31쪽 및 岸本美緒 외, 『岩波講座 「帝國」日本の學知 3 – 東洋學の磁場』(岩波書店, 2005), 25쪽.

와 '역사서' 계통으로 구분하여 저자 약력, 저술 목적, 그리고 내용을 살펴
보기로 하자.

3. 정보서 계통의 저술과 그 내용

먼저 명치유신 이후 일본에서 처음으로 간행된 조선사 저술은 東條 保
(도조 다모츠)의 ①『朝鮮誌略』(1875-02, 松風堂)이다. 이 책은 전체 31장
으로 史記와 地理로 분류하여, 조선의 역사와 지리를 간략히 기술하였다.
저자의 이력은 미상인데, 『補義莊子因』·『古文眞寶俚彦抄』 등의 저술을
남긴 것으로 보아 漢學者임에 틀림이 없다. 凡例에 의하면, 저자의 친구가
대마도에 가서 조선에 관한 책을[8] 구해 와서 저자가 國史(일본사)와 서양
기록을 참고하여 편찬하였다.

우선 이 책의 서두에 실린 大原公 題詞 '檀翠可掬'이 주목된다. 大原公은
당시 조정 대신인 大原重德(오오하라 시게토미, 1805~1879)을 가리킨다.
'檀翠'의 '檀'은 檀君에서 따왔을 가능성이 높은데, 비취 또는 물총새를 뜻하
는 '翠'의 의미는 확실하지 않다. 그렇지만 東條 保가 1875년 4월에 대만에
대한 정보서로서 편찬한『臺灣事略』의 題詞가 '遠圖'라는 점을 감안하면,
'檀翠可掬'은 조선을 정복할 수 있다는 의미가 된다. 요컨대 이 책은 征韓
論을 배경으로 조선에 대한 정보의 필요성에서 작성되었던 것이다.

그래서 한국의 역사를 다룬 「史記」(4~22장)는 단군·기자·위만 조선과
삼한을 언급하면서도 기본적으로 일본과의 관계사 중심으로 서술하였다.
예컨대 신라에 대해서 垂仁帝 3년에 신라 왕자 天日槍이 입조하여 공물을

---

8) 이 책은 對馬島 通事 小田幾五郎이 1794년에 쓴『象胥紀聞』일 가능성이 높다.

헌상하고 체류했다든지, 仲哀帝 9년에 神功皇后가 친히 신라를 정벌했다는 식이다. 뒤이어 백제, 임나, 탐라, 발해, 고구려, 고려도 마찬가지이다.

이러한 인식은 바로 江戸時代 國學者들의 韓國史像에 다름 아니다. 국학자들은 『古事記』와 『日本書紀』 등 일본의 古典을 중시하여 고대 일본의 神이나 天皇이 한국을 지배했고, 혹은 일본의 神이 한국의 神이나 왕이 되었으며, 한국의 왕족·귀족이 일본에 복속했다는 주장하였다. 이러한 주장에 대해서는 漢學者들도 마찬가지였으며, 征韓論의 근거가 되었던 것이다.[9]

③ 『朝鮮新論』(1876-01, 萬笈閣)은 전체 32장에 불과한데, 저자 總生 寬(후소오 칸, 1843~1894)은 극작가로 알려져 있다. 서두에는 仙臺 출신의 漢學者로 유명한 大槻磐溪(오오쯔키 반케이, 1801~1878)가 쓴 '光被四表'라는 題詞가 실려 있다. '일본의 威光이 사방 끝까지 덮는다'라는 것은 결국 조선에 대한 영향력 확대를 의미한다. 한편 저자는 두 달 후에는 朝日修好條規의 체결 과정을 다룬 『朝鮮事件』(1897-03)을 간행하였다.

서론에 해당하는 「朝鮮總論」에서는 조선의 市街家屋과 의복은 支那와 동일하고, 종족은 몽고종으로 성격은 遲鈍하며, 兵器와 兵制는 낙후되었다고 간략히 언급한 후 고대부터 당시까지의 조선과 일본의 관계를 17장에 걸쳐 서술하고, 나머지는 명치 신정부 수립에서 정한론 논쟁, 운양호 사건까지 서술하였다. 고대사 부분의 서술 논조는 『朝鮮誌略』과 같다. 즉 신라 왕자 天日槍의 귀화하며 바친 보물을 三韓 朝貢의 시작으로 파악하고, 신공황후의 삼한 정벌 이후로 삼국과 일본의 관계를 '삼국의 朝貢, 일본의 遣使' 형식으로 서술하였다. 발해의 경우도 마찬가지이다.

④ 朝鮮國地誌摘要(1876-03, 時習舍)의 저자 近藤保祿(곤도 호로쿠)은 판권에 櫪木縣 士族이라고 할 뿐 그 이외는 미상이다. 例言에 따르면, 스승

---

9) 旗田巍(李基東 譯), 앞의 책, 119-120쪽.

樫原義長(가시하라 요시나가)의『朝鮮名勝志』초고에서 조선의 주요 지명만 모아서 출판하기를 요청하여 허락받았는데, 급하게 출판하느라 체재도 못갖추고 문장도 졸렬하지만 지명을 보는 데는 便易하다고 하였다. 급하게 출판한 이유는 바로 한달 전에 체결된 병자수호조약 때문일 것이다. 참고로 樫原義長는 당시에「日本里程一覽」·「大日本新圖」·「薩摩國勢細見圖 附略誌」등 많은 지도를 제작하였다.

전체 35장 중 10장은 조선의 위치, 강역, 형세, 연혁, 里程, 居民, 貢租, 物産 등을 소개하고, 나머지는 경성과 팔도의 지리 정보를 서술하였다. 이 중 연혁(2b~3a)에서 단군-기자-위만-삼한-삼국-고구려-조선으로 이어지는 한국사의 흐름을 간단하게 소개하면서, 신공황후의 정벌과 豊公의 정벌을 강조하였다. 그런데 700년의 삼국시대가 王建의 高句麗에 의해 통일되었고, 왕건의 이름을 建秦, 조선 왕실의 성씨를 李氏로 표기하는 등 오류가 적지 않다. 한편 발해에 대한 언급은 없다.

⑥ 朝鮮地誌(1881-07, 坂根氏藏)의 저자 坂根達郎(사카네 다츠로오)은 판권에 저술 겸 편집인이며 山口縣 士族이라고 할 뿐 그 이외는 미상인데, 저서로『小學必携農商訓蒙』·『大阪府管內地誌』등이 있다. 서두에 花房義質이 '山河歷歷'이라고 쓴 題詞가 있다. 전체 51장 중 총론(3장)에서 위치, 지세, 역사, 풍속 등을 소개하고 팔도의 지리를 서술하였다. 한국사에 대한 서술은 그 분량(2b~3a)과 내용이 ④『朝鮮國地誌摘要』과 거의 같다.

⑦『朝鮮國誌』(1883-03, 丸善藏)는 일본인의 저술은 아니다. 서문에 따르면, 일본인 菊池 某가 청나라 유학중에 조선에 관한 자료를 필사하여 귀국하자 당시에 漢詩로도 유명한 한학자 關根錄三郎(세키네 로쿠사부로, 1841~1890)가 訓點하여 출판한 것이다. 그의 이름은 柔, 호는 癡堂이다. 저자 서문에 따르면, 일본이 명치 이후로 조선과 다시 국교를 맺고 통상을 체결하면서 조선에 대한 관심을 둔 사람들이 늘어났지만 그 역사서가 거의

없어서 뜻있는 사람들이 항상 유감스럽게 생각했기 때문에, 조선의 고금연혁과 州郡, 풍속, 물산의 개요를 소개한다고 하였다.[10]

이 책은 2권 30장의 작은 분량으로 권1은 조선의 역사, 권2는 조선의 지리에 대해 약술하였다. 원래 중국인의 저술이므로 일선동조론 및 임나일본부에 대한 서술은 당연히 없다. 다만 고조선에 대해서는 기자와 위만만 언급하였다. 편자가 일본 독자를 위하여 중국 연호에 일본 연호를 병기하였다.

⑧ 鷄林地誌(1883-05, 爰止居)도 일본인의 저술이 아니다. 표지에는 저자, 판권에는 역자 겸 출판인으로 되어 있는 宇津木貞夫(우츠기 사다오, ?~1891)는 京都府 士族 출신이며, 당시 和歌로 유명했는데 명치유신 이후에 육군참모본부에 근무하였다. 표제에 종7위라고 표기되어 있는 것은 그 때문이다. 이 책은 명말 청조의 顧祖禹가 편찬한『讀史方輿紀要』권38, 山東9, 外國附考 朝鮮 부분을 번역하고 재편집한 것이다. 조선 팔도의 주요 지명을 소개한 뒤에 말미의 朝鮮沿革 조에서 고조선에서 조선까지의 흐름을 약술하였다. 중국의 저술이므로 고조선은 기자부터 언급하였고 임나일본부에 대한 서술은 당연히 없다. 그리고 부록으로 탐라·읍루·부여·옥저·예맥·백제·신라·流鬼·발해에 대해서 서술하였다.

⑩『朝鮮紀聞』(1885-05, 愛善社)은 본문 190면으로 조선의 역사·지리·풍속·人情의 개요를 서술한 정보서 치고는 비교적 분량이 많은 편이다. 판권 부분에 편술 겸 출판인으로 되어 있는 鈴木信仁(스즈키 노부히토)은 東京府 士族 출신이며, 다른 저서로는『東京水道の沿革』(1896)이 확인된

---

10)『朝鮮國志序』"朝鮮與我, 那實爲脣齒國, 其通或舊矣. 中古以還, 漸致疏隔, 德川氏, 時雖有信使來聘, 其常相往者, 僅有對馬人. 于明治以後, 首修舊好, 締約通商, 或際漸密, 人人屬意彼土, 而其史籍, 傳于我者, 寥寥無聞, 有志之士, 常以爲憾 … 朝鮮古今沿革 州郡風俗物産之槪, 畧簡約可見" 여기서의 '人人屬意彼土'와 '有志之士'는 단순한 통상 이상으로 조선 침략에 관심을 둔 일본의 '朝鮮浪人'을 연상케 한다.

다. 그런데『朝鮮紀聞』의 교열자는 1893년에 조선공사에 임명되어 이듬해
친일개화파 정권을 수립하는 데 큰 역할을 한 大鳥圭介(오오토리 게이스
케, 1833~1911)이다. 더구나 이 책의 역사 부분은 例言에 의하면, 大鳥圭介
가 地學協會에서 했던 강연의 초록이다.

이 책의 서문은 명치유신의 주역인 大久保利通의 심복으로 알려진 楠本
正隆(구스모토 마사타카, 1838~1902)이 썼다. 그는 영토를 개척하고 식민
을 도모하는 세계 정세하에서 동양에 뜻을 두는 나라는 모두 조선에 주목
하는데, 그 이유는 조선이 四方의 利害와 관계되며 武備의 要衝地이기 때
문이라고 하였다. 그리고 청불전쟁이 끝나면 동양의 대세가 어떻게 될지
모르는 상황이므로 經世之士에게 이 책은 유용하다고 추천하였다.

「歷世」(1~17면)에서는 먼저 朝鮮과 新朝鮮을 구분하여 전자는 신공황후
의 정벌은 받은 삼국 이전의 조선, 후자는 豊太合의 정벌을 받은 조선에
해당한다고 밝힌 뒤에, 한국사를 始祖 箕子-조선왕 위만-삼한(마한, 진
한, 변한)-삼국(백제, 고려, 辰羅)-後高麗-新朝鮮 순으로 서술하였다.

시조 기자 말미에는 단군신화에 대해 황당하며 문헌상 증명할 수 없다
고 하면서도 단군의 誕降地 太白山을 경상도 眞寶의 太白山으로 잘못 소개
하였다.[11] 변한조에 任那國도 포함시켰으며, 辰羅 즉 신라에서는 脫解尼師
今을 倭國 동북 1천리의 婆那國 사람이라고 하였다. 한편 후고려에서는 먼
저 전고려의 후예로서의 발해에 대해 언급하고 말미에서 후고려가 발해의
고토를 차지하려고 하였지만 거란 때문에 여의치 못했다고 서술하였다.

⑪ 朝鮮八道誌(1887-04, 東山堂)는 小松運(고마츠 스스무)의 저술이다.
그는 福島 출신으로 1879년 元山港이 개항되자 陸軍一等軍醫로서 3년간
주재하였다. 이때 조선의 향배가 일본의 성쇠와 직결되는데도 일본인은 조

---

11) 이러한 비정은 對馬島 通事 小田幾五郎이 1794년에 쓴『象胥紀聞』에 처음 보인
다(小田幾五郎 著·栗田英二 譯註,『象胥紀聞』, 이회, 2005, 18쪽).

선의 산천, 풍토, 제도, 人情, 古今의 用兵, 戰守興亡, 成敗得失 등을 알지 못한다고 개탄하였다. 그래서 그는 『象胥紀聞』·『징비록』·『고려사』·『朝鮮賦』·『대전회통』·『攷攷事撮要』 등 조선의 서적들을 모아 그 핵심을 抄譯하고 자신의 實見을 부기해 두었는데, 나중에 長谷川豊吉(하세가와 토요키치, 1852~1923) 등이 일본 서적들을 참고하여 수정 보완한 뒤에 출판하였다.

당시의 정보서 가운데 비교적 고위 관료의 저술인 까닭에 제국대학 총장인 渡邊洪基의 '善隣'이라는 題詞와 특명전권공사인 花房義質의 편지가 수록되어 있다. 이 책은 총론에서 위치·연혁·政體 등 14항목에 대해 간략히 소개하고, 조선 팔도에 대해 도별로 각종 정보를 서술하였다. 연혁(5~6면)에서 단군-기자-위만-삼한-삼국-신라-후삼국-고려-조선 순으로 그 역사를 개관하였다.

⑰ 朝鮮地誌要略(1894-07, 中村鍾美堂)의 저자인 松本仁吉(마츠모토 니키치)은 별호가 謙堂이며, 『唐宋八大家文讀本』(1892)·『三國對照會話篇日淸韓』(1894) 등의 저서만 전할 뿐 다른 이력은 미상이다. 서언에서 집필 목적을 다음과 같이 밝혔다. 조선에서 東學黨의 난이 일어나 청국이 군대를 파견하자 일본도 帝國의 관공서와 臣民을 보호하기 위해 출병한 사태를 만나 일본인은 조선의 정세를 살핌으로써 아시아 동방 백년의 대계를 강구해야 하며, 그러기 위해서는 먼저 그 지리를 精査해야 한다. 그래서 최근의 확실한 재료에 의거하여 풍습 및 주요 지역의 개요를 서술하였으니, 그것은 평상시와 '戰時'에 겸용하려는 의도였다는 것이다.

이 책은 朝鮮誌(36면)와 地方誌(48면)로 구성되어 있다. 전자는 위치·풍속·제도·역사 등 32항목으로 나누어 각종 정보를 서술하였고, 후자는 도별로 주요 지역에 대해 서술하였다. 조선지의 역사(26~27면)에서 단군-기자-위만-삼한-삼국-고려-조선 순으로 그 역사를 개관하였다.

⑱ 朝鮮地理大戰爭(1894-07, 一二三館)은 1274년 몽고의 일본 원정을 다룬 「軍事史譚 大戰爭」과 조선의 각종 정보를 담은 「附錄 朝鮮地理」의 두 부분으로 구성되어 있다. 저자 白幡郁之助(시라하타 이쿠노스케)는 표제에 魯堂散史로 되어 있을 뿐 다른 이력은 알 수 없다. 다만 저서로 『야마토 軍歌』와 『簡易 測圖法』 등이 확인된다.

서문을 쓴 山夾學人도 이력을 알 수 없는데, 여기서 그는 일본이 2500년 동안 외적의 수모를 받은 적이 없고 도리어 국위가 안으로 충만하고 밖으로 표출하여 神后의 威烈, 豊功의 勇武로 한국을 압도하였는데, 명치유신 이래 文俗의 潮流로 인해 국민들이 나약해졌다고 한탄하였다. 그래서 옛날 元寇蒙賊의 전말을 저술하여 국민의 적개심을 고무할 뿐만 아니라 朝鮮地理까지 첨부한 저자의 용의주도함을 칭찬하며, 일청의 교섭이 위기일발에 임박한 시기에 이 책의 출간은 의의가 높다고 평가하였다.

「附錄 朝鮮地理」는 조선의 地勢·島嶼·王都·개항장·물산·언어문자·도로·역사·정치 등을 소개하였다. 역사(22~23면)에서는 단군에 대한 언급 없이 기자-위만-삼한-삼국(백제·고려·辰羅)-後고려-조선 순으로 그 역사를 개관하였다.

⑲ 東邦關係(1894-09, 奉公會)는 전체 387면으로 지금까지 나온 정보서 중 분량이 가장 많다. 말미에 수록된 규약에 의하면, 이 책을 출판한 奉公會는 1894년 3월에 靜岡縣에서 대외사상의 보급을 목적으로 설립된 단체로서 주로 東南洋의 地理·近事·兵制·植民·貿易·國交 등의 사항을 講究하였다. 봉공회 설립 취지서는 간사 鞍智芳章이 집필하였는데, 芳章은 판권에 발행 겸 인쇄자인 鞍智逸平(구라치 잇페이)의 호로 추정된다. 그는 靜岡縣 濱松에서 처음으로 활판인쇄를 하였다. 한편 저자 渡邊修二郎(와타나베 슈지로, 1855~?)는 『明治開化史』(1880)·『外交通商史談』(1897) 등 일본과 서구의 교섭사를 다룬 저술을 남겼다.

서두에는 당시 아시아주의의 맹주로 활약했던 近衛篤麿(고노에 아츠마로, 1863~1904)와 參謀本部次長을 역임했던 曾我祐準(소가 스케노리, 1844~1935)의 서문들에 이어 鞍智芳章의 간행 취지서가 실려 있다. 후자에서는 영국과 러시아의 각축이 동아시아로 파급되는 국제정세에서 일본제국의 지위는 조선의 상태 여하에 달려있고, 또 조선을 둘러싸고 일청의 교전이 일어난 상황에서 일본과 조선의 장래에 대한 깊은 고찰이 필요하다고 하였다.

이 책은 제1부「日韓淸 三國 近來의 關係」(16장), 제2부「朝鮮國 事歷 및 日本·支那와 古來의 關係」(3장), 제3부「朝鮮과 구미각국과의 관계」(4장), 부록 등으로 구성되어 있다. 제2부 17장 '朝鮮國 事歷'(273~280면)의 서두에서는 조선인은 자국의 사서를 읽지도 않고 어려서부터 지나의 사서만 학습하여 독립의 意氣가 없고 지나를 존숭하는 풍습을 양성한다고 비판하였다. 그리고 단군－기자－위만－삼한－삼국－고려－조선의 역사를 서술하였는데, 삼국에서는 신공황후의 정벌과 임나일본부 설치를 강조하였다.

이러한 서술 기조는 18장 '일본·조선 고래의 관계'(281~290면)에서도 반복되었다. 일본 측 기록의 素盞嗚尊 부자가 건너간 根國이 朝鮮인지에 대해서는 유보적이지만, 崇神 65년 任那國 使者의 파견 및 仲哀 9년 神功皇后의 신라 정벌은 사실로 인정하였다. 여기에 임나일본부의 증거로서 당시 막 발견된 광개토왕비문을 인용하였다. 뒤이어 日韓 二國은 본래 一域이지 他境은 아니며, 일본은 三韓과 同種이라고 하였다. 일선동조론적 서술이 정보서 계열에서는 처음으로 나타났다는 점에 주목할 필요가 있다. 한편 발해에 대해서는 백제·고구려 멸망 이후 일본에 聘禮를 다한 나라로서 강조하였고, 뒤이어 임진왜란에서 막부말기까지의 양국 관계를 서술하였다. 19장 '조선·지나 고래의 관계'(291~304면)에서는 기자－위만－

고구려－고려의 대중국 관계를 약술한 다음에 조선의 對淸관계를 주로 서
술하였다.

⑳ 支那朝鮮形勢錄(1894-10, 共益商社)의 저자 秋山四郎(아키야마 시로,
?~1931)의 이력은 미상인데, 『漢文讀本』·『中學倫理書』 등의 교과서를 주
로 저술하였다. 그중에는 那珂通世와의 공저 『教育勅語衍義』·『日本地理
小誌』(1891)·『尋常小学修身口授書』(1893) 등이 있다. 청일전쟁 직후라는
발간 시기에 부응하듯 例言에서는 적개심을 북돋고 있다. 즉 충군애국의
정신으로 풍부한 청년자제들은 현재의 時勢에 당하여 누구나 적개심을 가
지고 있는데, 적개심을 奮起하려면 王師가 향하는 곳의 地勢·기후·軍
備·兵制 등의 형세를 알아야 한다는 것이다. 그래서 청국의 형세를 기록
하고 아울러 이와 관련된 조선의 형세를 기록한다고 하였다.

이 책의 구성은 1장 지나의 지리, 2장 지나의 근세사, 3장 조선의 지리,
4장 조선의 근세사, 5장 유신 이후 일청한의 관계로 되어 있는데, 4장 서두
의 '역대 연혁의 개략'(63~64면)에서 기자－위만－삼국－고려－조선 순으
로 그 역사를 개관하였다.

㉑ 新撰朝鮮地理誌(1894-10, 博文館)의 저자 大田才次郎(오다 사이지로,
1864~1940)는 명치·소화 시기의 한학자로 호는 淳軒이며 東京府立第一中
學校 講師를 지냈으며, 저서로 『史記列傳講義』·『新撰漢文問答』·『日本
兒童遊戱集』 등이 있다.

1편 총론은 위치·지리·民業·연혁·政體·풍속 등을 서술하고 2편은
도별로 강역·호구 등 팔도의 각종 정보를 수록하였다. 연혁(28~31면)에서
단군－기자－위만－삼한·四郡－삼국－고려에 이어 조선 건국까지 서술
하였다. 이때 고구려 멸망에 이어 발해－태봉을 거쳐 고려가 신라·백제를
병합한 부분도 기술하였다.

저자가 참고한 도서는 『東藩紀要』·『象胥紀聞』·『朝鮮八域誌』·『高麗

史』·『朝鮮事情』·『朝鮮紀聞』·『朝鮮政體』·『朝鮮見聞錄』·『讀史方輿紀
要』 등이다.

㉓『朝鮮王國』(1896-10, 民友社)은 地理部와 社會部, 그리고 근세사 중
심의 歷史部의 세 부분으로 구성된 전체 분량 557면의 방대한 정보서이다.
저자 菊池謙讓(기쿠치 겐조, 1870~1953)는 1893년에 東京專門學校(早稻田
의 전신)를 졸업한 후 德富蘇峰이 경영하는 民友社에 입사하여, 이듬해 國
民新聞社 특파원으로 조선에서 청일전쟁을 취재하였다. 1895년 10월에 을
미사변에 가담한 그는 추방되어 廣島에서 잠시 수감생활을 하였다가 1898
년에『韓城新報』 주필로서 조선에 돌아왔다.[12]

그가 수감 중에 저술한 것이『조선왕국』이고, 그 서문을 蘇峰生 즉 德富
蘇峰과 柴四朗이 썼다는 점은 이 책의 성격을 여실히 보여준다. 주지하듯
이 德富蘇峰은 청일전쟁을 계기로 민권론자에서 국가주의자로 전환한 인
물이며, 柴四朗는 을미사변의 가담자였다. 상투적인 德富蘇峰의 서문과 달
리 柴四朗의 그것은 현재 일본과 러시아가 대항하는 형세에서 일본의 방략
을 考究하는 데 이 책이 큰 도움이 될 것이라고 하였다.

저자 역시 서문에서 조선반도에서 일본 세력이 러시아에 의해 排縮되는
것이 當局者의 失計라고 비판하면서, 일본제국은 조선반도를 잊을 수 없는
데다가, 조선의 인종·풍속·정체·교학·국토는 모두 우리 조상 이래로 3
천 년간 向背盟離의 관계를 맺고 있었으므로 조선 문제를 考究할 필요가
있다고 하였다. 歷史部는 '七朝史槪要'(279~320면)와 '近世史'(321~557면)
로 구분되는데, 범례에서 1894년 이후 일본과의 관계 및 금후 조선문제 考
究를 위해 最近史에 매진한다고 하였다. '七朝史槪要'의 세부 항목은 古朝
鮮, 東方의 家長國, 三國分立, 南北人消長, 高麗 등으로 구성되어 있다. 고

---

[12] 하지연, 「韓末·日帝강점기 菊池謙讓의 문화적 식민활동과 한국관」,『동북아역사논
총』 21, 동북아역사재단, 2008.

조선은 기자부터 서술하였으며, 고대 한일의 빈번한 교섭의 증거로서 素盞
尊의 半島 渡海를 들었고, 신공황후의 外征, 임나에 일본의 총독부 설치 등
을 곳곳에서 강조하였다. 한편 발해에 대한 서술은 없다.

저자가 참고한 도서는 87종이나 되는데, 여기에는 『朝鮮紀聞』·『啓蒙
朝鮮史略』·『朝鮮國志』·『朝鮮史』·『日韓古史斷』·『朝鮮志』 등이 포함되
어 있다.

㉖ 『朝鮮開化史』(1901-01, 博文館)의 저자 恒屋盛服(쓰네야 세이후쿠,
1855~1909)는 1872년에 磐前縣 英語學校, 1880년에 興亞會 부설 支那語學
校를 수료하였다. 1884년에는 朝野新聞社에 입사하여 조선과 청 관계 기사
를 담당하였으며 1887년에는 興亞會의 후신인 亞細亞協會 사무를 관장하
였다. 1890년에는 일본인의 멕시코 이민을 추진하였으며, 청일전쟁이 일어
나자 朴泳孝 등과 함께 조선에 와서 내정개혁에 간여하였다. 1900년에 東
亞同文會 常任幹事가 된 그는 頭山滿 등과 國民同盟會를 조직하여 러시아
에 대한 강경책을 주장하였고, 1903년에는 開戰論을 주장하였다.[13]

自敍에 따르면, 그는 1895년에 조선의 내각 輔佐官으로서 기록·편찬·
官報事務를 감독하다가, 아관파천이 일어나자 박영효의 집에 머물며 1898
~1899년에 이 책을 완성하였다. 그가 보기에 都府의 零落, 村邑의 衰殘, 綱
紀의 弛廢, 風俗의 敗壞 일색인 조선에 대해 굳이 이 책을 집필한 이유를
스스로 다음과 같이 설명하였다. 즉 旣往을 고찰하여 현재에 징험하고 미래
를 추측한다면 大勢의 귀착점을 예측하기 어렵지 않기 때문에, 반도의 지
리·인종·문화·외교상의 事蹟을 기록하여 그 본연의 성질이 장래에 미칠
관계를 아는 데 도움을 준다는 것이다. '그 본연의 성질이 장래에 미칠 관계'
라는 것은 조선망국론을 전제로 한 일본의 식민지화를 의미한다.

---

[13] 趙東杰, 앞의 책, 249-250쪽.

또한 갑오개혁 당시 조선주재 대리공사로서 恒屋盛服의 상사였던 杉村
濬(스기무라 후카시, 1848~1906)도 서문에서 일본과 조선은 人種과 民俗이
유사하지만 실제로 서로 같지 않은 이유[不相同]를 다음과 같이 설명하고
있다. 일본은 尙義敢勇하여 한번도 外侮를 받은 적이 없고 신공황후의 征
韓 이래로 조선에 여러 차례 用兵하는 등 修內銳外하여 동양에 우뚝 선 반
면에, 조선은 檀箕 이래로 强隣에 制壓을 받아 事大를 國是로 삼아 卑屈하
고 姑息的이며 안으로는 당쟁을 하고 밖으로 受侮를 돌아볼 줄 모른다는
것이다. 그러면서 일본의 눈으로 조선을 보고 일본에서 시행한 계책을 조
선에서 시행한다면, 조선은 일본을 거부하여 받아들이지 않을[不相容] 것이
라고 하였다. 일선동조론에 입각하여 조선의 실정을 자세히 알아 결국 일
본과 조선이 相同 相容하도록 해야 한다는 것이다.

이 책은 地理 · 人種 · 文化 · 外交의 4編 아래에 다시 각각 12 · 9 ·
15 · 13章으로 세분하였다. 이 중 지리편 10장 「歷代版圖沿革」(109~134면)
은 단군조선에서 조선까지의 역사를 영역 중심으로 서술하였는데, 여기에
는 '발해국'도 포함되어 있다. 그렇지만 '任那의 版圖 · '任那府의 位置 · '百
濟의 疆域 등과 함께 인종편 1장 「天降人種」과 5장 「日本人의 植民」 등은
일선동조론 및 임나일본부의 입장이 강하게 드러나 있다. 그래서 素盞嗚尊
부자가 바다 건너 조선에 가서 曾尸茂梨를 다스렸고, 신라 왕자 天日槍이
일본에 귀화한 후 그 후손인 신공황후가 신라를 정벌한 것들을 사실로 서
술하였다.[14]

㉗ 『韓半島』(1901-05, 民友社)의 저자 信夫淳平(시노부 준페이, 1871~
1962)은 1890년에 동경전문학교 英語普通科, 1894년에 東京高等商業學校
(一橋大學의 전신)를 졸업하였다. 1897년에 한국주재 領事官으로 부임하여

---

14) 자세한 것은 최혜주, 앞의 책, 57-60쪽 참조.

4년간 근무하였다. 20년간의 외교관 생활을 마친 후에는 早稻田大學에서
외교사와 국제법 등을 강의하였다. 이 책은 한국주재 영사관의 경험을
토대로 조선에 대한 각종 정보를 수록하였다. 서두에는 衫村濬, 秋月左都
夫, 山座生, 田久卯吉, 長風生, 中島久萬吉, 埴原生 및 자신의 서문이 실
려 있다.

　1장~6장은 부산 및 인천, 경성, 경복궁 및 경운궁, 개성, 평양 및 진남포,
성환 등 일본과 관련된 주요 지리, 7장은 행정조직, 8장은 재정, 9장은 일
본 · 청 · 러시아 · 프랑스 · 미국 등과의 국제관계, 10장은 각국의 利益線 등
에 대해 서술하고, 11장은 각종 통계표를 수록하였다. 이 중 9장이 분량이
제일 많다.

　『韓半島』는 현재 조선에 대한 정보를 전하는 데 목적이 있기 때문에 조
선의 역사에 대해서는 별도의 항목이 편성되어 있지 않다. 다만 9장 '國際
關係의 事歷' 1절 '일본'(382~420면)에서는 단군－기자－위만－삼한－삼
국－고려－조선의 역사적 흐름을 서술하면서 일선동조론과 임나일본부에
입각하여 일본과의 관계를 강조하였다. 즉 단군은 素盞鳴尊이며, 신공황
후는 일본에 귀화한 신라왕자 天日槍의 후예일 정도로 가까운 日韓의 民
族的 관계는 大伽耶에 日本府를 설치함으로써 國際的 관계로 변화하였으
며, 신공황후의 신라 정벌과 고구려 · 백제의 來附로 조선 전체가 附庸國
이 되었다는 것이다.[15] 한편 2절 '淸國'에서는 청에 대한 조선의 附庸의
유래로서 병자호란부터 서술함으로써 조선에 대한 일본의 역사적 연고권
을 강조하였다.

　이상과 같이 정보서 계통의 한국사 저술들을 살펴볼 때 가장 두드러진
특징은 그 저자들이 한학자 출신이거나 근대교육을 받은 경우에도 사학

---

[15] 최혜주, 앞의 책, 54쪽.

과 졸업자가 아니라는 점이다. 여기서 이들의 한국고대사 지식과 인식이 신공황후의 신라 정벌과 임나일본부를 사실로 인정하는 즉 기본적으로 국학파의 그것과 전혀 다르지 않은 이유를 알 수 있다. 다음으로 정보서의 분량은 청일전쟁을 기점으로 대폭 증가하면서 역사 부분도 마찬가지로 증가하였다. 그것은 초기의 정보서를 토대로 하면서도 역사서를 참고하였기 때문이다.

한편 청일전쟁 무렵부터 나온 정보서들은 조선에 대한 일본 정부의 소극적 자세를 비판하며 강경책을 주장하였다. 이때 역사적 근거로서 임나일본부에서 한 걸음 나아가 일선동조론까지 적극적으로 수용하여 서술하였다.[16]

4. 역사서 계통의 저술과 그 내용

②『啓蒙 朝鮮史略』(1875-04, 千鍾房)은 7권 356장으로 명치 초기에 나온 책 치고는 상당한 거질이다. 저자 菅原龍吉(스가와라 다쓰키치)는 宮城縣 仙臺市에 거주한 漢學者로서 1910년과 1921년에 栗駒村 촌회 의원을 역임했다는 것 이외에 다른 경력을 알 수 없다. 이 책은 범례에서 "조선국의 고금 연혁과 理亂의 사실을 일목요연하도록 편년체로 기술하고 私意는 삽입하지 않았다"라고 밝혔다. 여기서는 후술할 ⑫『稿本 國史眼』이나 ⑬『朝鮮史』처럼 일선동조론 및 임나일본부에 대한 언급이 전혀 없다. 이점에 주목하여 선행 연구에서는 명치 일본의 조선사 왜곡이 개항 이전에는 거의 없었다는 것을 의미한다고 파악하였다.[17]

---

16) 일선동조론에 대해서는 장신,「일제하 日鮮同祖論의 대중적 확산과 素戔嗚尊 신화」,『역사문제연구』21, 역사문제연구소, 2009, 참조.

그러나 이 책의 내용을 살펴보면 檀君을 제외하고는 朴祥의『東國史略』(1552)을 그대로 번역한 데 불과하다.[18] 그래서 서명이『朝鮮史略』이었던 것이고, 그 대본이 한국 사서이기 때문에 당연히 임나일본부에 대한 서술도 없었던 것이다. 반면 이 책의 서문에는 조선이 이른바 神功皇后의 征討 이래 오랫동안 일본에 조공해왔으니 이에 대해 상세히 알아야 하지만 여기에 뜻을 둔 사람이 없다고 개탄하고 있다.[19] 즉 菅原龍吉은 한국의 역사를 좀더 자세히 알기 위해서는 한국 사서를 번역하는 것이 우선이라고 판단했던 것이다.

⑤『皇朝兵史』(1880-04, 陸軍文庫)는 例言에 따르면 神武天皇의 中州 정벌(BC 663)에서 孝明天皇의 長州 征討(1866)까지의 역대 전투에 관한 始終本末을 다룬다고 하였지만, 실제로는 陽成天皇의 蝦夷 정벌(878)까지 서술하였다. 각권 서두에는 引用書目이 수록되어 있으며 대부분『일본서기』등 일본의 사서이지만, 권3에는『삼국사기』·『동국통감』의 한국 사서, 권4와 권5에는『수서』백제전·『당서』등의 중국 사서도 포함되어 있다.

陸軍省 參謀局에 부속된 第4課(兵史課, 나중에 編纂課)는 兵史 및 戰記 편찬을 담당하였는데, 그 결과물이「戰爭記」(1873)·『佐賀征討戰記』(1875)·『皇朝兵史』·『征西戰記稿』(1887) 등이다. 당시 전사 편찬 목적은 서구의 군사조직에서 중시하는 장교 교육에 대한 배려가 보이지 않으며, 단순히 事績의 顯彰과 事務 課業用에 제공에 불과하였다.[20]

---

17) 최혜주, 앞의 책, 20쪽.

18) 檀君의 경우 柳希齡의『東國史略』이 좀 더 상세하게 서술되어 있기 때문에 이를 번역하였다.

19)『啓蒙朝鮮史略』序(鈴木鼎) "朝鮮固亞西亞東陲之一小土 然其爲壤與我相近 而僅阻一帶之水而已 其國神后征討以來 累世服事我 永不闕朝聘貢獻之典 是其所不可不最詳也 然而未見有世人留意焉者"

20) 塚本隆彦,「舊陸軍における戰史編纂－軍事組織による戰史への取組みの課題と限界」,『戰史研究年報』10, 防衛省 防衛研究所, 2007, 68쪽.

이 책은 일본 고대의 대외전쟁사서인 만큼 한국사와 관련된 내용은 이른바 三韓征伐과 관련된 것들인데, 구체적인 내용은 권2의 神后의 外征,[21] 권3의 雄略天皇伐高麗〈伐新羅及記大盤據任那反附〉, 권4의 繼體天皇有事於三韓〈宣化欽明天皇附〉, 권5의 敏達天皇有事於三韓〈孝德齊明天智天皇附〉·聖武天皇伐新羅〈孝謙淳仁嵯峨天皇附〉 등이다.[22] 단순한 사료의 나열이지만 권2에서 仲哀天皇 9년 즉 이른바 神后의 신라 정벌을 소개한 다음에는 "任那의 入貢은 崇神 때이고 신라왕자 天日槍의 귀화는 垂仁의 때이니 王化가 四表에 光被한 지는 오래되었다. 그렇지만 風濤를 밟고 西蕃을 정벌하여 위세를 해외에 빛낸 것은 실로 神后가 嚆矢이다"라고 찬자의 견해를 첨부하였다. 단순한 사적의 현창에 불과하더라도 이를 통해 일본 군부는 조선에 대한 군사적 개입을 정당화하였을 것이다.

⑨『外交志稿』(1884-07, 外務省)는 명치유신 이후 국가기관이 처음으로 편찬한 사서라는 점에서 주목된다. 이 책은 外務省 記錄局이 1877~1881년에 걸쳐 고대부터 당대까지의 외교사를 편찬한 책이다. 1877년은 후술하듯이 『稿本 國史眼』의 초고에 해당되는 『日本史略』이 간행된 해이다. 太政官 修史館과 外務省 記錄局 등 국가기관이 거의 동시에 일본 역사를 정리하였다는 점이 주목된다.

『外交志稿』의 책임자는 緖言을 쓴 記錄局長 渡邊洪基(1848~1901)이지만, 실제 작업은 凡例에 등장하는 外務省 御用掛 北澤正誠(기타자와 마사나리, 1840~1901), 外務四等屬 谷口一學, 五等屬 石幡貞(이시하다 사다, 1839~1916) 등이 담당하였다. 이 중 北澤正誠과 石幡貞은 漢學者 출신으로, 北澤은 『元

---

[21] 일본국회도서관에서 온라인으로 제공하는 원문에서 권2의 8장이 누락되어 정확한 제목은 알 수 없다.

[22] 서술 내용에 대한 비판으로는 최재석, 「1880년의 일본참모본부의 『황조병사』 비판 – 고대한일관계를 중심으로」, 『민족문화연구』 46, 고려대 민족문화연구원, 2007 참조.

代疆域考』·『蝦夷經略考』·『竹島考証』등 역사지리서를 저술하였고, 石幡은 朝日修好條規 체약의 실무자로 활동하였다.

이 책은 본문 34권, 연표 5권으로 이루어졌는데, 다시 본문은 일본의 외교사를 8編門(交聘·戰爭·版圖沿革·漂流·歸化移住·學術宗敎·贈酬·貿易)과 5地域(朝鮮·漢土·肅愼渤海·西南諸國·歐羅巴及亞米利加)으로 나누어 서술하였다. 이때 출전 및 해당 국가의 기년, 그리고 간단한 주석도 병기함으로써 일종의 사료집으로서도 손색이 없다.

한국사의 경우 5지역의 하나인 '朝鮮'에서 신라·백제·고구려·임나·탐라·고려·조선을 8개의 주제(編門) 속에서 각각 서술하였다. 그런데 여기서 발해를 朝鮮과 漢土에서 분리시키고 숙신·만주 등에 포함시켰다는 점이 주목된다. 발해를 역사적으로 구분하고 만주를 지역적으로 분리시킨 것은 뒷날까지 계속된 일본의 대륙정책과 밀접한 관련이 있다. 여기서 발해를 중국과 분리시켜 뒷날 소위 만선사관을 형성시키게 되는 사상적 기반이 이미 존재했음을 엿볼 수 있다.[23]

권1 交聘編 朝鮮 서두에서는 素盞嗚尊이 朝鮮 즉 新羅를 다스렸다는 기록은 황당하여 믿을 수 없다고 하고, 崇神 65년 任那 사신 蘇那曷叱知의 조공 및 仲哀 9년 神功皇后의 신라 정벌부터 역사적 사실로 인정하였다. 고구려와 백제에 대해서도 『일본서기』의 조공 기록을 轉載하였다. 그래서 권6 戰爭編 조선도 신공황후의 삼한 정벌부터 서술하였으며, 권3 交聘編 3 발해도 발해는 고구려의 후예로서 일본에 조공하는 존재로 전제한 후 조공 기사를 나열하였있다. 한편 권17 歸化移住編 朝鮮는 天日槍의 귀화부터 서술하고 있다.

⑫ 『稿本 國史眼』(1890-12, 史學會)도 국가기관이 편찬한 사서로서의 성

---

23) 李萬烈, 앞의 글, 106쪽.

격이 짙다. 이 책은 重野安繹(시게노 야스쓰구, 1827~1910), 久米邦武(구메 쿠니다케, 1839~1931), 星野恒(호시노 히사시, 1839~1917) 등 修史館 출신의 (東京)帝國大學 國史科 교수들이 쓴 근대 일본 최초의 통사이다. 범례에 따르면 이 책은 다음의 3단계에 걸쳐 완성되었다. 1877년에 프랑스 파리 만국박람회 사무국의 요청에 따라 太政官 修史館에서 일본 역사를 제도·학예·민업·풍속·물산 등 주제별로 분류하여 서술한 『日本史略』 4책을 편찬하였고, 1885년에는 內閣 修史局에서 일본사의 시기 구분을 21紀로 나누고 내용을 수정 보완하였고, 1888년에는 제국대학 編年史編纂掛에서 세부적으로 章과 項을 나누어 『國史眼』 7책으로 간행하여 신설한 國史科의 교재로 사용하였던 것이다.

수사관 계통의 학자들은 대략 청조 고증학의 영향을 받으면서 서구풍의 역사서술도 참조했다. 그래서 이전 사서에서 거의 주목하지 않았던 민업, 풍속, 물산 등을 중시하고, 그동안 절대시되었던 『일본서기』, 『고사기』이 기사도 고증과 해석의 대상으로 삼아 기년의 오류를 언급하였던 것이다. 그들은 실증사학의 입장에서 『일본서기』와 『고사기』를 신성시하지 않고 고대 사료로써 연구하여 국학자들과는 대항관계에 있었다.[24]

그렇지만 그것은 일본사에 해당될 뿐, 한국사에는 해당되지 않았다. 그래서 素盞嗚尊이 韓國을 지배하였고, 稻飯命이 신라왕이 되어 그 아들 天日槍이 일본에 귀화했으며, 신공황후가 신라를 정벌하고 임나일본부를 설치했다는 국학자들의 견해를 그대로 계승하였던 것이다. 특이한 것은 素盞嗚尊에 대해 외무성이 편찬한 『外交志稿』가 유보적인 데 반해, 여기서는 역사적 사실로 서술한 점이다. 이 책은 소학교나 중학교의 일본사 교과서의 저본이 되어 국민 교육에 커다란 영향을 끼쳤다.[25] 또한 서두에 수록된

---

24) 최혜주, 앞의 책, 21-27쪽.
25) 旗田巍, 앞의 책, 122면. 참고로 집필자 중 星野恒은 같은 해 『史學會雜誌』에서

天皇繼統表와 歷朝一覽 같은 도표는 처음 시도된 것으로서 이후의 사서들이 모두 모방하였다.

한편 발해에 대해서는 다음의 두 부분에서 서술하였다. 먼저 권2 第7紀 「奈良의 朝」 第43章 韓唐二國의 形勢에서는 발해의 건국 및 일본과의 교섭에 대해 언급하고, 第8紀 「平安尊都」 제54장 唐·新羅·渤海 交通에서는 발해와 일본의 교섭에 대해 약술하였다.

⑬『朝鮮史』(1892-12, 吉川半七藏版)는 주지하듯이 근대적 서술방식에 입각한 최초의 조선사 개설서이다. 저자 林泰輔(하야시 다이스케, 1854~1922)는 1887년 제국대학 문학부 古典講習科 漢書課를 졸업하였다. 이 책의 특징은 川田剛(가와다 다케시, 1830~1896)의 서문에 다음과 같이 잘 요약되어 있다. 즉 체제는 서양의 역사서를 본따서 시대를 太古·上古·中古·今代의 4期로 나누고, 지리·인종·풍속·법률·兵制·문학·工技·물산 등과 國勢의 分合 및 영웅 成敗의 자취를 순서대로 기록하고 저자의 論斷을 덧붙였으며, 國史(=일본사)와 중국사까지 참고하였다는 것이다. 이러한 체제상의 특징은『稿本 國史眼』의 영향을 받은 것으로 보인다.

이 책은 편년체 서술 방식을 지양하고, 사회·경제·문화·풍속까지 포함하고 시각적 효과까지 기대할 수 있는 각종 도표(物産略表, 歷代一覽, 歷代王都表 등)를 수록하는 등 근대적 서술체재를 취하였다. 당시로서는 획기적이었기 때문에, 나중에 현채가 이를 번안하여『東國史略』을 편찬하였다. 그렇지만 한국고대사 인식과 관련하여 이미 다음과 같은 문제점들이 지적되었다.

이 책은 서술 주체가 일본(인)이며 일본 기원을 표준으로 하여 서술하였으며, 조선은 개국 초부터 지나를 비롯한 외세의 지배 내지는 영향을 받았

"上世에 韓土를 통치하고 日韓의 인종과 언어는 동일"하였다고 하면서 그 증거로『일본서기』의 기사를 제시한 바 있다(장신, 앞의 글, 370쪽).

다고 강조하였다. 그래서 한일관계에 대해서는 일본의 우위를 강조하면서 일선동조론적 발상이 드러날 뿐만 아니라 고대 일본의 조선지배를 전문적인 사서로서는 처음으로 본격적으로 다루었다. 요컨대 그의 한일고대사 인식은 『일본서기』를 기반으로 하여 그것이 제기한 문제를 근대의 고증학적 방법으로 증명하는 데 노력하였던 것이다.[26]

『일본서기』에 입각한 한국사 인식은 당시 일본 식자층에게는 보편적이었다. 서문에서 川田剛이 『삼국사기』·『동국통감』 등 조선의 사서를 읽어보았지만 我國史의 기록과 다른 곳이 종종 있었음을 지적하는 한편, 1880년 조선의 修信使 金弘集의 수행원 李某에게 『日本(書)紀』에 인용된 百濟記와 百濟新撰에 대해 물어보았지만 알지 못했다는 일화를 소개한 것은 그 한 사례이다. 그래서 林泰輔도 서문에서 神功皇后가 征討하자 조선이 奉命納貢한 이후로 남방 일대는 일본의 經略에 속하게 되었고 일본은 府를 세우고 帥를 두어 통치하였다고 단정적으로 서술하였던 것이다.

권1 제2편 太古史 제1장 「개국의 기원」에서는 단군에 대해 황당하여 믿을 수 없다고 하였다. 그리고 세주에서 그가 素盞嗚尊의 아들 五十猛神이라는 국학자의 견해에 대해 억지에 가깝다고 비판하였다. 반면 제4장 「삼한의 건국」에서는 신라 왕자 天日槍의 귀화를 사실로 서술하였다. 한편 발해에 대해서는 권2 제3편 上古史 제11장 「발해」에서 그 역사에 대해 개관하면서 발해가 일본에 恭順의 禮를 갖추었다고 하였다. 그리고 말미에는 발해의 王系와 5경 15부 62주를 도표로 제시하였다.

『조선사』에는 참고문헌이 없지만, 뒤이은 『朝鮮近世史』(1901)에는 引用書目에서 한국 측 자료 190종, 중국 측 자료 28종, 일본 측 자료 108종을 참조하였음을 밝히고 있다. 그런데 한국 측 자료 중 고대사 관련은 『삼국

---

26) 李萬烈, 앞의 글, 115-117쪽.

사기』와 『동국통감』뿐이며, 일본 측 자료 중 고대사 관련은 『外交志稿』·『國史眼』·『會餘錄』·『史學雜誌』 등이 있다.

⑭ 『日韓古史斷』(1893-12, 富山房)은 제목에서 보여주듯이 일본과 한국의 고대사를 하나의 체계로 파악한 책이다. 저자 吉田東伍(요시다 도고, 1864~1918)는 소학교 교원·신문기자 등을 하면서 독학한 재야 역사가로 1900~1907년까지 『大日本地名辭書』를 편찬하였다. 이 업적으로 인해 1901년부터 동경전문학교에서 강의를 하였다. 또한 그는 久米邦武 필화사건에서 구미방무를 지지한 것으로도 유명하다.

서문에 의하면, 저자는 1891년에 北海島에 있으면서 "肅慎의 氷雪을 밟고 樂浪의 雲濤를 헤치던" 阿部比羅夫의 전기를 읽고 "國家版圖의 伸縮"에 느끼는 바가 있어 東北邊疆考를 쓰려다가 먼저 西北疆域을 고찰하여 「古代半島諸國興廢槪考」(『史學會雜誌』 21, 22)을 집필하였다. 그후 동경으로 와서 1년간 이를 수정 증보한 것이 바로 이 책이다. 그는 年代와 地理 考定에 노력하며 자신의 獨斷的인 견해를 첨부하였기에 서명을 『日韓古史斷』이라 하였다.

이 책은 초고가 동경제대 『사학회잡지』에 게재되었고, 이 책의 시기구분이 太古紀(神代~서기 198), 上古紀上(서기전 109~서기 106), 上古紀下(107~302), 近上古上紀(303~517), 近下古下紀(518~668)로 이루어졌다는 점에서, 근대역사학의 입장에서 일본고대사를 서술한 책이다. 그러나 국가판도의 신축의 일환으로서 애초에 동북강역 고찰에 관심을 두었던 저자가 서북쪽으로 바꾼 이유는 당시 시대적 분위기와 밀접한 관련이 있었음이 분명하다. 그래서 서문에서는 언어·문자·體相風儀가 같은, 즉 근본이 같은 일본과 조선이 分立하게된 始末을 규명하는 데 목적을 두었다고 밝혔던 것이다. 따라서 이 책은 '일선동조론'과 '고대일본의 남선경영설'을 근대역사학의 방법과 서술을 통해 체계적으로 조합해 보려는 최초의

사서로 평가된다.[27]

제1편 太古紀 제3장 半島諸國 제2절 朝鮮에서는 고조선의 역사를 기자부터 서술하였다. 단군은 훗날 扶餘族의 남하가 잘못 전해진 것으로 고조선과는 관계가 없다고 보았던 것이다. 한편 素盞嗚尊의 아들 五十猛神이 조선의 曾尸茂梨를 지배한 것을 사실로 인정하면서도 그를 단군으로 보는 견해에 대해서는 비판하였다. 또한 天日槍의 귀화나 신공황후의 신라 정벌 등에 대해서는 자세히 다루었다.[28]

제5편 近下古下紀 제5장 고려 끝부분에 발해 항목을 설정하고 족속 및 건국 과정, 초기 역사 및 5경 15부의 지리 비정, 일본과의 관계, 멸망 이후 요금원의 種屬 등 네 부분으로 나누어 서술하였다. 저자가 역사지리에 조예가 있었던 만큼 『好古日錄』, 『諸史夷語解義』, 『北盟會編』, 『盛京通誌』 등 기존에 이용되지 않은 자료들을 폭넓게 인용한 점이 특징적이다.

⑮ 『朝鮮志』(1894-07, 積善館)는 성격상 정보서에 가깝지만 역사 관련 내용이 대부분이므로 역사서로 분류하였다. 저자 足立栗園(아다치 리츠엔)의 이력은 미상인데, 『臺灣志』(1894)·『通俗日本歷史』(1898) 등의 역사서를 비롯하여 각종 수신서와 교양서 등 90여 책을 집필하였다. 한국사와 관련된 저술로는 『朝鮮新地誌』(1910)와 『滿洲古今史』(1904)가 있으며, 그밖에 『公爵伊藤博文』(1910)·『日本海上發展史』(1914) 등이 눈에 띈다. 『近世日本国防論』(1940)은 그의 사후에 간행된 책이므로, 그는 명치·대정 시기에 주로 활동한 저술가임을 알 수 있다.

서언에 따르면, 지금 계림 즉 조선은 풍운이 날로 급박해져 세상의 이목이 집중되는 이때에 그 나라의 지세와 역사를 자세히 알아 이해득실이 있는 곳을 분명히 하는 것이 동양국민의 본분이라고 하였다. 이 책은 제1편

---

27) 李萬烈, 앞의 글, 121-126쪽 및 최혜주, 앞의 책, 32-34쪽.

28) 최혜주, 앞의 책, 32-35쪽.

지리(7면), 제2편 역사(29면), 제3편 일한의 교섭(59면), 제4편 露韓의 교섭(15면)으로 구성되어 있는데, 제2편 역사의 '개론' 부분에서 한국사에 대한 부정적인 인식이 노골적으로 표출되어 있다.

먼저 조선은 태고부터 순연한 독립국이 아니라 항상 다른 나라의 半屬國 내지 附庸國이었음을 강조하고, 조선은 一小土임에도 불구하고 小邦으로 분열되어 서로 싸워 통일된 시대가 없었고 도리어 제3자가 이익을 보는 경우가 많았다고 하였다. 이러한 시각에서 한국사의 흐름을 타율성에 입각하여 다음과 같이 설명하였다. 즉 삼국은 일본을 따르다가 중간에 唐에 귀의하여 일본의 굴레에서 벗어났으며, 중국에 병합되었다가 中古에 이르러 겨우 半독립의 상태가 되었지만 발해·거란·여진·몽고 등 북방의 견제를 항상 받았다는 것이다.

1장 「건국의 기원」에서는 단군이 素盞嗚尊의 아들 五十猛일 가능성을 인정하였다. 2장 「太古의 四變」은 箕子의 遷居, 고조선의 멸망, 漢廷의 침략, 삼한의 독립 순으로 서술하였고, 3장 「上古의 六變」은 삼국의 정립, 백제의 멸망, 고구려의 멸망, 唐朝의 잠식, 궁예·견훤의 봉기, 신라의 멸망 순으로 서술하였다. 4장 「中古의 五變」은 발해·거란의 入侵, 여진의 흥기, 몽고의 入寇, 元朝의 잠식, 고려의 멸망 순으로 서술하였고 5장 「李氏의 王統」에서는 조선왕조의 왕계만 소개하고 그 역사에 대해서는 따로 서술하지 않았다.

분량이 제일 많은 제3편 일한의 교섭은 上古, 中古, 近古, 近世, 今代로 구분하여 任那 사신 蘇那曷叱知의 조공 및 신공황후의 삼한 정벌부터 운양호 사건 및 임오군란까지 서술하였다. 고대사 부분은 1장 「上古 神功 이전의 교섭」과 2장 「中古 王朝藤氏時代의 交涉」이 해당하는데, 모두 『일본서기』에 입각하여 서술하면서도 발해는 배제하였다. 그것은 4장 「中古의 五變」 其一 '渤海·契丹의 入'에서 "(신라) 北方의 粟末이라는 靺鞨의 地域에서 一大強族이 일어나 국호를 발해라 불렀다"라고 서술하였듯이 발해가 고구려와 관련이 없다고 파악한 결과일 텐데, 이 역시 渤海를 朝鮮과 漢土에서 분리시킨 『外交志稿』의 영향으로 보인다.

⑯ 『日韓交通史』(1894-07, 博聞社)의 저자 服部徹(핫토리 토오루, ?~1908)은 탐험가로 유명하다. 그는 伊豆七島, 수마트라 섬을 탐험하였으며, 1908년에 「大阪日報」 기자로서 다시 南洋 탐험에 나서서 대만을 시찰하고 홍콩에서 자바섬으로 향하는 도중에 배에서 실족하여 사망하였기 때문이다. 그런데 그는 黑龍會의 일원으로서 1892년에 부산의 「東亞貿易新聞」을 근거로 일본인의 이익옹호를 위해 활동하였으며, 『일한교통사』 간행 4개월 전에 『小說 東學黨』을 간행하기도 하였다.[29] 결국 그는 1892년 무렵에 부산에 체류하던 朝鮮浪人이었던 것이다. 이처럼 저자의 이력으로 볼 때, 이 책 역시 성격상 정보서에 가깝지만 일본과 한국의 교류사를 다루었기 때문에 역사서로 분류하였다.

범례에서 그는 이 책이 조선의 일본 거류지 고등소학교 교과서로 사용되기를 기대한다고 하였다. 즉 조선에 거주하는 일본인에게 조선 침략의 역사적 정당성을 설파하기 위하여 저술하였던 것이다. 1892년에 조선주재 辨理公使로서 근무하며 저자를 잘 알았던 大石正己(오이시 마사미, 1855~1935)가 쓴 서문에는 그 의도가 잘 드러나 있다. 고대사 부분만 인용하면 다음과 같다.

조선은 우리와 좁은 바다를 사이에 두고 있으니 흡사 수레의 덧방나무와 바퀴처럼 서로 의지하고(輔車相依) 입술과 이가 보호하는(脣齒相保) 관계와 같다. 특히 上世 이래로 교통이 빈번하여 문물이 조선에서 들어온 것이 적지 않았으니, 정치·학술·종교로부터 百工技藝의 말단에 이르기까지 전해온 것은 신

---

29) 박종명, 「明治時事小說과 역사공간—『小說東學黨』을 중심으로」, 『日本語文學』 8, 일본어문학회, 2000, 132-135쪽.

라·임나·백제·고구려·고려의 遺法이 아닌 것이 없었다. 특히 신공황후의
원정으로 조선의 남방 일대는 우리 판도에 들어와서 임나에 府를 설치하고 군
대를 파견하여 수호하였다. 그 후로 삼한은 반복무상하여 여러 차례 번거롭게
군사를 보내 정벌하였다. 이때 우리 帝國의 위광은 그 빛이 팔도에 비쳤고 숙
신·말갈·발해같이 먼 지역에도 미쳤다. 살펴보면 옛날 외교 정책은 강경을
주로 하여 사안마다 가차 없이 대했기 때문에 이렇게 되었던 것이다.

뒤이어 足利씨 이후 내란 때문에 외교를 돌보지 못하여 조선팔도를 차
지하지 못하게 된 것과 豊公의 조선 정벌이 그의 요절로 중단된 것을 한탄
하는 한편 德川 막부 300년간 조선과의 수교가 지속된 사실을 지적하였다.
그런데 명치유신이라는 국체의 변경에도 불구하고 조선은 청의 후원을 믿
고 만행을 저질렀기 때문에 征韓論이 등장했고, 청 역시 조선을 屬邦으로
간주하면서 일본과 갈등이 발생하였다고 주장하였다. 그러나 일본 정부의
외교방침의 부재 때문에 壬午軍亂, 甲申政變 등에서 일본이 청에 뒤쳐졌다
고 비판하면서, 이제 일본과 청과의 무력 충돌이 예상되는 상황에서 일본
國威의 흥망이 여기에 달려있으므로 『日韓交通史』는 外交家에게 일대 참고
서가 될 것이라고 끝을 맺었다.

서문 뒤에는 大日本帝國皇帝系圖와 신라·고구려·백제·고려·조선 國
王系圖를 싣고, 歷代王都는 일본 독자들이 모르는 한국의 역대 왕도만 수
록하였다. 본문은 상세사(서기전 33~667)·중세사(668~1382)·근세사(1383
~1893)의 세 시기로 구분하여 일본과 한국의 교류 기사를 편년체로 나열하
였다. 참고로 引用書目에 『外交志稿』와 『朝鮮史』가 있는 점이 주목된다.
본문 처음에 素盞嗚尊이 朝鮮을 다스렸다는 기록은 황당하여 믿을 수 없다
고 하면서 崇神 65년 任那 사신 蘇那曷叱知의 조공 기사부터 서술한 점은
⑨『外交志稿』를 주로 참고하였음을 의미한다. 한편 이 책에서도 발해는
서술되지 않았다.

㉒『朝鮮史綱』(1895-02, 敬業社)은 고조선에서 갑신정변까지 조선의 治亂興亡의 綱要를 서술한 책이다. 저자 西村豊(니시무라 유타카, 1864~1928)은 동경제국대학 고전과 출신으로 독일협회학교와 중앙유년학교에서 교편을 잡았고『支那史綱』·『老墨孫吳講義』등을 저술하였다.[30] 한편 이 책의 한문 번역본인『朝鮮沿革史』은 1902년에 '燕胎芝館叢書'의 하나로 출간되었다.[31]

이 책은 서두에 역대 王系일람표, 역대 建都일람표, 朝鮮國全圖를 수록하고 본문의 시작을「地理政體와 人種王統」부터 서술하였다. 이러한 새로운 형식은 林泰輔의『朝鮮史』의 영향으로 보인다. 본문 내용도 그와 비슷해서, 역대 王系일람표와 역대 建都일람표에 단군이 수록되어 있음에도 본문에서는 "檀氏開國의 傳說은 일단 차치하고" 기자조선부터 서술하였다. 또한 五十猛이 단군이라는 일본의 전설을 곧바로 믿기는 어렵지만 고대에 한일 양국 간에 왕래와 교통이 있었던 것은 알 수 있다고 하였으며, 신공황후의 신라 정벌도 긍정하였다.

한편「金馬渚의 割據 渤海國의 興起」에서는 보장왕이 당에서 죽은 소식을 들은 報德王의 族子 大文이 金馬渚를 근거로 고구려 부흥을 도모하다가 신문왕에게 토벌되어 高句麗氏의 계통이 완전히 단절되었다고 서술한 뒤에, 발해의 역사를 개관하였다. 발해사는 대체로 林泰輔의『조선사』를 축약하였다.

㉔『東洋分國史』下(1896-09, 內田老鶴圃)와 ㉕『漢韓史談』(1899-09, 內田老鶴圃)의 저자는 大槻如電(오오쯔키 쇼덴, 1845~1931)이다. 그는 仙台 출신의 한학자이자 문장가인 大槻磐溪(오오쯔키 반케이, 1801~1878)의 아들로서

---

30) 최혜주, 앞의 책, 43쪽.

31) 그중 하권이 현재 고려대학교 중앙도서관에『韓國沿華史』로 잘못 표기되어 소장되어 있다.

한학자 겸 저술가이다. 저술로『東西年表』·『洋學年表』·『舞樂圖說』등이
있다.

먼저 ㉔『東洋分國史』는 支那·조선·安南(베트남)·暹羅(타이)·緬甸
(미얀마)·인도·波斯(아랍) 등 동양의 각국사를 서술한 책이다. 중국과 인
도의 역사는 上古史(紀)·中古史(紀)·下古史(紀)·近世史(紀)의 4시기, 조
선과 베트남은 上世紀·中世紀·近世紀의 3시기, 그리고 타이 및 미얀마는
근세를 1~4朝, 아랍은 6朝로 시기 구분하였다. 하권에 수록된 조선사는 먼
저 조선의 지리를 소개하고 단군을 언급한 다음에, 上世紀(삼한~백제·고
구려 멸망), 中世紀(신라일통~고려, 발해 부기), 近世紀(조선개국~독립건
원)로 구분하여 서술하였다. 上世紀는 기자부터 언급하면서 신공황후와 임
나일본부를 서술하였고, 中世紀에서는 발해사를 개관하며 일본과의 교섭
관계도 언급하였다.

㉕『漢韓史談』은 중국과 한국의 역사를 上古, 中古, 下古, 今代의 4시기
로 나누어 漢文으로 서술한 중학교 한문 교과서이다. 例言에 의하면, 중국
및 한국은 일본과 輔車相依의 관계이며 同文之國이기 때문에 배우지 않을
수 없고, 지금 사람들이 한문 고사를 사용하기에 한문으로 표기한다고 하
였다.

한국사와 관련된 항목으로는 上古(檀君, 朝鮮建國), 中古(朝鮮革命, 三
韓, 三韓西蕃, 韓傳佛法, 新羅勃興), 下古(新羅一統, 渤海興亡, 韓復三分, 契
丹高麗, 高麗廢立, 高麗易姓, 朝鮮諺文, 朝鮮受日兵), 今代(兩蕃獨立) 등이
있는데, 그 서술 기조는『東洋分國史』와 같다. 그래서 上古(檀君, 朝鮮建
國)에서 단군을 소개하면서도 조선 건국의 시조는 箕子로 인식하였고, 中
古의 '三韓西蕃'은 신공황후의 정벌과 임나일본부를 서술하였다. '渤海興亡'
도 마찬가지이다.

㉘ 朝鮮年表(1904-01, 春陽堂)의 저자 森潤三郎(모리 준자부로, 1879~

1944)은 명치·소화 때의 서지학자이다. 京都帝國大學을 졸업하고 1909~
1917년까지 京都府立圖書館에 근무하였다. 저서로『紅葉山文庫과 御書物
奉行』·『多紀氏の事跡』·『鷗外森林太郎』 등이 있다. 서문은 당시 官立 中
學校 초빙교사로 서울에 체류 중인 幣原坦(시데하라 타이라, 1870~1953)가
썼다. 여기서 그는 현재 한국의 외교가 날로 복잡한 상황에서 간단하게 반
도의 종래 연혁을 기술하고 타국과의 관계를 일목요연하게 정리한 이 책이
가장 긴요하다고 하였다.

이 책은 서설 제1편에서 지리와 인종(11면), 제2편에서 단군~조선까지의
역사(47면)를 서술한 뒤에 帝王世系表(22면)·歷代建都表(3면)·日淸韓對
照年表(99면)·日韓交通年表(110면), 부록 宗家系譜(32면) 등을 수록하였
다. 목차 다음에는 인용 및 참고 목록이 있는데, 여기서 인용한 것은『古事
記』·『일본서기』등 일본 측 자료 85종,『戰國策』·『史記周本紀』등 중국
측 자료 45종,『삼국사기』등 한국 측 자료 17종 등이다. 한국과 중국 측
자료가 주로 전근대의 것인데 반해, 일본 측 자료는『외교지고』·『조선기
문』·『일한고사단』·『일한교통사』·『조선사강』·『조선사』·『조선근세사』·
『조선개화사』·『한반도』등 근대자료도 포함하였다.

한국사를 개관한 서설 제2편은 제1장 檀君의 世, 제2장 箕氏의 世, 제3장
衛氏의 世, 제4장 漢屬의 世, 제5장 삼국의 世, 제6장 고려의 世, 제7장 조
선의 世, 新朝鮮의 世로 세분되는데, 제2장과 제3장만 古朝鮮時代라고 하
였다. 요컨대 단군은 신화일 뿐 역사적 사실로 인정하지 않은 것이다. 그래
서 제1장은『동국통감』등 조선의 古史에서 단군을 시조로 삼는다는 기록
만 인용하고 곧바로 素盞鳴尊의 아들 五十猛을 단군으로 비정하고, 曾尸茂
梨를 春川 牛頭山에 비정하는 星野恒의 견해 등을 길게 소개하였다. 저자
는 이 견해들을 곧바로 믿기는 어렵지만 한일 양국 간에 왕래와 교통이 있
었던 것은 알 수 있다고 하였다. 한편 임나일본부와 관련된 서술은 제5장

에서 다루지 않고, 그 대신「日韓交通年表」에서 '書紀年代'라 하여 일본서기 등 六國史의 한국사 관련 기사를 수록하였다.

발해에 대해서는 서설 2편 제5장 삼국의 세 말미에서 그 역사를 간략히 소개하고, 日韓交通年表에서는 발해와 일본의 교섭 기사를 수록하였다.

㉙ 朝鮮支那外征錄(1904-01, 東陽堂)의 저자 石川鴻齋(이시카와 코오사이, 1833~1918)는 한학자이자 서화가이다. 1877년에 增上寺 淨土宗學校의 漢學 敎師로 재임중에 淸의 全權公使 일행과 筆談으로 會談에 참가하면서 한학자로 이름을 날렸다. 저서로는 한문고전에 대한 다양한 주석서 외에 『淸國五不知論』(1894)·『日本外史纂論』(1877) 등이 있다.

이 책은 제목 그대로 일본이 조선과 중국 등 외부로 정벌에 나선 사건들에 대한 기록이다. 그래서 서문에서는 일본 정벌의 정당성이 노골적으로 표출되어 있다. 먼저 신공황후가 熊襲을 정벌하기 앞서 신라를 토벌한 이유는 신라가 웅습을 도와 일본에 일을 벌이려고 했기 때문이라고 단언하였다. 그래서 일본이 자주 배반하는 신라를 토벌한 끝에 마침내 임나일본부를 설치하고 신라를 통치하게 되었으니, 잘못은 신라에 있다고 주장하였다. 또한 몽고가 병탄을 목적으로 일본을 침략하고 고려도 예전의 맹세를 배반하고 그를 도왔으니 잘못은 이들에게 있다고 하였다. 임진왜란에 대해서도 명나라가 일본을 무례하게 대했기 때문이라고 하였다. 이러한 역사적 사례를 통해 옳은 나라[正者]는 전쟁에서 승리하여 영원하고 잘못된 자[曲者]는 패하여 멸망하게 된다고 하였다.

이 책은 신공황후의 신라 정벌에서 西鄕隆盛의 대만 정벌까지 海寇라 칭하는 것이 조선과 중국의 沿海를 침략한 사건들을 연대순으로 서술하였는데, 일본 측 기록이 소략한 경우에는『삼국사기』·『동국통감』등 한국과 중국의 사서로 보충하였다. 신라와 함께 발해가 일본에 조공한 기사도 수록하였다.

　　청일전쟁 직전에 간행된 林泰輔의『朝鮮史』와 동일한 제목의 서적이 공교
롭게도 러일전쟁 직후에 간행되었으니, 그것이 바로 ㉚『朝鮮史』(1905-06)이
다. 저자 久保天隨(구보 텐즈이, 1875~1934)는 1899년 동경제대 한문과를 졸
업하고 고전 번역에 종사한 중국문학자이다. 1927년에 西廂記 연구로 박사
학위를 받고 이듬해부터 臺北帝國大學 敎授로서 중국문학사를 강의하였다.
한문 고전에 능통한 그는 1903~4년에『東洋通史』(전12권)을 간행한 바 있
는데, 여기서 부분적으로 한국사를 다루었다. 이러한 경험을 토대로 이듬해
『조선사』를 집필하였던 것이다.

　　서문에서 "조선의 역사를 일관하는 것은 道義의 頹廢와 外交의 屈辱뿐"
이며 "과거의 사실이 장래의 일부분을 예언한다면 大韓帝國의 前途는 점
치지 않아도 알 수 있으므로" 일본은 순망치한의 탄식이 없기를 기약해야
한다고 주장하였다. 뒤이어 "반도사의 연구는 學界의 須要만이 아니라 현
재 政治上의 意義에서 더욱 그러한 점을 볼 수 있다"라고 하여 이 책의
집필 의도를 밝히고 있다. 林泰輔가 서문에서 "조선의 안위와 존망은 일
본과 순망치한의 관계에 있으니 일단 변고가 생간다면 우리는 좌시할 수
없을 것이다. 만약 조선이 안정되어 아무런 일이 없다면 통상의 이익이
나날이 진척되는 형세가 있을 것이다"라고 한 것과 비교하면 훨씬 노골적
이다.

　　이 책은 조선사의 시기 구분을 太古期(古朝鮮), 上古期(三韓鼎立의 世),
中古期(高麗時代), 近古期(朝鮮時代), 現代期(今帝時代)로 나누어 서술하였
는데, 전체적으로 서술 기조는 임태보의『조선사』와 유사하다. 그래서 고
대사 부분은 역시 일선동조론과 임나일본부에 입각하였다. 五十猛을 檀君
으로 비정하는 견해에 대해서 곧바로 믿기는 어렵지만 한일 양국 간에 왕
래와 교통이 있었던 것은 알 수 있다고 하였다. 한편 발해에 대해서는 제2
편 상고기 7장 '신라의 치세'에서 신문왕과 성덕왕 사이에서 서술하였다.

　　마지막으로 ㉛『外交繹史』는 명치시대의 대표적인 역사가이자 일본에
서 '東洋史'라는 개념을 창시한 那珂通世(나가 미치요, 1851~1908)의 遺著
인『那珂通世遺書』(1915-08, 大日本圖書株式會社)에 수록되어 있다. 그는
慶應義塾을 졸업하고 여러 학교의 교사를 거쳐 千葉中學 校長, 第一高等學
校와 東京高等師範學校 교수를 역임하였으며, 1896년부터는 동경제대 강
사도 겸하였다. 참고로 白鳥庫吉은 千葉中學 校長 시절의 제자이다.

　　저자는 생전에 일본의 외교사를『外交繹史』라는 제목 아래 전20권으로
서술할 계획을 세웠다. 그중 권1 上世年紀考, 권2 朝鮮古史考, 권3 太古外
交考, 권4 三韓朝貢志 상, 권5 삼한조공지 하, 권6 新羅朝貢志, 권7 渤海朝
貢志 등이 한국고대사와 관련있는 부분인데, 원고는 권4까지만 남아있다.
이 중 권1은 1897년, 권2는 1894~1896년에『史學雜誌』에 발표하였던 것이
다. 후자는 취급 범위가 광범하고 대부분 번쇄하고도 현학적인 고증에 치
우쳐 있는데, 단군신화를 古傳이 아니라 僧徒의 妄說로 치부하고, 고구려
사를 중국왕조별로 시대구분함으로써 고구려사의 주체적 인식을 외면하였
으며, 임나일본부를 정설화된 사실로 기술한 점들이 문제점으로 지적되고
있다.[32]

　　이 책의 서언에는 집필 의도와 관련하여 한국고대사에 대한 인식이 극
명이 드러난다.

　　皇國은 大海 가운데 독립해서 외국과 土壤을 접하는 바가 없으므로 역대의
　치란성쇠의 변천도 대저 自國의 域中에 국한되어 외국에 대해서는 和親戰爭의
　관계가 매우 적었다. 오직 우리 西隣의 友邦인 朝鮮國은 해로가 가장 가까워,
　그 나라의 동남부인 경상도는 對馬의 北端에서 거리가 몇 십리에 불과하므로,
　예부터 양국 교섭의 일이 매우 많았고, 상고의 역사에서 외교 기사 부분은 거
　의 대부분이 이 나라와 관계된다. 이 나라 다음으로 황국과 교섭이 많은 나라

---

[32] 李萬烈, 앞의 글, 100-102쪽.

는 그 서쪽의 支那國으로서, 황국의 政敎風俗은 지나의 영향을 받은 바 매우 깊다. ……

신라는 … 가장 황국에 접근하여 개국 이래 누차 우리 邊民이 侵伐받았지만, 神功皇后의 親征에 미쳐 드디어 항복하여 屬國이 되었고, 백제 · 고구려도 멀리서 聖化를 사모하여 稱臣 朝貢함에 이르렀다. 이때 신라의 서남인 옛 弁辰지역은 任那國이 되어 皇朝에서 鎭存를 여기에 두어 諸韓國을 통제하였는데, 562년 임나의 땅은 신라에 병탄되어, 皇朝의 鎭存도 이해에 혁파되었다. ……

신라가 드디어 백제의 고지를 모두 병탄하고 고구려의 고지의 남부도 병탄하여 三韓一統의 시대라 칭한다. 그러나 고구려 고지의 과반은 靺鞨의 大氏에 병탄되었으므로 신라는 지금의 조선의 전토를 소유한 것이 아니다. 대씨는 … 나라를 渤海라 칭하고, 지금의 吉林 · 盛京 2省 및 平安 · 咸境 2道의 땅을 차지하여 國勢의 융성함이 신라에 뒤지지 않았다. 신라는 唐初부터 이래 오로지 당에 媚事하고 皇朝에 대해 藩禮가 빠진 것이 많았지만, 발해는 朝聘을 항상하고 禮 또한 자못 공손하니, 國都는 수백리의 북쪽에 있더라도 隣交의 두터움은 신라보다 나았다. ……

本篇의 목적은 國史의 上古에서 朱雀天皇의 御世까지, 즉 조선에서는 三韓分立의 초기에서 新羅渤海의 멸망까지, 支那에서는 兩漢에서 唐宋까지에 대하여 고구려 · 백제 · 신라 · 임나 · 발해 및 兩漢魏晋南朝隋唐의 사적에서 황국에 관계 있는 일 모두를 考究하려는 것이다.

이상과 같이 일단 제목에서 역사를 내세운 저술들은 일단 역사서로 구분하여 살펴보았는데, 이 중에는 저술의 성격이나 저자의 이력으로 볼 때 정보서에 가까운 것들(⑮, ⑯, ㉙)도 있다. 그렇지만 저자들은 한학자에서 대학 졸업자로 점차 바뀌어갔다. 후자의 경우 아직 사학과를 졸업한 사람은 없지만, 그래도 전자에 비해 상대적으로 근대역사학의 세례를 받았다고 할 수 있다. 그렇지만 이들을 대표하는 林泰輔 · 久保天隨 · 那珂通世의 한국고대사에 대한 인식은 그 서문에서 보듯이 기존의 인식과 똑같다. 다만 일선동조론을 긍정하되 그 근거중의 하나인 素盞嗚尊과 檀君을 동일시하는 견해에 대해서 비판적이라는 차이를 보인다.

5. 맺음말

지금까지 일본 근대 초기 즉 명치유신에서 러일전쟁까지 일본인이 한국사에 대해 서술한 31종의 저술을 16종의 정보서와 15종의 역사서로 나누어 저자 이력과 저술 목적, 그리고 한국 고대사 인식에 대해 살펴보았다.

명치유신 직후에는 정한론을 배경으로 漢學者 출신이 조선의 지리·역사·제도·풍속 등 각종 정보를 알리기 위해 저술한, 비교적 분량이 적은 정보서가 많이 간행되었다. 그러다가 청일전쟁을 전후해서는 대학 출신이 근대적 체재로 서술한, 분량도 많은 역사서와 정보서가 등장하였다. 이러한 변화는 근대 교육의 확립과 함께 조선의 식민지배가 가시화됨에 따라 더 많은 정보와 깊은 이해가 사회적으로 요구되었기 때문이다.

이러한 형식상의 변화에도 불구하고 모든 저술들은 신공황후의 신라 정벌 및 임나일본부 설치를 조선 침략의 역사적 정당성으로써 제시하였다. 이러한 내용이 기술되지 않은 것들은 한국이나 중국의 역사서를 번역한 경우(②, ⑦, ⑧)이거나 한국사 서술 분량이 2면 안팎에 불과한 경우(⑪, ⑰, ⑱, ⑳, ㉑)이다. 그렇지만 ②와 ⑱은 서문에서 신공황후가 언급되어 있다. 요컨대 江戶時代의 國學者들의 인식을 아무런 의심없이 그대로 따랐던 것이다.

여기서 소개한 저자들을 일률적으로 식민주의자라고 규정하기에는 다소 무리가 따를지도 모른다. 그렇지만 식민주의를 노골적으로 드러내지 않는 저술들조차 한국사에 대한 편견과 무지, 그리고 조선에 대한 일본의 무력 사용이 정당하다는 인식이 기본적으로 깔려 있고, 그것은 식민주의로의 지향성을 내포하고 있었다. 따라서 이를 통해 당시 일본의 식민주의자들의 한국고대사 인식의 대강은 이해할 수 있을 것이다.

한편 고대 한일 간에 교통왕래가 있었고 따라서 양국의 조상은 같다는 일선동조론적 서술을 보이는 저술은 15종(①, ③, ⑨, ⑫~⑯, ⑲, ㉒, ㉓, ㉖~㉘, ㉚)이다. 그 근거는 素盞鳴尊 부자의 曾尸茂梨 개척 및 신라왕자 天日槍의 귀화에 두고 있다. 그런데 素盞鳴尊 신화의 사실성 여부에 대해 외무성이 편찬한 ⑨는 부정적인 반면 동경제대가 편찬한 ⑫는 긍정적인 미묘한 입장 차이가 존재하였다. 두 책은 국가기관이 편찬한 역사서로서 다른 역사서에 상당한 영향력을 끼쳤다. 그래서 ⑯·⑲을 제외한 나머지들은 신화를 곧바로 믿을 수는 없지만 그것이 한일 간에 교류의 흔적임은 틀림없다는 식으로 절충되어 갔다. 檀君과 五十猛의 동일 여부에 대해서도 마찬가지이다. 요컨대 근대역사학의 세례를 받은 역사서는 일선동조론을 내세우면서도 국학적 전통과는 일정한 거리를 둔 것이다. 그렇지만 ㉒·㉖·㉗ 같은 후기의 정보서들은 素盞鳴尊 신화를 긍정하고 심지어는 ㉗은 단군과 오십맹을 동일시하였다.

이와 관련하여 한국사의 시작을 의미하는 고조선에 대해서는 단군부터 서술하는 경우는 11종(①, ②, ④, ⑥, ⑪, ⑮, ⑰, ⑲, ㉑, ㉖, ㉗)에 불과하고, 나머지는 기자부터 서술하거나 단군을 언급하더라도 믿기 어렵다고 하였다. 이는 물론 중국 측 사서에 의거한 결과이지만 한국사에 비해 일본사의 유구성을 강조하는 의도도 깔려 있을 것으로 추정된다. 또한 발해에 대해서는 한일 관계사의 범위 안에서 발해의 조공을 중심으로 서술한 것이 6종(①, ③, ⑨, ⑫, ㉘, ㉙), 발해사를 개관한 것이 11종(②, ⑧, ⑨, ⑩, ⑬, ㉑, ㉒, ㉔, ㉕, ㉖, ㉚)이나 되지만, 발해를 전혀 언급하지 않은 경우도 13종이나 된다. 그 이유들에 대해서는 추후에 본문의 서술들을 구체적으로 검토하면서 다루어 볼 예정인데, 그중 한 가지는 31종의 저술들이 참고한 자료적 한계와 관계가 있을 것이다.

이 시기의 가장 대표적인 한국사 개설서인 ⑬조차도 고대사와 관련된 한국 측 자료는 『三國史記』·『東國通鑑』만 참고하였을 뿐, 당시 한국에서 조선후기 이래로 단군과 발해가 강조되는 새로운 역사인식과 그 성과는 전혀 참고하지 않았다. 이 점에서 당시 일본의 역사학은 한국고대사에 국한해서 말하자면, 성립과정에서 과거의 전통적 인식에 대한 비판도 없고, 새로운 자료와 해석도 참조하지 않았다는 문제점을 내포하고 있었던 것이다. 이에 비하여 서양의 역사방법론을 습득한 滿鮮史가 문헌 비판이나 사실 고증 등에서 이룩한 학문방법론상의 발전 이상으로 과거의 전통적 인식을 벗어났는지에 대해서도 살펴보아야 할 것이다.

근대 일본의 동아시아 역사상(歷史像)의 일면

구와바라 지쓰조(桑原隲蔵, 1871~1931)의 『동양사요(東洋史要)』를
중심으로

김지훈

1. 머리말

19세기에 생성되기 시작한 근대역사학은 근대 민족 국가가 형성되는 과
정에서 중요한 역할을 담당하였다. 서구의 근대역사학은 국민국가 발전을
위한 정치적 요구를 수용하면서 전문화되었다. 19세기 이후 동아시아 역사
학도 이러한 서구 근대역사학의 영향 속에서 발전하였다.

그러나 동아시아 국가들의 역사학의 성립과 발전 과정은 각국의 조건에
따라 제도화 과정에서 차이를 보였다. 특히 동아시아 근대의 제국주의-식
민지 관계는 서구 근대역사학이 동아시아로 전이되어 전문화하는 과정에
영향을 미쳤다.

20세기 초 일본은 국사학과 지나사학(후에 동양사학)·역사학(서양사학)
이라는 3분과 체제를 형성하였다.[1] 이러한 체제는 근현대 한국의 역사학
분과 체제에도 큰 영향을 미쳤다. 또한 일본에서 탄생한 동양사학의 연구

---

[1] 일본에서 동양사가 등장한 것은 19세기 말이다. 1890년대 후반부터 중학교 교과과정
에서 과목으로 개설되기 시작하였다(스테판 다나카, 『일본 동양학의 구조』, 문학과
지성사, 2004, 80-83쪽).

성과는 중국에도 번역되어 소개되었으며 일부 서적들은 중국에서 교과서
로 사용되기도 하였다.

중국의 근대역사학은 1904년 임인학제로 근대적 학제가 시행되어 역사
교과과정이 수립되고[2] 중화민국 시기 전문 연구기관이 설립되면서 제도화
하였다.[3] 그러나 중화민국시기 중국의 역사학에서 동양사학은 일본이나
한국과 달리 뿌리를 내리지 못하였다.

근대 중국의 역사교육과 역사인식에 대한 관심은 동북공정 이후에 증가
하였다. 이들 연구 가운데 현재 중국의 중화사관이 일본제국주의의 식민사
관과 상호작용을 하고 있다는 지적이 있었다.[4] 실제로 중국의 동아시아 역
사인식은 19세기 이후 형성된 근대 일본 역사학의 영향을 받았다. 근대 일
본의 역사학은 중국에 소개되어 중국 역사학의 발전에 긍정적인 영향을 미
친 부분이 있다.

그러나 일본의 역사학은 중국에게 긍정적인 영향만 준 것은 아니었다.
고대 『일본서기』에 근거한 임나일본부설은 19세기 후반 일본의 한반도와
대륙 침략의 움직임 속에서 일본 역사학계 영향을 주었고 다시 중국으로
확산되었다. 물론 근대 일본의 역사서술은 중국에 전파되는 과정에서 중국
과 관련된 내용들 가운데 일부가 현지화하는 모습을 보이기도 하였다. 그
러나 그동안 일본 근대역사학과 중국 역사학의 관계에 대한 연구는 충분히
진척되지 않았다.

---

2) 김지훈, 「20세기 초 중국의 학제개혁과 역사교과과정의 성립」, 『사림』 39, 2011,
   311-337쪽; 김지훈, 「중화민국 초기 중국의 학제개편과 역사교육」, 『아시아문화연구』
   26, 2012, 35-60쪽.

3) 최은진, 「中國國立中央研究院 歷史語言研究所(1928-1949)와 近代歷史學의 制度化」,
   『중국사연구』 67집, 2010, 275-301쪽.

4) 유용태, 『환호속의 경종 – 동아시아 역사인식과 역사교육의 성찰』 (휴머니스트, 2006),
   181-195쪽.

　　현재 동아시아의 역사갈등은 최근에 갑자기 불거진 문제가 아니기 때문에 근대 동아시아 역사학의 형성기에 일본의 역사인식이 중국에 어떻게 전파되고 변용되었는가를 살펴보는 것은 현재의 동아시아 역사갈등을 이해하는 데 도움이 될 것이다.

　　근대 일본의 역사가인 구와바라 지쓰조(桑原隲藏, 1871~1931)가 1898년에 쓴『중등 동양사』[5]는 일본에서 역사교과서로 사용되었고, 그 다음해인 1899년 중국에서『동양사요(東洋史要)』라는 제목으로 출판되어 역사교과서로 사용되었다. 구와바라 지쓰조의『중등 동양사』는 근대역사학의 연구 방법론에 입각하여 집필되었으며 중국인의 한국과 일본을 포함한 동아시아 역사 인식에 큰 영향을 미쳤다. 기존의 연구들은 구와바라 지쓰조의 『중등 동양사』의 시대 구분을 비롯한 근대적 역사학 서술 체계가 중국 역사학계에 미친 긍정적인 영향에 주목하고 있으나『동양사요』의 체제와 구성 등을 소개하는 정도에 머무르고 있는 한계도 있다.[6]

　　구와바라 지쓰조의『중등 동양사』는『동양사요』라는 제목으로 중국에 번역되어 중학당 교과서로 사용되면서 일정한 수정이 가해졌다. 또한 구와바라 지쓰조의 책이 보급되면서 당시 일본인들의 역사인식이 중국에 함께 전파되었다. 특히 19세기 후반 메이지 유신 이후 일본에서 유행하던 임나 일본부설은『동양사요』 등의 일본 서적을 통해 중국에 전파되어 현재까지 영향을 미치고 있다. 여기서는 구와바라 지쓰조의『중등동양사』와 중국어로 번역되어 사용된『동양사요』의 고대사 부분을 비교하면서 그 내용을 검토해 보겠다.

　5) 桑原隲藏,『中等東洋史』(上下卷), (大日本図書, 1898[明31]).
　6) 杨鹏,「〈〈中等东洋史〉〉及其在中国的传播与影响」,『名作欣赏』 2013-4-1, 166-168쪽.

2. 일본 '동양사학'의 형성과 구와바라 지쓰죠

1894년(明治 27) 청일전쟁부터 러일전쟁시기까지 일본은 자본주의의 확립기였고 정치적으로나 사상적으로도 내셔널리즘이 고양되고 있었다. 특히 청일전쟁이 발발하자 일본에서는 아시아 대륙에 대한 관심이 높아졌다. 이 시기 일본 도쿄 고등사범학교의 나카 미치요(那珂通世 1851~1908)는 중등교육에 '동양사'라는 교과를 두어야 한다고 주장하였다. 그는 일본과 중국, 인도 등이 인류 역사의 발전에 큰 영향을 미쳤으므로 동양 역사의 흥망성쇠를 국민들에게 가르쳐야 한다고 주장하였다.

1902년 일본 문부성은 나카 미치요의 이러한 건의를 수용하여 역사 교과과정을 "동양사학"과 "서양사학"으로 분리하였다. 이렇게 해서 일본에서는 "동양사학"이 하나의 학문 분과로 자리를 잡게 되었으며, 중국사 연구도 동양사학의 한 부분이 되었다.

이 시기 일본의 "동양사학"에 대한 관심은 1890년대 중반부터 1910년 전후 청일전쟁·러일전쟁·조선병합에 이르는 대륙침략의 시기의 시대상을 반영한 것이었다. 조선을 강제병합하고 중국을 침략하는 과정에서 일본은 아시아의 과거와 현재에 대한 지식을 생산하여 보급할 필요성을 절감하고 있었던 것이다.[7]

1904년 도쿄제국대학 사학과에는 국사학·'지나사학'·역사학이 개설되었다. 1910년에는 지나사학이 '동양사학'으로 개칭되어 역사학의 3분과 체제가 확립되었다. 이 시기 시라토리 구라키치(白鳥庫吉)는 도쿄제국대학의 '동양사학' 담당교수가 되었다. 그는 "우리 국민에게 장래 발전할 아시아에 관한 지식을 증가시키고 흥미를 갖게 하는 것"이 승전의 효력을 높이기 위

---

7) 백영서, 「동양사학의 탄생과 쇠퇴」, 『창작과 비평』 32(4), 2004, 100쪽.

해 필요한 전후의 과제 가운데 "가장 시급한 일"이라고 하였다.[8]

1897년 설립된 교토제국대학에도 1906년 문과대학이 설치되었고, 이듬해 사학과가 개설되면서 '지나사학'을 두어 나이토 고난(內藤湖南, 1866~1934)이 담당교수가 되었다. 나카 미치요, 시라토리 구라키치, 나이토 고난 등이 주도한 '동양사학'은 '사학과'에서 점차 분리되었고, '사학과'는 '서양사학과'로 특화되었다. 이러한 일본 역사학계의 흐름 속에서 '일본사'는 '동양사'와 분리되어 아시아사 속에서 '일본사'를 파악하려는 시각이 약화되기도 하였다.[9]

구와바라 지쓰조(桑原隲蔵, 1871~1931)는 일본 근대 동양사학의 창시자 가운데 한사람으로 일본 교토학파의 대표적인 인물이다. 그는 1871년 1월 27일 에치젠(越前 현재의 福井県敦賀市)에서 출생하였다. 그는 교토의 교토부 심상중학교(京都府尋常中學校)를 졸업하고 1892년 제3고등학교(第三高等學校)를 졸업하였다. 1896년에는 제국대학 문과대학(帝国大學文科大學 현재의 東京大學文學部) 한문과(漢文科)를 졸업하였다. 그는 나카 미치요(那珂通世)의 지도를 받으며 동양사를 연구하였다. 구와바라 지쓰조는 1898年에 제국대학원(帝國大學院) 동양사(東洋史) 전공을 수료하고 1910년에 문학박사학위를 받았다.

구와바라 지쓰조는 1898년 제3고등학교 교수를 역임하고 같은 해『중등동양사』를 집필하였다. 그가 집필한『중등동양사』는 일본 정부에서 인정한 동양사 교과서로 널리 사용되었다. 그는 1899년 제3고등학교를 퇴직하고 고등사범학교(현재의 쓰쿠바대학 筑波大学) 교수를 역임하였다. 그는 1907년 교수직을 사퇴하고 일본 문부성의 해외파견 지원을 받아 중국에 유학하였다.

---

8) 백영서, 앞의 글, 100쪽.

9) 나가하라 게이지 저, 하종문 역,『20세기 일본의 역사학』(삼천리, 2011), 58-59쪽.

구와바라 지쓰조는 중국에 체류했던 2년 동안 4차례 여행을 하였다. 첫 번째는 낙양과 장안 등을 2개월 정도 여행하였다. 두 번째는 산동과 하남 지역을 한 달 반 정도 여행하였다. 세 번째는 내몽골 동부 지역을 여행하고 마지막으로는 강남지역을 여행하였다. 구와바라 지쓰조는 중국에 머물면 서 중국문명의 중요한 유적지를 답사하였던 것으로 보인다.[10] 그는 1909 년에 귀국하여 교토제국대학 문학부 교수를 하다가 1930년 퇴직하였다.

구와바라 지쓰조는『중등 동양사』등의 역사교과서를 편찬하여 중국의 흥망과 발전의 역사를 조망하고 중국과 주변의 국가와 민족의 교류를 연 구하였다. 그는『동양사설원(東洋史說苑)』,『동양문명사논총(東洋文明史 論叢)』,『지나법제사논총(支那法制史論叢)』,『중등 동양사(中等東洋史)』등 다수의 동양사 관련 연구를 하였다.

또한 구와바라 지쓰조는『동서교통사논총(東西交通史論叢)』등 동서 교 통사와 관련된 많은 연구를 하였다. 그는 대량의 사료를 고증하여 송나라 말기부터 원나라 초기까지의 동서 해상 교류의 역사를 연구하였다. 그는 송나라의 대외 무역을 연구한「포수경의 사적(蒲壽庚の事蹟)」으로 제국학 사원상(帝國學士院賞)을 수상하기도 하였다.

3. 중국에 소개된 구와바라 지쓰조의『중등 동양사』

근대역사학의 발전 과정에서 자국(自國)의 역사는 민족의 자아 정체성 을 확립하는 데 중요한 영향을 끼쳤다. 이 때문에 근대역사학에서 자국사 연구는 중요한 지위를 차지하고 있다. 중국은 오랜 역사와 함께 자국사를

---

10) 王晶,「试论日本东洋史学家桑原骘藏」,『科教文汇(中旬刊)』2009-4-20, 241쪽.

편찬하는 전통을 가지고 있었다.

전통시대 중국은 자신이 세상의 중심이라고 생각하였다. 이 때문에 중국 역대의 정사(正史)는 인접 국가의 역사를 주변적으로 취급하였다. 또한 중국 정사 속에 등장하는 외국의 역사는 주로 중국과의 교류에 초점이 맞추어져 있었다. 근대 이전 중국의 지배층은 자국의 역사 이외의 다른 나라의 역사에는 거의 주의를 기울이지 않았다.

그러나 근대 이후 서구 열강의 침입으로 중국을 중심으로 하는 동아시아 질서가 무너지면서 중국의 시선은 외부로 향하기 시작하였다. 특히 근대 중국의 지식인들이 주목한 것은 서구 열강이었기 때문에 서양사에 관심을 가지게 되었다. 그러나 중국인들에게 조선이나 베트남 같은 나라의 역사는 망국의 역사를 잊지 말아야 한다는 경각심을 일깨우기 위한 존재였을 뿐이었다.

19세기 후반 중국은 열강의 침략 속에서 근대화를 위한 노력을 시작하였다. 이 과정에서 청왕조에도 근대 학제가 도입되고 각종 교육기관이 신설되었다. 이 가운데 1898년 무술변법운동 시기에 설립된 경사대학당(京師大學堂)은 당시 청왕조 최고의 교육기관으로서 특별한 위상을 지니고 있었다. 1902년 제정된 「경사대학당장정(京師大學堂章程)」은 역사학을 중외사학(중국과 외국사학)으로 나누었다.[11] 당시 경사대학당의 외국사학은 거의 서양사를 위주로 가르쳤다.[12] 1904년 반포된 「흠정대학당장정(欽定京師大學堂章程)」의 교과과정은 만국사학문(萬國史學門)에서 아시아 각국사와 서양 각국사 등을 가르치도록 하였다.[13]

---

11) 「欽定京師大學堂章程」(1902.08.15), 璩鑫圭·唐良炎, 『中國近代教育史資料匯編－學制演變』(上海教育出版社, 1991), 237쪽.

12) 당시 경사대학당에서 출제한 외국역사 관련 문제들은 거의 서양사 위주로 문제를 출제하고 있었다(北京大學校史 研究室 編2, 『北京大學史料 第1卷 1898-1911)』, 北京大學出版社, 1993, 66-267쪽).

당시 경사대학당에서 사용하던 일부 교과서는 일본의 교과서를 번역한 것이었다.[14] 이 가운데 구와바라 지쓰조의 『중등 동양사(中等東洋史)』는 중국에서 『동양사요(東洋史要)』라는 제목으로 번역되어 널리 사용되었다.

1898년 일본에서 출판된 구와바라 지쓰조의 『중등동양사』는 1887년을 전후하여 나카 미치요(那珂通世)가 『지나통사(支那通史)』를 출판한 이후 일본학계에서 중국사 관련 개설서 가운데 가장 영향력이 있었다.

『중등동양사』는 1899년 중국에서 번병청(樊炳淸)이 번역하여 『동양사요(東洋史要)』라는 제목으로 상해동문학사(上海同文學社)에서 출판하였다. 이 책의 서문을 쓴 왕국유(王國維)는 근세 역사를 과학이라고 하는데 사실 사이의 관계가 없을 수 없다. 어떤 학문을 막론하고 계통이 없으면 과학이라고 할 수 없다. 중국에서 소위 '역사'는 계통이 없이 사회에 흩어져 있는 사실을 모아놓은 것에 불과하여 사료라고 부를 수는 있어도 역사라고 할 수는 없었다. 구와바라는 이 책을 대부분 중국정사에 근거하여 썼고 인도와 중앙 아시아의 주요한 사실들은 대부분 서양서적을 이용하였다. 비록 한두 가지 오류가 있지만 간단하면서도 두루 갖추고 있고, 해박하면서 요점을 집고 있다고 『동양사요』를 평가하였다.[15]

1899년 구와바라의 『중등 동양사』가 중국에서 『동양사요』로 출판된 이후 중학당(中學堂)과 대학당(大學堂)의 교과서로 사용되었으며 상해동문학사 이외의 다른 출판사에서도 발간하였다.

1903년 보경권학서사(寶慶勸學書舍)에서 간행한 『동양사요』는 동문학사의 번역본과 완전히 동일했고 표지에 '경사대학당 심정 사학교과서'라고 표

---

13) 「欽定大學堂章程」(1904.01.15), 璩鑫圭·唐良炎, 앞의 책, 352-353쪽.

14) 김지훈, 「근대 중국 신사학의 수용과 변용―20세기 초 신사학의 수용과 『중등역사교과과정』의 인식변화를 중심으로」, 『한국사학사학보』 27, 2013, 383쪽.

15) 杨鹏, 앞의 글, 167쪽.

기되어 있었다. 1904년 성도관보서국(成都官報書局)에서 인쇄한 『신각 중
국역사(新刻中國歷史)』도 『동양사요』를 카피한 것으로 왕국유의 서문이 없
는 점만 다르다. 1904년 상해문명서국(上海文明書局)에서 출판한 『중등동
양사교과서(中等東洋史敎科書)』도 주동유(周同愈)가 번역했고 일본판과 같
이 구와바라 지쓰조의 스승인 나카 미치요(那珂通世)의 서문을 제외하면 본
문의 내용은 동문학사의 번역본과 거의 같았다. 1908년 상무인서관(商務印
書館)에서 출판한 『정정동양사요(訂正東洋史要)』도 원서가 출판된 후 약간
의 사실을 추가하거나 오류를 바로잡고, 지도를 추가하여 학생들이 사용하
기 쉽게 편찬하였다.[16]

　　1899년부터 1913년까지 구와바라 지쓰조의 『중등동양사』는 중국에서
모두 6종의 번역본이 출판되었다. 이는 구와바라의 책이 당시 중국의 학자
들과 일반 독자들에게 미친 영향을 짐작할 수 있게 한다.

4. 중국에 번역된 구와바라 지쓰조의 『동양사요』의 내용

1) 『동양사요』의 체계

　　중국에 소개된 『동양사요』는 종래 중국의 역사서술이 각 왕조의 편년순
으로 서술되었던 것과는 달리 각 시대의 특징에 따라 구분하였다. 구와바
라 지쓰조는 동양사의 역사시기를 크게 4부분으로 나누었다. 그는 고대부
터 진의 통일까지를 상고기(上古期)의 한족 팽창시대로 보고, 진의 통일부
터 당의 멸망까지를 중고기(中古期)의 한족 우세시대로 보았다. 오대(五代)
부터 청왕조의 흥기까지를 근고기(近古期)의 몽골족의 최고 전성시대로 파

---

16) 邵茜, 「桑原隲藏东洋史学研究的学术影响」, 『佳木斯教育学院学报』 2014-5-15, 167쪽.

악하고, 청왕조 초기부터 1898년 현재까지를 근세기(近世期)의 유럽인의
동점(東漸) 시기로 구분하였다.[17] 구와바라 지쓰조의『중등 동양사』의 목
차는 다음과 같다.

『중등 동양사』목차

총론
제1장 동양사의 정의와 범위
제2장 지세(地勢)
제3장 인종
제4장 시대 구분

상고기 한족 팽창시대
제1편 주(周) 이전
제1장 태고(太古)
제2장 요순(堯舜)의 사적(事蹟)
제3장 하은(夏殷)의 흥망
제2편 주(周)
제1장 주의 발흥과 그 제도
제2장 주의 성쇠
제3장 한족과 여러 이민족과의 관계 및 주대 융적(戎狄)의 발호
제4장 패자(覇者)
제5장 제 학설의 흥기
제7장 진(秦)의 발흥
제8장 합종연횡
제9장 진의 통일

중고기 한족우세시대
제1편 진과 서한의 초기

---

17) 桑原隲蔵, 『中等東洋史』(上卷), (大日本図書, 1898[明31]), 18-21쪽.

제6장 후위의 분열과 후경의 난
제7장 남북 양조의 말로와 수의 통일
제7편 수와 당의 초기
제1장 수의 성쇠와 군웅의 할거
제2장 당의 흥기
제3장 태종 고종의 치세와 당의 제도
제8편 당의 해외 경략
제1장 한말부터 수 초기까지의 조선
제2장 수·당과 조선과의 관계 및 백제·고구려의 멸망과 신라의 통일
제3장 돌궐의 발흥 이전 서역 여러 나라들의 상황
제4장 돌궐의 흥망과 당과 돌궐과의 관계
제5장 토번 인도의 상황과 당과의 관계
제6장 당과 중앙 아시아와의 관계 및 대식(大食)의 발흥과 페르시아의 멸망
제7장 당의 속지관할법
제8장 당대 동서 교통 무역
제9장 여러 외국 종교의 동점과 불교의 흥성
제9편 당의 중기와 말기
제1장 무위(武韋) 양씨의 내란
제2장 현종의 정치
제3장 안록산의 난
제4장 당의 중기 이후 만리장성 바깥의 여러 민족
제5장 번진의 발호
제6장 환관의 전권
제7장 당의 멸망과 군웅의 할거[18]

근고기 몽골족 전성시대
제1편 거란과 북송
제1장 거란의 흥기
제2장 오대의 형세와 거란의 남침
제3장 송의 통일
제4장 고려의 흥기와 요의 극성

---

[18] 桑原隲藏, 『中等東洋史』(上卷), (大日本図書, 1898[明31]) 목차.

근세기 서구인의 동점시대
제1편 청의 초기
제1장 만주의 흥기
제2장 고비사막 남부의 몽골과 청과의 관계 및 명의 멸망
제3장 서구인의 원양 항해와 예수교의 동점
제4장 러시아의 동부 침략과 청과 러시아 관계
제2편 청의 만리장성 밖 경략
제1장 준갈부의 발호
제2장 청과 커이커(喀爾喀) 및 준갈부와의 관계
제3장 청의 관제와 병제
제4장 청의 서남방 경략
제3편 영국인의 동점
제1장 티무르 이후 중앙아시아의 형세와 무굴제국의 성쇠
제2장 영국의 인도 침략
제3장 아편전쟁
제4편 중앙아시아의 형세
제1장 회교도의 반란
제2장 러시아의 중앙아시아 침략
제3장 영국 · 러시아 양국의 충돌
제5편 태평양 연안의 형세
제1장 후(後) 인도 여러 나라의 형세와 프랑스의 침략
제2장 조선의 상황과 일청의 충돌[19]

구와바라 지쓰조의 『중등 동양사』는 총론에서 동양사의 정의와 범위, 지세, 인종, 시대 구분을 다루고 있다. 이러한 서술 체제는 종래의 왕조사나 편년사 위주의 역사서술과는 구분되는 특징이라고 할 수 있다. 『중등 동양사』의 중국어 번역본인 『동양사요』도 일부 보완된 부분이 있지만 기본적으로 같은 체제와 내용을 유지하고 있다.

양계초(梁啓超)는 1901년 9월 『청의보(淸議報)』에 『중국사서론』을 발표

---

19) 桑原隲藏, 『中等東洋史』(下卷), (大日本図書, 1898[明31]) 목차.

하였다. 양계초는『중국사서론』에서 역사의 계설(界說), 중국사의 범위, 중국사의 명명(命名), 지세, 인종, 기년(紀年), 역사 이전의 시대, 시대구분을 다루었다. 양계초의『중국사서론』의 구성 방식은 구와바라 지쓰조의『중등 동양사』의 체계와 매우 유사한 모습을 보이고 있다.[20]

구와바라 지쓰조의『중등 동양사』(『동양사요』)는 중국사를 중심으로 동양사를 서술하고 있지만 한족과 다른 국가와 민족 간의 관계에도 주목하고 있다. 우리나라의 현행 고등학교『동아시아사』교과서는 한국과 중국, 일본, 베트남, 몽골 등을 동아시아사의 범위로 보았다.[21]

이에 비해 구와바라 지쓰조의『동양사요』는 중국을 중심으로 한 동아시아를 넘어 중앙아시아와 인도, 페르시아 등까지 포괄하고 있다. 그러나 구와바라 지쓰조는『동양사요』를 서술하면서 일본사를 동양사에서 제외하였다. 이러한 서술은 동양사의 역사적 흐름 속에서 자국사인 일본사를 파악하지 않고 자국사와 외국사를 분리하여 보려는 당시 일본역사학계의 흐름과 관련 있다.

『동양사요』의 상고기(上古期) 한족 팽창시대는 주나라 시기 융적(戎狄) 사이의 관계에 주목하고 있다. 중고기 한족 우세시대에서는 한왕조 시기 남방의 여러 민족들과 한족과의 관계, 한나라와 흉노, 한나라와 고조선과의 관계 등에 대해서도 비교적 자세하게 설명하고 있다. 또한『동양사요』는 대월씨 등 중앙아시아지역의 국가와 민족을 설명하면서 알렉산더 대왕의 원정이 미친 영향에 대해서도 서술하고 있다.

인도에 대해서는 불교가 동쪽으로 전파되는 과정을 설명하면서 석가모니 탄생 이전의 인도와 석가모니 사후 아소카왕 시대의 인도에 대해서도

---

20) 梁啓超 著,「中國史敍論」, 吳松 等点校,『飮冰室文集点校』(第三集) (云南敎育出版社, 2001), 1620-1627쪽.

21) 안병우 등,『동아시아사 교육과정 시안 개발』(동북아역사재단, 2006), 10쪽 참조.

소개하고 있다. 이외에도 돌궐과 토번, 페르시아와 중국의 관계를 설명하고 있다.

근고기 몽골족 전성시대에서는 송과 고려, 요, 금의 관계를 설명하고, 특히 몽골제국이 아시아 각국에 미친 영향에 대해서 비교적 자세하게 소개하고 있다. 근세기에는 서구인의 동점시대라는 시기 구분에서도 알 수 있듯이 서구의 대항해와 예수교의 전파, 영국의 무굴제국에 대한 침략과 러시아의 중앙아시아 침략, 조선과 오키나와에 대한 일본의 침략 등을 다루고 있다.

구와바라 지쓰조의 『동양사요』는 중국사의 흐름을 기본으로 시대를 구분하면서 인도와 중앙아시아, 페르시아, 한국 등 중국 주변의 다른 민족과 국가 간의 교류에 주목하고 있다.

한편 구와바라 지쓰조에 의하면 동양사에서 주도적 지위를 차지하고 있었던 것은 아시아인종 즉 황색인종이었다. 그는 아시아인을 시베리아인종과 지나인종(支那人種: 중국인종)[22]으로 분류하였다. 지나인종(중국인종)은 지나 본부(本部), 티베트, 인도차이나 일대에 살고 있으며 한족, 티베트족, 교지지나족(交趾支那族: 中國交趾族)[23]을 포함하고 있다고 보았다.

그에 의하면 이 가운데 한족이 동양사에서 가장 중요한 인종이고 지나(중국) 본부를 점령하고 있다고 한다. 또한 티베트족은 카시미르, 네팔, 버어마 일대에 거주하고 있고 은주시대에 저강(氏羌), 진한시대에 월씨(月氏), 당왕조 시대에 토번(吐藩), 남송시대에 서하(西夏) 등이 모두 이 민족에 속한다고 하였다. 교지지나족(交趾支那族: 中國交趾族)은 지나의 서남부 즉 운남, 귀주성에서 베트남, 라오스 등 인도차이나 국가들의 대부분을

---

[22] 『중등 동양사』에서는 지나인종이라고 했고 중국어 번역본인 『동양사요』에서는 중국 인종이라고 번역하였다(桑原隲藏, 金爲 譯, 『東洋史要』 卷一, 商務印書館, 1909, 7쪽).

[23] 중국어 번역본은 중국교지족(中國交趾族)으로 번역하였다. 桑原隲藏, 金爲 譯, 위의 책, 7쪽.

차지하고 있으며 주왕조 이전의 묘민(苗民), 형만(荊蠻), 당왕조 시기의 남
조(南詔)가 모두 이 족속에 속한다고 하였다. 이외에 시베리아 인종은 동
아시아의 북부에서 북아시아 일대에 살고 있으며 일본족, 퉁구스족, 몽골
족, 터어키족이 포함된다고 보았다.

『중등동양사』에 의하면 일본족은 조선반도의 남부에서 일본에 걸쳐서
번식하는 인종으로 조선의 한족도 모두 여기에 속한다[24]고 하였다. 퉁구
스족은 "조선의 북부에서 만주를 거쳐서 흑룡강 부근의 땅에 만연(蔓延)한
인종"[25]으로 진한시기의 동호(東胡), 한왕조 이후의 선비, 수당시대의 말
갈, 당말의 거란, 송대의 여진, 서하, 청나라가 모두 여기에 속한다고 하였
다. 몽골족은 시베리아의 바이칼호의 동쪽 일대에 살다가 남하하여 지금까
지 내·외몽골에서 천산북로 일대에 살고 있다고 하였다. 구와바라 지쓰조
는 인도의 무굴제국도 역시 몽골족이 세운 나라라고 하였다.

구와바라 지쓰조는 터어키족의 경우 내외몽골에서 점차 서쪽으로 이동
하여 천산남로와 중앙아시아 일대에 살고 있으며, 한대의 흉노·월씨, 남
북조의 유연(柔然), 수왕조의 돌궐, 당대의 회흘(回紇)이 모두 이 민족에 속
한다고 하였다.[26]

『동양사요』 총론의 시대 구분과 인종 구분은 중국의 학계에도 상당한 영
향을 미쳤다. 양계초가 쓴 『중국사서론(中國史敍論)』의 시대 구분이나 인
종 구분도 『중등동양사』의 총론과 유사한 모습을 보이고 있다.

구와바라 지쓰조는 동양사를 4시기로 구분하여 고대부터 진의 통일까지
를 상고기(上古期)의 한족 팽창시대, 진의 통일부터 당의 멸망까지를 중고

[24] 桑原隲藏, 『中等東洋史』(上卷) (大日本図書, 1898[明31]), 16쪽; 桑原隲藏, 金爲 譯,
　　『東洋史要』(卷一) (商務印書館, 1909), 8쪽.
[25] 桑原隲藏, 위의 책, 16쪽; 桑原隲藏, 金爲 譯, 위의 책, 8쪽.
[26] 桑原隲藏, 위의 책, 16-17쪽; 桑原隲藏, 金爲 譯, 위의 책, 8쪽.

기(中古期)의 한족 우세시대, 오대(五代)부터 청왕조의 흥기까지를 근고기
(近古期)의 몽골족의 최고 전성시대, 청왕조 초기부터 1898년 현재까지를
근세기(近世期)의 유럽인의 동점(東漸) 시기로 보았다.[27]

　이에 비하여 양계초는 중국의 역사를 고대사와 중세사, 근세사의 세 시
기로 구분하였다. 그는 황제부터 진나라의 통일까지를 고대사(上世史)로
보고, 중국민족이 자발적으로 발전하여 경쟁하고 단결한 시대라고 하였다.
진의 통일 이후 청대 건륭제까지는 중세사(中世史)로 중국민족과 아시아
각 민족이 교섭하고 경쟁하던 시대라고 하였다. 또한 청나라 건륭제 말년
부터 현재까지를 중국민족이 아시아 민족과 협력하여 서구와 교섭하고 경
쟁하는 근세사(近世史)라고 하였다.[28]

　구와바라 지쓰조의 시대구분 형식은 양계초에게도 영향을 주었지만 시
대구분의 내용에서는 두 사람 사이에 차이가 있었다. 구와바라 지쓰조는
『중등 동양사』에서 동양사의 시각으로 근고기를 몽골족의 전성시대로 설
정하는 등 한족 이외의 민족인 몽골족의 활약을 강조하였다. 반면에 양계
초는『중국사서론』에서 중국민족이 경쟁하고 발전한 시대를 고대로 보고,
중국민족이 아시아 다른 민족과 교섭하고 경쟁하던 시대를 중세라고 하는
등 중국민족을 중심으로 시대를 구분하였다.

　『동양사요』는 한족(漢族), 서장족(西藏族), 중국교지족(中國交趾族: 묘
족), 퉁구스족(通古斯族), 몽골족(蒙古族), 터어키족(土耳其族: 흉노족) 등
으로 인종을 구분하였다.[29] 양계초도『중국사서론』에서 중국의 인종을 묘
종(苗種), 한종(漢種), 티베트종(圖伯特種), 몽골종(蒙古種), 흉노종(匈奴
種), 퉁구스종(通古斯種)으로 분류하였다.[30] 이렇게 구와바라 지쓰조와

---

27) 桑原隲藏, 위의 책, 18-21쪽.
28) 梁啓超 著, 앞의 책, 1626-1627쪽.
29) 桑原隲藏, 金爲 譯, 앞의 책, 8쪽.

양계초의 인종 구분은 매우 유사한 모습을 보이고 있다.

이러한 서술을 볼 때 구와바라 지쓰조의 『중등 동양사』의 서술 체계가 중국의 역사연구와 교육에 상당한 영향을 주었다고 할 수 있다. 그러나 『중등 동양사』의 서술은 당시 일본 학계의 연구성과를 반영하고 있지만 현재의 입장에서 보면 타당하지 않은 부분들도 있다.

예를 들면 그는 "일본족은 조선반도의 남부에서 우리나라(일본)에 걸쳐서 번식하는 인종으로 조선의 한족은 모두 여기에 속한다"[31]고 하고 있다. 또한 그는 퉁구스족이 "조선의 북부에서 만주를 거쳐서 흑룡강 부근의 땅에 만연(蔓延)한 인종"이라고 소개하고 있다. 구와바라 지쓰조의 주장에 의하면 한민족(韓族)은 한반도의 남부에 살고 있는 일본족의 일부와 한반도 북부의 퉁구스족으로 구성되어 있다는 것이다. 따라서 그의 주장에 의하면 한반도의 남북에 각각 다른 종족이 함께 살고 있다는 것인데 타당성이 부족한 견해이다.

이 외에 구와바라 지쓰조의 『중등 동양사』는 진무천황(神武天皇) 즉위년을 원년으로 하는 일본의 독자적인 기년인 황기(皇紀)를 사용하고 있다. 반면에 중국어 번역본인 『동양사요』는 황기를 사용하지 않고 중국 황제의 연호를 써서 연도를 표기하고 있다. 구와바라 지쓰조의 『중등 동양사』는 중국에서 『동양사요』로 번역되어 교과서로 사용되면서 일부 내용이 바뀌거나 보충되기도 하였다.

2) 『동양사요』의 삼황오제 서술

구와바라 지쓰조의 『중등 동양사』는 고대 중국의 전설로 수인씨(燧人

---

30) 梁啓超 著, 앞의 책, 1622-23쪽.
31) 桑原隲藏, 앞의 책, 16쪽; 桑原隲藏, 金爲 譯, 앞의 책, 8쪽.

氏), 복희씨(伏羲氏), 신농씨(神農氏)를 삼황(三皇)으로 보고 있다. 이 책은 전설에 의하면 태고(太古)에 수인씨가 처음으로 화식(火食)을 전했고, 복희 씨가 팔괘를 만들었으며, 어로를 가르쳤다고 한다. 또한 신농씨는 가축을 기르는 방법을 전수하고 교역의 방법을 알려주었다고 한다.[32] 『중등 동양 사』는 『상서대전(尙書大傳)』과 『풍속통의(風俗通義)』에 따라 수인, 복희, 신농씨를 삼황으로 보고 전설로 설명하고 있다.

그러나 『동양사요』는 『중등 동양사』의 번역본이지만 중국에서 역사교 과서로 사용되면서 원서에서 서술하고 있지 않은 삼황의 전설 등의 내용을 추가하여 비교적 자세하게 설명하고 있다.

『동양사요』는 『중등 동양사』의 서술과는 달리 반고(盤古)가 세상을 개 벽을 했다고 소개하였다. 『동양사요』는 『중등 동양사』에서 삼황으로 수인 씨, 복희씨, 신농씨로 서술한 것과는 다르게 삼황(三皇)으로 천황(天皇), 지 황(地皇), 인황(人皇)이 있었다고 서술하였다. 이 책에 의하면 천황은 13명 이 각각 18,000년을 통치해서 234,000년을 다스렸고, 지황은 198,000년을 통치해서 천황과 지황이 432,000년을 다스렸다는 등 신뢰하기 힘든 신화적 인 내용을 소개하고 있다.[33]

중국의 정사라고 할 수 있는 사마천의 『사기』는 오제본기부터 시작하여 삼황을 직접적으로 서술하고 있지 않았다. 단지 『사기』 진시황본기에서 시 황제의 신하들이 고대에는 천황, 지황, 태황(泰皇)이 있었는데 그중에서 태 황이 가장 존귀했다[34]고 간단하게 언급하고 있을 뿐이었다.

이 때문에 『동양사요』에 추가된 삼황 관련 내용은 사마천의 『사기』가 아니라 당대(唐代) 사마정(司馬貞)이 쓴 『사기색은(史記索隱)』에 의거한

---

32) 桑原隲蔵, 위의 책, 24쪽.
33) 桑原隲蔵, 金爲 譯, 앞의 책, 11-12쪽.
34) 司馬遷, 「秦始皇本紀」 一, 『史記』 (中華書局, 1982), 236쪽.

것으로 보인다. 사마정의『사기색은』에는「삼황본기(三皇本紀)」가 수록되어 있는데 고대 중국에 천황, 지황, 인황의 삼황이 있었고, 천황과 지황이 각각 18,000년을 다스렸다고 하였다.[35]

한대 사마천이 쓴『사기』는 중국 역사를 오제본기부터 시작하고 있으며 가능한 범위에서 신뢰하기 어려운 신화적인 내용을 배제하였다. 그러나『동양사요』의 삼황 서술에 근거가 된 사마정의「삼황본기」는 신화적인 내용들을 담고 있다.『동양사요』는『중등 동양사』에서 신화적인 내용으로 간단하게 서술한 삼황과 관련된 내용을 본문에서 다루고 있을 뿐만 아니라 본문보다 작은 글씨의 부문(副文)에서도 자세하게 설명하고 있다.

구와바라 지쓰조의『중등 동양사』는 수인씨, 복희씨, 신농씨를 삼황(三皇)으로 보고 그 후 기원전 1800년경에 황제(黃帝)가 출현하여 천하를 통일하려고 사방의 제후를 정복하고 영토를 확장하여 동으로는 바다, 서로는 감숙성의 서부, 남으로는 양자강, 북으로는 지금의 직예, 산서의 북부에 달하는 제국을 건설하여 중국을 통일하였다고 하였다. 이 책은 황제 시대에 배와 수레를 발명하고, 문자를 제작하였으며 역법을 개량하고 관제를 정하는 등의 일을 하였다고 한다.[36]

『동양사요』는 구와바라 지쓰조의『중등 동양사』의 내용을 기초로 황제에 대해 더 자세하게 서술하고 있다.『동양사요』는 천황, 지황, 인황을 서술한 후에 불을 사용하여 음식을 익혀 먹도록 가르친 수인씨, 팔괘를 만들

---

35) 司馬貞,「三皇本紀」,『欽定四庫全書 史部 史記索隱 卷三十』, 一說三皇, 天皇, 地皇, 人皇為三皇. 旣是開闢之初, 君臣之始, 圖緯所載, 不可全棄, 故兼序之. 天地初立, 有天皇氏, 十二頭. 澹泊無所施為, 而民俗自化. 木德王, 歲起攝提. 兄弟十二人, 立各一萬八千歲. 地皇十一頭, 火德王, 姓十一人. 興於熊耳, 龍門等山, 亦合萬八千歲. 人皇九頭, 乘雲車駕六羽, 出谷口. 兄弟九人, 分長九州, 各立城邑, 凡一百五十世, 合四萬五千六百年.

36) 桑原隲藏, 앞의 책, 24쪽.

고 목축을 가르친 복희씨, 불을 사용하여 염제(炎帝)라고 불린 신농씨 등을
후에 삼황이라고 칭했다는 설명을 하고 있다.[37]

그 후 황제(黃帝) 헌원(軒轅)씨가 나와 희수(姬水)에서 자랐는데 천하 통
일을 도모하여 치우(蚩尤)와 싸워 승리하고 신농씨를 대신하여 천자가 되
었다고 한다. 황제는 사방을 평정하여 동으로는 바다에 이르고 서로는 공
동(감숙성의 崆峒山), 남으로는 장강에 이르러 웅산(熊山)과 상산(湘山)에
올랐고, 북으로는 훈죽(葷粥 후세의 흉노족)을 축출하고 부산(釜山)에서
제후들을 소집하였다. 황제는 일정한 거처 없이 여기 저기 옮겨 다녔고,
주둔하는 곳에 병영을 지어 방어하였다. 탁록(涿鹿)을 도읍으로 삼았다고
한다.[38]

『중등 동양사』와 『동양사요』는 황제 이후 전욱(顓頊), 제곡(帝嚳), 제요
(帝堯), 제순(帝舜)이 있었고 황제를 포함하여 오제(五帝)라고 칭한다고 간
략하게 서술하였다.[39] 이러한 『동양사요』의 황제에 대한 서술은 사마천의
『사기』 오제본기의 내용을 축약하여 서술한 것으로 볼 수 있다.[40] 『동양사
요』는 『중등 동양사』와 마찬가지로 황제가 처음으로 중국을 통일하여 제
국을 수립하였다고 같은 평가를 하고 있다.

지금 현재도 황제는 중국의 역사교과서에서 화하족의 시조로 소개되고
있다. 인민교육출판사의 중학교 중국역사 교과서에 의하면 염제(炎帝)와
황제(黃帝)는 약 4,000~5,000년 전 황하 유역의 종족 수령으로 동방의 강대
한 치우(蚩尤) 종족을 연합하여 탁록에서 승리하였다고 한다. 이후 염제와
황제 종족은 화하족(華夏族)을 형성하였다고 한다. 또한 황제는 궁전을 짓

---

37) 桑原隲藏, 金爲 譯, 앞의 책, 13-14쪽.
38) 桑原隲藏, 金爲 譯, 위의 책, 14-15쪽.
39) 桑原隲藏, 앞의 책, 24-25쪽.
40) 司馬遷, 「五帝本紀」 一, 『史記』(中華書局, 1982), 1-9쪽.

고 옷을 만들었으며, 우물을 파고 배와 수레를 만드는 방법을 가르쳐 주었다고 하였다. 이 교과서는 황제의 아내 루조(嫘祖)가 고치실을 뽑는 방법을 발명하였고 황제의 신하인 창힐(倉頡)이 문자를 창제하였기 때문에 "인문시조(人文初祖)"라고 불리며 현재 중국인들이 자신들을 "염황자손(炎皇子孫)"이라고 한다고 서술하고 있다.[41]

그러나 황제(黃帝)는 중국에서 가장 오래된 서적인 『시경(詩經)』이나 『상서(尙書)』에는 등장하지 않는다. 『좌전(左傳)』과 『국어(國語)』, 『한비자(韓非子)』와 『산해경(山海經)』, 『관자(管子)』, 『세본(世本)』 등 많은 서적에 황제에 대한 이야기가 수록되어 있지만 한 무제 때 사마천이 『사기』 「오제본기」에 황제(黃帝)에 대해 서술한 것이 후세에 큰 영향을 주었다. 황제가 실존한 인물이었는가에 대해서는 20세기 초 고사변파들이 유가학자들이 만들어낸 이야기로 비판해서 부정되기도 하였다.[42] 그러나 중국에서 고고학 발굴이 진행되면서 화북 지역의 신석기 시대 유적지들이 황제와 관련이 있다는 주장도 있다.

사마천은 『사기』에서 서주 공화 원년을 믿을 수 있는 연대의 시작으로 보았지만 황제 등 오제 이야기를 본기에 기술하였다. 사마천은 『사기』에서 황제를 처음으로 중국을 통일한 인물로 묘사하고 있다. 사마천은 『사기』 「오제본기」를 통하여 황제부터 전욱, 제곡, 제요, 제순 등 오제의 계통을 정리하였다고 할 수 있다.[43]

『중등 동양사』는 고대에서 삼황오제를 비교적 간단하게 설명하고 있다. 이에 비해 『동양사요』는 삼황오제에 대한 여러 가지 설명을 덧붙여서 자세

---

41) 課程敎材硏究所・歷史課程敎材硏究開發中心, 『義務敎育課程標準實驗敎科書 中國歷史 七年級 上册』(人民敎育出版社, 2012), 12-14쪽.

42) 김선자, 『만들어진 민족주의 황제 신화』(책세상, 2007), 43-74쪽.

43) 김선자, 위의 책, 43-74쪽.

하게 설명하고 있다.

『중등 동양사』와『동양사요』는 하왕조와 상왕조에 대해서 모두 하상의 흥망이라는 장에서 간단하게 서술하고 있다. 하왕조는 하왕 우의 홍수 치수에 대한 내용을 소개하고 걸왕 때 상나라의 탕왕에게 멸망당했다고 서술하였다. 상왕조에 대해서는 하왕조를 멸망시킨 후 수도를 박(亳)으로 했다가 반경(盤庚) 때 은(殷)으로 천도했다고 한다. 이 책은 걸왕이 기자와 비간 등의 간언을 듣지 않다가 주 무왕에게 멸망당했다고 간단하게 서술하고 있다.[44]『중등 동양사』가 출판되었던 당시에는 하왕조와 상왕조에 대한 연구가 진전되지 않아서 간략하게 두 왕조를 소개하고 있는 것으로 보인다.

3)『동양사요』와 임나일본부설

구와바라 지쓰조는 주가 은을 멸하자 은의 왕족 기자는 국인 5천 명과 함께 조선으로 피하여, 그 땅에 왕이 되었다고 하였다. 그리고 서한 초기 기자의 후손인 기준(箕準)이 조선에 군림하고 있었는데 연왕 노관이 죽고 연나라 사람 위만이 국인 천여 명을 이끌고 조선에 와서 기준을 습격하여 격파하고 황기(皇紀) 467년(혜제 원년)에 왕이 되었다고 하였다.[45]

구와바라 지쓰조는 한무제가 고조선을 공격하여 정복하고 지금의 성경성(盛京省 요녕성) 동부를 진번군, 그 남부를 낙랑군으로 했는데 지금의 평안도와 황해도에 해당한다고 하였다. 그는 진번군의 동부 함경도를 현도군(元菟郡)으로 그 남쪽 강원도 부근을 임둔군으로 했다고 한다.[46]

---

44) 桑原隲藏, 金爲 譯, 앞의 책, 17쪽.
45) 桑原隲藏, 앞의 책, 82-83쪽; 桑原隲藏, 金爲 譯,『東洋史要』(卷二), 1909, 11쪽.
46) 桑原隲藏, 위의 책, 83-84쪽.

한편 중국어 번역본인『동양사요』는 한사군의 위치에 대해『중등 동양
사』와 조금 다른 서술을 하고 있다.『동양사요』는 진번을 지금 한국 경기도
한성 서쪽의 진번성, 임둔은 한성 서남의 임둔성, 낙랑은 조선의 평양성, 현
도는 고구려의 고성으로 한국 함경남도 성흥부 동북이라고 하고 있다.[47]

구와바라 지쓰조는 한국의 삼국시대를 설명하면서 신라가 큐슈(九州)의
반민(叛民)을 통해서 변방을 소란스럽게 하자 일본의 진구황후(神功皇后)
가 정벌을 하고 조공을 받았으며, 신라의 남부 변한의 옛땅에 임나부(任那
府)를 설치하고 재(宰)를 설치하여 신라와 백제를 도호(都護)하고 조선의
남부 전체를 일본이 기미(羈縻)했다고 하였다.[48] 이러한『중등 동양사』의
임나일본부설은 중국어 번역본인『동양사요』에도 그대로 반영되었다.[49]

임나일본부설은 일본에서 편찬한『일본서기』를 근거로 하고 있다. 일본
은 720년『일본서기』를 편찬하면서 일본을 주(主)로 고구려 · 백제 · 신라 ·
가야 등을 종(從)으로 기술하였다.『일본서기』에 등장한 임나일본부에 대
한 해석은 별다른 비판 없이 일본에서 수용되었다.

에도막부 시대에 국학자들은 한학자들과는 달리 중국이나 조선의 학문
보다는『고사기』나『일본서기』등 일본 고전을 연구하여 건국신화나 천황
의 역사를 중시하였다. 이들은 일본의 신이나 천황이 한국을 지배하거나
복속시켰다는 인식을 가지고 있었다.[50]

에도막부 시대 미토번(水戶藩)이 편찬한『대일본사(大日本史)』는『일
본서기』의 임나일본부에 대한 설명을 그대로 받아들였다.『대일본사』는
진구황후(神功皇后) 때 삼한(三韓)과 가라(加羅)를 평정하여 임나(任那)에

---

47) 桑原隲藏, 金爲 譯, 앞의 책, 11쪽.
48) 桑原隲藏, 앞의 책, 196쪽.
49) 桑原隲藏, 金爲 譯, 앞의 책, 65쪽.
50) 남재우, 「식민사관에 의한 가야사연구와 그 극복」,『한국고대사연구』61, 2011, 160쪽.

일본부(日本府)를 두고 삼한 또는 한국을 통제했다고 서술하였다.[51]

이러한 인식은 에도시대의 국학자인 모토오리 노리나가(本居宣長)의 '조선경영설'을 거쳐서 근대로 이어졌다.[52] 19세기 후반 일본은 메이지유신을 통하여 막번 체제를 해체하고 천황을 중심으로 한 중앙 통일 권력을 형성하였다. 메이지유신을 거치면서 일본에서는 1870년 사다 하쿠보(佐田白茅) 등이 정한론(征韓論)을 주장하였고 임나일본부설도 역사교과서에 수록되었다.

메이지 유신 시기에 인기가 있었던 『국사략(國史略)』과 같은 책은 진구황후(神功皇后)가 군대를 이끌고 신라를 공격하자 신라왕이 놀라서 항복했다고 서술하고 있다.[53] 이 『국사략』은 일본에서 근대 학제가 반포되면서 중학교와 사범학교의 교과서로 사용되었다.

19세기 후반 일본에서는 『국사략』 이외에도 많은 역사 서적들이 진구황후가 신라를 공격하여 항복시켰다는 이야기를 소개하고 있었다. 진구황후(神功皇后)가 삼한을 정벌했다는 주장은 1876년 발간된 『소학일본사략(小學日本史略)』 등 다른 역사서 속에서도 찾아볼 수 있다.[54] 1887년 발간된 『고등소학 일본역사(高等小学日本歷史)』에서도 진구황후가 신라를 정벌하여 항복을 받고 금은능라 80척을 바치기로 했으며, 고구려와 백제도 항복했다고 서술하고 있다.[55]

임나일본부설은 19세기 후반 일본이 한반도와 중국 침략을 계획하면서 더욱 확산되었다. 일본은 1878년 참모국을 참모본부로 확대하고 조선과 중

---

51) 이영식, 「임나일본부에 대한 연구의 역사」, 『내일을 여는 역사』 6, 2001, 85-86쪽.

52) 이영식, 「기획 잃어버린 역사 가야를 찾아서 '임나일본부'를 재해석한다」, 『역사비평』 28, 1994, 364쪽.

53) 源松苗 編, 『国史略 8卷. 卷之一』, 菱屋孫兵衛, (1868), 21-23쪽.

54) 西野古海 編, 『小学日本史略. 卷1』, 五鳳楼, (1876), 8쪽.

55) 柏倉一德 編, 『高等小学日本歷史』卷上, 保科菊松, (1887), 6-7쪽.

국 대륙에 대한 첩보활동을 하였다. 참모본부는 1882년 「임나고(任那考)」
와 「임나국명고(任那國名考)」에서 '임나일본부설'을 주장하였다.56) 1883년
일본 육군 참모 본부의 스파이인 사이고 가케아키(酒句景信 1850~1891)는
광개토대왕비의 탁본을 일본에 가져갔다. 당시 일본 군부는 한반도와 대륙
침략을 준비하고 있었는데 광개토대왕 비문에 "百殘新羅舊 是屬民"이라는
구절을 보고 비밀리에 연구를 진행하였다.57)

1889년 6월 광개토대왕비문을 연구한 일본 참모본부 편찬과원이며, 육
군대학 교수였던 요코이 타다나오(橫井忠直)가 아세아협회 『회여록(會餘
錄)』제5집에 「고구려비출토기(高句麗碑出土記」를 발표하였다. 이후 나카
미치요(那珂通世) 등의 연구가 이어졌다. 그는 391년 무렵 왜가 신라와 백
제를 정복하고 고구려와 대결할 수 있을 정도로 강력한 야마토정권을 수립
하였다고 하였다. 특히 당시 왜와 대결하고 있던 고구려의 금석문에 이러
한 사실이 나타났기 때문에 더 신뢰할 수 있다고 주장하였다.58)

1892년에 출판된 『소학 일본역사』는 삼한(三韓)이라는 항목에서 주아이
천황(仲哀天皇) 9년 진구황후(神功皇后)가 신라를 정복하고 80척의 공물을
받았으며, 고구려와 백제도 조공을 했다고 하면서 이 삼한이 지금의 조선
국이라고 하였다. 이 책은 제15세 오진천황(應神天皇)은 임나에 일본부를
두어 삼한을 통제했다고 하고 있다.59)

임나일본부에 대한 연구는 일본제국주의의 한국 침략과 강제 병합 등을

---

56) 남재우, 「식민사관에 의한 가야사연구와 그 극복」, 『한국고대사연구』 61, 2011, 162쪽.

57) 광개토대왕비의 발견과 비문 탁본에 대해서는 다음의 글을 참고할 수 있다. 徐建新, 「고구려 호태왕비 초기 탁본에 관한 연구」, 『高句麗研究』 第21輯, 2005, 216쪽.

58) 남재우, 앞의 글, 162쪽.

59) 이 교과서는 오진천황에게 고려가 표문을 보냈는데 무례하여 사자를 질책했다는 등 그 이후 시기 한반도와 일본의 관계를 비교적 자세하게 서술하고 있다(橋本小六 編, 『小学日本歴史 巻之1』, 広陵館, 1892, 42-45쪽).

겪으며 축적되었다. 임나일본부설은 일본 도쿄대의 스에마쓰 야스카즈(末松保和)가 『임나흥망사』를 집필하면서 완성되었다. 그는 『일본서기』에 근거하여 진구황후가 서기 369년에 왜군이 바다를 건너 신라를 쳐서 임나 지배를 시작하였고, 전라도 지역을 평정하여 그 일부를 백제 근초고왕에게 줌으로써 조공의 서약을 받아냈다고 하였다.

그리고 서기 400년을 전후해 왜군은 신라의 구원 요청을 받은 고구려 광개토왕의 군대에게 격파되기도 하였지만 무너뜨리지는 못했고, 황해도 연안까지 북상하여 고구려와 전투를 벌였다고 한다. 『송서(宋書)』에 의하면 5세기에 왜왕은 중국 남조에 조공하여 '사지절도독 왜·백제·신라·임나·가라·진한·모한 7국 제군사 안동대장군 왜국왕'이라는 작호를 받아서 한반도 남부의 지배를 인정받은 것이라고 한다.

그러나 6세기에 들어 백제와 신라가 무력으로 압박을 하였고 임나의 지배기관인 임나일본부가 이를 막지 못하면서 약화되었으며, 562년 신라 진흥왕이 보낸 군대의 공격을 받아 멸망했다는 것이다. 임나일본부설은 왜가 4세기 중엽부터 6세기 중엽까지 200년 동안 가야 지역에 임나일본부를 두고 한반도 남부를 통치했다고 하였다.[60]

그러나 임나일본부설의 근거가 된 『일본서기』의 내용 가운데 6세기 이전의 기록은 설화 등을 토대로 위조된 것이 많고, 고구려 광개토대왕비문 가운데 신묘년의 기사는 몇몇 글자들이 지워져 알 수 없기 때문에 여러 가지 해석이 가능하다. 따라서 임나일본부설의 근거는 불충분하다고 할 수 있다. 또한 왜가 한반도 남부에 임나를 지배했다는 내용은 우리의 역사 기록에는 전혀 나오지 않고 있다. 아울러 가야 지역에서 발굴된 고고학 유물에서도 일본 유물이 거의 발견되지 않고 있다. 따라서 한반도 남부에 왜가

---

[60] 김태식, 「임나일본부와 고대 한일관계」, 『논쟁으로 읽는 한국사』 (역사비평사, 2009), 75-77쪽.

임나일본부를 설치하여 200년간이나 지배를 했다는 주장은 근거가 빈약한 주장이라고 할 수 있다.[61]

구와바라 지쓰조는 『중등 동양사』를 서술하면서 당시 일본에서 유행하던 임나일본부설을 그대로 수용한 것으로 보인다. 일본에서 주장한 임나일본부설은 『중등 동양사』를 중국어로 번역한 『동양사요』에도 그대로 게재되어 중국의 역사학계에 영향을 미쳤다.

20세기 초 중국의 정치가이자 교육자였던 황염배(黃炎培, 1878~1965)는 신해혁명과 중화민국, 중화인민공화국에 이르기까지 큰 영향을 미친 지식인이었다. 그는 식민지 조선을 세 차례에 걸쳐 여행하였고 1929년에는 『조선(朝鮮)』이라는 책을 출간하였다.[62]

황염배는 『조선』에서 한국의 지리와 자연환경, 역사, 당시 한국의 상황 등을 다루었다. 특히 그는 이 책의 '일본의 남선(南鮮) 경략'이라는 항목에서 임나일본부설을 주장하였다. 그에 의하면 가라(加羅) 6국은 반도의 남단에 있어 일본과 가장 가까웠다. 일본의 스진천황(崇神天皇) 말기에 신라와 가라가 전쟁을 하였는데 가라가 이기지 못하였다. 가라가 일본에게 땅을 헌상하고 원조를 청하자 일본이 빼앗아 돌려주었다. 그 땅이 감문국(甘文國)으로 지금의 경상북도 금천, 선산 등 수륙교통의 요지이다. 이것이 일본세력이 반도에 개입하는 기점이었다고 한다. 황염배는 임나일본부에 대해 다음과 같이 서술하였다.

---

61) 김태식, 「임나일본부 논쟁사」, 『한국 전근대사의 주요 쟁점』 (역사비평사, 2002), 78-81쪽.

62) 황염배는 1818년 6월 말부터 7월 초에 걸쳐 신의주, 서울, 인천 등을 여행하였고, 두 번째는 1927년 10월 서울, 수원, 인천, 평양 등지를 여행했으며 세 번째는 1931년 4월 서울과 부산 등지를 여행하였다. 황염배의 『조선』과 한국인식에 대해서는 다음의 글을 참고할 수 있다. 이찬원 「근대중국 지식인의 대한국관」, 박명희 외, 『근현대 전환기 중화의식의 지속과 변용』 (단국대학교출판부, 2008), 136쪽.

큐슈의 구마소(熊襲)가 신라 때문에 소란스러워져 일본에 반기를 들었다. 일본은 쥬아이천황(仲哀天皇)이 친정하였으나 격파하지 못하고 진구황후가 그 유지를 계승하여 구마소(熊襲)를 격파하고 바다를 건너 신라를 정벌했다. 신라는 대항할 수 없어 항복을 청하였고 일본 세력이 반도에서 확대되었다. 그 후 일본은 백제를 다시 지원하여 신라를 정벌하여 격파하고 비자발(比自㶱), 남가라(南加羅), 훼국(㖨國), 안라(安羅), 다라(多羅), 탁순(卓淳), 대가야(大加耶) 7국을 보호국으로 삼았다. 7국은 모두 지금의 경상남북도이다. 비리(比利), 벽중(辟中), 포미지(布彌支), 반고(半古) 4읍은 모두 지금의 충청북도이다… 이렇게 획득한 영토와 보호국을 총칭해서 임나라고 하고 임나일본부를 설치하여 통치하였다.[63]

그는 일본인들이 쓴 다수의 서적을 참고하여 『조선』을 저술하였고 일본인들이 주장했던 임나일본부설을 그대로 수용하였다. 구와바라 지쓰조의 『동양사요』가 임나일본부설을 중국에 소개한 이후 20세기 전반 식민사관이 담긴 일본인들의 서적들이 근대 중국의 지식인들에게 영향을 주었던 것이다.

한국의 이시영(李始榮)은 황염배가 쓴 『조선』이 깊이 연구하지 않고 일본의 정책을 선전하였다고 비판하였다.[64] 그러나 황염배의 한국에 대한 인식은 중국인들의 한국인식에 일정한 영향을 준 것으로 보인다. 황염배 등 민국시기의 지식인들은 한국의 항일독립운동을 높이 평가하였지만 한국 역사의 자주성에 대해서는 긍정적이지 않았다. 이들은 일본제국주의의 침략으로 고통받고 있는 한국인들을 동정하긴 했지만 그 저변에는 여전히 중화주의적인 인식이 내재되어 있었다고 할 수 있다.[65]

---

[63] 黃炎培, 『朝鮮』(商務印書館, 1929), 71-72쪽.

[64] 李始榮 著 省齊李始榮先生紀念事業會 編, 『感時漫語: 黃炎培之韓史觀』 (一潮閣, 1983) 참조.

[65] 유용태, 『환호속의 경종－동아시아 역사인식과 역사교육의 성찰』 (휴머니스트, 2006), 181쪽.

일본 식민사관이 중국학계에 미친 영향은 중화민국시기에만 국한된 것은 아니었다. 일본의 임나일본부설은 중화인민공화국시기에도 여전히 중국 역사학계와 역사교육에 영향을 미치고 있었다. 예를 들면 1962년 발간된 『세계통사(中古部分)』는 일본의 야마토정권과 한반도의 관계를 다음과 같이 서술하고 있다.

> 4세기 중엽부터 야마토국가는 한반도를 공격하여 우선 반도 동남부의 임나를 점령하였고, 후에 백제와 동맹을 결성하여 신라를 공격하였다. 4세기 말부터 5세기 초 고구려 광개토왕이 여러 차례 남하하여 백제와 작전을 벌였고, 야마토 세력을 구축하였다. 그러나 5세기 이후 야마토의 침략은 갈수록 심해졌다. 6세기에 이르러 신라의 힘이 강해져서 야마토가 침략하여 점령한 지역을 수복하였다. 562년 야마토의 침략세력은 어쩔 수 없이 한반도에서 완전히 철수하였다.[66]

이러한 서술은 일본의 야마토정권이 한반도를 침략하여 임나를 점령하고 백제와 동맹하여 신라를 공격하였으며, 광개토대왕 이후에도 침략을 계속하다가 신라에 의해 밀려나서 철수하였다는 것이다.

임나일본부에 대한 서술은 프롤레타리아 문화대혁명시기에도 그대로 이어졌고,[67] 개혁 개방 이후인 1985년에 출판된 『세계중세기사(世界中世記史)』에서도 야마토정권이 한반도 남부의 임나를 점령하였다고 서술하였다.[68]

최근까지도 중국의 일부 대학 교재들은 고대 일본의 야마토국과 한반도의 관계를 임나일본부설에 입각하여 설명하고 있다. 북경사범대학출판사의 『세계중고사(世界中古史)』는 다음과 같이 4~5세기 한반도와 일본의 관계를 설명한다.

---

66) 齊思和, 『世界通史(上古部分)』(人民出版社, 1962), 410-411쪽.
67) 周一良 · 吳于廑 主編, 『世界通史(中古部分) 下』(人民出版社, 1973) 2판, 410-411쪽.
68) 孫義學, 『世界中世記史(下)』(遼寧敎育出版社, 1985), 357쪽.

　　4세기 중엽 일본은 기회를 틈타 신라의 가야(임나)를 침략했다. 백제왕은
칠지도를 선물하여 감사를 표시했다. 399년 백제와 야마토는 연합군을 조직하
여 신라를 공격하였고, 신라가 고구려에 구원을 요청했다. 다음해(400년) 고구
려가 야마토군을 격퇴했다. 5세기 이후 야마토는 중국 남조의 유송정권(劉宋
政權)과 긴밀한 외교관계를 수립하고, 한반도를 제패하는데 지지를 얻으려 하
였다. 478년 왜왕은 유송정권에 사신을 파견하여 지지를 요청하였고, 송나라
순제(順帝)가 '사지절, 도독 왜 · 백제 · 신라 · 임나 · 가라 · 진한 · 모한 7국 제
군사 안동대장군 왜국왕'이라는 칭호를 받았다.[69]

　　이러한 임나일본부설에 따른 역사서술은 고대 한반도와 일본을 포함한
동아시아 고대사에 대한 부정확한 인식을 중국 내에 확산시킬 것으로 보
인다. 이러한 서술로 인하여 중국인들에게 고대 한반도와 일본과의 관계
에서 일본이 주도적인 역할을 하였다고 인식시킬 우려가 있다.

　　그러나 일본의 식민사관에 입각한 임나일본부설은 현재 다양한 연구를
통해서 『일본서기』의 내용을 검토하여 임나일본부가 존속했던 시기를 5세
기 중반이나 6세기로 보고 통치 대상도 왜인으로 상정한 설도 나오고 있다.

　　북한의 김석형은 '분국설'을 제기하여 삼한과 삼국의 주민들이 일본 열
도에 이주하여 모국과 같은 나라를 건국하고 있었고 이들 분국 가운데 가
야인들이 현재의 히로시마 동부와 오카야마(岡山)에 걸친 지역에 임나국을
건설했다고 하였다.[70]

　　또한 '임나일본부'를 왜가 가야를 통치하기 위해 설치한 것이 아니라 백
제가 가야지역을 통치할 목적으로 설치한 '백제군사령부'로 이해한 연구도
나왔다.[71] 야마토정권과 백제와의 관계에 주목하여 『일본서기』의 임나 지

---

69) 孔祥民 主編, 『新世紀高等學校敎材 世界中古史』(北京師範大學出版社, 2006), 119-120쪽.
70) 이영식, 「기획 잃어버린 역사 가야를 찾아서 '임나일본부'를 재해석한다」, 『역사비평』
　　28, 1994, 365쪽.
71) 千寬宇, 『加耶史研究』(一潮閣, 1991).

배는 야마토정권에 의한 것이 아니고 백제에 의해 이루어진 것이라는 연구도 있다.[72]

『일본서기』에서 시작된 임나일본부설은 19세기 일본에서 한반도와 대륙침략의 흐름 속에서 확산되었다. 19세기 중반 이후 일본의 역사교과서에 보편적으로 서술된 임나일본부설은 일본의 구와바라 지쓰조 등 동양사학 연구자들이 집필한 서적을 통해서 중국에 소개되었으며 현재까지도 별다른 비판 없이 중국에서 영향력을 행사하고 있다.

5. 맺음말

일본에서 동양사는 메이지 유신 이후 일본의 근대역사학이 형성되는 과정에서 탄생하였다. 일본은 1894년(明治 27) 청일전쟁과 1904년 러일전쟁을 치르면서 자본주의가 발전하였고, 정치적 사상적으로도 내셔널리즘이 강화되고 있었다. 이 시기 일본은 아시아의 과거와 현재에 대한 지식을 생산하고 보급하기 위하여 교과과정에 동양사학을 도입하였다.

일본의 동양사학은 일본의 근대역사학과 더불어 중국의 근대역사학이 형성되는 과정에서도 영향을 미쳤다. 전통적으로 중국인들은 자국사를 중시하고 외국사에 대한 관심이 적었다. 그러나 청일전쟁에서 패배하는 등 망국의 위기감이 고조되면서 서구를 포함한 외국에 대한 관심이 높아졌다. 20세기 초 청왕조는 새로운 학제를 제정하고 과거제를 폐지하는 등 교육 개혁을 시도하면서 근대적 역사교육을 시행하였다. 이 시기를 전후하여 일본에서 탄생한 동양사학도 중국에 도입되었다.

---

[72] 김현구, 『任那日本府研究－韓半島南部經營論批判』 (일조각, 1993).

당시 중국은 자국사에 대한 이해도는 높았지만 인도와 중앙아시아, 페르시아, 조선을 비롯한 국가와 동서 교류 등에 대한 연구가 미약한 상황이었기 때문에 일본의 동양사 교과서를 번역하여 사용하였다.

특히 구와바라 지쓰조의 『중등동양사』는 중국에서 『동양사요』로 번역되어 역사교과서로 사용되는 등 20세기 초 중국의 역사교육에 큰 영향을 미쳤다.

구와바라 지쓰조의 『중등 동양사』는 동양사를 중국을 중심으로 4개의 분기로 구분하여 왕조와 황제 중심의 편년체 서술에서 탈피하였다. 또한 서문에서 지형과 인종 등 인문 지리적 환경을 먼저 설명하는 등 전통적인 역사 서술과 다른 방식을 채택하였다.

『동양사요』는 중국사를 중심으로 인도와 중앙아시아, 북방 유목민족과 한국 등의 관계를 서술하였다. 중국에 번역된 『동양사요』는 구와바라 지쓰조의 『중등 동양사』를 그대로 번역한 것은 아니었고 역사교과서로 사용되면서 일부 내용이 추가되기도 하였다. 대표적으로 『동양사요』에는 학생들의 이해를 돕기 위해 다수의 삽화를 추가하였다. 원래 『중등 동양사』는 「오호십육국표」를 비롯해서 일부 도표가 들어가 있었다. 이에 비해 중국에서 번역된 『동양사요』는 도표 이외에도 이집트의 상형문자, 아시리아의 설형(楔形)문자 등 다수의 삽화를 추가하였다.

구와바라 지쓰조의 『중등 동양사』는 『동양사요』로 번역되면서 중국과 관련된 일부 내용들이 수정되었다. 특히 『중등 동양사』에서 신뢰할 수 없는 전설로 취급되어 언급되지 않았던 삼황에 대한 내용이 중국어 번역본인 『동양사요』에서는 비교적 자세하게 서술되어 있다. 그러나 『동양사요』에서 천황과 지황이 수십만 년을 통치하였다는 등 믿기 어려운 전설을 서술한 것은 근대 역사 교과서로서 적절하지 않은 부분이다.

『중등 동양사』는 당시 일본 역사학의 연구 성과를 반영하여 서술하였지만 현재의 시각에서 보면 근거가 부족한 내용들도 소개되고 있다. 구와바라 지쓰조의 동양사 서술은 당시 일본에서 유행하던 임나일본부설 등을 중국에 소개하여 한국 등 주변 국가나 민족에 대한 잘못된 역사인식을 심어 주었다.

임나일본부설은 19세기 말에 『동양사요』 등을 통해 중국에 소개되어 현재까지도 일부 대학 교재에 서술되고 있다. 임나일본부설은 중국의 한국 관련 부분에서는 언급되지 않고 있지만 일본사 관련 서술에서는 여전히 영향력을 발휘하고 있다.

19세기 말 중국인들의 전통적인 중화의식이 해소되지 않은 상태에서 일본의 시각으로 본 "동양사학"은 중국인들의 주변국 인식을 일정한 정도로 왜곡시키는 역할을 한 것으로 보인다.

진보이념과 제국주의의 공존

식민지문제를 향한 독일 사회민주주의자의 시선과 현실(1884~1918)

정현백

1. 머리말

그간의 제국주의 연구에서 사회주의자들은 많은 주목을 받았다. 이들이 시도한 제국주의에 대한 구조적 분석이나 비판적인 성찰이 제3세계의 식민지 해방운동에 많은 시사점을 주었기 때문일 것이다. 사회주의자의 제국주의론에 대한 우리 연구는 주로 힐퍼딩(Rudolf Hilferding), 로자 룩셈부르크(Rosa Luxemburg) 그리고 레닌(Vladimir L. Lenin)의 이론을 탐구하는 것에 치중하였다. 이들은 학계에서 마르크스주의적 제국주의 이론가로서 견고하게 자리를 굳히고 있다.[1] 이에 덧붙여 카우츠키(Karl Kautsky)나 베른슈타인(Eduard Bernstein)의 제국주의에 대한 입장도 간간히 소개되고 있다. 이에 비해 마르크스와 엥겔스는 비껴나 있는 편이다. 두 사람이 활동했던 시기도 (신)제국주의의 본격적인 등장보다 조금 앞서 있었고, 식민지문제에 대해 깊이 있는 글이 남아있지 않기 때문이다. 또한 제국주의와 사회주의자들의 관련성에 대한 그간의 분석은 이들의 제국주의에 대한 이론

---

[1] 볼프강 몸젠, 백영미 옮김, 『제국주의의 이론』(돌베개, 1983), 43-62쪽; 여정동, 「고전적 마르크스주의 제국주의 이론에 관한 일고찰」, 『논문집』 12, 1988, 79-101쪽 참조.

적 입장이나 이를 둘러싼 논쟁에 치중하였고, 이에 대한 역사적 맥락은 그
다지 고려되지 않았다.

이 글은 그간의 국내 연구가 독일 사회주의자들의 제국주의 이론을 다
루어온 것과는 다른 방식으로 접근하려 한다. 이 글은 1884년에서 제1차
세계대전이 끝나는 1918년에 이르는 시기, 즉 식민지획득을 둘러싼 각축전
의 고조와 그 결과로 일어난 세계대전의 와중에, 사회민주주의자들이 부딪
혔던 현실정치의 한계 속에서 만들어진 제국주의에 대한 이해나 주장들을
드러내고자 한다.

해외에 거주하였던 마르크스나 엥겔스 혹은 레닌과는 달리, 국내에서 여
러 현실적 제약에 부딪히면서 대중적 지지를 모아야 하였던 사회민주주의
자들에게 식민지문제는 그리 간명하게 정리될 문제가 아니었다. 그 결과
사회주의가 표방하는 대원칙과는 달리, 현실정치 속에서 식민지정책에 대
한 사회민주당의 입장은 명쾌하게 통일적으로 정리되지 않았다. 제국주의
나 식민지문제에 대한 이론적 입장에서 차이와 갈등이 드러났고, 사회민주
당의 전당대회나 기관지들을 통하여 격렬한 논쟁이 진행되었고, 이는 당내
노선이 분화나 계파 구성과도 연동되었다. 이 글은 당내 좌파, 중앙파, 수
정주의자들 사이의 관계사에 대한 고려와 함께 독일 사회민주주의자들이
지녔던 진보적 이상주의가 독일제국의 군국주의, 식민지를 향해 분출하는
대중의 욕망 그리고 식민지열강이 각축하는 국제정치의 냉엄한 현실과 부
딪히면서 겪는 좌절과 혼동의 과정을 구명하는 데에 집중하고자 한다.

"이 시기 동안 어느 식민지열강도(식민지정치와 관련하여 – 저자 주) 의
회 내에서 독일만큼 많은 반대를 경험한 나라도 없다"[2)]는 지적에서 알 수

---

2) Lewis Gann/ Peter Duignan, *The Rulers of German Africa 1884-1914* (Stanford:
Stanford University Press, 1977), p.387, Maria-Theresia Schwarz, *'Je weniger Afrika,
desto besser'. Die deutscher Kolonialkritik am Ende des 19. Jahrhunderts. Eine*

있듯이, 독일은 가장 치열한 의회 내의 논쟁과정을 겪었다. 이에 서구의 진보적 지식인들이 제국주의 현실과 맞닥뜨리면서 겪는 혼란과 갈등의 과정을 독일 사회민주주의자들을 통해서 우리는 가장 극명하게 읽어낼 수 있을 것이다. 특히 독일 사회주의 현실정치의 한복판에 서 있으면서, 끊임없이 당내 노선갈등의 방향키를 잡아야 했던 카우츠키와 베른슈타인의 사상과 정치적 행위를 중심으로, 식민지 문제를 둘러싸고 서구의 사회주의자들이 겪는 고뇌와 타협의 과정을 이 글은 보여주려 한다. 여기에서는 기존의 이론적 논쟁사와는 달리 사회사적 혹은 문화사적인 맥락이 보다 많이 고려될 것이다.

이 글에서 제국주의와 식민정책을 구별 없이 사용함에 대한 이해를 구한다. 제국주의가 보다 큰 이론적 범주에 속하지만, 식민주의나 식민정책은 제국주의 안에서 실행되는 현실정치의 하부 형태로 간주될 수 있고, 양자 사이에는 피할 수 없는 교호관계가 있기 때문이다.

2. 독일의 식민사, 환상과 실익 사이에서

독일 식민사는 1884년 독일이 독일령 남서아프리카를 보호령으로 선포하면서, 처음 시작되었다. 그러나 식민제국을 향한 시도는 이미 16~18세기 사이에도 이루어졌다. 많은 탐험가, 학자, 상인 그리고 선교사들의 괄목할 만한 활동에도 불구하고, 이 시기의 식민지 획득을 향한 노력은 헛수고로 끝났다.[3] 이후 1815년에서 1840년 사이의 기간 동안 독일 언론에서는 식민

Untersuchung zur kolonialen Haltung von Linkssozialismus und Sozialdemokratie (Frankfurt/M: Peter Long, 1999), p.19에서 재인용.

[3] 이런 노력들은 다른 제국주의 열강에 비해 결코 적지 않았다. 그럼에도 불구하고

지문제가 공론의 장에서 거의 떠오르지 않았다. 언론매체를 통해서 드러난 여론은 해외이주에 대해서는 중립적이거나 부정적이었다.[4]

1840년대에 이르러 민간 차원에서 식민지를 건설하려는 움직임이 일어났고, 이와 병행하여 식민지와 함대건설에 대한 열광적인 지지가 나타나기 시작했다. 19세기 중엽 빠른 속도로 많은 영토를 획득해가는 영국과 프랑스의 사례는 독일인에게도 해외무역에 대한 관심과 세계열강의 꿈을 자극하였다. 독일에서 식민지를 향한 열망은 자유주의적 시민계급에게서 나타났다. 1848년 혁명에 실패한 시민계급은 식민지에서 그 출로를 찾고자 하였지만, 이에 반해 1860년대까지 권력을 장악한 보수주의적 우익은 다른 국내 문제, 예를 들면 프로이센 헌법을 둘러싼 갈등이나 독일(통일)문제에 더 열중하고 있었다.[5]

1871년 독일제국의 건설 이후, 민족주의적인 열기 속에서 다시 식민지문제가 여론의 장에 떠오르게 되었다.[6] 그러나 비스마르크 수상은 식민지획득에 부정적인 시각을 가졌고, 무역상사(Chartergesellschaft)를 통한 식민지

이들의 노력은 독일 기업가들에 의해서 그리고 독일 식민사에서 그 성과에 대한 후속 작업으로 이어지지 않았다. Horst Gründer, *Geschichte der deutschen Kolonien* (Paderborn: Schönigh, 2012), p.17.

[4] 이미 1683년 브란덴부르크의 선제후 프리드리히 빌헬름(1620~1688)은 중상주의적인 방식으로 지금의 가나지역에 식민지를 만들고, 서아프리카 해안에 무역거점을 만들면서, 삼각무역의 거점을 확보하려 하였다. 그의 아들 프리드리히 빌헬름 1세(1657~1713)는 이를 네델란드인에게 팔았다. 다시 동인도회사에도 관여하였던 프리드리히 2세의 치하에서도 식민정책은 제대로 진척되지 않았다. 이렇게 식민지정치가 지연된 데에는 우선 프로이센 국가의 강화와 통일이라는 큰 과제를 해결하는 데에 더 역점이 두어졌기 때문이다. 그렇더라도 1740년에서 1871년 사이에 독일제국의 영토가 120,000에서 348,000제곱킬로미터로 확장된 사실을 통해, 독일이 지속적으로 팽창정책을 취하고 있었음을 알 수 있다. Ibid., p.19; Dirk van Laak, *Über alles in der Welt. Deutscher Imperialismus im 19. und 20. Jahrhundert* (München: Verlag C. H. Beck, 2005), pp.48, 49, 54; Schwarz, p.23.

[5] Van Laak, pp.19-22.

[6] Schwarz, pp.24-26.

운영을 선호하였다. 우호적인 국제정치 환경을 활용하여 브레멘의 상인 뤼더리츠(Adolf Lüderitz, 1834~1886)가 1884년 4월 24일 남서아프리카를 보호령으로 선포하면서, 독일 식민정책의 제 1단계, 즉 실험단계가 시작되었다. 비스마르크가 집권하는 1890년까지 사이에 독일제국은 식민지의 다수를 획득하였다. 그러나 비스마르크는 무역상사를 통해 식민지를 경영하는 영국의 모델을 따르면서, 제국정부는 그 부담으로부터 벗어나기를 원하였다. 뤼더리츠가 곧 재정적인 파산에 이르자, 그는 1885년 이 보호령을 독일남서아프리카식민회사(Deutsche Kolonialgesellschaft für Südwestafrika, DKGfSWA)에 팔았다. 그사이 독일제국은 카메룬과 토고, 그리고 동아프리카독일령을 얻었지만, 1890년 동아프리카독일령 그리고 다시 1905~1906년에 동아프리카와 남서아프리카에서 일어난 봉기를 진압하면서, 독일 보호령들은 제국정부의 직접적인 통치로 넘어갔다.[7] 그러나 이 아프리카의 보호령들은 독일제국에게 경제적으로 거의 도움이 되지 않는다는 점에서, 독일정치에서 그 의미는 크지 않았다.

비스마르크에 이어 1890년 등장한 카프리수상(Leo von Capri, 1831~1899)의 통치하에서 독일 식민사의 제2단계가 시작되었다. 1906년까지의 시기 동안 독일은 식민지를 더 획득하지는 않았지만, 식민정책이 비교적 안정화되는 단계(Befriedigungsphase)로 들어섰다고 말할 수 있다. 이 시기 동안 제국정부의 노력 하에 식민정책과 관련한 행정기구와 인프라가 갖추어졌고, 이를 통해서 식민지의 경제성과 효용성을 더 높이는 방안이 추진되었다. 그러나 카프리수상은 식민지의 경제적, 정치적 가치에 대해 회의적이었고, 심지어 제국의회에서의 과도한 식민지 열기를 식민정치 로비스트들로부터 제거해야 한다고 주장하였다.[8]

---

[7] Ibid., pp.30-31.

[8] Ibid., p.32.

그러나 1897년 11월 독일은 교주만을 강제로 점령하고, 중국으로부터 교주만의 함대 기지를 99년 동안 임대하기로 하였는데, 이전 시기와는 달리 이런 정치적 결정은 독일인 정주자들의 압력보다는 정부에 의해 의도적으로 준비된 것이었다.[9] 교주만 조차지는 행정적으로 직접 제국해군성에 소속되었다. 그 목표는 독일의 이익을 위해 가능한 한 조용하게 해군이나 산업 그리고 문화 분야에서 독일의 헤게모니를 행사하는 것이었다. 이후 교주만 지역은 경제적으로 크게 발전하였지만, 여전히 식민지재정은 적자를 면치 못하였다. 1900년 의화단의 난이 일어나자, 제국의회의 맹렬한 비판에도 불구하고 독일은 군대를 파견하였다. 그러나 20세기로의 전환기에 중국에서 독일의 영향력은 점점 더 뒷전으로 밀려났고, 1914년 말, 이 조차지는 일본에 의해 점령되었다.

독일의 식민지 역사에서 제3단계는 식민지에서 자행되는 관리들의 여러 권력남용과 잔혹상이 문제가 되면서, 독일의 여론에서 소위 '식민지스캔들'이 화제가 되었던 시기이다. 카메룬과 동부아프리카 독일령에서 원주민의 봉기와 이에 대한 잔혹한 진압은 식민정치의 문명론적, 도덕적인 정당성에 상처를 내었다. 1907년 창립된 식민성의 수장인 데른부르그(Bernhard Dernburg)의 노력 속에서 '경제사업의 장려와 인간적인 원주민 정책'이라는 새로운 원칙에 입각한, 보다 합리적으로 기획된 식민정책이 시작되었다. 그러나 1차 세계대전의 시작과 함께 이 새로운 시도는 종말을 예감하고 있었고, 결과적으로 볼 때 이 짧은 기간에 독일 고유의 식민지 전통을 만드는 것은 불가능하였다. 1차 세계대전에서의 패전과 뒤이은 베르사유 평화조약(1919)으로 독일은 식민지를 모두 상실하게 되었기 때문이다.[10] 전체적으로 보자면, 독일의 식민사는 영국이나 프랑스, 네덜란드 등에 비하자면, 경제적 실

---

9) 정상수, 「독일 제국주의와 교주만 점령 1897/98년」, 『역사학보』 194, 2007, 328, 358쪽.
10) Ibid., pp.33-34.

익보다는 독일의 명예와 위상을 드러내려는 상징적인 의미 이상을 지니지
못하였다.[11] 그럼에도 불구하고 독일의 의회 내에서 식민지문제를 둘러싼
논쟁이 그리 치열하였던 것을 어찌 설명해야 할 것인가?

위의 질문에 대해서는 다른 어느 국가보다도 독일에서 사회민주당의 양
적 성장을 이루었을 뿐 아니라 사회주의의 지적 전통에 근거하여 식민지문
제를 보다 진지하게, 보다 비판적으로 바라본 점에서 그 해답을 찾아야할
것이다. 그러나 달리는 독일이 차지한 식민지는 적은 부분이었지만, 독일
사회의 식민지를 향한 욕망은 다른 국가에 못지않게 컸던 것에서도 기인하
였다.[12] 그래서 이를 독일의 정신사적인 전통 속에 존재하는 환상식민주
의(Der Phantasie-Kolonialismus)와 연관 지어 분석하는 시도가 있다. 18세
기와 19세기 전반기 남미 관련 독일의 대중소설을 분석한 잔톱(Susanne
Zantop)의 연구는 제국주의적 팽창이 시작되기 전에 이미 '무의식 속에 표
현되는 강렬한 식민지 환상'이 나타났고, 이는 19세기 말에 나타나는 대외
팽창의 욕망을 더욱 부추겼다는 것이다. 그래서 잔톱은 대외진출에 지각한
독일에서 환상식민주의 현상이 나타나고, 여기에 문명화 사명, 인종주의적
스테레오타입 그리고 성별역할 등이 통합되면서, 이는 독일 민족의 정체성
형성에 지속적으로 영향을 행사하였다고 보았다.[13] 이 환상식민주의는 독

---

11) 이런 점에서 '독일사의 특수성'의 맥락에서 독일 식민지 역사의 특수성을 강조하는
해석경향이 있다. 그러나 독일이 식민지 지배에 지각하였을지라도, 서구적인 인종주
의 관점이나 폭력의 남용 등에서 유럽 식민주의의 사례에서 크게 벗어나지 않는다
는 견해도 있다. Gisela Graichen/ Horst Gründer, *Deutsche Kolonien. Traum und
Trauma* (Berlin: Ullstein, 2005), pp.10-11.

12) V. G. Kiernan, *Marxism And Imperialism* (London: Edward Arnold, 1974), p.15.

13) Susanne M. Zantop, *Kolonienphantasien im vorkolonialen Deutschland (1770-1870)*
(Berlin: Erich Schmidt Verlag, 1999), pp.10, 12, 17; 마찬가지로 이 시기에는 세계의
곳곳에서 발견하는 실험 공간과 그곳에서의 모험을 다룬 소설이 범람하였다. Van
Laak, p.50.

일 사회민주주의자들에게도 심각한 도전으로 다가오면서, 식민지정치에의
개입을 강요하였다.

3. 식민지문제에 대한 사회민주주의자의 입장들

1차 세계대전이 발발할 때까지 대외정치나 식민지문제는 독일 사회민주
주의자들의 주된 관심영역에 들어 있지 않았다.[14] 우선 사상적 원조인 마
르크스는 제국주의 문제를 제대로 포착하지 못하였다.[15] 자본주의를 본질
적으로 폐쇄적인 체제로 상정하였던 마르크스는 식민주의가 초기 자본주
의가 지닌 특수한 현상이지만, 그 중요도는 약화되고 있다고 생각하였다.
그는 미개발된 지역으로 자본주의를 확산하는 것이 많은 사람에게 고통을
주겠지만, 궁극적으로 이가 인간에게 이로운 방향으로 작용할 것이라 생각
하였다. 예를 들자면, 영국의 인도 정복이 인도에서 자행되는 아시아적 전
제주의와 결합된 통치체제나 생산방식을 근절하고 근대 산업의 기초를 마
련해주기 때문에, 마르크스는 식민지지배를 진보적인 것으로 간주하였
다.[16] 후기에 이르러 마르크스도 해외 시장이 경제 위기를 약화시키거나
지연시키는 효과가 있음을 인식하였지만, 이런 사실이 자본주의의 발전에
관한 자신의 예언의 기본적인 타당성을 뒤집는 것은 아니라고 생각하였다.

---

[14] Roger Fletcher, "A Revisionist Looks at Imperialism: Eduard Bernstein's Critique of
Imperialism and *Kolonialpolitik,* 1900-1914", *Central European History*, Vol.12 No.3,
Sep. 1979, p.237.

[15] 여정동, 79-80쪽; Schwarz, p.210.

[16] 몸젠, 44-47쪽. 그러나 1850년대 말엽부터는 마르크스도 영국자본에 의한 인도의 지
배가 오히려 인도경제를 영국에 종속되도록 하거나 탈공업화를 촉진하여 인도의 후
진성을 더 심화시켰다고 주장하게 된다. 그는 종국에는 식민주의가 식민지에서 어떤
창조적이거나 혁신적인 역할을 담당한다는 견해를 포기하였다. 여정동, 84쪽.

그는 세계의 주변부 지역에서 진행되는 변화는 자본주의 발전에서 부차적인 중요성을 가질 뿐이라고 생각하였다.

1880년대에 이르면 엥겔스의 주장에는 변화가 보였다. 그는 자본주의 사회의 생산능력과 소비능력 간의 근본적인 모순과 연계하여 제국주의 팽창을 이해하기 시작하였다. 그러나 그는 해외시장이 초기의 위기를 모면하게 하지만, 종국에는 자본의 집중과 생산 증가를 더욱 가속화시켜, 제국주의는 자본주의 붕괴를 가속화할 것이라는 고전적 마르크스주의 이론을 그대로 고수하였다.[17] 이런 입장의 이면에는 마르크스이건 엥겔스이건 주요 자본주의 국가에서의 사회주의 혁명에 우선순위를 두고 있고, 그래서 아시아나 아프리카에서의 식민지해방은 유럽에서 혁명이 승리한 이후에나 가능한 일이라는 생각이 들어 있었다. 아시아나 아프리카의 피억압국가에서 진행되는 민족해방운동은 당시의 국제적 세력관계를 볼 때 자본주의적 식민지 지배를 전복하기에는 한계가 있다는 것이다. 비서구권의 억압받는 민중의 혁명적 잠재력을 확인하는 것은 레닌에 이르러서야 가능한 일이었다.[18] 따라서 마르크스나 엥겔스에게 유럽의 프롤레타리아트와 식민지 민족해방운동의 연대체 구성은 부차적인 과제로 남아 있었다. 그래서 엥겔스의 생각은 "유일한 온당한 사회민주주의의 정치는 당분간 식민지 민중을 그대로 두는 것"이었다.[19]

마르크스와 엥겔스는 식민지문제를 둘러싼 당내 논쟁에서 비켜서 있었

---

17) 몸젠, 46-47쪽.

18) Gerda Weinberger, "Die deutsche Sozialdemokratie und die Kolonialpolitik. Zu einigen Aspekten der sozialdemokratischen Haltung in der kolonialen Frage in letzten Jahrzehnten des 19. Jahrhunderts", *Zeitschrift für Geschichtswissenschaft* 3, 1967, pp.416-417.

19) E. Belfort-Bax, "Kolonialpolitik und Chauvinismus", *Neue Zeit*, 1897, Bd., 1, p.423, Ibid., p.417에서 재인용.

다. 마르크스는 오랜 망명생활을 통해서, 사회민주당의 현실정치에 영향력
을 행사하기 어려웠고, 엥겔스도 오래 동안 영국에 체류하고 있었던 까닭
이다. 그런 까닭에 마르크스나 엥겔스와 독일 국내의 사회민주주의자 사이
에는 현실정치를 둘러싼 의견차가 존재하였다. 마르크스가 식민지문제에
대해서 자명한 사회주의적 논리를 발전시키지 못한 가운데에, 사회주의자
들은 1880년대에 마르크스의 저서로부터 어떤 직접적인 행동지침을 발견
할 수 없었고, 이는 식민지문제를 둘러싼 다양한 이론적 입장을 낳았다.[20]
뿐만 아니라 일상정치에서 식민지를 향한 대중의 열망과 이를 자신의 입지
확장에 활용하려는 보수 세력의 전략에 부딪히면서, 사회민주주의자들은
식민지정책에 대한 논쟁에 휘말리게 되었다. 논쟁은 정통 마르크스주의자
와 소위 말하는 수정주의자 사이에 진행되었다. 주간지인 '신시대(Neue
Zeit)'를 중심으로 결집한 전자의 대표주자는 카우츠키, 리브크네히트(Karl
Liebknecht), 힐퍼딩(Rudolf Hilferding), 파르부스(Alexander Parvus), 라덱
(Karl Radek), 그리고 로자 룩셈부르크(Rosa Luxemburg)였다. '사회주의월
보(Sozialistische Monatshefte)'를 중심으로 결집한 수정주의자들로는 시펠
(Max Schippel), 칼버(Richard Calwer), 다비드(Eduard David), 노스케(Gustav
Noske), 헬더브란트(Gerhard Hildebrand) 그리고 베른슈타인을 들 수 있
다.[21]

독일제국의 식민정책에 대응하여 사회주의 진영에서 처음으로 입을
열었고, 또 가장 많은 이론적인 분석을 남긴 것은 카우츠키였다.[22] 그가

---

[20] Christian Koller, "Eine Zivilisierungsmission der Arbeiterklasse? Die Diskussion über
eine "sozialistische Kolonialpolitik" vor dem Ersten Weltkrieg", Boris Barth/ Jürgen
Osthammel, *Zivilisierungsmissionen. Imperiale Weltverbesserung seit dem 18. Jahrhundert*
(Konstanz: UVK Verlagsgesellschaft mbH, 2005), pp. 234-235.

[21] Günther Müller, "Sozialdemokratie und Kolonialpolitik vor 1914", *aus Politik und
zeitgeschichte*, 13. März 1968, p. 23.

식민지문제에 관한 한 사회민주당의 대표적인 이론가라는 점은 그의 저
서『사회주의와 식민지정책』이 11,000부나 인쇄되었다는 데에서도 잘 드
러난다.[23] 보호령을 위한 재정지원과 관련된 사모아법안 논쟁에서 카우
츠키는 이를 식민정책의 출발점으로 비판하면서, 사모아섬이 수형자를
보내는 유배지로 되어 사회주의자 탄압을 위한 수단이 될 것을 우려하였
다. 당대에 유행하는 식민지 관련 서적, 특히 파브리의 "독일은 식민지를
건설해야 하는가?"(1879)에 대한 비판의 날을 세우면서, 카우츠키는 교역
식민지(Handelskolonie)와 정주식민지(Siedlungskolonie)를 명확히 구분
하였다. 그가 착취하는 식민지로 분류한 교역식민지에 대해 카우츠키는
엄격하게 반대 입장을 표명하였다.[24] 뒤이어 그는 거의 범죄행위에 가까
운 식민정책이 역으로 본국에 미칠 부정적인 영향을 강조하였다. 한편으
로는 열대 식민지에서 생겨난 백인의 지배자적인 속성이 본국에 끼칠 부
정적인 도덕적 영향에 대한 염려이고, 다른 한편으로는 식민지에 대한 본
국의 경제적 의존도가 높아지면서, 식민지 해체 시 본국경제에 미칠 치명
적인 타격에 대한 우려였다.

---

[22] 가장 최초로 식민정책에 대해 말한 사회주의자는 프리츠 멘드(Fritz Mende)인데 그는
의회에서 자유주의 정당들이 보불전쟁에 대한 대가로 사이곤의 함대기지 획득을 요
구하는 청원서에 반대하는 사회주의자의 입장을 피력하였다. Schwarz, 210. 그러나
카우츠키는 19세기말 새로이 등장하는 제국주의를 관찰하고, 1898년에 먼저 자본수
출의 중요성을 간파한 인물이었다. Kiernan, p.9.

[23] *Protokoll über die Verhandlungen des Parteitages der Sozialdemokratische Partei
Deutschlands*, Abgehalten zu Nürnberg vom 13. bis 19. September 1908, (Berlin:
Verlag J. H. W. Dietz Nachf. GmbH, 1908), p.55.

[24] 이러한 주장은 원주민에 대한 도덕적인 책임감에서 나온 것이지만, 카우츠키의 생각
은 원주민에 대한 인간적인 공감보다는 서구문명의 우월성 속에 내재한 가부장적 온
정주의에 가까운 것이라 해석할 수 있다. 이러한 카우츠키의 온정주의는 모든 다른
종족들은 단순히 어린아이고, 또 항시 그럴지도 모른다고 주장에서 잘 드러난다. 그
러나 이들의 후진성은 어떤 타고난 열등성 때문이 아니기에, 백인의 우월성을 수용할
수 있고, 수용해야 한다고 그는 생각하였다는 것이다. Kiernan, p.11.

카우츠키에게 식민지는 자본주의의 이윤증대의 수단이지만, 동시에 자본주의 경제 붕괴의 촉발제가 될 수 있어서, 식민지배는 자본주의의 자동적인 발전 과정으로 보였다. 마르크스의 주장에 근거하자면, 사모아 식민지는 종국에는 사회주의에 의해 해체될 자본주의 단계를 거치는 과정이기에 환영해야할 사안이었다. 그러나 여기에서 더 나아가 카우츠키는 다른 결론을 도출하였다. 그는 교역식민지인 사모아를 강력하게 거부하였는데, 이는 식민지를 통해서 독일경제가 받을 위협을 우려하는 것 이었다! 그러나 이런 명백한 모순을 카우츠키는 스스로 포착하지 못하는 듯이 보였다. 흥미 있게도 카우츠키는 교역식민지에 대해서도 자신의 이론적 입장을 상대화시켰다. 즉 사회주의가 지배하는 미래에는 식민지를 포기할 필요가 없는데, 그렇지 않을 경우 식민지의 원주민들은 문명화의 혜택을 받지 못한 채, 원주민 지배자의 혹독한 전제정치의 나락으로 떨어질 수 있기 때문이었다. 오히려 유럽의 프롤레타리아트가 그들에게 사회주의에 이르는 이행 과정을 보다 손쉽게 해줄 수 있다는 것이다. 이런 주장이 지니는 모순을 카우츠키 자신도 의식하였을 수도 있겠지만, 그는 식민지문제를 세계혁명의 목표 아래 두려 하였던 것 같다.[25]

카우츠키가 그 옹호자를 자처하지만, 유럽 노동자가 아프리카나 태평양 도서의 원주민에 대한 공감은 그에게 논외의 문제였다. 그가 보기에 사회주의가 지배하면, 지배자와 피지배자의 의지가 일치하고 또 지배는 대중으로부터 나오기 때문에, 식민지에 대한 사회민주주의적인 지배는 절대로 모순을 일으키지 않을 것이라 추론하였다. 그러나 주어진 상황에 따라 식민지인의 반식민주의 운동은 사회민주주의에 의해 지원되지 않을 것이고, 경

---

[25] Hans Christoph Schröder, *Sozialismus und Imperialismus. Die Auseinandersetzung der deutschen Sozialdemokratie mit dem Imperialismusproblem und der 〈Weltpolitik〉 vor 1914* (Hannover: Verlag für Literatur und Zeitgeschehen, 1968), pp.60, 70, 72.

우에 따라서는 타도될 수도 있다는 점을 카우츠키는 언급하였다. 독일 사회주의자에게 우선적인 과제는 유럽 프롤레타리아트의 해방일 것이고, 그래서 식민지문제는 선결과제의 해결에 종속될 수 있기 때문이었다.[26] 또한 카우츠키는 아프리카인들이 유럽문화에 동화되지 않으면, 이들은 종국에는 몰락할 것이라고 생각하였다.[27] 이렇게 그의 글의 행간에서 하나의 강력한 진보관 혹은 문명화(Zivilisierung)의 사명을 주장하는 경향성을 발견할 수 있다.[28] 이는 식민정치를 비판하면서도 식민지체제를 사회주의 발전의 피할 수 없는 현실로 받아들이고 있던 당시의 분위기에서 카우츠키도 자유로울 수 없었던 현실적 한계를 잘 보여준다.[29]

카우츠키는 정주식민지에 대해서는 명백히 긍정적인 태도를 보였지만, 그는 자신의 독자들에게 적절한 정주식민지를 평화롭게 획득하는 것은 더 이상 가능하지 않다는 점을 고백하였다. 당시 독일인에게 정주식민지의 가능성을 내세우는 주장은 대중을 '환상의 왕국'으로 들어가게 하는 것에 불과하고, 그래서 카우츠키는 그 프로파간다의 속임수를 폭로하려 하였다. 정주식민지에 대한 환상은 식민정책에 대한 국민적 열광을 불러일으키고, 이는 대중에게 국내 정치의 문제점으로부터 주의를 돌리게 만드는 것임을 폭로하려 하였다.

그럼에도 불구하고 카우츠키는 미국의 사례를 들면서, 자유와 새로운 민주주의적 사회를 구현하는 정주식민지의 건설을 선망하였다. 카우츠키의 식

---

26) 엥겔스에게 보낸 카우츠키 편지, 11. 5. 1882, Schwarz, p.213에서 재인용.
27) 그러나 이런 주장에 엥겔스는 반대하였다. 그는 승리하는 프롤레타리아트는 어떤 다른 민족에게 어떤 형태의 행복도 강요할 수 없다고 보았다. 사회주의 혁명이후에 모든 식민지를 우선 포기해야 한다. 승리한 사회주의라면 이전의 식민지인들이 이 체제를 스스로 받아들일 수 있게 만드는 견인력을 가질 수 있었기 때문이다. Ibid., p.213.
28) Koller, p.234.
29) Ibid.

민지문제에 대한 입장은 초기부터 사회주의적 색채를 띄웠지만, 자유무역을 옹호하는 자유주의자에게서 상당한 영향을 받은 것 같다. 착취적인 식민지에 대한 엄격한 거부와 정주식민지에 대한 찬양은 자유주의자 좌파가 앞서서 내세운 입론이었다.[30]

이미 마르크스와 엥겔스는 1848/49년에 '역사를 가진 민족(Völker mit Geschichte)'과 '역사가 없는 민족(Völker ohne Geschichte)'을 구분하였다. 스스로 독립할 수 없는 민족들을 마르크스와 엥겔스는 문화민족들의 혁명적인 발전과정에 제동장치로 작용할 뿐이어서, 가능하면 빨리 사라져야할 존재였다.[31] 그러나 카우츠키는 이 문제와 관련하여 자신의 입장을 수정하면서, 20세기로의 전환기에 이르면, 유럽의 소국 뿐 아니라 비유럽민족도 근본적으로 스스로 통치할 권리가 있다고 주장하였다. 그에게 민족자결권은 민주주의의 실현과 프롤레타리아 국제주의((Internationalism)의 원칙에서 하나의 필수적인 전제이었다.

이런 점에서 카우츠키의 주장은 당대의 다른 사회주의자들의 문명화론과는 현격한 차이를 가지고 있었다. 그는 식민지찬성론자가 주장하는 이미 발전한 국가가 누리는 '문화권(Kulturrecht)'을 자본주의가 스스로를 윤리적인 삶으로 포장하기 위해 구사하는 속임수로 간주하며 거부하였다. 그가 보기에 바로 이런 윤리는 자국 내에서는 유산계급이 무산계급 보다 높은 권리를 가져야 한다고 주장하는 현실과 궤를 같이 하는 것이었다. 이는 착

---

30) 이미 독일의 식민정책 초기인 비스마르크의 집권기간 동안 자유무역을 주장하였던 자유주의 좌파는 돈이 들지 않는 식민지를 선호하였고, 그런 점에서 이들은 정주식민지를 지지하면서, 원주민에 대한 폭력에 반대하였다. 이때부터 이 자유무역 주창자와 사회민주주의자는 공동의 입장을 견지하였지만, 해외투자와 관련한 이들의 주장은 대중적 지지를 받지 못하였다. 정주식민지는 그 실현가능성이 낮았기 때문에 이 그룹은 독일 식민정책의 비판자로 남아 있었다. Schwarz, pp.315-317.

31) Koller, p.232.

취당하는 타민족을 향해서는 자본주의 국가들이 전체 인류를 지배해야 한다는 것을 실질적으로 선포하는 것이었다. 카우츠키는 문화적, 사회적 이해관계의 대립 속에서 프롤레타리아트 윤리는 피지배자나 피지배자가 모든 지배를 내려 놓는 것이라 보았다.[32] 그래서 그는 "프롤레타리아트는 전체 인류의 해방 없이는 스스로 해방될 수 없다"고 주장하였다.[33] 여기에서 카우츠키는 식민지 지배자와 식민 지배를 받는 자 사이에도 자본가와 프롤레타리아트 사이와 마찬가지의 관계가 성립한다고 보았다.[34]

그러나 식민지의 피압박민과 프롤레타리아트의 동일시는 카우츠키에게 늘 명료하게 정리되는 문제는 아니었던 것 같다. 그래서 1882년 엥겔스에게 보낸 편지에서 사회주의 원리는 '우리 문화권에 속한 민족'에게만 통용되는 것이라 보았다. 즉 식민지의 해방투쟁과 유럽의 노동자계급의 투쟁을 동일선 상에 놓는 것은 카우츠키에게도 늘 자명한 일은 아니었다. 이미 앞에서 언급한 대로 그는 당면한 주된 과업은 서구 프롤레타리아트의 해방이라고 보았다. 그래서 서구 문화권의 밖에서 일어나는 해방의 노력이 "자국의 프롤레타리아트 투쟁을 방해할 경우, 전자에 대항할 수도 있다"는 주장이 그의 의중을 드러낸 것이다. 그럼에도 불구하고 1907년 이후 카우츠키는 모든 계급지배와 이민족에 의한 모든 지배를 거부할 것을 천명하였다.[35]

그러나 이와 같은 카우츠키의 입장이 문명화이데올로기(Zivilisations-

---

[32] Karl Kautsky, *Sozialismus und Kolonialpolitik* (Berlin: Vorwärts, 1907), pp. 20-21.

[33] Ibid. p. 78.

[34] 그러나 그가 지닌 '문명화'나 '진보'와 같은 이데올로기 때문에 식민지를 향한 그의 따스한 시선을 자신의 방정식 안에서 명쾌하게 정리하지 못하였다. 이런 애매함을 그는 국내에서 혹은 해외에서 억압당하는 자들의 해방을 위한 노력에 추상적으로 포함시킬 수밖에 없었다. Koller, p. 236.

[35] Karl Kautsky, *Sozialismus*, pp. 21-22.

ideologie)를 벗어난 것은 아니다. 카우츠키가 당내 반대파와 문명화의 사명에 대한 관점이 다른 것은 아니었으되, 이와 관련된 목표를 실현하는 방법이 달랐을 뿐이다. 즉 카우츠키는 원시민족도 높은 발전단계에 도달해야 한다는 점을 전제하지만, 이에 도달하기 위해 선진 발전국가가 타인의 영토를 정복하고 착취하는 식민정치는 반대하였다.36) 카우츠키의 혼란스런 주장을 통해서 우리는 19세 전환기 독일 사회민주주의자들이 겪었던 고뇌를 읽을 수 있고, 동시에 그들이 지녔던 서구중심주의의 깊은 뿌리도 들여다볼 수 있다.

그럼에도 불구하고 카우츠키는 식민지에서의 폭력성에 대해서 끈질기게 문제를 제기한 사회민주주의자였다. 남서아프리카에서 헤레로와 나마(Nama)의 봉기와 그 진압 과정에서 잔인한 집단학살이 이루어졌음에도 불구하고,37) 식민지의 피지배자에 대한 유럽인이 가하는 폭력은 좋은 의도에서 행사된 것일 뿐 아니라 '야만인들' 사이의 전쟁에서보다는 덜 잔인하다는 논리구조가 여전히 통용되고 있는 현실에 직면하면서, 카우츠키는 합목적적인 문명화의 과정으로서 식민주의가 가지는 정당성에 의문을 제기하였다. 그는 "민주주의와 사회정책이 정복이나 타인의 지배와 연루되는 것"에 대해서 반대하였다. 아직 낮은 수준의 민족들이 문명화에 대해 적대적인 태도를 갖게 만드는 것은 큰 실책이라고 보았다.38)

어떤 민족들은 스스로 통치할 능력이 없다는 반론도 카우츠키에게는 통용되지 않았다. 모든 민족은 스스로 통치할 수 있고, 하나의 작은, 민주적인 공동체가 거대하지만 비민주적인 국가보다는 더 잘 운영될 수 있고, 상

---

36) Koller, p.237.

37) 이를 위하여 정현백, 「독일제국과 식민지 폭력: 남서아프리카 헤레로 봉기(1904-1907)를 중심으로」, 『독일연구』 26, 2013, 1-35쪽 참조.

38) Congrès Socialiste International, stuttgart 6-24 Août 1907, Genf 1985, pp.204-205, Koller, p.240에서 재인용.

대적으로 더 많은 것을 이룰 수도 있다고 보았다. 만약 독일인이 미개인 (Wilden)에 대해 좀 더 친화적이거나, 그들과 친구로서 교류를 한다면, 이 미개인들도 우리의 높은 문명을 기꺼이 배우려하였을 것이라는 주장이다. 즉 사회주의자들이 자연상태에 있는 민족을 문명화시키려 한다면, 먼저 우리는 그 신뢰를 얻어야 한다는 것이다.[39] 또한 카우츠키는 식민주의자들이 애써 강조해온 위험, 즉 탈식민지화 이후 이전의 식민지들에서 폭압적인 정부가 권력을 잡을 것이라는 예측도 좀 더 상대화할 필요가 있고, 반드시 유럽적인 문명을 통해서만, 이 폭정으로부터 탈출할 수 있는 것은 아니라고 보았다.[40]

그러나 카우츠키의 제국주의 이론은 제1차 세계대전이 시작되는 즈음에 이르면, 레닌이나 로자 룩셈부르크와는 상당한 차이를 드러낸다. 1912년에 이르면 카우츠키의 분석은 제국주의나 제국주의 전쟁이 현대 자본주의의 필연적인 결과물로서 나타날 것이라는 기존 좌파의 혁명적인 결론으로부터 조금씩 벗어나고 있었다. 제국주의의 향방에 있어서 카우츠키는 좌파가 주장하였던 두 가지 대안, 즉 사회주의로의 이행이나 혹은 예전의 야만상태로의 회귀 사이에서 제3의 가능성을 보여주려 한 것 같다.

제국주의의 이율배반적인 그리고 상반된 효과에 대한 특징적인 강조를 통해서, 카우츠키는 교역관계의 확산과 더불어 산업지역의 빠른 성장과 농업지역의 느린 성장 사이의 불균형성이 극복되고, 현존하는 불행한 상황들이 조절되면서, 결과적으로 자본주의의 안정과 지속가능성이 커지는 점을 지적하였다. 또한 지금까지의 정치적―군사적 분야에서의 자멸적인 행태

[39] Kautsky, Sozialismus, p.54; M. Nishikawa, "Zivilisierung der Kolonien oder Kolonisierung durch Zivilisation? Die Sozialisten und die Kolonialfrage im Zeitalter des Imperialismus", J. Radkau & I. Geiss ed., *Imperialismus im 20. Jahrhundert* (München: Verlag C. H. Beck, 1976), p.102.

[40] Kautsky, Sozialismus, pp.71-72.

들을 극복할 수 있는 가능성도 언급하였다. 자본주의는 불가피한 파국을 막기 위해서 '새로운 형태의 단합제국주의(Solidarimperialismus)'로 그 출로를 찾을 수 있다고 카우츠키는 생각하였다. 이런 '신성한 제국주의자들의 동맹'에 대한 생각은 홉슨의 제국주의 이론이나 1차 세계대전 전의 몇 년 동안 사회민주주의자들 사이에서도 나타나고 있었다.[41] 카우츠키는 그의 강연록 '민족국가, 제국주의 국가 그리고 국가연맹'에서 사회민주주의의 과제는 자본주의가 보다 이성적이고, 진보적이고, 비교적 평화로운 궤도를 달릴 수 있도록 제어하고, 나아가 이런 목표를 추구하는 과정에서 현재의 제국주의 정치를 거부하는 부르주아 세력을 지원하는 데에 있다고 보았다.[42]

이러한 카우츠키의 글은 결국 제국주의를 현존하는 체제 속에서 수정 가능한 정치로 보는 것이고, 이는 레닌에게는 되돌릴 수 없는 명백한 왜곡된 경로로 인식되었다. 레닌은 카우츠키의 '평화로운 초제국주의(Ultraimperialismus)'를 날카롭게 비판하면서 이를 끔찍한 현실에 경악한 한 소시민의 반동적인 시도로 폄하하였다. 레닌에게 제국주의는 현대자본주의의 구조적 특징과 밀접히 연관되어 있고, 그래서 제국주의는 그에게 정치의 문제가 아니라 역사발전의 필연적 과정으로 나타난 자본주의의 최후 단계였다.[43] 여기에서 카우츠키와 레닌의 차이는 명확히 드러난다.

1890년대에 이르면 수정주의(Revisionismus)의 창시자이자 지적 지도

---

[41] 이런 카우츠키의 주장은 독일의 카를 리브크네히트(Karl Liebknecht)나 러시아의 부하린(Bucharin)과 레닌의 반발에 부딪혔다. 그러나 힐퍼딩은 카우츠키의 주장에 동조하였다. Hans Christoph Schröder, *Sozialistische Imperialismusdeutung. Studien zu ihrer Geschichte* (Göttingen: Vandenhoeck & Ruprecht, 1973), pp.43-44.

[42] Karl Kautsky, *Nationalstaat, Imperialistischer Staat und Staatbund* (Nürnberg, 1915), p.22, Ibid., p.44에서 재인용.

[43] Ibid., pp.45-46.

자 그리고 주요 저널리스트인 베른슈타인이 새로이 제국주의 이론을 개진하면서, "사회주의적 식민정치(Sozialistische Kolonialpolitik)"로 지칭되는 계파가 등장하였다. 제국주의의 팽창과 식민지문제가 베른슈타인에게 독일 사회민주당 내에서 수정주의적 입장을 갖게 만든 계기를 제공한 점에서 드러나듯이, 그에게 제국주의에 대한 이론적인 정리는 중차대한 의미를 지니고 있었다. 베른슈타인은 해외로의 팽창정책이나 식민지적 지배 형태를 긍정적으로 평가하였다.[44] 그의 식민지정책에 대한 지지는 크게 보아 첫째로 문화국가가 가지는 '문명화의 사명'에서, 둘째로는 생산력 확대의 필요성에 그 토대를 두고 있다.

베른슈타인은 "사회민주당은 야만이나 미개인종의 강간이나 사기한적인 약탈에는 맞서 투쟁해야 하지만, 문명화된 제도들의 도입을 합목적이지 않다고 거부하는 것에 반대하고, 시장 확대를 유토피아적인 것으로 간주하고 이에 투쟁하는 것에서 거리를 두어야 한다"고 주장하였다.[45] "보다 고급문화가 보다 우월한 권리"를 향유해야 한다는 기본명제가 베른슈타인 주장의 기저를 이루었다. 어떤 인종이나 민족 혹은 부족도 거주할 수 있는 토지에 대한 절대적인 권리를 누리는 것은 아니고, 우주는 인간 전체에게 속하는 것이다. 그래서 문명화의 법칙에 따라 산업화한 국가들이 기초 자원들을 사용 가능하도록 하는 것을 야만 혹은 반(半)야만 부족이 방해해서는 아니 된다는 것이다. 교역의 급박한 필요가 있는 곳에서는 해외무역에 문

---

44) Hans Christoph Schröder, "Eduard Bernsteins Stellung zum Imperialismus vor dem Ersten Weltkrieg", Horst Heimann/ Thomas Meyer, eds., *Bernstein und der Demokratische Sozialimus. Bericht über den wissenschaftlichen Kongress "Die historische Leistung und aktuelle Bedeutung Eduard Bernsteins"* (Berlin/Bonn: Verlag J. H. W. Dietz Nachf. GmbH, 1978), p.166.

45) Eduard Bernstein, *Zur Theorie und Geschichte des Socialismus*, Teil II, p.95, Ibid., p.167에서 재인용.

호를 개방하도록 강요하는 것은 정당하다는 것이다. 개방의 거부로 인해
후진지역에서 발생할 광범한 자원 손실은 서구인들의 삶에서 엄청난 물질
적, 지적 그리고 예술적 성취를 앗아가는 것이고, 종국에는 식민지인들도
이로 인해 고통을 당할 것이었다.[46] 그래서 "발전된(entwickelten)" 문화권
은 "미발전(unterentwickelten)" 문화권에게 자신의 성취의 성과를 전달하기
위해 식민지를 운영할 권리가 허용되어야 한다는 것이다. 1900년에 저술한
글에서 베른슈타인은 또한 고급의 문화는 저급한 문화보다 더 많은 인간을
부양하는 것이 가능하다고 주장하였다. 그래서 식민지경영은 그에게 문명
의 필연적인 과정으로 보였다.[47]

바로 위에서 언급한 베른슈타인의 주장은 수정주의자들이 생산력과 생
산관계의 발전에 강하게 집착하였음을 보여주고 있다. "사회가 부유하면
할수록, 사회주의의 실현이 더 쉽고 안정적으로 진행될 수 있다"는 언급에
서 드러나듯이[48] 베른슈타인에게도 산업국가의 기반위에서 사회주의로의
이행이 이루어져야 한다는 생각이 크게 작용하였다. 이는 그로 하여금 후
진적인 세계지역에 대해서는 제국주의가 개입할 필요성에 대해 열린 자세
를 갖게 만들었다.[49] 문명화나 문화의 진보적 성과를 전달하는 행위로서
의 식민화만이 아니라 베른슈타인 역시도 정주식민지를 고려하기도 하였
는데, 이를 통해서 산업국가에 필요한 원료와 열대생산물을 효과적으로
공급할 수 있다고 보았기 때문이었다.[50]

---

[46] A. Ascher, "Imperialist within German Social Democracy prior to 1914", *Journal of Central European Affairs* 20, 1961, p.400; Hans Christoph Schröder, Eduard Bernsteins Stellung, pp.167, 175, 178-179.

[47] Eduard Bernstein, "Der Socialismus und die Kolonialfrage", *Sozialistische Monatshefte*, 4. Jg., 1900, pp.549-562, 551; Nishikawa, p.101.

[48] Eduard Bernstein, *Zur Theorie und Geschichte des Socialismus*, Teil II, p.96, Schröder, Eduard Bernsteins Stellung, p.167에서 재인용.

[49] Ibid., p.208.

　그럼에도 불구하고 진지한 인본주의자인 베른슈타인은 제국주의적 팽창의 윤리적 문제에 대한 깊은 우려가 있었다. 그는 반복적으로 서구국가들에 의해 자행되는 야만적 행위에 대한 자신의 염려를 표현하였다. 그러나 그는 팽창과정에는 필연적으로 어떤 야수성이 수반될 수밖에 없다는 주장을 받아들이지 않았다. 산업화가 동반한 야수성을 역사발전 과정에서 서서히 탈각하듯이, 베른슈타인은 "교묘하지만 정직하고 사려 깊은 정책"을 통해서 식민지에서 흘릴 수 있은 피의 9/10는 줄일 수 있다고 보았다. 그에게 있어서 식민정책의 종국적인 목표는 원주민의 문화적, 물질적인 향상이었다. 그럼에도 불구하고 베른슈타인은 인종사이에 놓인 큰 격차를 언급하였고, 그래서 아프리카 흑인은 '어린아이의 기질'을 가져서, 수준 높은 학습이나 보다 높은 통치행위에는 적합하지 않다고 주장하였다.[51]

　베른슈타인의 식민지문제에 대한 긍정적인 태도에도 불구하고, 그는 독일 제국주의를 결코 지지하지 않았다. 그가 생각하기에 독일의 경우는 영국 제국주의가 지닌 민주적 특성을 결여하고 있기에, 독일의 호전적인 세계정책에 대해 강하게 비판하면서, 독일로 인해 문명국가 간에 군사적 갈등이 격화될 것을 염려하였다.[52] 오랫동안 영국에 체류한 바 있는 베른슈타인은 영국과 영국 정치체제에 대해 긍정적인 시각을 가지고 있었고, 이에 따라 의회민주주의가 발달해야 제국주의가 제대로 작동할 수 있다고 생각하였다.[53] 평화유지와 보다 강력한 사회민주당의 대외정치 활동을 밀어붙이는 그 행동의 중심에는 독/영관계가 놓여 있었다. 그에게 독일과 영국

50) Ibid., p.175.
51) 또 다른 대목에서는 유럽인인 코카서스인에 대한 평가와 관련하여, 베른슈타인은 인종 간의 차이를 과장하지 말 것을 경고하였다. 이런 베른슈타인의 발언은 그가 유럽인에 대해서는 보다 높은 평가를 하였던 것과 관련되는 듯하다. Ibid., pp.180-181.
52) Ascher, pp.400-401; Schröder, Eduard Bernsteins Stellung, p.208.
53) Ibid., pp.186-187.

간의 대립은 엄청난 실책이고, 그는 독/영관계 악화의 책임을 독일 호전주의에서 찾았다. 이런 베른슈타인 사상의 배경에는 제국주의적 경제주의 (Imperialistischer Ökonomismus)가 들어 있는데, 이는 경쟁국가 간의 대립보다는 평화를 모색하면서 경제적 실익을 최대화하는 평화주의적 경제주의 (Pazifistischer Ökonomismus)를 대안으로 제기하는 것이었고, 그 기저에는 자유무역에 대한 선호가 깔려 있었다.[54]

베른슈타인의 식민지문제에 대한 이론적인 입장은 독일 사회민주당 내에서 노스케(Gustav Noske), 헹케(Afred Henke) 등으로 이어졌다. 사회민주당의 식민지문제에 대한 대변자가 된 이들 중 특히 노스케는 식민지 문제에 대한 저술을 통해, 베른슈타인 이후 이 문제에 대한 대표적인 이론가로 활동하였다. 노스케의 제국주의 이론은 베른슈타인의 이론으로부터 크게 발전한 것은 아니다. 그는 당의 이념논쟁이 교조적이며 이론적인 분열을 초래할 뿐이라고 보았다. 그는 식민지문제의 실용적인 측면을 제기하고, 보다 이성적인 대처를 주문하였다. 카우츠키/베른슈타인을 뒤이은 사회민주당 신세대에 속하는 노스케는 원주민에 대한 온정주의 정책을 더 강화하고, 그 대신에 당도 원론적인 반대를 완화할 것을 요구하였다.[55]

많은 정통파 마르크스주의자들이 보여준 '제국주의적 오염에 대한 공포'와 '제국주의로부터의 거리두기'는 수정주의자들에게는 낯설게 느껴졌던 것 같다. 사회주의 사회로의 급격한 변혁보다는 기존 사회에 사회주의적

---

[54] 평화주의적 경제주의는 영국의 사업가 Normann Angell이 1909년에 제안한 것인데, 베른슈타인은 여기에서 영향을 받은 듯이 보인다. 이런 입장에서는 보호무역은 진보에 역행하는 오래된 적체현상이었다. Ibid., pp.197-198.

[55] Schwarz, p.312; Schröder, Sozialismus, pp.188-189; 노스케 역시도 문명화의 사명을 마찬가지로 강조하였는데, "그것(사회민주당)이 식민지에서의 광범한 문화적 과제를 감당해야 하고, 또한 미래에도 해야 할 것인데, 이는 자본주의의 이해관계가 아니라, 사회주의의 의미를 위해서 이다"라고 언급하였다. Gustav Noske, *Kolonialpolitik und Sozialdemokratie* (Stuttgart: Verlag von J.H.W. Dietz Nachf. G.m.b.H, 1914), p.229.

요소를 서서히 첨가해 가려 하였던 수정주의자들이 지닌 근본입장에서 볼 때, 이미 존재하는 식민지에서 통치의 점진적인 개선—기존 체제의 점진적인 인간화—은 불가능한 일은 아니었다. 즉 수정주의자들은 사회주의자들의 현재 활동에서 대파국론에 기초한 사회의 전면적 재구조화에 대한 비현실적인 생각을 버리고, 식민정치 형성과정에 보다 실질적인 참여를 요구하는 현실주의(Realismus)를 선택하였다.[56] 그러나 이들의 현실주의에서도 이율배반성은 드러났다. 한편으로 수정주의자들은 정통파 사회민주주의자들과는 달리 후진지역의 구체적인 조건들과 원주민의 복지에 대한 선언적인 입장표명을 넘어서는 어떤 시도를 하려 하였지만, 이들의 현실주의는 산업국가 특유의 경제적 이해관계에 대한 이기주의적인 고려를 크게 벗어나지 못하였기 때문이다.[57]

당 중도파인 카우츠키와 우파인 베른슈타인 사이에 식민지문제를 둘러싼 논쟁이 진행되는 동안 루돌프 힐퍼딩(Rudolf Hilferding)과 당 좌파에 해당하는 로자 룩셈부르크는 식민지문제를 제국주의로 보고, 이를 마르크스주의 정치경제학의 관점에서 체계적으로 설명하려 하였다. 처음 사회주의자들은 '제국주의를 식민주의의 직접적인 연장'으로 보긴 하였지만, 카우츠키는 이를 "자본주의의 확장을 촉진하는 여러 방식들 중의 하나"일 뿐이라고 생각하였다. 그러나 힐퍼딩은 1910년 『금융자본론』에서 처음으로 제국주의는 자본주의의 주변적 현상이 아니라, 오히려 자유무역의 단계를 넘어

---

56) 이러한 자본주의 붕괴의 비현실성에 대한 공감대가 수정주의자와 중도파 사이에도 생겨난 것 같다. Schröder, Eduard Bernsteins Stellung, p.201. 이런 점은 후기에 카우츠키의 입장이 '단합적 제국주의'로 기울어가는 계기가 된 것 같다. 동시에 이런 입장 변화는 러시아와는 다른 독일의 현실, 즉 노동자의 삶이 개선되어가는 상황과 무관하지 않다. 바로 이런 부분에서 독일과 러시아 사회주의자들 사이에서 제국주의를 바라보는 시각의 편차가 생긴 것 같다.

57) Ibid., p.209.

선 자본주의의 발전단계로 보았고, 그래서 자본주의를 제국주의의 필연적 부가물로 간주하였다. 이에 따라 힐퍼딩은 독점자본주의와 제국주의는 '자본주의 진화의 필연적인 단계'라고 주장하였다. 정통 마르크스주의적 교리를 고수한 힐퍼딩이 보기에 모든 종류의 제국주의적 팽창은 자본주의의 확장을 가속화시키고, 그래서 제국주의 단계에 잇는 자본주의는 위기에 빠질 가능성이 적다고 주장하였다.[58]

이어서 1913년 로자 룩셈부르크가 『자본축적론』을 통해 자본주의와 제국주의의 관계를 분석하였다. 룩셈부르크는 "자본주의의 불가피한 붕괴라는 마르크스의 예언이 왜 아직 실현되지 않았는가"에 대한 의문에서 출발한다. 그녀는 마르크스가 자본주의의 발전과정을 폐쇄 체제 내에서의 자본축적과정으로 설명했는데, 지속적인 자본축적을 위해서는 자본주의는 아직 심하게 착취되지 않은 지역을 필요로 한다는 것이다. 대중의 구매력이 제한될 경우, 전자본주의적 사회구조를 착취하지 않고서는 자본축적은 불가능하기 때문이다. 다시 말해서 발전한 자본주의는 반드시 식민지를 필요로 한다는 것이다. 룩셈부르크 이론의 또 다른 공헌은 자본축적의 부수적 수단으로 군사주의(Militarismus)를 포착한 점이다. 그녀는 방위비가 구매력을 높이고 잉여가치를 실현하는 부가적 방법으로 작용한다는 생각을 최초로 제기하였다.[59]

힐퍼딩이나 룩셈부르크의 논리적이면서 강렬한 이론은 사회민주주의 중도파나 우파의 정치적 노선과는 명확히 구별되는 것이었다. 당대의 사회민주주의자들은 로자 룩셈부르크의 주장에 당혹감을 감추지 못하였다. 그녀가 제국주의 전쟁의 비참한 결과를 적시하며 벌인 열정적인 반전운동은 사회민주주의 기층당원들에게 대단히 고무적이었으나, 이는 당 지도자들이 구

---

[58] 몸젠, 50-53쪽.
[59] 위의 책, 54-62쪽.

사하는 현실정치와는 큰 괴리가 있는 것이었다.

이제 독일 사회민주주의자들 사이에서 그리고 사회민주당 내에서 제국주의와 식민지문제를 둘러싼 입장은 크게 세 가지로 나뉘게 되었다. 의회 내에서 다수를 이루게 된 수정주의자들은 1차 세계대전 전야에 이르면, 식민지정책·보호관세·반영주의(反英主義) 경향을 드러내고 민족경제적 이해관계를 노동자계급에게 선전하면서, 기존 제국주의 정치를 지지하였다. 이 지점에 이르면 사실 수정주의자들은 식민지 분야에서 현존국가의 효용성을 인정한 것이고, 그런 점에서 독일사회민주당은 '**사회민주주의의 무의식적인 민족주의화**(unbewusste Nationalisierung der Sozialdemokratie)'로 경도된 것이라 말할 수 있다. 이들은 식민지 획득을 통한 대제국의 형성을 사회주의적 진보의 한 과정으로 본 것이다.

여기에서 흥미 있는 점은 수정주의의 이론적 스승인 베른슈타인의 태도이다. 놀랍게도 1차 세계대전 동안 그는 독일제국의 호전주의 정책을 거부하고, 세계대전의 주된 책임자는 프로이센 군국주의라는 인식과 함께 당 좌파들로 구성된 독립사회민주당(Unabhängige Sozialdemokratische Partei Deutschlands, USPD)에 합류하였다. 전쟁의 열기 속에서 넘쳐나는 민족주의 열광을 베른슈타인은 격렬하게 비판하고, 애국주의에 반대하는 평화주의 정치를 표방하는 것은 참으로 놀라운 결단이었다. 결국 베른슈타인은 자신의 동지들인 수정주의 계파로부터 고립되었다. 1차 세계대전 동안 베른슈타인은 호전적인 제국주의에 대한 반대자로서, 당내 좌파인 카를 리프크네히트(Karl Liebknecht)나 중도파인 카우츠키와 돈독한 협력관계에 들어갔다. 이를 통해서 우리는 그간 베른슈타인의 사상과 정치적 행로에 대한 일정한 오해나 왜곡을 발견할 수 있다.[60] 그의 이론과 현실정치에서의

---

60) Schröder, Eduard Bernsteins Stellung, p.211; Fletcher, pp.237, 271.

선택은 다른 수정주의자들과는 명백히 구별되는 것이었다. 여기에서 제국
주의에 대한 이론과 입장을 둘러싸고 기존의 일원화된 해석을 넘어서, 수
정주의자들 내에서 다양한 의견차와 균열이 존재했다는 점을 지적할 필요
가 있다.[61)

이후로 카우츠키와 베벨로 대변되는 중도파는 제국주의 전쟁의 필연
성보다는 현실정치 속에서 평화를 유지하려는 베른슈타인의 입장에 접근
해갔다. 그러나 중도파는 군축이나 협상중재와 같은 전통적인 자유주의
좌파의 민주주의적 요구와 연대하면서, 원칙적으로는 반(反)제국주의 입
장을 표명하였다. 이에 비해 당내 좌파에게 제국주의는 자본주의 발전의
최후 그리고 최고의 단계로 인식되었다. 이들은 임박한 혁명의 가능성을
선전하면서 강력한 반전운동을 전개하고, 이를 통해서 사회주의로의 이
행을 재촉하려 하였다. 그러나 당좌파는 현실적으로는 소수파에 불과하
였고, 그들의 기획은 좌절될 수밖에 없었다.[62)

4. 독일의 식민지정책과 사회민주당의 현실정치

이미 앞에서 언급한 대로 독일 사회민주주의자들은 급격히 부상하는 제
국주의에 대해 준비가 되어있지 않은 채로 논쟁을 벌여야 했다. 제국주의
적 팽창을 둘러싼 강대국 간의 각축전, 보호관세를 통한 봉쇄 그리고 보다

---

61) Schröder, Eduard Bernsteins Stellung, pp.202-203; Hans Christoph Schröder, "Die
   Imperialismusdiskussion vor und während des Ersten Weltkrieges in der
   Sozialdemokratie", Thomas Meyer/ Susanne Miller/ Joachim Rohlfes eds., *Geschichte
   der deutschen Arbeiterbewegung. Darstellung-Chronologien-Dokumente* (Bonn:
   Bundeszentrale für politische Bildung, 1985), Bd. 1, p.299.

62) Ibid., pp.285-286.

첨예화된 경쟁으로 점철되는 제국주의의 시대를 독일의 진보세력은 미리 예측하지 못하였던 것이다. 그럼에도 불구하고 1880년대 이래 사회민주당은 좌파 자유주의자와 교감하면서, 인도주의적 관점에서 제국정부의 식민정치에 대한 비판의 목소리를 높였다. 비스마르크의 식민정치가 시작되는 시점에 독일사회민주주의자들은 식민지보유에 대한 '원칙적인 반대'를 표명하였다. 그럼에도 불구하고 사회민주당 내부의 토론에서 '경제적 실익'이라는 현실적 고려가 항상 제기되었다. 다시 말해서 식민정책이 노동자의 주머니에 얼마나 많은 돈을 가져다줄 것인지, 그리고 어떤 이점을 수반할 것인지를 판단하려는 노력이 지속적으로 반복되었다. 사회민주당 의원들의 일부는 물자의 원활한 공급과 노동자의 일자리 확보를 이유로 식민정치에 긍정적인 태도를 보였다.

사회민주당은 1884/1885년 해외 우편기선항로 설치를 지원하는 명백히 제국주의적 확장정책에 해당하는 법안(Dampfersubventionsvorlage)의 통과에 동참하였다. 사회민주당 원내의원의 다수가 이 법안에 찬성하였다. 여전히 대다수의 사회주의 의원들은 원칙적으로 식민지 통치를 반대하였지만, 이들은 현실정치에서 실용주의적 노선을 거부하지 못하였다.[63] 이때 식민정책은 사회적 공론의 중심에 있었고, 비스마르크는 1884년 선거전에서 사회개혁과 식민정치를 공약으로 내걸고 있었다. 이제 식민정치는 대중들에게 빈곤과 경제위기에 대응하는 새로운 환각제로 등장하였고, 이는 사회민주당을 겁박하는 이념적인 공세의 수단으로 활용될 수 있었다.[64] 비스마르크 실각 이후 독일의 세계정책은 함대정책과 더불어, 황제의 지나친 자아현시증과 불안정성에 좌우되고 있었다. 이런 환경은 독일 사회주의자들에게 제한된 경험세계 안에서 그리고 절대주의적—봉건적 속성을 지닌

---

63) Schwarz, pp. 217-236; Weinberger, p. 409.
64) Ibid., pp. 402-403.

제국정부의 탄압 속에서, 제국주의를 팽창을 향한 황제 개인의 열망일 뿐 아니라, 보다 보편적인, 독일이라는 한정된 조건을 넘어선 세계적 현상으로 파악하는 것을 방해하였다.[65] 이는 사회민주당이, 이론이나 실행의 측면에서, 식민지문제에 대한 신속한 대응을 어렵게 만들었다. 그래서 사회민주당은 비스마르크에 의해 시작된 식민지정책에 대한 원칙적인 거부로 일관하였다.

1899년 2월 12일 사회민주주의자들은 제국의회에서 팔라우와 캐롤라이나 섬을 매입하기 위한 예산안 1675만 제국마르크의 통과를 거부하였다.[66] 1900년 사회민주당 전당대회에서 처음으로 제국주의가 식민지문제가 의제로 채택되었고, 또한 제국주의에 반대하는 포괄적인 결의안을 통과시켰다. 이 결의안은 강한 도덕적 색채와 더불어, 식민정책은 부르주아의 팽창욕구와 상품시장 사냥에서 출발한 것이고, 착취의 심화는 결국 국제적인 갈등과 파국을 초래할 것임을 경고하였다. 이는 동일한 전당대회에서 통과된 교통 및 교역정책에 대한 결의안 외에도, 자유무역에 대한 요구 및 후진지역에 대한 지배나 배타적 점령에 대한 반대를 담고 있었다.[67] 이런 원칙적인 반대에도 불구하고 이후로 의회 다수당인 사회민주당은 지속적으로 식민지적 이해관계와 관련된 예산안을 통과시켰다.

남서아프리카 독일령 식민지에서 예기치 않은 헤레로족(Herero)의 봉기가 일어나고, 그 진압의 잔혹성이 문제시되자, 베벨은 이에 대해 강력하게 비판하였다.[68] 이를 진압하기 위한 추가예산안이 1904년 1월 19일 의회에 상정되었을 때, 사회민주당은 이를 신중하게 검토하고, 예산안 투표에서

65) Schröder, Die Imperialismusdiskussion, pp. 284-285.

66) Müller, p. 17.

67) Schröder, Die Imperialismusdiskussion, p. 285.

68) 정현백, 28쪽.

기권을 결정하였다. 그러나 원내의원 다수의 오랜 격렬한 토론에도 불구하고, 의회는 요청한 예산안을 직접 거부하지는 못하였다. 다시 1906년 8월 2일 정부가 2900만 마르크의 예산안을 제출하자, 의회는 이를 부결시켰고, 이에 대해 분노한 황제는 의회 해산으로 응답하였다. 호텐토텐선거 (Hottentottenwahl)로 알려진 1907년 제국의회 선거에서 사회민주당은 많은 의석을 잃어서, 이전의 81석 대신에 43석만을 차지할 수 있었다. 이는 식민지가 독일의 국내 정치에서도 중요한 요소로 부상하였을 뿐 아니라, 사회민주당의 현실정치에도 큰 압력요인으로 떠올랐음을 의미한다.[69]

18세기 이래 이어져온 환상식민주의와 함께 19세기에 나타나는 이 중 군사주의(double militarism)는 한편으로는 군부 엘리트를 통한 군사문화를, 다른 한편으로는 대중들 사이에 축제 등을 포함한 여가생활에서 군사주의 문화의 확산으로 나타났다. 그 외에도 식민정치를 선동하는 재향군인회나 식민정치를 지지하는 선동협회의 출현도 여론의 향배에 큰 역할을 하였다. 이러한 '시민의 군사주의화'는 식민정치를 지지하고 가속화시키는 역할을 하였고, 사회민주당에게는 큰 위협이 되었던 것이다.[70]

이후로도 사회민주당은 로버트 코흐(Robert Koch)의 아프리카 탐험, 뉴기니아 석유매장지에 대한 연구[71] 그리고 1914년 초에는 동아프리카

---

[69] Müller, p.17; 호텐토텐은 봉기를 일으킨 나마(Nama)족을 지칭하는 용어이다. 식민지정책에 반대한 사회민주당이 대중의 지지를 잃는 것을 통해서, 독일 내 권력구조에 변화를 초래하였다. 식민지문제의 정치화가 시작되었다고 말할 수 있다. Gründer, p.286.

[70] Jakob Vogel, "Military, Folklore, Eigensinn: Folkloric Militarism in Germany and France, 1871-1914," *Central European History*, Vol.33, No.4, 2000, pp.497-498; Ute Frevert, "Gesellschaft und Militär im 19. und 20. Jahrhundert: Sozial-, kultur- und geschlechtereschichtlicher Annährungen," Ute Frevert, ed., *Militär und Gesellschaft im 19. und 20. Jahrhundert* (Stuttgart, 1997), pp.13, 39 참조.

[71] 전쟁의 와중에 독일 정부는 석유매장에 관한 연구를 위해 50만 제국마르크를 쏟아 부었다. Müller, p.23.

철도건설을 지원하는 예산 등을 통과시켰다. 이는 사회민주당 원내의원 중 43명 찬성, 35명의 반대로 통과되었다. 여기에는 사회민주당 의원들이 제기한 단서조항인 원주민 보호가 전제되어 있었는데, 구체적으로 최저 임금이나 최대 노동일에 대한 엄격한 규정과 자유로운 노동계약 등이 요구되었다. 원내 의석이 서서히 늘어나고 1913년에는 제국 최대의 정당으로 발전하자, 식민정책과 관련하여 원칙 준수나 선언적인 행위보다는 현실정치적 고려로 기울어지고 있는 사회민주당의 정황을 잘 보여준다. 사회민주당은 식민지보유를 거부하지 않았지만, 독일제국의 식민정치에 대하여 세세하게 비판하면서, 원주민 보호에 적극적으로 개입하는 태도를 보여주었다.[72]

이러한 태도 변화에는 식민지 미래국가에 대한 대중의 열망을 자극하여 사회민주당의 약화를 시도하는 보수세력의 공세에 못지않게 지지유권자의 감소에 대한 사회민주당의 불안이 핵심적인 배경요인으로 작용하였을 것이다. 거기에다가 수정주의자들의 영향력 확대도 식민지에 대한 입장 변화에 영향을 주었을 것이다. 특히 로자 룩셈부르크는 수정주의 확산과 식민정치에 대한 태도 변화를 사회민주당 지도부의 세대교체와 연관 지워 설명하였다. 새로이 등단하는 신세대 사회주의자들이 대다수 수정주의 노선으로 기울었기 때문이라는 것이다. 그러나 달리는 독일 사회민주당이 식민지 문제에 대한 전문적 지식을 결여하고 있어서, 이에 적절히 대응하지 못한 점도 또 다른 문제점으로 제기되었다.[73]

사회민주당은 1914년 7월 전쟁경비를 위해 황제가 제출한 전쟁공채안을 승인하는 것을 통해서, 독일 제국주의 정책의 동조자가 되었다. 모순되게도 독일 사회민주당이 이렇게 식민정치에 노골적으로 합의한 이후 불과 4

---

72) Schröder, Sozialismus, pp.183-185.

73) Ibid., pp.187-188, 191.

년 만에 독일은 식민지를 상실하게 되었는데, 이는 1차대전의 종료와 함께 독일은 거의 모든 식민지를 내놓아야 하였기 때문이다.

5. 맺음말

제국독일에서 로자 룩셈부르크나 카를 리브크네히트로 대변되는 사회민주당 좌파는 제국주의적 팽창과 제국주의 전쟁에 대한 반전운동을 치열하게 전개하고, 1918년 독일혁명을 주도하지만, 그 실패로 인해 영향력을 상실하였다. 반면 혁명 이후 바이마르 공화국의 집권세력이 된 당내 중도파와 우파에 해당하는 사회민주주의자들로 구성된 사회민주당의 다수는 초기에 가졌던 제국주의 비판론을 고수하지 못하였다. 이는 우선 사회민주주의자들이 제국주의 문제에 대한 이해가 낮거나 전문지식이 부족하였고, 또한 19세기 말 이래 유럽에서 풍미한 '식민지는 문명국가의 사명'이라는 문명화 이데올로기를 탈피하지 못하였기 때문일 것이다.[74] 이 지점에서 서구의 부르주아뿐 아니라 사회주의자에게도 의식적, 무의식적으로 내재되어 있는 서구중심주의를 읽을 수 있다. 또한 수정주의를 둘러싼 논쟁과 수정주의 조류의 확산이 사회민주당이 제국주의 정책을 서서히 추인하도록 하는 결과를 낳았다. 민족주의를 향한 열광과 식민지가 가져올 이익이라는 환각제가 대중을 매료한 것도 마찬가지로 중요한 장애요인으로 작용하였다.

그러나 위에서 언급한 요인들에 못지않게 중요한 것은 사회민주주의자들조차도 식민지 지배가 가져올 경제적 실익, 즉 산업화에 필요한 원료확

---

[74] Schwarz, p.25.

보나 필요한 열대상품의 원활한 공급이 독일경제의 발전에 도움을 줄 것이라는 점을 무시하지 못하였던 것이다. 이런 타협의 배경에는 사회주의 사회로의 이행은 생산력의 발전 속에서 이루어져야 한다는 암묵적인 전제가 들어 있었다.

그러나 보다 근원적으로는 독일 사회민주주의자들이 사실상 식민지 보유를 거부하지 못한 데에는 마르크스가 예언한 자본주의 붕괴의 비현실성에 대한 자각이 들어 있었다. 독일 자본주의가 발전의 길을 걷고 있고, 그 속에서 노동계급의 생활수준이 향상되는 한에 있어서, 사회주의 사회로의 점진적인 이행이 불가피해 보였다. 그런 한에 있어서, 식민지 상황의 개선을 위한 노력이 생산력의 발전을 위한 가능한 현실적 대안이라는 생각에 사로잡혔을 것이다. 이는 산업화가 진전되지 못한 후진적인 폴란드나 러시아 출신의 로자 룩셈부르크, 레닌, 부하린 등이 격렬하게 자본주의의 대파국과 제국주의에 대한 격렬한 투쟁을 외쳤던 것과는 대조를 이룬다. 이런 입장의 차이는 이 혁명가들이 처한 역사적 맥락이 다른 데에서 오는 이론적 차이로 읽힐 수 있다.

달리는 독일 사회민주당 내에서 식민지정책에 대한 원칙적인 거부를 유지하려 하였던 카우츠키파의 좌절은 독일의 정당들과 인터내셔널에서의 급변하는 분위기 때문이기보다는 오히려 독일 식민정책 자체의 변화에서 그 원인을 찾아야 한다는 주장도 있다. 즉 남서 아프리카 헤레로족의 봉기와 독일 군대에 의한 잔혹한 진압에 대한 격렬한 비판에 따라 제국독일에 의해 진행된 식민정치의 개혁이 중요하게 작용하였을 것이라는 해석이다. 식민지 통치에서 보다 합리적이고, 보다 인도적인 방식들이 도입되었고, 그 결과 1907년 이후 어떤 원주민 봉기도 일어나지 않았다는 것이다. 물론 이런 식민지 운영의 개선에는 사회민주당의 지속적인 비판과 개선책 제안이 큰 기여를 하였을 것이지만, 동시에 식민지 보유 반대론자의 설득력을

떨어뜨리는 데에도 기여한 것 같다.[75]

이후 1차 세계대전까지의 시기 동안 제국의 대외무역에서 보호령의 비중은 전체 수입과 지출에서 0.5% 증가한 것에 불과하지만, 1907년 남서아프리카에서 다이아몬드 광산의 발견과 같은 실익을 얻어내기도 하였다는 점을 감안하자면, 독일의 식민정책은 또 다른 발전과정을 통해 그 존재감을 키워가려 하였던 것 같다. 그러나 이미 앞에서 언급한 대로 1차 세계대전으로 식민지를 상실하면서, 모든 가능성을 무위로 돌아가고 말았다.

어찌되었던 독일 사회주의자들의 제국주의를 바라보는 시선을 통해서, 우리는 사회주의자들조차도 '문명화의 사명'이라는 서구 중심주의적 안경을 벗고, 비 서구지역을 보다 냉철하게 성찰하는 것이 얼마나 지난한 과제였는가를 확인할 수 있었다. 또한 경제성장을 포함하는 근대성의 신화와 제국주의 팽창의 거대한 흐름에 맞서는 것이 얼마나 힘든 과정인지를 알 수 있었다.

---

[75] 1907년 사회민주당의 전당대회에서는 식민지 보유의 의의를 인정하되, 식민지정치의 폐해를 해소하기 위한 다양한 조치들이 논의되었다. 데른부르크(Dernburg)가 식민성의 책임자로 부임한 것이 중요한 역할을 하였는데, 그가 식민지 관료의 악행을 처벌하기위한 위원회 구성을 제안한 것이 지적되었다. 또한 수상도 식민지에서의 불행한 사태를 해소할 것을 약속하였다. *Protokoll über die Verhandlungen des Parteitages der Sozialdemokratische Partei Deutschlands*, Abgehalten zu Essen vom 15. bis 21. September 1907, (Berlin: Verlag J. H. W. Dietz Nachf. GmbH, 1907), p.130; Schröder, Sozialismus, pp.196-197; Gründer, p.286.

제2부

식민지 대항담론과 조선의 지성

독립운동 계열의 한국사 구성 체계

대종교계 역사서술을 중심으로

도면회

1. 머리말

일제 통치하에서 만주와 중국 본토에 망명했던 독립운동가 중 상당수는 대종교 조직에 참여하였으며 이들은 대종교에서 발간한 『神檀實記』, 『神檀民史』, 『檀祖事攷』, 『倍達族歷史』 등에 서술된 한국사 체계를 바탕으로 하여 만주, 연해주, 상해 등지에서의 독립운동을 주도하였다.[1]

따라서 독립운동 계열의 한국사 구성 체계는 큰 맥락에서 볼 때는 대종교 계열의 역사서술과 유사한 점을 많이 지니고 있다.[2] 그동안 대종교계 역사서술의 내용과 영향에 대해서는 많은 연구가 축적되어 대종교가 한국

---

[1] 김용국, 「대종교와 독립운동」, 『민족문화논총: 노산이은상박사 고희기념논문집』, 1973; 박영석, 「대종교의 독립운동에 관한 연구」, 『사총』 21·22 합집, 1977; 박영석, 「대종교의 민족의식과 항일민족독립운동」(상)(하), 『한국학보』 9-2 및 9-3, 1983; 서굉일, 「〈단군교포명서〉와 항일민족운동」, 『국학연구』 13, 2009.

[2] 예를 들어, 독립운동에 참여한 박은식, 신채호, 이상룡, 김정규, 유인식, 이원택 등이 남긴 역사저술 중, 고구려·발해 등 북방지역에 대한 서술은 대종교계에서 1904년에 작성했다고 하는 「단군교포명서」나 위의 대종교계 역사서의 고대사 인식 체계와 유사한 내용을 담고 있다. 이에 대해서는 박걸순, 「일제강점기 망명 인사의 고구려·발해 인식」, 『한국독립운동사연구』 23, 2004 참조.

사를 어떻게 구성하였는지 밝혀져 있다.[3] 이에 의하면 한국 역사의 발상지는 백두산 부근이며 역대 한국의 왕조뿐만 아니라 부여족·여진족·거란족·만주족 등 소위 동이족 전체가 '배달민족'이라는 큰 민족 집단이며 이 집단이 한국인의 조상이라고 하였다. 그 결과 한국 민족의 활동 무대는 만주와 한반도는 물론이고 중국 동북지방까지 포괄하며 遼·金·淸 등 중국의 북방족 왕조도 한국 민족의 역사로 간주된다.[4] 그리고 이러한 대종교의 역사 인식은 기존의 단군 고유 전통을 근대 민족주의 관점에서 재구성한 것으로서 항일 무력 투쟁을 지탱하는 정신적 지주가 되었다고 하였다.[5]

이 같은 대종교계 역사 서술에 대한 비판적 검토는 일찍이 1990년 전후에 이루어졌다.[6] 그런데 당시 비판의 초점은 일제 통치하의 대종교계 역사 서술 자체보다는, 1980년대 초반 단군 실재론을 주장하면서 고등학교 국사 교과서의 상고사 서술을 개정해야 한다는 주장을 편 재야사학자들의 공격에 두어져 있었다. 비판의 주된 대상도 대종교단에서 발행한 역사서인 『신단실기』·『신단민사』가 아니라, 『단기고사』·『환단고기』·『규원사화』 등

---

3) 한영우, 「제3장 1910년대 이상룡·김교헌의 민족주의 역사서술」, 『한국민족주의역사학』(일조각, 1994); 佐々充昭, 「檀君ナショナリズムの形成-韓末愛國啓蒙運動期を中心に」, 『朝鮮學報』 174, 2000; 佐々充昭, 「韓末における檀君敎の「重光」と檀君ナショナリズム」, 『朝鮮學報』 180, 2001; 서영대, 「한말의 檀君運動과 大倧敎」, 『韓國史研究』 114, 2001; 삿사 미츠아키(佐佐充昭), 『한말·일제시대 단군신앙운동의 전개: 대종교·단군교의 활동을 중심으로』, 서울대학교 박사학위논문, 2003; 정영훈, 「대종교와 '단군민족주의'」, 『단군학연구』 10, 2004; 조준희, 「근대 단군대황조 용어의 출현과 확산」, 『국학연구』 11, 2006; 김동환, 「백암 박은식과 대종교」, 『백암학보』 1, 2006; 김성환, 「『단군교포명서』의 단군 인식」, 『국학연구』 13, 2009; 임찬경, 「『단군교포명서』의 고구려 인식」, 『국학연구』 13, 2009; 박걸순, 「박은식의 역사인식과 대동사관」, 『국학연구』 13, 2009.

4) 한영우, 위의 책, 85-86쪽.

5) 삿사 미츠아키, 앞의 박사학위논문, 92-93쪽.

6) 조인성, 「한말 단군관계 사서의 재검토: 『신단실기』·『단기고사』·『환단고기』를 중심으로」, 『국사관논총』 3, 1989; 박광용, 「대종교 관련 문헌에 위작 많다 2: 『신단실기』와 『단기고사』의 성격에 대한 재검토」, 『역사비평』 18, 1992.

이었다. 따라서 비판 내용도 위서 논란을 빚어온 후자의 자료들이 위서라
는 점, 일제의 황국사관에 이용될 가능성이 높다는 점, 허황한 민족주의적
서술이라는 점 등이었고, 정작 대종교 교단이 발간한 전자의 자료에 대해
서는 그다지 심각한 비판이 이루어지지 않았다.[7]

　본고는 대종교계 역사서술의 민족주의적 성격이나 단군 후예론 등을 비
판하기보다는 대종교계 역사서술이 어떠한 사학사적 맥락에서 나타났는지
를 검토하려는 입장이다. 이는 기존의 연구 성과들이 대종교계 역사서술의
민족 통합, 항일 독립 투쟁의 측면만 강조해온 나머지, 그러한 역사서술이
등장한 사상적 배경이나 사학사적 맥락에 대해서는 그다지 주목하지 않았
다고 판단하기 때문이다. 본고에서는 그간 주목되지 않았지만 대종교계 역
사서에 구성된 한국사 체계의 몇 가지 요소를 검토하고자 한다.

　첫째, 기존의 연구 성과에서는 대종교계 역사서술의 단군 강조가 곧 한
국민의 항일 운동에서 정신적 지주가 되었다고 본다. 그러나 단군에 대한
강조가 민족 통합의 계기를 구성할 수는 있지만, 이것을 곧바로 일제에 대
한 저항의식의 발로라고 등치시키는 서술 방식은 재고해야 한다고 생각한
다. 우선 단군을 강조하는 역사 인식은 일제 침략 이전인 조선 전기부터
중국에 대한 자주 의식의 상징으로 꾸준히 등장해 왔으며, 1894년 갑오개
혁 이후에는 중국에 대한 속방 관계로부터 독립하겠다는 강력한 반중화 의
식으로부터 강조되었다. 게다가 단군=반중화라는 인식은 한국을 침략하는
일본의 입장에서 볼 때, 종주국인 중화=청과 속방인 한국의 외교 관계를
단절시킨다는 점에서 바람직한 역사의식일 수도 있었다. 이 점은 일제 강

---

7) 박광용은 『신단실기』에 대해서는 저자 김교헌의 조선총독부 관료 경력을 운운할 뿐
　그 이상의 심각한 비판을 가하지 않았다. 이에 반해 조인성은 대종교가 고려 말 이래
　끊어진 단군교를 '重光'한 것이라고 주장하는 「단군교포명서」가 대종교 측 주장대로
　1904년에 작성된 것이 아니라 1909년경 작성되었을 것이라는 점 등 주로 사료 비판
　을 가하였다.

점 이후 단군을 민족의 시조로 모시는 대종교와 단군교 등의 종교나 1920년
이래 『동아일보』 등 언론 매체가 단군과 백두산 관련 담론을 확산시킬 때
일제가 이를 무조건 탄압하지만은 않았던 점과 연관시켜 볼 필요도 있다.[8]

둘째, 대종교계의 단군 중심 역사 서술은 부여족 등 북방 종족 중심의
한국사 구성으로 체계화되었다. 이러한 한국사 구성 방식이 중국 · 만주의
독립운동 진영과 일제하 조선 사회에 확산 보급될 수 있었던 이유에 대해
서는 한국인의 주도하에 만주족을 포섭하여 만주 지방을 탈환하고 그 곳에
대조선국을 세우려는 실천 목표를 뒷받침하기 위한 것이라는 분석이 나와
있다.[9] 그러나 이러한 한국사 구성 체계가 이루어진 데에는 만주 지방 탈
환이라는 현실적 삶의 문제 외에도 일본의 근대역사학이 한국사를 구성한
방식도 작용한 것으로 판단된다. 즉, 대종교계의 한국사 구성 체계는 후술
하듯이 1910년 이후 한국사를 일본 역사와의 긴밀한 연관 속에 구성하고
지배하려 했던 조선총독부의 『조선반도사』 · 『조선사』 편찬에 대한 반발로
볼 수도 있다는 것이다.

셋째, 위의 두 문제와 연관하여 대종교계 역사 서술의 '배달민족사'가 가지
는 이중적 성격의 문제가 있다. 기존 연구에서는 '배달민족사'가 일제의 침략
에 대한 저항 담론의 하나라고 분석해 왔지만, 다른 각도에서 보면 일제의

---

8) 1910년 한국 병탄 전후부터 일제가 대종교를 탄압했다는 것이 기존의 시각이다. 그
러나 이것이 대종교가 단군을 강조해서 그런 것인지, 대종교 신도들 중 일부가 독립
운동에 관여하였기 때문인지는 엄밀하게 나누어 볼 필요가 있다. 1911년 충남 공주
지역에서 일어난 대종교 탄압 사건도 일제가 주동적으로 한 것이 아니라 친일 관찰
사 박중양이 고발함으로써 시작되었고 이에 대한 조선총독부의 대응도 매우 신중했
던 점을 고려할 필요가 있다. 일제의 대종교 탄압에 대한 사례를 지적한 연구로는
각주 3)의 조준희 논문 외에 허태근, 『홍암 나철의 대종교 중광과 조천 연구』, 부경대
학교 박사학위논문, 2015; 이숙화, 「대종교 설립 초기 일제의 탄압과 대응 양상」, 『선
도문화』 18, 2015 참조. 최근에 위 두 논문이 발표되었음을 본 논문에 대한 심사평을
통해 알려준 심사위원께 감사드린다.

9) 한영우, 앞의 책. 86쪽.

식민사학 담론의 하나인 '일선동조론'과 유사한 담론이며 만주에 대한 침략 논리로 기능할 수 있는 측면까지 가지고 있다고 생각한다. 이 점을 고려하면 서 김교헌이 한국사 통사 격으로 저술한 『신단민사』의 전체 구조를 분석할 필요가 있다. 기존 연구는 대체로 단군조선 이래 발해 왕조까지의 역사서술 을 분석하였을 뿐, 고려왕조 이후 조선왕조 후반까지의 역사서술에 대해서 는 거의 분석하지 않았기 때문이다.[10]

2. 가족국가론의 수용과 단군 후손론

대종교계 역사 서술에서 가장 중요한 특징은 상고시대 이래 만주와 한 반도에 거주해온 종족들을 모두 단군의 후손인 '배달종족'으로 호칭하는 것 이다. 1914년 발간된 김교헌의 『신단실기』에 나오는 다음 서술을 보자.

> 단군의 후예를 배달종족이라 한다. 5파로 나뉘었으니 조선족, 북부여족, 예 맥족, 옥저족, 숙신족이라…(중략)…中東의 역사를 보건대, 백두산 남북, 조선 과 만주 지역에 사는 민족이 단군의 혈통임이 명백하도다. 다만 그 세대가 멀 어지고 세상이 달라짐에 각자 소가족이 되어 이씨 김씨 하며 만 가지 성씨에 이르렀느니라. 그리하여 오로지 자기 가문의 세대만 기록하고 國祖의 원류를 거슬러 생각하지 않으며 오직 문중 친족의 계파만 알고 종족의 갈래 나뉨은 분별하지 못하여 심지어 우리가 중국의 종자(唐種)라고 하는 자가 생기기까지 하였느니라.[11]

---

10) 대종교계 역사서술을 전반적으로 분석한 작업은 한영우, 위의 책이 유일하다. 한영우 는 김교헌이 저술한 『신단민사』가 국민적 문화사 체계를 세웠다는 점에서 높이 평가 하고 있다. 연대 표기도 단군 기원을 씀으로써 역대 왕조의 군주 중심 연대 표기 방 식을 극복하고 조선 왕조의 자주성을 드러내는 방향으로 바꾸었다고 평가하였다. 다 만, 사회사 내지 정치사 측면에서 조선시대를 발전적으로 이해하지는 못했다는 약점 을 지닌다고 하였다.

조선인을 포함하여 식민지 조선과 만주 지역에 거주하는 모든 종족이 단군의 후손, 같은 혈통이라는 주장이다. 이처럼 단군을 '배달 민족'의 혈통적 조상으로 모시는 관념은 1907년 이전에는 존재하지 않았다. 조선 전기에 김시습이 "단군은 민의 鼻祖", 남효온이 "단군은 우리 靑丘의 뭇 중생을 낳으셨다"라는 표현을 남겼지만,[12] 조선 중기까지는 기자조선을 문명과 교화의 주체로 인식하고 있었기 때문에 단군은 기자조선 설명을 위해 부수적으로 거론되는 위치였다. 임진왜란 · 병자호란을 거친 이후 단군을 역사적으로 실존한 한국 최초의 군주로 이해하려는 작업이 시도되었으며, 안정복은 『동사강목』에서 단군조선을 한국 역사상 최초로 정통성을 갖춘 국가로 서술하였다.[13]

단군에 대한 인식은 갑오개혁기 개화파 정부가 국민국가를 수립하고자하는 단계에 들어서부터 전국적으로 확산되기 시작하였다. 개화파 정부는 청일전쟁 이후 쇠잔해가는 청에 대한 사대관계를 청산하려는 의지를 표출하였다. 역사서술에서는 1895년 이후 발간한 역사 교과서마다 단군조선을 역사의 기원으로 서술하였고, 중국에 대해 제후의 지위로 서술되어 왔던 단군조선과 기자조선의 지위를 승격시켜 중국과 대등한 독립국가로 서술하기 시작하였다.[14]

이러한 단군조선 인식은 1905년 최경환 · 정교가 공동 저술한 『대동역사』에서 집대성되었다. 최경환 · 정교는 원래 이 책의 초고를 1896년에 완

---

11) 김교헌, 『신단실기』(대종교본사, 1914), 35-36쪽. 본 인용문에서의 '종족'과 '민족'은 각각 오늘날의 '민족'과 '종족' 개념과 같은 의미로 사용된 것으로 판단되기에, 본문에서는 오늘날의 개념으로 바꾸어 서술하고자 한다.

12) 삿사 미츠아키, 앞의 박사학위논문, 22-23쪽.

13) 삿사 미츠아키, 위의 글, 17-20쪽; 도면회, 「한국 근대 역사학의 창출과 통사 체계의 확립」, 『역사와 현실』 70, 2008, 187쪽.

14) 도면회, 위의 글, 180-182쪽.

성하여 1898년에 출간하려 하였으나 내용이 기존 사서에서 볼 수 없었던 내용인 데다가 확증이 없다는 핑계를 댄 정부 당국자의 금지로 출판이 중단되었다가 1905년에야 출간하였다.[15] 따라서 이 책의 역사의식은 1896년 단계에 표출된 것으로서, 일본이 아니라 청에 대한 강렬한 독립 의식과 비판 의식을 담고 있다고 보아야 할 것이다.[16]

단군조선과 관련해서 이 책은 첫째, 그동안 사료가 없어서 밝힐 수 없었다고 하는 단군 재위기의 사실들에 연대를 부여하였다. 예컨대 단군이 환웅의 아들로 '태백산', 지금의 평안북도 영변군 묘향산 박달나무 아래 탄생하여 서기 기원전 2333년 왕으로 즉위했으며 국호를 조선이라 하고 수도를 장안, 지금의 평양군에 정했다고 하였다. 재위 59년에 강화도 마니산에 제단을 쌓고 하늘에 제사를 올렸으며, 재위 127년에 白岳, 지금의 황해도 문화군 구월산으로 도읍을 옮겼다고 서술하였다.

둘째, 그 이전의 역사서들에서는 태자 부루가 하나라 우임금의 도산회의에 조공하러 갔다고 하여 중국과의 관계를 상하 관계로 표현해 왔는데, 여기서는 대등한 국가들 사이의 교빙 통호 또는 만국박람회에 참가하는 정도의 대등 관계로 서술되었다. 셋째, 이전에는 서술되지 않았던 단군조선의 강역 범위를 최초로 제시하여 동쪽으로 태평양, 서쪽으로 요하, 남쪽으로 조령, 북쪽으로 흑룡강에 접한다고 하였다. 넷째, 단군이 기자에게 국왕의 지위를 물려준 후 부여로 옮겨 가 살았다고 하여 부여국이 단군조선을 계승하였음을 명확히 밝히고 있다.[17]

기존의 연구에서는 이러한 역사 서술이 일본의 국권 침탈로 인해 애국심이나 민족의식 고취가 필요해진 상황을 반영한 것이라고 판단하는 경향

---

[15] 崔景煥·鄭喬, 『大東歷史』(한국개화기교과서총서 17), 1905, 5-6쪽. 261쪽.

[16] 도면회, 앞의 글, 180-182쪽.

[17] 최경환·정교, 앞의 책, 37-48쪽.

이었다.[18] 그러나 이 책 초고가 독립협회 운동기에 완성되었다는 사실, 단군조선의 강역 설정이 한반도라기보다는 한반도 중부 지역 이북과 만주 지역 대부분을 포괄하고 있는 사실을 볼 때 일본에 대한 경각심보다는 청에 대한 사대주의 극복이라는 목적이 더욱 선명하게 드러난다고 할 수 있다.

대청 독립의 상징으로 사용되던 단군이 1907년 이후에는 다음 사료에서 보다시피 한국 민족의 조상으로 규정됨으로써 민족 통합의 매개체로 사용되기 시작하였다.

> 아름답도다 獨立城이여, 즐겁도다 독립성이여. 부모님이 나를 어루만지고 돌아보시고 양손으로 나를 붙잡으시며 독립 독립 하시더니 내가 지금에야 비로소 부모님의 소망을 이루도다. 내가 지금에야 <u>단군의 자손</u>으로 부끄럽지 않게 되었도다. 우리 국민이 조금이라도 의뢰성이 있으면 어찌 이런 城을 이루었 겠으며, 한 터럭이라도 姑息하는 마음이 있었으면 어찌 이 성 쌓기를 마쳤겠으며(이하, 강조는 인용자).[19]

1908년 1월 1일 『대한매일신보』는 신년을 송축하는 논설에서 단군 건국 −대한제국−융희−서기의 순서로 날짜를 표기함으로써 단군을 우선시했으며, 단군−이성계−고종−순종의 순서로 국가의 상징을 나열하였다.

> 오호라 오늘이 <u>檀君</u> 건국 4241년 1월 1일이로다
> 오호라 오늘이 大韓 개국 517년 1월 1일이로다
> 오호라 오늘이 隆熙 2년 1월 1일이로다
> 오호라 오늘이 西曆 1908년 1월 1일이로다.
> (중략)
> <u>五 단군 시조 자손</u>으로 이 국가를 잊을손가

---

18) 서영대, 「근대 한국의 단군 인식과 민족주의」, 『동북아역사논총』 20, 2008, 30쪽.
19) 논설 「喚起二千萬國民ᄒ야 築八萬二千里地獨立城(續)」, 『황성신문』, 1907년 2월 16일자.

六 태조 황제 신민으로 이 조정을 잊을손가
七 이천만 입 壽를 불어 태황제께 진상하며
八 사천만 손 福을 빌어 대황제께 봉헌하고[20]

언론 매체에 따라서는 조선 전기부터 기자를 중시해온 지적 전통으로
인하여 다음과 같이 '단군과 기자의 후손'이라는 표현도 같이 사용하였다.
그러나 1910년경에 가면 '기자의 후손'이라는 표현은 거의 사라지고 '단군
의 후손'으로 단일화되었다.[21]

우리 한민족이 모두 단군 기자의 신성한 후예로 그 천성의 忠厚溫良함과 그
재질의 慈祥明敏함이 실로 지구상 역사에 우등 인종이라 이를지어늘[22]

우리 한국은 건국이 4천 년이오 그 민족은 모두 단군 기자의 신성 후예오
그 문화는 윤리의 가르침을 존중하고 의리를 높이 숭상하던 풍속이 고유하니
4천년 내려온 조선혼이 고금을 통틀어 어찌 녹아 없어질 리가 있으리오.[23]

오호라 우리 단군 후예의 신성 종족이여 오늘에 이르러 조국을 忠愛하는 열
혈이 유독 해외 동포에게 있고 문명을 前進할 생각이 유독 해외동포에게 있는
가.[24]

이같이 한국 민족을 단군의 후손으로 간주하는 인식은 기존의 연구에서
분석되었다시피 일본의 가족국가론을 수용한 결과였다.[25] 일본의 가족국

---

20) 논설 「신년송축」, 『대한매일신보』, 1908년 1월 1일자.
21) 서영대, 「한말의 단군운동과 대종교」, 『한국사연구』 114, 2001, 221-222쪽. 서영대와
   삿사 미츠아키는 한국 민족이 단군의 자손이라는 표현이 1908년부터 등장한다고 하였
   지만, 필자의 조사에 의하면 각주 19)의 사료와 같이 이미 1907년 2월에 등장하였다.
22) 논설 「祝賀海朝新聞」, 『황성신문』, 1908년 3월 4일자.
23) 논설 「朝鮮魂이 稍稍還來乎」, 『황성신문』, 1908년 3월 20일자.
24) 논설 「海外同胞의 書籍事業」, 『황성신문』, 1909년 9월 19일자.

가론은 메이지유신 이후 천황과 국민의 관계를 일본 신화 시기까지 거슬러 올라가 천황을 신격화하고 그 아래 무사·서민 계급을 군신·부자 관계에 의해 통합하여 국민으로 만들어내고 천황과 국민을 '忠孝一本'이라는 특이한 가족주의로 결합시킨 국체론을 말한다.[26] 대표적 논자 호즈미 야쓰카 (穗積八束)는 "天祖는 국민의 시조이고 皇室은 국민의 宗家이다. 부모를 경배함이 마땅하거늘 하물며 한 나라의 시조랴"라고 하듯이 천황이 국민의 부모와 같은 존재라고 주장했다.[27]

이 같은 가족국가론이 처음부터 곧바로 단군조선에 적용된 것은 아니었다. 단군조선보다 먼저 현실의 국가인 대한제국에 적용되어 한국민의 충성 대상으로 높이려고 하였다. 1906년 휘문의숙에서 사용된『중등수신교과서』에서 "황실은 국민의 대종가"라는 표현, 1908년 보성전문학교에서 사용된『윤리학교과서』에서 "제국의 국민은 대개 神孫 皇族의 바깥 후손(外裔)"이고 "황실은 국토와 인민의 本源"이며, "신민이 국가에 대함이 자못 일가의 자녀가 그 家長에게 대함과 같다"고 하여 일본의 가족국가론을 대한제국의 황제와 국민의 관계에 그대로 적용하였다.[28] 유길준 역시 "우리 이천만 동포는 모두 태조 고황제의 혈속 자손"이라고 하여 황실과 국민을 같은 가족으로 설정함으로써 한국민이 대한제국을 위해 충성을 다할 것을 강조하였다.[29]

---

[25] 佐々充昭, 앞의「檀君ナショナリズムの形成－韓末愛國啓蒙運動期を中心に」및 「韓末における檀君教の「重光」論説「朝鮮魂이 稍稍還來乎」,『황성신문』, 1908년 3월 20일자. と檀君ナショナリズム」참조.

[26]『歷史學事典』제12권『王と国家』(弘文堂, 2005), 137-138쪽.

[27] 김소영,『대한제국기 '국민' 형성론과 통합론 연구』, 고려대학교 박사학위논문, 2009, 148쪽.

[28] 위의 글, 149-150쪽.

[29] 유길준,「第三十一課 高皇帝의 子孫되는 國民」,『勞動夜學讀本』, 1908, 54쪽.

그러나 1907년 정미칠조약 이후 통감부가 내정권을 장악하고 1909년 사법·경찰·감옥권까지 일본에 침탈되어감에 따라 현실 국가인 대한제국의 황실은 국민을 통합할 수 있는 '가장'으로서의 능력을 상실하였다. 이에 현실의 국가 권력 대신 고조선의 단군을 대한제국 국민을 통합할 상상의 국가권력, 구심점으로 생각하게 되었다. 1909년 대종교가 창건되기 이전부터 단군이 한민족의 혈족적 조상으로 재현된 것은 이러한 연유였다.

이러한 단군 인식을 바탕으로 하여 1909년 음력 1월 15일 포교를 시작하면서 공표한 대종교의 「단군교포명서」[30]에서는 단군을 "우리나라를 세우고 우리 몸을 낳아 길렀으며 내 집을 지어주고 지켜주신" 大皇祖라고 선언하였다.[31] 이후 언론에서는 단군을 '聖祖' 또는 '대황조', 한국 민족을 '신성민족', 한국 역사를 '신성 역사'라 표현하면서 한국민을 통합하려는 움직임을 보이기 시작하였고, 이것이 『신단실기』와 『신단민사』의 배달종족론으로 발전하였다.

이처럼 대한제국 말기에 단군이 민족 통합의 상징으로 운위되고 대종교에서 이를 신앙 대상으로 확산시켰다고 하여 그러한 역사 인식을 곧바로 일제에 대한 저항과 동일시하는 것은 재고할 필요가 있다. '단군교'란 이름으로 대종교를 창건한 나철은 1909년 연말 "本教가 中葉에 여섯 차례 비운과 수백 년간 전폐된 원인이 모두 나라를 다스리는 정치와의 관계로 말미암은 까닭이었다. 그러니 교단과 정치를 엄정하게 분립시킨 후에야 본교의

---

30) 「단군교 포명서」는 대종교 측 기록에 의하면 1904년 10월 3일 백두산에서 13인의 단군교 도인들이 모여서 반포한 것으로서, 1909년 포교를 시작하면서 대중적으로 공표하였다고 한다. 「단군교 포명서」에 대한 상세한 내용은 각주 3)의 조준희, 김성환, 임찬경 논문 참조.

31) 『大倧教重光六十年史』(대종교총본사, 1971), 80-91쪽. 대종교에서 사용하는 '대황조'란 칭호는 대한제국 순종황제의 조상인 이태조를 '皇祖'로 칭한 것에 대해 그 황조 이태조보다 위에 위치하는 존재, 즉 황조를 낳은 근본 조상이라는 뜻으로 만들어진 존칭이라고 한다(삿사 미츠아키, 앞의 박사학위논문, 56쪽).

진리가 현저히 드러나고 사람의 참된 정성이 더욱 깊어질 것이라"고 함으로써 정치, 즉 일제에 대한 저항은 대종교와 관련 없는 일이라고 하였다.[32]

또, 1913년 훈춘에서 활약하던 독립운동가 황병길이 당시 백두산 근처에 와 있던 나철에게 간도와 러시아 및 조선의 동포들이 러시아·중국의 후원을 받아 봉기하자고 제의한 적이 있었다.[33] 이때도 나철은 "우리 동지의 의기가 크게 떨치고 있으나 병기가 완벽하게 갖추어지지 않아 저 虎狼과 같은 왜적과 대치하기에는 소위 한 방울의 물로 큰 불을 끄는 것과 똑같아 시기가 아직 무르익지 않아 불이익하다"고 하여 봉기를 거절하였다.[34]

대종교가 포교를 시작하고 나서 1909년 중반부터는 한국의 친일파를 중심으로, 단군이 일본의 아마테라스 오미카미(天照大神)의 동생 수사노오노미코토(素戔嗚尊)라는 일본 민간의 전승에 따라 아마테라스 오미카미와 단군을 합사하는 신궁을 건축하자는 취지로 神宮奉敬會라는 단체가 조직되기도 하였다.[35] 또, 대종교가 조선 내에서는 조선총독부로부터 종교단체로 인가받지 못하여 포교 활동에 지장을 겪었지만, 대종교 창건에 동참했던 정훈모 등이 1910년 중반에 분립하여 나가 설립한 단군교는 탄압을 받기는커녕 암암리에 조선총독부의 후원까지 받으며 전국의 단군 신앙 단체들을 통할하는 지위를 구가하였다.[36]

---

32) 『대종교중광육십년사』, 154쪽.

33) 『不逞團關係雜件−朝鮮人の部−在歐米』 2, 朝憲機 第1080號 秘受 0019號 「排日鮮人黃丙吉の通信に關する件」(1913. 12. 20. 寺内正毅, 山縣紀尹三郎 等). http://db.history.go.kr/item/imageViewer.do?levelId=haf_061_0040(검색일: 2015. 5. 29).

34) 『不逞團關係雜件−朝鮮人の部−在滿州の部』 3, 「排日鮮人の通信に關する件」(1914. 1. 3. 朝鮮駐箚憲兵隊司令部 → 山縣紀尹三郎 等). http://db.history.go.kr/item/imageViewer.do?levelId=haf_018_0050(검색일: 2015. 5. 29).

35) 이처럼 일제 강점기에 들어서 단군과 일본의 아마테라스 오미카미 또는 수사노오노미코토를 연관시켜 일제의 한국 통치를 원활하게 하려 한 움직임에 대해서는 장신, 「일제하 日鮮同祖論의 대중적 확산과 素戔嗚尊신화」, 『역사문제연구』 21, 2009를 참조.

36) 삿사 미츠아키, 앞의 박사학위논문, 176-179쪽.

국외에서도 대종교가 단군을 내세운다고 하여 무조건 그 이유로 탄압받지는 않았다. 독립군이 일본군에게 대승리를 거둔 청산리 전투 이후인 1923년경 하얼빈 총영사가 일본 외무대신에게 보낸 다음 자료를 보자.

> 대종교는 조선의 시조 단군을 숭경하고 그 신앙 관념은 일본인이 神(神道 신자가 신을 신앙하는 것, 즉 종교적 신앙이 아니고 조상 숭배의 관념을 의미한다)을 믿는 것과 닮은 것이다. …(중략)… 대종교는 서일이 지휘한 대한독립군정서와 밀접한 관계가 있는 것 같으나 목하 직접 독립운동에 관여하는 형적은 없다. 그러나 都司敎 김교헌은 儒生型 인물로서 조선 역사에 조예가 깊고 항상 역사상으로부터 민족적 국수(조선의) 사상을 고취하고 있는 자이다. 그러므로 교의를 정면으로 신앙하는 자에 대해 경찰 방면에서 용훼하는 것은 도리어 일본 관헌에 대한 반감을 도발할 우려가 있으므로 이를 피하는 것이 낫다. 하지만 그 집회 및 집단적 행동에 대해서는 내밀하게 사찰을 게을리 해서는 안 된다고 생각한다.[37]

이를 보면 일본 관헌 측에서는 대종교가 종교라기보다는 일본의 神道, 즉 일본인들이 조상을 숭배하는 관념과 같은 정도의 신앙으로 여기고 있었다. 또, 대종교가 단군을 내세우고 제2대 교주 김교헌이 민족적 국수 사상을 고취한다고 해도 그것이 독립운동에 관여하는 것이 아닌 한 직접적으로 사찰 탄압하는 대상으로 삼지는 않은 것이다.

3. 日韓同域論에 대한 대응으로서 부여족 중심주의

1906년 이후 발간된 대부분의 역사교과서는 한국사의 흐름을 단군조선

---

[37] 『不逞團關係雜件－朝鮮人の部－在滿洲の部』 36, 「鮮人が信仰する宗敎類似團體たる大倧敎に關する件」(1923. 5. 21. 山內四郞(哈爾賓 總領事) → 內田康哉(外務大臣))http://db.history.go.kr/item/imageViewer.do?levelId=haf_051_0280(검색일: 2015. 5. 29).

→ 기자조선 → [(위씨조선－사군－고구려)(마한－백제)(진한－신라)(변한 －가락)] → 통일신라 → (후백제·태봉) → 고려 → 조선 → 대한으로 이 어지는 체계로 구성하고 있었다.[38] 즉, 역사상 같은 시기에 존재했던 왕조 들은 병렬적으로 나열하되 기본적으로는 삼한과 신라 등 남한 지역 중심의 한국사를 구성하고 있었다. 그런데, 앞서 보았듯이 대종교계의 역사 서술 은 삼한과 신라 등 한반도의 남부보다는 고구려와 발해 등 한반도의 북부 및 만주에 수립된 왕조를 중시하는 구성을 보이고 있었다. 이러한 변화는 신채호에 의해 주도된 감이 있지만, 일본의 근대역사학과 연관시켜 볼 필 요도 있다.

한국을 병탄하기 이전부터 일본 민간에는 개국 신화에 나오는 아마테라 스 오미카미(天照大神)의 동생 수사노오노 미코토(素戔嗚尊)가 한국 단군 신화에 나오는 환웅이며, 수사노오노 미코토의 아들 이소타케루노카미(五 十猛神)가 곧 한국의 단군이라는 설이 전승되어 왔다. 이에 대해 일본의 근대역사학자들은 양자의 동일설을 부정하고 수사노오노 미코토가 고대 한반도의 남부, 곧 삼한 지역을 점령하여 통치한 왕 또는 점령자였다는 식 으로 해석하였다. 이처럼 까마득한 神代부터 일본과 한국이 같은 일본인들 에 의해 지배되어 왔다는 주장을 日韓同域論이라고 한다.[39]

1910년 일본의 한국 병탄 이후 조선총독부는 이러한 역사학자들의 주장 에 의거하여 식민지 조선에 대한 조사와 역사서술을 주도하는 과정에서 한

---

[38] 도면회, 앞의 글, 199쪽.

[39] 기존의 연구에서는 일본의 민간전승에 의한 아마테라스와 수사노오노 형제설이나 일 본 근대역사학자들의 수사노오노 미코토의 점령자설 두 가지를 모두 '일선동조론'으 로 설명해 왔다. 그러나 장신의 연구에 의하면, 앞의 수사노오노 미코토=환웅, 이소 타케루노카미=단군이라는 주장에 입각한 것이 원래 의미의 '일선동조론'이고, 수사노 오노 미코토가 한반도 남부의 점령자였다는 주장은 '일한동역론'이라고 한다. 양자는 같은 것 같지만 의미가 전혀 다르다는 것이다. 장신, 앞의 글, 367-372쪽.

국의 인종 구성을 남과 북으로 대별하였다. 그리고 한국의 남부와 일본의
밀접한 연관성을 주장하거나, 통일 신라 중심의 역사상을 구축하였는데,[40]
그 결론은 대체로 다음과 같다.

> 반도의 북부와 남부는 연혁 상 완전히 별개의 경로를 취하며 각각 출발점을
> 달리 하고, 또 그 성질을 달리 하고 있다. 즉 북부는 支那의 영향을 받은 것이
> 심하여 활동 주체의 다수는 반도로 이주했던 한족 또는 만주족이다. 남부는
> 이에 반해 크게 일본의 영향을 입었으며, 활동의 주체는 오로지 반도에 원주한
> 韓族이다. …(중략)… 또 그 문화와 인종이 내지의 큐슈(九州)와 아울러 간사
> 이(關西) 지방에 있는 유적에서 보이는 바와 같이 극히 밀접한 관계가 있는 것
> 을 알 수 있다. 그렇지만 中鮮・北鮮의 고대 주민에 관해서는 이들과 南鮮 지
> 방 주민 또는 滿洲 주민과의 관계를 단언하기에는 자료가 아직 부족함을 깨닫
> 는다(조선총독부 1916년 및 1920년 고적조사보고에 근거한다).[41]

이처럼, 1920년대까지 일본인 역사학자들은 한국의 역사를 북부・중부
와 남부를 분리하여 별개로 인식하는 태도를 취하고 있었다. 즉, 한반도의
북부는 중국계의 역사이고, 남부의 역사만이 순수한 조선의 역사인데, 남
부는 일본의 영향을 입어 일본과 혈연적・문화적으로 밀접한 '日鮮同祖' 또
는 '日韓同域'의 역사라는 것이다.[42]

이러한 역사상에 대한 최초의 공개적 비판은 신채호가 1908년 8월~12월
『대한매일신보』에 연재한 『독사신론』에서 이루어졌다. 여기서는 첫째, 한
국에 거주한 선비족, 부여족, 지나족, 말갈족, 여진족, 토족(韓族) 등 6종의
종족 중 부여족이 4천 년 역사의 주인공이며 단군의 자손이라고 하였다. 둘

---

40) 정상우, 「1910-1915년 조선총독부 촉탁의 학술조사사업」, 『역사와현실』 68, 2008.
41) 小田省吾, 『朝鮮史大系 上世史』(朝鮮史學會, 1927), 1-8쪽, 정상우, 「稻葉岩吉의 '만
    선사' 체계와 '조선'의 재구성」, 『역사교육』 116, 16-17쪽에서 재인용.
42) 이에 대해서는 도면회, 「조선총독부의 한국사 구성 체계」, 『역사학보』 222, 2014,
    76-81쪽 참조.

째, 단군조선은 묘향산이 아니라 백두산과 압록강 유역의 졸본부여에서 발생하여 만주와 한반도 북부를 영역화하였다고 하였다. 셋째, 고구려·신라·백제·가락 모두 부여족 국가지만 고구려가 그중에서 으뜸이라고 하였으며, 삼한은 신라·백제·가락과 분리시켜 부여족에 정복당한 客族에 불과하다고 하였다. 넷째, 일본의 신공황후의 신라 침공과 일본의 임나일본부 설치 등을 망설이라고 비판하였다.[43]

그런데 신채호의 글에는 단군이 탄생했다는 '태백산'이 왜 묘향산이 아니라 백두산인지 근거가 제시되어 있지 않다. 그럼에도 불구하고 『독사신론』이후 많은 이들이 '태백산'=백두산이라는 주장을 받아들였다. 대종교도 이 설을 받아들였다. 제2대 교주 김교헌이 저술한 『신단실기』에서 평양으로 천도한 사실은 기존의 역사서술과 동일하지만 단군이 태어난 지역은 백두산 박달나무 아래라고 명시하였다.

> 환인·환웅·환검(환인·환웅·단군이라고도 한다)이 三神이시니 上元 갑자년 10월 3일 환검이 신으로서 인간으로 변하여 天符三印을 지니고 태백산(지금의 백두산) 박달나무 아래로 내려오시샤 神敎를 창건하고 백성을 가르치시니…(중략)…국호를 檀이라 하다('배달'이라고 부른다). 匪西岬 河伯女를 왕후로 취하시고…(중략)…태백산에서 평양으로 도읍을 옮기신 후 국호를 朝鮮으로 바꾸시다.[44]

이러한 단군의 백두산 탄생설은 조선 후기에 안정복이 『동사강목』에서 주장한 적이 있지만, 단군신화가 실린 고려조의 『삼국유사』이래 거의 모든 역사서에서 '태백산'을 묘향산으로 해석해 왔다는 점에서[45] 갑작스런 변화

---

43) 한영우, 72-75쪽. 신채호의 주장은 중국과 일본에 대해 한국 민족의 독립성을 주장했다는 점에서 매우 각광을 받았지만 한국의 역사학계에서는 오늘날까지 그다지 수용되지 않았다.

44) 金敎獻, 『神檀實記』(大倧敎本司, 1914), 1쪽.

라고 할 수 있다. 게다가 안정복이나 신채호는 '태백산'=백두산이라는 설을 설득력 있게 입증하지도 않았다. 그럼에도 불구하고 신채호와 대종교계 역사서술에서 단군의 탄생지를 백두산으로 설정한 것은, 백두산이 묘향산보다 북쪽이라 일본 역사학자들의 '일한동역론'의 사정권으로부터 더 멀리 벗어나는 방편이라고 해석할 수도 있겠다.

이와 아울러, 『신단실기』에서는 한반도와 만주에 존재했던 모든 종족을 단군의 후예 '배달민족'으로 통칭하고, 배달민족 내 5분파로 ①조선족, ②북부여족, ③예맥족, ④옥저족, ⑤숙신족을 열거하였다. 이 중에서 ①조선족이 단군의 아들 부루의 직계 후손으로서, 조선족은 韓族으로 계승되고 韓族은 기자의 후손인 半배달족과 합쳐 진한족과 변한족으로 나뉘었으며, 이 중 진한이 신라족으로 계승되고 신라는 고려로, 고려는 현재의 조선으로 계승되었다고 하였다. 또한 기자 후손인 반배달족은 한편으로는 마한으로 계승되고 마한이 한족과 합친 후 다시 백제, 고구려, 정안국으로 나뉘어 계승된다고 하였다.

②북부여족은 동부여족, 고구려족, 백제족, 규봉족, 선비족 등 5갈래로 나뉘었다. 이 중 동부여족이 고구려족으로 합쳐졌다가 다시 두 갈래로 나뉘어 신라족과 발해족으로 계승되었으며, 발해족은 여진족, 금나라족, 후금족, 만주족으로 계승되었다고 보았다. 백제족은 앞의 신라족과 합하여 고려족으로 계승되고, 선비족은 거란으로 이어지고 발해에 통합되어 요나라족으로 이어졌다가 요나라가 여진족으로 통합되었다. 나머지 ③예맥족, ④옥저족, ⑤숙신족은 몇 단계를 거쳤지만 최종적으로는 발해족을 거쳐 지금의 만주족으로 계승된 것으로 서술하였다.[46]

이러한 배달민족의 계승 관계가 어떤 문헌의 고증에 의해 이루어졌는지는

---

45) 서영대, 「한말의 단군운동과 대종교」, 『한국사연구』 114, 2001, 236-237쪽.
46) 김교헌, 『신단실기』, 35-36쪽.

확인할 수 없지만, 몇 가지 점에 주목할 필요가 있다. 첫째, 이러한 한국사의 흐름은, 1906년 이후 발간된 대한제국 역사교과서의 통사 체계와 1908년 신채호가『독사신론』에서 주장한 통사 체계가 공존하는 방식으로 구성되었다는 점이다. 즉, 전자의 단군조선 → 기자조선 → [(위씨조선 - 한사군 - 고구려)(마한 - 백제)(진한 - 신라)(변한 - 가락)] → 통일신라 → (후백제 · 태봉) → 고려 → 조선 → 대한으로 이어지는 체계에서 위씨조선과 한사군, 후백제 · 태봉을 제외한 부분과 후자의 단군조선 → 부여 → 고구려 → 발해로 이어지는 체계가 공존하고 있다는 점이다.[47]

이러한 한국사 구성 체계는 이미『신단실기』이전부터 만들어져 왔다. 1907년 이후『황성신문』에는 대종교계 역사서술과 같은 맥락의 역사 논설이 다수 게재되었다.[48] 일본의 강제 병탄 직전인 1910년 8월 9일의 논설에 "최초에는 三千團 부족이 있었으니 곧 조선족이오, 그 파가 내려가면서 북부여족, 동부여족, 고구려족, 발해족, 여진족, 金族, 후금족(즉 淸族)이오, 또 그 분파가 나뉘어 마한, 진한, 변한, 백제, 신라, 가락, 탐라, 고려족이오, 또 나뉘어져 숙신, 읍루물길, 말갈, 선비, 거란, 요, 西馬韓, 정안족이 된지라"라고 하였다.[49] 이는 위의 고구려 등 북방 중심 역사와 삼한과 신라 등 남방 중심 역사 인식이 공존하는 단초를 보여주는 것이다.

둘째, 조선시대 내내 역사서술의 기본이 되어 왔던 기자조선 중심의 역사서술이 완전히 사라지지 않았다는 점이다. 기자조선의 존재를 부정할 수

---

[47] 도면회, 「한국 근대역사학의 창출과 통사체계의 확립」, 『역사와현실』 70, 2008, 199-201쪽.

[48] 1909년 대종교 창건식에 참여한 대종교도 柳瑾은 1906년 9월 황성신문사 사장으로 부임하고 1910년 6월까지 사장 겸 주필을 맡았다. 대종교에 입도한 박은식 역시 황성신문의 주필이었다(삿사 미츠아키, 앞의 박사학위논문, 68-69쪽). 1907년 이후『황성신문』의 논설에는 대종교 계열의 역사 인식이나 만주에 관한 서술이 다수 게재되었다.

[49] 논설「我檀君子孫의 氏族과 疆土와 敎化의 歷史」, 『황성신문』, 1910년 8월 9일자.

는 없어 한국사 구성 체계에 포함시켜야 하지만, 기자가 배달민족에 포함시킬 수 없는 중국인이라는 사실로 인하여 김교헌은 궁여지책으로 '半배달족'이라는 종족 개념을 만들어낸 것이 아닌가 생각한다.

그런데, 이러한 한국사 구성 체계가 『신단민사』에서는 상당한 변화를 보이게 된다. 1923년 상해에서 출판되었다고 하는 『신단민사』에서는 『신단실기』와 같이 단군의 후예 전체를 '배달민족'으로 규정하였지만, 『신단실기』에 비해 몇 가지 점이 달라졌다. 우선, 배달민족의 갈래가 5종에서 조선족, 부여족, 한족, 예족, 맥족, 옥저족, 숙신족 등 7종으로 늘어났다.50) 그리고 『신단실기』에서 조선족의 후손으로 규정되었던 한족이 별개 종족으로 독립되고, 이 한족은 辰으로 계승되었다가 辰이 다시 진한 → 신라, 변한 → 가락으로 이어졌다고 하며, 『신단실기』에서 반배달족이었던 기씨족은 마한으로 계승되는데, 그 이후 백제로 이어지거나 통합되었다는 표시가 없다.51) 『신단실기』에 비해 기자조선이 차지하는 비중이 현격하게 축소되었음을 알 수 있다.

중국계 기자조선의 비중이 축소된 데 반해 조선족은 부여족으로 계승되고 부여족이 다시 동부여, 북부여, 졸본부여, 서라부여, 남부여의 5종으로 분파되는데, 이 중에서 졸본부여가 고구려−발해−여진−동여진−금−만주(당시의 淸)로, 서라부여가 신라−고려−조선(大韓)으로, 남부여가 백제로 계승되었다고 하였다. 그리고 예족, 맥족, 옥저족, 숙신족은 대체로 북방

---

50) 김교헌, 『神檀民史』(再版本) (대종교총본사, 1946), 1-3쪽의 「神檀民史表」. 본고를 집필할 때는 『신단민사』 초판본을 구할 수 없어 국립중앙도서관의 1946년 재판본을 구해 보았지만, 인쇄 상태가 흐리고 고르지 못하여 고동영이 번역 작업한 『신단민사』 (한뿌리, 1992)를 대조하면서 보았다.

51) 물론, 『신단민사』 본문에서는 마한이 부여족 온조가 세운 백제에 의해 병합되었다고 서술하고 마한 잔여 세력의 저항을 서술하고 있지만(위의 책 卷之二, 5-6쪽), 대한제국기까지 마한을 한국사의 정통으로까지 서술해오던 역사인식은 사라진 것이다.

에서 일어났던 거란이나 요나라, 여진족으로 계승되었다고 정리되어 있다.

이렇게 보면 『신단민사』에서는 고대 이래 주요한 왕조였던 고구려, 백제, 신라, 금나라, 청나라가 모두 조선족―부여족 등 한 가지 계통의 종족으로부터 내려온 직계 왕조 국가들로 정리된다. 결국 신채호의 부여족 주족설에 좀 더 접근한 셈이 된다. 그리고 『신단실기』에서 주요한 종족으로 서술되었던 진한, 변한, 마한 등 한반도 남부의 삼한은 비중이 약해졌다. 진한이 신라로 계승되고, 변한이 가락으로 계승된 것은 변함없지만, 마한은 기자조선을 계승한 것으로 되어 있을 뿐, 그 후 어느 왕조로 계승되었는지 서술되지 않았다.

결국, 대종교계 역사서술은 『신단민사』에 이르러 조선총독부가 구축한 한반도 남부 중심의 한국사 구성 체계로부터 완전히 벗어나 부여족 중심으로 한국사를 구성했음을 확인할 수 있다. 그리고 중국의 영향을 상징하는 기자조선을 역사 계승표에서 희미하게 만듦으로써 일본과 중국으로부터 자주적인 역사상을 확보하려 했음도 확인할 수 있다. 또, 『신단실기』에서 조선족과 북부여족을 별개의 계통으로 나누고 여진족, 만주족이 세운 금ㆍ청 두 왕조를 북부여조의 일파인 동부여족계로 설정한 데 비해 『신단민사』에서는 이들을 조선족을 계승한 부여족계의 왕조로 통합한 것이다. 결국, 대종교계의 한국사 구성 체계는 '부여족 왕조국가'들의 단일한 흐름으로 정리된 것이다.

이 점에서 1914년 8월~10월 일제가 압록강 대안 지방에 거주하는 한국인의 종교를 조사하고 그중 대종교에 관하여 기록한 다음과 같은 자료가 주목된다.

　　단군교: 李元桓 및 尹世復이 주창이 되어 桓仁東昌學校로서 敎會에 充當한
　　다. 그 생도는 물론 부근의 韓人을 모아 同敎의 포교와 함께 배일사상을 고취

하고 있다. 동교의 主旨는 "한민족의 祖先은 白頭山麓에서 나와, 중국민족 및 大和民族(일본민족)과 같은 것은 그 支族에 불과한 故로 我等은 노력하여 국권을 회복하여 <u>부여민족과 부여국의 독립 발전</u>을 도모하지 않으면 안 된다" 함에 있다.[52]

이처럼, 1910년대부터 대종교의 한국사 구성 체계는 궁극적으로는 중국민족과 일본민족으로부터 독립한 부여민족의 부여국을 세우고 발전시키기 위해 개발되었음을 알 수 있다. 즉, 고대사의 흐름에 대한 해석이 현실 만주의 삶으로 직결되고 있다.

그렇다면 이러한 한국사 구성 체계에서는 당시 중국 대륙을 지배하고 있던 청 또는 그 이후의 중화민국, 그리고 일본에 대해서 어떠한 서술을 보이고 있었는가를 검토해 보아야 할 것이다.

4. '배달민족'사의 함정: 저항과 침략의 '만선동조론'

대종교에 의해 구성된 '배달민족'의 역사상은 상해 대한민국임시정부와 만주의 독립운동 단체에 전파되었다. 상해에서는 임시정부 요인들, 심지어는 기독교도인 이승만·안창호까지 상해 거주 교민들과 함께 개천절, 어천절 행사에 참석하여 기념사를 읽어 단군을 기렸다.[53] 또, 1921년 11월 열

---

52) 조선총독부, 편집부 역, 「국경지방시찰복명서」, 『백산학보』 9, 1970, 224쪽. 자료에서는 '단군교'라고 하지만 대종교 제3대 교주 윤세복이 주창하고 환인 동창학교가 나옴을 볼 때 '대종교'로 보아야 할 것이다.

53) 대종교의 역사인식이 상해 독립운동가들에게 유포 수용된 양상에 대해서는 앞의 박영석, 「대종교의 독립운동에 관한 연구」, 1977; 박영석, 「대종교의 민족의식과 항일민족독립운동」(상)(하), 『한국학보』 9-2 및 9-3, 1983; 삿사 미츠아키, 앞의 박사학위논문, 92-105쪽 참조.

강들이 모이는 태평양회의에 한국을 완전한 독립국으로 승인해 달라고 요
청한 문서에도 일본보다 훨씬 오래 전인 단군조선으로부터 민족의 역사가
시작됨을 서술하고 있다.[54]

  그러나 단군조선을 중심으로 한 한국사 구성 체계는 두 가지 상반된 측
면을 지니고 있다고 할 수 있다. 우선, 그것은 한국 역사를 자주성이 결여
된 타율적 역사로 규정한 일본의 근대역사학에 대한 저항 담론을 구성하였
으나, 본질적으로 일본의 침략에 저항하는 내용을 갖는 것은 아니었다. 왜
냐하면, 그렇게 구성된 한국사 구성 체계는 조선총독부가 만들어낸 한국사
구성 체계와 지역적 · 종족적으로 상관관계가 희박한 백두산과 압록강 중
심의 부여족을 중심으로 하고 있었기 때문이다. 즉, 대종교계 역사서술은
당대 현실에서는 한국 역대 왕조를 침략하거나 간섭해온 漢族의 중화 왕조
에 대한 저항 담론이었으며, 청일전쟁 이후 반식민지화 되어 가던 중화제
국에 보내는 송별가일 뿐이었다.

  이 점을 좀 더 자세히 검토해 보기로 하자. 1908년 7월에 발표된 논설을
보면, 대종교계 역사서술에서 중국과의 관계를 보는 기본적 시각을 확인할
수 있다.

  단군이 최초의 聖人으로 조선국을 창건하실 때 만주를 중시하시어 그 아들
扶婁로 이를 개척하시고 후세 자손이 군사를 부릴 땅을 주셨더니 그 후예가
미미하여 故土를 많이 상실하고 수백 년 역사상에 光榮이 비치지 못했으나 …
(중략)…
  이왕에 청나라의 선조 되는 金俊이 본래 韓人으로 만주에 들어가 新殖民地
를 개척하고 당시에 지나를 병탄하여 大金國을 건설하고 오늘날에 이르러 청
나라 조정이 되었으나 그 언어가 한국과 다르고 풍속이 한국과 달라 자연히
두 민족의 관념이 있었도다. 그러나 최근 수십 년래 청나라의 권력도 모두 떨

---

54) 「太平洋會議에 提出한 大韓民國의 要求(三)」, 『독립신문』, 1922년 3월 1일자.

어져 러시아인이 개입하다가 이루지 못하고 지금은 일본 세력권 내에 들어갔
도다.

…(중략)…

이상 대략 나열한 만주 역사를 보라. 한국과 만주의 관계 밀접함이 과연 어
떤가. 韓民族이 만주를 얻으면 한민족이 강성하며 다른 민족이 만주를 얻으면
한민족이 劣退하고 또는 다른 민족 중에도 북방 민족이 만주를 얻으면 한국이
북방민족 세력권 안에 들어가며 동방민족이 만주를 얻으면 한국이 동방민족
세력권 안에 들어가니 오호라 이는 사천년 바뀌지 않는 定例로다.[55]

단군조선 초기부터 만주를 개척하였다가 고구려 이전까지 많은 땅을 상
실하였으나 금나라를 세운 김준이 만주를 새로운 식민지로 개척하고 이것
이 오늘날 청제국이 되었으니 만주족과 한민족은 언어와 풍속이 달라도 사
실상 같은 민족이라는 것이다. 그리고 4천 년 역사상 만주 획득 여부가 한
민족의 성쇠를 결정짓는 변수라고 하였다. 이러한 만주 인식은 1909년 일
본이 청에게 간도 영유권을 넘긴 간도협약과 1910년의 강제 병합으로 치달
으면서 점점 강화되어 갔다.

① 민족관계로 말하면 우리 韓民族은 단군시조 북부여의 자손이오 북부여
는 곧 만주의 옛 국가라. 그런즉 최초에는 우리 민족이 만주에서 발흥하여 동
남지방을 개척하고 문화를 발전하여 국가를 성립한 것이오 지금은 동남지방에
서 터를 닦고 서북으로 발전함은 이치와 세력의 자연스러움이라. 하물며 오늘
날은 우리나라와 만주 사이에 가장 흥망이 밀접한 관계가 있으니 우리 민족이
생존을 얻지 못하면 만주족이 또한 脣亡齒寒의 우환을 면치 못할 것은 再言을
기다릴 필요가 없다.[56]

② 우리 단군자손이 백두산 남북에 나뉘어져 하나는 만주 민족이 되고 하나
는 조선 민족이 되니 여러 역사 서적을 고찰해보면 大金·大淸의 시조가 우리

---

55) 논설 「한국과 만주」, 『대한매일신보』, 1908년 7월 25일자.

56) 논설 「滿洲에 對흔 關係論」, 『황성신문』, 1909년 6월 30일자. 이 시점은 간도협약
(1909. 9. 4)을 2개월 앞둔 시점이었다.

나라로부터 시작하여 만주로 이주함이 역력히 입증되며 오늘날 <u>만주 민족이 단군의 후예</u>라고 전해 내려옴이 또한 그 한 증거라.[57]
　③ 지금 청국의 만주족은 곧 금나라 사람의 후예이니 우리 시조의 역사를 펼쳐 보면 <u>만주족 수천만이 또한 동일한 단군 자손</u>이라 이를지니[58]

　1909년 6월에 나온 논설 ①에서는 한민족과 만주족 사이에 흥망이 밀접한 관계에 있다고 하고 1910년 1월과 8월의 논설　②와 ③에서는 한국 민족과 만주 민족이 모두 '단군 후예' '단군 자손'이라고 확정적으로 이야기하고 있다. 이처럼 한국 민족과 만주족이 동일한 단군 자손이라고 간주하는 1910년 이전의 역사인식이 『신단실기』와 『신단민사』의 한국사 구성 체계로 발전한 것이다.
　그런데 이러한 논리 구도는 역설적으로 막부시대 이래 일본의 역사학자들이 주장해온 '일선동조론'을 연상하게 하는 한국 민족 중심의 '滿鮮同祖論'이라고 할 수 있겠다. 침략당한 한국이 침략해온 일본의 논리를 향후 독립운동의 거점으로 삼을 만주와 만주족에 적용하고 있는 모습이다.[59]
　그러므로 대종교계의 역사 서술에는 피침략국이 침략국의 논리를 수용하여 제3의 국가에 적용하는 '적대적 문화변용'의 논리가 부지불식간에 등장하고 있다.[60] 대한민국임시정부가 1941년 12월 9일 대일 선전포고를 발

---

[57] 논설 「我抱樂觀的思想(續)」, 『황성신문』, 1910년 1월 22일자.
[58] 논설 「我民族의 思想統一的機關」, 『황성신문』, 1910년 8월 10일자.
[59] 이 점에서 부여족을 한국 민족의 주류로 본 신채호나 여진·거란·만주족 등 동이족 전체를 한국 민족의 선조로 보고 요·금·청 왕조도 한국 민족의 역사로 간주한 대종교 등의 역사인식은 궁극적으로는 만주와 조선의 일체성을 강조한 이나바 이와키치의 '만선사관과 일맥상통하고 있다. 이에 대해서는 타카자와 노리오키, 「이나바 이와키치와 만선사」, 『한일관계사연구』 19, 2003 참조.
[60] '적대적 문화변용'의 개념에 대해서는 박환무, 「제국 일본과 민국 한국의 역사학적 교차로―쓰다 소키치와 손진태의 국민/민족 개념을 중심으로」, 비판과 연대를 위한 동아시아 역사포럼 제8차 세미나 발표문 (2001년 5월 19일) 참조.

표하고 이듬해 9월 임시정부의 여당 한국독립당이 작성한 「한국독립당 黨義 이론체계」를 보면 이러한 '적대적 문화변용'의 논리, 즉 일본에 대한 저항과 중화에 대한 침략 담론이 공존하고 있음을 확인할 수 있다.

> 우리 민족은 단군께서 건국하신 이후의 王朝와 李朝 시대를 제한 이외의 삼천여년간은 실로 당당한 한 독립국가로서 혁혁한 민족의 생활을 계속하여 威權이 사해에 떨치었다. 왕조와 이조에 있어서 다소의 瘢疵가 있었다 할 수 있으나 이 역시 국가와 국가 주권자 간의 명분상 종속관계가 있음에 불과하였고 통치자는 의연히 자민족이었다. 其中에도 이조때 청국과의 관계로 말하면 청국의 통치자인 滿族이 역시 우리의 동족관계가 있는 점으로 보아서 異族에게 당한 착취와는 동일시할 수 없다. 그리고 상고 삼천년간에 있어서도 箕氏가 약 천년간 우리의 國統을 점유하였던 것 같이 전하나 此는 역사가의 착오된 論掠이다. 箕氏는 변경 요하 부근에서 방계적으로 국가를 成하였던 일이 있을 뿐이요, 기실 우리의 국통은 부여국으로 의연히 존속되었던 것이다. 우리가 이족에게 직접 통치를 받은 일이 없는 반면에 우리의 족속이 타민족을 통치한 일이 한두 번이 아니니 발해국이 그리하였고 大金國이 그리하였고 淸國이 그리하였다. 그러한 민족으로서 이민족 일본에게 통치를 직접 받게 된 것이 이번이 처음이다. 이야말로 공전의 치욕이요, 重古의 원한이다(강조는 인용자).[61]

이에 의하면, 병자호란 전후 만주족, 즉 청의 침략은 동족의 착취이므로 이민족의 착취와는 다르다고 인식하는 반면, 동족인 여진족과 만주족이 세운 금나라, 청나라가 漢族을 침략해 들어가 중국 대륙을 통치한 역사를 우리 민족의 역사로 적극적으로 내세우고 있다.

이러한 역사 인식은 1932년 만주국 수립 이후 조선인을 만주국 통치구조 속에 참여시켜 주는 민족적 등급 승격이 이루어졌을 때 언제든지 중국인을 대상으로 한 만주국의 지배 구조에 편승하는 담론으로 기능할 수도 있었다.

---

61) 車利錫, 「韓國獨立黨黨義의 理論體系 草案」(1942. 9. 9) (독립기념관 관리번호 1-000268-000). http://search.i815.or.kr/OrgData/OrgList.jsp?tid=im(검색일: 2015. 5. 29).

이보다 앞서 대종교는 1925년 미쓰야 조약의 "대종교의 주요간부인 서일이 대한독립군의 수령으로서 그 교도를 이끌고 일본에 항전하였으니 대종교는 곧 반동군단의 모체로서 종교를 가장한 항일단체이니 중국에서 영토 책임상 이를 해산시켜야 한다"는 부대 조항에 의해 동북지방 군벌로부터 포교금지를 당했다. 이후 대종교 간부들은 1920년대 후반부터 포교금지령 해제에 노력하여 1934년에 가서 포교권을 인정받았으니, 이를 위해서 일제에 대해 협력을 하겠다는 언약을 할 수밖에 없었다. 그리고 일부 간부는 일본 거류민회 강당에서 대종교 연혁에 관한 강연을 하거나 하얼빈 방송국을 통하여 「오족협화와 종교의 힘」이라는 제목의 대일 협력적 강연을 행하기도 하였다.[62]

이처럼 일제에 협력하는 대가로 만주에서의 포교권을 얻었지만 대종교의 교리나 한국사 구성 체계가 한국 민족과 만주족을 같은 민족으로 동원하는 데 성공할 수 있었을까? 이를 위해서 『신단민사』의 역사 서술을 전체적으로 검토해 보자. 『신단민사』의 목차는 다음과 같이 백두산을 경계로 하여 북쪽과 남쪽에 존재했던 왕조들을 병렬해서 서술하는 구조를 취하고 있다.

神市시대
배달시대(단군조선)
부여시대(부여 · 기자조선 · 위만조선 · 예 · 맥 · 한사군)
열국시대(남쪽의 신라 · 백제 · 가락, 북쪽의 부여 · 읍루 · 선비 · 고구려)
남북조시대(남쪽의 신라, 북쪽의 발해와 거란)
麗遼시대(남쪽의 고려, 북쪽의 요)
麗金시대(남쪽의 고려, 북쪽의 금)
고려시대(남쪽의 고려, 북쪽의 왕조 단절)

---

62) 『대종교중광육십년사』, 437-446쪽, 507-513쪽.

조선시대(남쪽의 조선, 북쪽의 만주부락)
朝淸시대(남쪽의 조선, 북쪽의 청)

이처럼 만주 지역에서 성립한 발해·요·금·청 등 왕조의 역사를 북방 국가의 역사라 하여 신라·고려·조선의 남방 국가의 역사와 함께 '배달민족'사로 포괄하고 있는데, 만주족과의 공동 운명체적 성격을 강조하기 위해서 역사적으로 확인되지 않는 사실도 과감하게 서술하고 있다. 예를 들어, 발해 건국 시조 대조영의 후손 대연림이 고려 현종대인 1029년 요나라에 저항하여 흥요국이란 나라를 세운 과정에 대해『신단민사』는 기존의 사서와는 정반대의 서술을 취하고 있다.『고려사』나『속강목』『동사강목』등에는 대연림이 구원을 요청했을 때 고려 조정이 원군을 보내지 않았다고 서술하였다.[63] 그러나『신단민사』에서는 "고려도 또한 요나라를 끊고 대연림을 기꺼이 도와 서로 협조하니 한 달이 못되어 발해의 옛 강토를 거의 수복했다"고 서술함으로써 기존의 역사 서술과 대치되는 역사상을 만들어 냈다.[64]

『신단민사』가 통사 형식을 취하고 있는 한 그것이 통합력을 가지려면 미래든 하나의 국가를 향해 나아가는 역사 행위 주체, 또는 백두산의 남북에 존재했던 지역민을 하나의 '배달민족'으로 호출할 수 있는 가상 권력이 성립해야 한다. 그러나 언어와 관습이 다른 데다가 만주나 상해 지역에서 피통치 민족에 속하는 한국인이 통치 권력자들이 속한 중국인 또는 만주족을 '배달민족'으로 호출하여 통합한다는 것은 일방적 꿈에 불과한 것이었다.

게다가 한국 민족을 같은 운명공동체로 호출 동원하는 것도 그리 쉬웠을 것 같지 않다.『신단민사』는 3·1운동 이후 민족주의와 사회주의가 병

---

[63]『高麗史』卷九十四 列傳 卷第七 崔士威;『東史綱目』第七 己巳年 顯宗 20년 9월.
[64] 김교헌,『神檀民史』(卷之三), 6-7쪽.

렬적으로 발전해가고 있던 1923년에 출간된 역사서임에도 불구하고, 1908년 현채가 저술한『중등교과 동국사략』이나 1915년 박은식이 저술한『한국통사』에 비하면 민족적 동원을 해낼 만큼 일본에 대한 비판적 서술이나 민중의 고통에 대한 긍정적 서술은 찾아보기 어렵다.

임진왜란에 대한 서술을 비교해 보면 현채의『동국사략』은 일본군을 '적군'으로 표현한 반면,『신단민사』는 '일본'이라고만 표현하였으며, '임진란', '임진왜란' 등 조선후기 이래 익숙한 표현을 쓰지 않고 '일본의 入寇'라고만 표현하였다.[65] 동학농민혁명에 대해서도 현채가 탐관오리의 전횡과 외세의 침입으로 인해 발생하였다고 원인을 밝히고 박은식은 미신의 확산, 양반의 상민 학대, 관리의 탐학 등 세 가지 원인을 든 반면,『신단민사』는 난의 원인에 대해서는 언급 없이 "동학 일파가 평소 품었던 원한을 갚고자 하여 집을 태우고 부녀를 겁탈하고 무덤을 파는 등의 난동을 일으켰다"고 하여 오히려 동학 농민군의 폭력에 대해서만 언급하였다.[66]

5. 맺음말

일제강점기에 민족주의적 독립운동 계열의 한국사 구성 체계는 대종교계 역사서술을 바탕으로 하여 만들어졌다고 할 수 있다. 그렇기 때문에 대종교계 역사서술을 구성하는 중요한 요소들을 몇 가지 추출하여 분석 검토하는 작업은 독립운동 계열의 역사 인식이 차지하는 사학사적 위치를 잘

---

[65] 현채,『중등교과 동국사략』(卷三) (中央書館, 1908), 37-53쪽; 김교헌,『神檀民史』(卷之四), 12-14쪽.

[66] 현채, 위의 책 (卷四), 63쪽; 朴殷植,『韓國痛史』(上海 大同編譯局), 47-48쪽; 김교헌, 위의 책, 37쪽.

보여줄 수 있다.

첫째, 대종교계 역사서술에서 가장 중요한 요소는 단군을 기원으로 한 한국사 체계이다. 단군기원 한국사 체계는 갑오개혁 이래 반중화의식 속에서 만들어져 왔던 것이었기에 반일에 앞서 반청 민족주의를 기초로 깔고 있는 것이었다. 반청 민족주의가 을사조약 이후에는 일본의 가족국가론을 받아들여 몰락하는 황제권을 대체할 존재로 단군을 주목함으로써 "한국 민족=단군 후손"이라는 담론이 성립할 수 있었다. 그렇기에 단군은 민족 통합의 상징이지, 일제에 대한 직접적인 저항 담론으로 성립한 것은 아니었다.

둘째, 대종교계 역사서술에서는 한국사를 백두산을 중심으로 한 부여족의 역사로 보는 신채호의 역사관이 '배달민족'의 역사로 확대 생산되었다. 이 같은 '부여족 중심 배달민족의 역사'는 단순히 만주를 독립운동의 근거지로 삼으려는 의도에서만 나온 것이 아니었다. 여기에는 한반도 남부와 일본과의 밀접한 연관을 주장하는 일본 근대역사학의 '일선동조론' 또는 '일한동역론'에 대한 반발이 작용한 것으로 판단된다. 『신단실기』에서는 고구려 등 북방 중심 역사와 삼한·신라 등 남방 중심 역사 인식이 병렬적으로 서술되었으나, 10년 후에 출간된 『신단민사』에서는 북방과 남방의 왕조들을 모두 조선족으로부터 내려온 부여족의 단일한 후손 왕조국가들로 서술함으로써 '일선동조론'의 영향권으로부터 더욱 벗어나려 하는 모습을 보여주었다.

셋째, 이러한 '배달민족사'로서의 한국사 구성 체계는 함정을 지니고 있었다. '배달민족사'는 한편으로 한국사의 자주성을 부정하고자 한 일본 근대역사학에 대한 저항 담론으로 기능하면서도, 중화의 한족에 대해서는 지배와 통치의 욕망을 보이는 침략 담론이기도 하였다. 그뿐만 아니라, 만주와 한반도에서 생멸했던 역대 왕조를 모두 '배달민족'이라는 하나의 역사 행위 주체로 설정함으로써 일본의 침략 논리인 '일선동조론'을 적대적으로 변용한 '만선동조론'의 모습을 취하게 되었다. 이와 아울러 과거에 통합 가능성이 없었던 만주족과 한민족을 통합 가능한 것처럼 일방적인 담론을 구성함으로써 공허한 이데올로기에 그치고 말았다. 게다가 역사 서술 내용에서는 일본의 침략에 대한 비판의식이 미약하고 피통치층인 민중에 대해서는 눈을 감음으로써 일제의 출판·유통 금지조치를 받았던 여타 한국사 서적에 미치지 못하는 민족 동원력을 보이고 있다.

동양평화론과 조선인의 인식

안중근의 국제정세 인식을 중심으로

최종길

1. 머리말

19세기의 국제정세는 끊임없는 혼란의 시대였다고 해도 과언이 아니다. 특히 서양세력의 대두로 백척간두의 국가적 위기에 처한 동아시아 각국은 지금까지 경험하지 못한 급격한 국제정세의 변동 속에서 살아남기 위한 전략수립을 필요로 하고 있었다. 이러한 상황에서 객관적인 정세 판단을 위해 가장 필요로 하는 요소가 있다면 현실에 대한 사실인식 즉 리얼리티(reality)일 것이다. 이러한 사유방식은 영원한 우방도 적도 없는 국제정치의 현실을 있는 그대로 인식하는 사고 전환을 요구한다. 특히 유교문화권의 도덕적 가치나 목적과 수단을 선악이란 이분법으로 판단하는 행위기준은 위와 같은 상황판단에 걸림돌이 되기도 한다.

이러한 문제를 지적한 사상가 중의 한명이 아마도 마키아벨리일 것이다. 그는 일찍이 『군주론』에서 목적을 달성하기 위해서는 수단과 방법을 가릴 필요가 없다거나 "선한 목적을 위해서는 여하한 수단의 사용도 절대적으로 정당화될 수 있다"고 주장했다고 회자되었다.[1] 그러나 최근의 마키아벨리 연구에 의하면, 도덕성이나 당위론적 관점에서 마키아벨리를 논하는 것은

"냉혹한 현실주의의 원리에 따라 행사"[2]되는 권력의 기능이나 국내외적 정치현실을 고려하지 못한 것으로 마키아벨리가 추구한 근대적 사유를 놓쳐버리는 결과를 낳았다고 비판한다. 고명섭은 마키아벨리가 보편타당하고 정당한 도덕이나 이상을 추구하지 않아도 된다고 한 것이 아니라 "정치 영역은 진실 그 자체를 통해 진실을 이루기에 적합지 않은 공간"인 만큼 "정치 행위에서 도덕관념이나 종교적 원리를 삭제한 채 그 존재 양태를 규명"[3]하려고 했다고 평가한다. 즉 "윤리나 도덕은 권력 앞에서 한없이 무력한 존재에 지나지 않았지만 도덕적 기반을 떠난 권력이나 정치의 허약함도 동시"[4]에 고려한 정치론을 제창한 이가 마키아벨리라고 평가할 수 있다. 세상에 존재하는 많은 현상 속에는 그렇게 되어 마땅한 당위(sollen)에 속하는 것과 있는 그대로의 현실(sein)에 속하는 것이 혼재되어 있다. 따라서 그 속에는 혼란, 모순, 역설, 신뢰, 정의가 더불어 존재할 수밖에 없다. 이처럼 당위와 현실이 혼재하는 상황을 얼마나 적확하게 인식하느냐는 복잡한 국제정세를 읽어내고 정확한 대응책을 마련하는 능력의 토대가 된다.

---

1) 姜致遠, 「국제외교상의 전략적 마키아벨리즘과 당위행위모형」, 『기독교사상』 215, 1976, 81쪽. 강치달은 이 논문에서 "마키아벨리즘은 위선, 허위, 기만 등 도덕적으로 저차원의 수단을 필요악적인 선으로 취급하고 있다"(84쪽)고 하여 마키아벨리즘을 아주 낮게 평가하고 있다. 마키아벨리즘에 대한 유형화나 간략한 연구사적 정리에 대해서는 갈상돈, 「정치리더십과 마키아벨리의 네치시타」, 『정치사상연구』 제17집 1호, 2011; 진원숙, 『마키아벨리와 국가이성』 (서울: 신서원, 2005); 강정인, 「서양근대 정치사상의 탄생」, 『계간사상』 봄호, 1999; 김영한 · 임지현 편, 『서양의 지적운동』 (서울: 지식산업사, 1994) 등을 참고할 것.

2) 고명섭, 「마키아벨리즘과 마키아벨리스트 사이에서」, 『월간 인물과 사상』, 서울, 인물과 사상사, 2003년 3월, 186쪽.

3) 위의 글, 187쪽. 고명섭은 여러 개의 소국으로 쪼개져 있던 이탈리아 민중을 위기와 고난에서 구하기 위한 유일한 길은 통일국가 건설이었으며 이러한 과업을 이루어낼 군주에게 필요한 정치적 덕성을 강조하기 위하여 마키아벨리는 『군주론』을 작성하였다고 본다.

4) 갈상돈, 「정치리더십과 마키아벨리의 네치시타」, 『정치사상연구』 제17집 1호, 2011, 108쪽.

이러한 측면에서 19세기 조선의 지식인은 어떠했을까.

전근대적인 동아시아 국제질서 속에 갇혀있던 대부분의 조선[5] 지식인은 19세기라는 변동기에 중국을 종주국으로 보는 화이(華夷)적 질서관에서 벗어나지 못하고 있었으며 중국은 이러한 기득권을 유지하기 위하여 노력하였다. 그러나 일본은 메이지유신을 통해 서구의 다양한 근대적 요소를 수용하고 새로운 동아시아 질서구축을 꾀하면서 그 종주국으로서의 위치를 선점하기 위한 담론을 제시하였다. 이러한 담론은 아시아주의나 '동양평화론'으로 제시되었다. 당시 독자적으로 국가주권을 지키기 어려웠던 조선의 정치가와 지식인들은 자신들의 국제정세 판단에 따라 국내 정치와 외교노선의 차이를 노정시켰으며 서로 다른 형태로 중국, 러시아, 일본과 연계한 정치행동을 실행하였다. 그러나 그 결과는 참담했다. 참담한 결과를 낳은 근본적인 이유는 조선의 힘이 미약했다는 것도 있지만 당시의 정치가와 지식인들이 가진 냉혹한 국제정세에 대한 사실인식이 불철저했기 때문이기도 하다. 예를 들면, 19세기 동아시아 각국이 서로의 이해관계를 미사여구로 포장하면서 자국의 실리를 확보하기 위하여 내세운 다양한 담론은 도덕론이나 당위론에서 벗어나 자국의 이해관계를 최우선시하는 근대국가의 행동원리(≒국가이성)에 기초해 있음에도 불구하고 당시 조선의 지식인들은 이러한 요소를 충분히 분석하지 못했다.

이러한 시각에서 본다면 안중근에 대한 연구는 재검토를 요한다. 31살이란 젊은 나이에 세상을 떠난 안중근은 많은 저술을 남기지 못했다. 더욱이 몸으로 실천하는 운동가였던 만큼 그가 문자로 된 자료를 남길 시간은

---

[5] 하나의 논문에서 조선과 한국을 병용하는 것은 바람직하지 않으며 역사적 사실에 부합하도록 조선, 대한제국, 한국을 구분하여 사용하는 것이 원칙이다. 그러나 이 논문에서는 병용하기로 한다. 안중근이 남긴 자료의 한글 번역본, 재판 속기록, 심문기록, 그 외 연구자들의 논문 등에 표현된 용어의 혼란을 피하기 위하여 문맥에 따라 조선과 한국을 병용하여 사용한다.

별로 없었다. 일본 국회도서관에서 안중근이 옥중에서 남긴『안응칠 역사』와『동양평화론』을 합본한『안중근 전기 및 논설(安重根傳記及論說)』이 발굴되면서 사료에 기초한 본격적인 연구가 시작되었다. 이후 지금까지의 안중근 연구는 크게 3가지 시각에서 진행되어 왔다고 할 수 있다. 첫째, 러일전쟁 이후 한국을 일본의 완전한 식민지로 만들어가는 과정에 저항한 독립운동사적 측면을 강조한 연구이다. 이러한 연구는 안중근의 행위는 항일투쟁의 기폭제가 되었으며 한국의 독립의지를 세상에 알리는 계기가 되었다고 평가한다. 둘째, 약육강식의 시대에 진정한 세계평화를 제시한 사상가로서의 평가이다. 이러한 시각에 선 연구는 안중근이 옥중에서 작성한 동양평화론 이야말로 보편적인 국제주의에 입각하여 세계평화에 이바지할 수 있는 숭고한 가치를 지닌 것이라고 본다. 셋째 최근 여러 분야에서 강조되고 있는 동아시아 평화공동체 실현을 위한 현실적 역할론이다. 즉 안중근의 동양평화론은 현재 동아시아 지역에서 발생하는 갈등을 평화적으로 해결하여 동북아시아 평화공동체를 수립할 수 있는 열쇠를 제공한다는 평가이다.[6)]

이러한 연구 경향에 대하여 김경일은 "일본에 대한 항쟁이라는 시각에서 안중근을 이해하려는 경향을 어떠한 형태로든지 반영하고 있으며, 이는 안중근에 대한 우리의 이해에서 의미 있는 편향"[7)]을 야기하고 있다고 평가한

---

6) 이러한 3가지 형태의 연구경향을 자장 잘 보여주는 연구서는 안중근의사기념사업회 편,『안중근과 그 시대』(서울: 경인문화사, 2009); 안중근의사기념사업회 편,『안중근과 동양평화론』(서울: 채륜, 2010) 등이다.

7) 김경일,「동아시아의 맥락에서 본 안중근과 동양평화론」,『정신문화연구』제32권 제4호, 2009.12, 196쪽. 그가 말하는 의미 있는 편향이란 민족주의와 동아시아 개념이다. 이 논문에서 김경일은 안중근을 통해 일국사적 틀을 넘어서는 열린 민족주의를 강조하고 있다. 그러나 필자는 민족주의란 명사 앞에 어떠한 수식어를 붙이더라도 역시 민족주의일 수밖에 없다고 본다. 필자는 내셔널리즘(민족주의)은 태생적으로 외부 적과의 긴장관계를 강조하기 위하여 내부의 계급갈등을 부정한다는 측면에서 이는 지배집단의 이데올로기에 지나지 않는다고 본다.

다. 이러한 비판에 나름대로 대답하고 있는 이가 김윤희다. 그녀는 당시 한국의 언론매체에서 생산한 동아시아 국제정세와 관련된 담론을 분석한 결과 동양평화론을 비롯한 "안중근의 주장은 『황성신문』의 정치기획이 만든 동양담론의 틀에서 벗어난 것이 아니었다"[8]고 주장한다. 그녀는 안중근이 이토를 살해한 이유를 논하는 과정에서 유교적 가치와 윤리성을 부각한 사실은 "동양의 정체성을 훼손하지 않고" "일본이라는 국가(또는 민족)과 악행을 저지르는 일본인 개인을 분리하는 사고"[9]라고 판단한다. 즉 이토가 천황의 의도를 따르지 않고 사사로이 행동하였기 때문에 살해했다는 "안중근의 주장은 일본국가 또는 민족의 대표자로서의 천황과 개인 이토를 분리하여 일본과의 연대에 기초하여 성립된 동양평화의 정당성을 훼손하지 않으려는 인식론적 귀결이었다"[10]고 그녀는 판단한다.

한편 조형열은 2008년 이후 한국사회에서 각종 학술행사와 언론기획을 통해 일어나고 있는 '안중근 붐'에 대해 분석하면서 최근의 안중근 연구는 "동양평화론의 현실적 의미에 대한 관심이 압도적으로 많다는 사실을 확인"[11]하였다. 그러면서 그는 최근 안중근 연구는 안중근의 실천적 삶에 대해서는 큰 관심을 두지 않으며, 안중근에 대한 과장과 미화를 극복해야한다는 지적에도 불구하고 동양평화론에 대한 우수성을 강조하며, 동양평화론의 계승방식에서 분화가 일어나고 있다고 요약한다.[12] 여기서 조형열이 말한 '과장과 미화를 극복해야한다는 지적'의 구체적 내용은 안중근 사상의 한계로 자주 언급되어 온 "동양담론에의 포섭, 인종주의의 영향, 제국주의

---

8) 김윤희, 「대한제국 언론매체의 정치기획과 안중근」, 『아시아문화연구』 32, 2013, 93쪽.

9) 위의 글, 93쪽.

10) 위의 글, 93쪽.

11) 조형열, 「안중근, 어떻게 기억하고 계승할 것인가?」, 『역사와 책임』 창간호, 2011, 156쪽.

12) 위의 글, 164-165쪽.

인식의 부족"13)을 지칭한다. 이러한 한계에도 불구하고 그는 안중근의 동양평화론을 한·중·일이 "서로를 침략하지 않고 공생하는 정치적 평화에 기초한" 구상이며 "민족주의를 넘는, 세계와 인류의 평화 특히 동아시아 한·중·일의 연대라는 보편주의·지역주의와 소통하는 통로"14)라고 평가한다. 조형열은 안중근이 평화 공생에 대한 강한 의지를 가지고 있었다고 평가하지만, 필자는 이 공생에 동학에 참가한 조선의 민중은 왜 없는지 묻고 싶다. 국제관계란 측면에서 본 한중일의 공생 못지않게 일국 내에서 지배집단과 피지배집단의 공생은 민중들의 삶을 보증하기 위해 더욱 중요한 요소이다. 뒤에서 다시 언급하겠지만 이러한 측면에서 필자는 현광호의 의견에도 반대한다. 그리고 문제는 공생을 지속가능하게 할 수 있는 정치, 경제, 사회, 문화적 시스템의 구축이다. 즉 당위와 현실이 복잡하게 얽혀 있는 상황 속에서 평화로운 공생이 이상형에 그치지 않고 현실적으로 실현 가능하도록 만들어 내는 실천적 능력이 요구된다는 점을 강조하고 싶다.

이처럼 최근 안중근에 대한 연구는 한국 내에서 점차 강화되고 있는 민족주의적 경향에 대한 비판, 당시 한국 내에 형성된 여론과의 관련성, 국내외 정치 상황에 따른 연구경향 등을 고려하면서 다양한 형태로 전개되고 있다. 따라서 본 논문에서도 이러한 연구 경향의 일환으로 안중근이 당시의 국제정세 나아가 동아시아 정치정세를 어떻게 파악하고 있었는지에 초점을 맞추어 그가 남긴 저작물을 재독한다. 이를 통해 당시 한국의 지식인들과 안중근이 가진 국제정치에 대한 리얼리티(reality)를 살펴보고자 한다.

---

13) 위의 글, 170쪽. 그 외 조형열은 각주에서 안중근에 대한 '과장과 미화'를 경계해야한다는 박노자, 김대호, 이해영, 최서면 등 다양한 사람들의 주장을 소개하고 있다.
14) 위의 글, 170-171쪽.

2. 일본의 '동양평화론'과 조선 지식인의 반응

메이지유신 이후 일본 내에서 동아시아에 대한 최초의 구상을 공론화한 것은 아마도 정한론일 것이다. 정한론을 한마디로 요약한다면 일본의 미래 권익을 확보하기 위해서는 한반도와 만주지역을 일본의 관할권 내에 두어야한다는 것이다. 일본에서 정한론에 반대한 정치집단은 없었다. 단 언제 어떠한 형태로 이를 구체화할 것인가에 대한 의견 차이가 있었을 뿐이며, 이러한 의견 차이는 당시의 일본 내 정치 상황하에서 정적을 견제하기 위한 수단으로 사용되기도 하였다. 사이고 다카모리(西鄕隆盛) 등 메이지유신의 중심세력은 정한론을 주장하였으나 당시 구미사절단으로 서양을 돌아보고 온 오쿠보 도시미치(大久保利通), 이와쿠라 도모미(岩倉具視) 등은 정한론에는 찬성하지만 실행하기에는 시기상조라고 반대한다. 물론 이런 대립에는 메이지유신 과정에서 형성된 주류/비주류를 중심으로 한 각 파벌의 갈등이라는 국내 정치상황이 존재한다. 이후 두 집단 사이의 갈등은 1877년 서남전쟁으로 이어진다. 이 전쟁은 메이지유신 과정에서 일어난 지방사족의 마지막 반란이었으며 정부군이 사이고 등 반정부군을 격퇴하면서 야마가타 아리토모(山縣有朋), 이토 히로부미(伊藤博文) 등 조슈번 출신 인사들이 실권을 장악하는 결과를 낳았다.

일본 내에서 정적을 일소하고 실권을 장악한 이들은 의회개설, 헌법제정, 서양과의 불평등 조약 개정 등 시급한 국정과제를 해결하고 정한론을 구체화시키기 위한 다양한 시도를 진행한다. 이러한 시도는 일본이 중심이 되어 아시아가 연대하여 서양세력에 대항해야한다는 아시아연대론, 혹은 일본을 중심으로 한중일이 뭉쳐 동양의 평화를 지켜야한다는 '동양평화론'의 형태로 제시되었다. 특히 일본의 이러한 동아시아 구상은 러일전쟁을 앞두고 본격적으로 제기되었으며 그 중심에는 1885년 일본의 초대 수상이

된 이토 히로부미가 있었다. 이토가 논한 '동양평화론'은 청일전쟁과 러일
전쟁을 전후한 두 시기로 구분하여 살펴볼 수 있다.

　방광석은 청일전쟁 이전에 동아시아 질서구상을 명확히 제시한 이는 야
마가타 아리토모라고 한다. 그의 연구에 의하면, 야마가타는 러시아의 남
하를 저지하기 위하여 영, 독, 일, 청 4국에 의한 조선의 항구중립화 구상을
제기하였는데 청일 협조에 의한 동아시아 국제정세의 안정을 꾀하려 한 이
토는 이를 수용하였다.15) 이후 청일전쟁이 시작되면서 당시 수상이었던
이토는 "명목상 조선을 '독립국'으로 취급하면서 실제로는 독립을 '보조'한
다는 이유로 일본이 조선의 내정에 개입하는 노선"을 채용하였는데 이것은
일본이 조선을 "보호국 지배를 하려는 정책 구상을 갖고 있었음을 보여"16)
주는 것이다. 이러한 일본의 구상은 청일전쟁 전후처리를 위한 조약체결과
정에서 조선을 청국의 영향권에서 완전히 분리 독립시킨다는 요구로 나타
났다. "당시 일본에게 있어 '조선독립'이 '동양평화'의 필수조건이었던 점은
일본의 안전을 위해 조선을 청국의 영향에서 떼어놓는 것이 필요하다는 의
미"17)였다. 이러한 일본의 동아시아 구상은 일본의 국익을 관철하기 위하
여 우선 조선을 형식상의 독립국으로 만들어 청나라와 러시아를 견제해야
한다는 동아시아 국제정치에 대한 현실인식에서 나온 것이다. 즉 여기에는
일본에게 더 나은 상황이 전개된다면 조선을 얼마든지 속국으로 할 수도
있다는 전재가 존재한다. 그러나 청일전쟁 이후 독, 프, 러에 의한 요동반
도 반환요구(삼국간섭)와 명성황후 시해 사건으로 일본은 동아시아 정책을
변경할 수밖에 없었는데 이때 이토가 제시한 것이 조선의 중립화였다. 조

---

15) 방광석, 「러일전쟁 이전 이토 히로부미의 조선 인식과 정책」, 『한일관계사연구』 48,
　　2014, 239-240쪽.
16) 위의 글, 242-243쪽.
17) 石田雄, 「伊藤博文の「東洋平和」観」, 『翰林日本学研究』, 2003, 144-145쪽.

선의 중립화는 "일본이 지금까지 조선에서 취한 노력이 수포로 돌아간다는 문제점이 있지만 여러 강국 특히 러시아가 전시에 조선 국경을 침범할 수 없다는 이점"[18]을 가지고 있었다.

이후 러일전쟁을 전후하여 이토의 동아시아 정책구상은 적극적으로 변화한다. 일본이 삼국간섭으로 요동반도를 중국에 반환하기로 결정할 때 무츠 무네미츠(陸奥宗光) 외무대신은 이토 수상에게 보낸 편지에서 "조선의 문제는 이제 일청 양국의 문제가 아니라 일러 양국의 문제"[19]라고 적었다고 한다. 이러한 인식변화는 러일전쟁의 승리를 통해 "한국을 종속화시켜 일본의 안전을 유지하고 중국대륙으로 진출하는 발판으로 삼으려는"[20] 적극정책으로의 방향전환을 의미한다. 이처럼 이토가 구상하던 '동양평화론'은 일본의 안전을 무엇보다 우선시한 구상으로 "소극적으로는 일본의 안전을 외부의 위협에서 지킨다는 주장이지만, 적극적으로는 일본의 세력권 확대 주장"으로 볼 수 있으며 이것을 당시 조선이 처한 상황과 겹쳐서 본다면, 소극적으로는 조선을 "타국의 영향에서 떼어놓는 것을 지향한 주장이며, 적극적으로는 일본이 (조선을 – 인용자) 자국의 영향 하에 두려고 하는 발상"[21]이라고 할 수 있다. 이러한 이토의 '동양평화론'을 잘 보여주는 것이 1904년 3월에 일본천황의 친서를 전하기 위하여 고종황제를 방문하여 행한 아래의 발언이다.

첫째, 동양 삼국은 상호협력을 통해 문명을 증진시켜 구미 각 국과 어깨를 나란히 해야 한다. 둘째, 동양 삼국은 문명국가로 위장하고 침략을 일삼는 러

---

18) 방광석, 앞의 글, 247쪽.

19) 春畝公追頌会, 『伊藤博文伝』(下卷) (東京: 統正社, 1940), 232쪽(石田雄, 앞의 글, 145쪽에서 재인용).

20) 石田雄, 앞의 글, 145쪽.

21) 위의 글, 146쪽.

시아에 대항하여야 한다. 셋째, 한국 황제가 일본의 제의를 이해하여 일본과
존망을 같이 할 경우 일본은 한국의 국권을 보전해 줄 것[22]

　이러한 내용을 가진 일본의 '동양평화론'에 대하여 조선의 지식인 특히
개화파에 속한다고 할 수 있는 지식인들의 반응은 어떠했을까. 홍순권의
연구에 의하면, 개화파 지식인은 위정척사파에 속하는 지식인들과는 큰 차
이를 보이는데 대체적으로는 "러일전쟁 개시 이후 일본의 침투에 대한 경
계심을 갖지 아니한 것은 아니지만, 내정 개혁을 통한 정국의 변화에도 기
대를 지니고 있었다"[23]고 한다. 이러한 인식의 배경에는 "그동안 있어왔던
친러세력의 '전횡'과 친러정책에 대한 반감, 그리고 일본을 중심으로 확산
되어 온 이른바 '동양평화론'에 대한 기대 등이 작용한 것으로"[24] 홍순권은
파악한다. 특히 이러한 입장을 잘 보여주는 것이 러일전쟁 개시 직후『황
성신문』의 각종 논설이다.[25] 후일 대종교를 만들어 독립운동에 관계한 나
인영(羅寅永), 오기호(吳基鎬) 등은 러일전쟁의 승리가 한국의 안전보장에
유리할 것이라고 생각하여 일본의 원로인 이토 히로부미, 오쿠마 시게노부
(大隈重信) 등에게 장서를 보내 "한·일·청 삼국이 연합 동맹하여 동양대
국을 영원히 보존할"[26] 것을 요구하였다. 나인영과 오기호가 일본을 중심

---

22) 春畝公追頌会, 『伊藤博文伝』(下巻) (東京: 統正社, 1944), 639-642쪽(현광호, 「안중근
　　의 동양평화론과 그 성격」, 『아세아연구』 제46권 3호, 2003, 159쪽에서 재인용).

23) 홍순권, 「을사늑약 전후 개화 지식인들의 정국인식과 대응」, 『한국독립운동사연
　　구』 24, 2005, 37쪽.

24) 위의 글, 38쪽.

25) 이러한 결론은 대체적으로 선행연구에 의하여 인정된 통설이다. 즉 당시 일본이 주장
　　한 '동양평화론'은 『황성신문』의 논설에서 제기된 동양담론과 유사하다. 여기에 대해
　　서는 김윤희, 앞의 글; 현광호, 앞의 글 등을 볼 것. 「論日俄關系之於我韓」, 『황성신
　　문』, 광무 8년 2월 12일자; 「辨風說之亡」, 『황성신문』, 광무 8년 2월 23일자; 「嗚乎西
　　北之民」, 『황성신문』, 광무 8년 3월 4일자 논설 등 참조.

26) 「寄書 同人抱玉(續)」, 『대한매일신보』, 1905년 9월 1일자.

으로 하고 한국과 중국이 협력하여 러시아로 대표되는 서양의 침략을 저지하고 동양의 이권과 평화를 지켜야한다고 주장한 바탕에는 일본의 '동양평화론'에 대한 기대가 있었다고 할 수 있다.

일본은 러일전쟁 개시와 동시에 발표한 선전조칙에서 한국의 독립을 주장한 것과는 달리 본격적으로 한국의 내정에 간섭하고 보호국으로 삼으려고 하였다. 그러자 개화파 지식인들은 이에 대하여 우려를 표명하면서도 "국제사회가 이를 용납하지 않으리라는 기대도 아울러 지니고 있었다".[27] 이러한 국제사회에 대한 낙관론과 더불어 개화파 지식인들은 의병운동을 "명분도 없고 오로지 인민에게 폐해만 입힐 뿐이며, 오히려 중국 의화단의 예에서 볼 수 있듯이 자칫 외국 군대를 불러들여 국망의 위기를 가져 올수 있다는"[28] 측면에서 대체적으로 부정적으로 평가하고 있었다.

즉 개화파 지식인들은 일본이 러일전쟁에서 승리하면 아시아로 진출하려는 러시아 세력을 견제하는 결과를 낳아 한국 내에서 러시아 세력을 일소하고 내정개혁을 통한 정국의 변화를 실현할 수 있으리라 기대하였다. 나아가 이들은 일본이 전쟁에서 승리하여 한국을 보호국화 하려고 하더라도 미국 등 국제사회가 이를 용인하지 않을 것인 만큼 한국의 독립유지에 유리한 상황이 전개될 것이라 기대하였다. 이러한 측면에서 개화파 지식인들은 외국의 내정간섭을 초래할 수도 있는 의병운동에 대하여 부정적인 태도를 취하였다. 그러나 현실은 이들의 기대와는 반대로 움직였다. 개화파 지식인들은 1907년 고종의 강제 퇴위와 대한제국 군대의 해산이란 경험을 거치면서 자신들의 인식을 변경하게 된다.

---

[27] 홍순권, 앞의 글, 43쪽.
[28] 홍순권, 앞의 글, 43쪽.

3. 안중근의 동양평화론과 국제정세 인식

이 장에서부터 본격적으로 안중근이 남긴 저작물을 재독한다. 재독함에 있어 무엇보다 우선시 되어야할 것 가운데 하나가 사료 비판이다. 즉 각각의 저작물이 어떠한 상황에서 작성된 것이며, 안중근의 발언이 표현하고 있는 의도와 목적이 무엇인지, 그 이면에 있는 다양한 정황들을 포착하면서 읽어야한다. 이러한 측면에서 『안응칠 역사』와 『동양평화론』그리고 심문조서, 공판기록에 나타난 여러 사건과 국제정세에 대한 일관된 논리와 주장이 어떠한 경향을 가지는지는 이들 저작물을 비판적으로 읽기위해 중요하다. 특히 심문조서와 공판기록은 자신의 행동이 가지는 정당성을 주장하고, 이러한 자신의 주장은 천황의 선전조칙과 맥을 같이하고 있다는 점을 강조하기 위하여 다양한 형태의 수사(rhetoric)를 사용하고 있다고 볼 수 있다. 특히 안중근의 심문조서에는 독립운동과 관련된 인물들을 보호하기 위한 진술이 보인다. 그러나 이러한 진술전략과 천황을 높이는 수사적 표현은 상관관계가 크지 않다. 문제는 이들 저작물에서 안중근은 동학에 참여한 민중을 아주 부정적으로 기술하고 있으며, 동아시아 국제정세에 관한 인식이 당시의 개화파 지식인들의 그것과 그리 다르지 않다는 점이다. 즉 내정을 개혁하지 못한 국내 정치집단에 대한 비판이 철저하지 못하며, 미사여구 뒤에 숨어있는 각국의 이해관계와 일본의 침략적 본심을 매우 정확하게 꿰뚫어 보는 주장이 그리 많지 않다는 것이다. 따라서 심문조서와 공판기록에 보이는 천황에 대한 진술이 어느 정도의 수사를 포함한 것인지 판단하기가 애매하며 때로는 문장 그대로 읽는 것이 오히려 전체 저작물의 논리가 일관되게 보이기도 한다. 이러한 점에 대해서 독자 여러분의 질정을 바라며, 필자의 사료 비판에서 부족한 점이 있었다면 지적해 주기 바란다.

1) 조선의 내치 개혁에 대한 무비판

안중근은 1879년 항해도 해주에서 가산이 풍부한 양반 집안에서 태어났다. 『안응칠 역사』에 의하면 그의 아버지 안태훈은 과거에 합격하여 진사가 되었으며, 1884년 갑신정변에 성공한 급진개화파 인물 박영효가 "깊이 나라의 형세가 위험하고 어지러운 것을 걱정하여 정부를 혁신하고 국민들을 개명시키고자 준수한 청년 70명을 선정하여 외국으로 보내"[29]는 유학생을 뽑았을 때 여기에 포함되었다. 그러나 청국세력을 배척하고 급진적인 개혁을 추진하기 위해 실시한 갑신정변은 친청파의 반대와 청국의 간섭으로 3일 천하로 끝나버렸기 때문에 박영효는 일본으로 망명할 수밖에 없었다. 안중근은 아버지와 관련된 이러한 당시대의 정치과정을 『안응칠 역사』에서 다음과 같이 묘사한다.

> 정부의 간신배들이 박씨를 모함하여 반역하려고 한다 하여, 병정을 내어 보내어 잡으려하자 그때 박씨는 일본으로 도망하고 동지들과 학생들은 혹 살육도 당하고, 혹은 붙잡혀 멀리 귀양을 가기도 했다.[30]

안중근은 당시의 정치상황에서 친청파의 반동적 행위로 인하여 친일파의 국정개혁정책이 실패하였다고 파악한다. 그 결과 국가의 미래를 혁신할 임무를 맡게 되었던 청년들은 "몸을 피하여 고향집으로 돌아와 숨어살"[31] 수밖에 없었다고 안중근은 인식한다. 이러한 상황 속에서 안중근의 아버지 역시 은둔하여 살면서 한문학교를 세웠는데 안중근은 어려서부터 이 학교

---

29) 윤병석 편역, 「안응칠 역사」, 『한국독립운동사자료총서 제28집 안중근 문집』 (서울: 독립기념관 한국독립운동사연구소, 2011), 461쪽.

30) 위의 책, 461쪽.

31) 위의 책, 461쪽.

에서 위정척사 계열의 학자 고능선(高能善)에게서 한학을 배웠다. 이후 안
중근은 천주교 신자가 된다. 그리고 그는 성인이 되면서 역사, 국제정세,
정치사상, 근대 지식 등을 주로 신문과 잡지를 통해 습득하였다.[32] 즉 안
중근이 가지고 있던 지식은 대체적으로 유교적 전통에 기초하여 서구지식
을 접목한 것이라고 할 수 있으며, 그는 근대적 서구지식을 체계적으로 학
습한 경험이 없다.

　여기서 한 가지 살펴볼 것은 안중근이 천주교 신자가 된 과정이다. 1894
년 동학농민운동이 일어났을 당시 안중근의 아버지는 "동학당의 폭행을 견
디기 어려워 동지들을 단결하고 격문을 뿌려 의거를 일으켜" "청계산에 진
을 치고 동학당에 항거했"[33]다. 그리고 동학병을 격퇴한 후 이들이 가지고
있던 무기, 탄약, 쌀을 전리품으로 거두었다. 그런데 이듬해인 1895년에 쌀
은 탁지부 대신 어윤중과 선혜청당상 민영준의 것이니 이들에게 반환하라
는 통고를 받았지만 그렇게 하지 않았다. 그러자 이들은 동학병의 쌀을 거
두어간 안태훈이 "병정 수천 명을 길러 음모를 꾸미려 하고 있"으니 "군대
를 보내어 진압하지 않으면 국가에 큰 환난이 있을 것이"[34]라는 보고를 하
였다. 그러자 안중근의 아버지 안태훈은 갑오경장 이후 궁내부 특진관을
지낸 김종한(金宗漢)을 통해 이를 해결하려고 하였으나 잘 풀리지 않아 결
국 "프랑스 사람의 천주교당으로 몸을 피해 들어가 자취를 숨겨 몇 달 동안
다행하게도 프랑스 사람들의"[35] 도움으로 무사할 수 있었다. 안태훈은 이

---

32) 이기웅 옮겨 엮음, 『안중근 전쟁 끝나지 않았다』(파주: 열화당, 2000), 35쪽. 검찰관
　　의 심문에 대하여 안중근은 한국에서 발행되는 『대한매일신문』, 『황성신문』, 『제국
　　신문』과 미국에서 발행되는 『공립신보』, 블라디보스토크에서 발행되는 『대동공보』
　　를 주로 읽었는데 그중에서도 『대한매일신문』과 『황성신문』을 가장 많이 접했다고
　　진술한다(위의 책, 35-36쪽).
33) 윤병석 편역, 앞의 책, 463쪽.
34) 위의 책, 466쪽.
35) 위의 책, 466쪽.

때 천주교와 접하고 복음을 전하는 일에 전념하게 되었다. 이때 안중근의 나이가 17~18세였다. 이를 계기로 안중근의 가족들은 "모두 천주교를 믿게 되었고" 안중근도 "역시 입교하여……영세를 받고 성명(聖名)을 도마라 하였다."[36] 안중근은 자신이 천주교 신자가 된 과정을 기득권 세력의 탐욕과 관련한 아버지의 경험과 연결시켜 기억하고 있다.

안중근 집안이 천주교에 귀의하게 된 과정을 보면, 동학병에게서 거두어 들인 쌀 반환을 거부하자 당시 권세가 였던 어윤중과 민영준에게 국가를 전복하려는 음모를 꾸미고 있다는 모함을 받게 되었고 이러한 사태를 피하기 위하여 천주교당으로 들어가게 된 것이 계기였다. 위의 내용에서 쌀의 원 소유자가 어윤중과 민영준인지 알 수는 없으나 분명한 것은 이들이 권력을 남용하고 있다는 점이다. 즉 안중근 집안은 권력자들의 탐욕을 피하는 과정에서 천주교와 접하게 되었고 신자가 되었다. 이렇게 보면 안중근 집안은 기득권 세력의 권력남용과 국가 사유화 때문에 항상 피해를 보는 처지에 있었다. 그럼에도 불구하고 안중근은 부패한 권력자들을 비판하는 시각을 가지지 못한 듯하다. 먼저 동학에 대한 안중근의 인식을 보자.

　한국 각 지방에서 이른바 동학당(현금 일진회의 근본 조상임)이 곳곳에서 벌떼처럼 일어나 외국인을 배척한다는 핑계로 군현을 횡행하면서 관리들을 죽이고 백성의 재산을 약탈 했었다.(이때 한국이 장차 위태롭게 된 기초로 일본·청국·러시아가 개전하게 된 원인을 지은 병균이었음) 관군이 그들을 진압할 수 없었기 때문에 청국 병정들이 건너오고, 또 일본 병정들도 건너와 일본과 청국 두 나라가 서로 충돌하여 마침내 큰 전쟁이 되고 말았다.[37]

위의 인용문에서 보는 것처럼 안중근은 백성들을 착취하던 탐관오리들

36) 위의 책, 468쪽.
37) 위의 책, 463쪽.

의 학정에 더 이상 견딜 수 없었던 농민들이 동학이란 조직과 새로운 이상 세계에 대한 희망으로 봉기에 참가한 현상을 전혀 읽어내지 못하고 있다. 안중근은 동학에 참가한 농민들을 '관리를 죽이고 백성의 재산을 약탈'한 악당으로 묘사하고 있으며, 나아가 이들은 청일 전쟁의 계기를 제공한 '병균'에 지나지 않으며, 이들 때문에 나라가 기울었다고 판단하고 있다. 또한 안중근은 이들 동학병은 일본이 조선을 병합하는데 다양한 형태로 협력한 일진회의 원류라고까지 주장한다. 특히 이 글은 1894년 동학 당시에 작성된 것이 아니라 이토 히로부미 사살 이후 뤼순감옥에서 1909년 12월부터 1910년 3월에 걸쳐 작성한 문장이란 점에서 조선내정에 대한 안중근의 인식이 어떠한 것인지 잘 보여준다고 할 수 있다. 현광호는 안중근은 "민중을 수동적인 존재가 아니라 스스로 책임 하에 적극적으로 참여하는 능동적인 존재로 인식했다"[38]고 하는데 필자는 이러한 의견에 동의할 수 없다.

즉 이 글이 1894년 당시에 작성된 글이라면 여러 가지 제한된 정보와 지식으로 동학의 본질을 잘못 이해한 것이었다고 할 수도 있다. 그러나 동학농민운동 발생 후 15년이 지난 시점이라면, 동학이 발생한 당시에 자신이 가지고 있던 잘못된 인식을 수정할 수 있는 다양한 지식이 더해졌을 것이며 이로 인하여 과거에 가지고 있던 인식이 변경될 수 있는 시간적인 여유는 충분하고도 남음이 있다. 즉 동학 발생 이후 15년이란 시간이 지났다면, 국가 지배체제에 저항한 동학의 발생 배경과 이와 연동된 국제정세의 상관관계를 사실적으로 인식하는 리얼리티 감각은 어느 정도 갖추어져 있

---

[38] 현광호, 앞의 글, 181쪽. 현광호는 안중근 의사 자서전에서 "백성이 없다면 나라가 어디에 있겠는가. 나라는 몇몇 대간들의 나라가 아니요, 2천만 민족의 나라이다. 만일 국민이 국민된 의무를 행하지 않고 어찌 민권과 자유를 얻을 수 있겠는가"라는 구절을 인용하면서 안중근은 국민을 국가의 주체로서 자유와 민권을 보유해야 할 존재로 인식했다(180-181쪽)고 하며 이러한 안중근의 인식은 당시 문명 개화론자들의 우민관과는 다른 것이라고 강조한다.

어야 한다. 그럼에도 불구하고 위의 인용문에는 동학이 일어나게 된 국내 정치 상황에 대한 비판이 전혀 없다. 나아가 동학이라는 조선 내의 정치 상황을 핑계로 자신들의 이익을 관철시키려고 한 주변 국가의 정치행위에 대한 비판도 매우 부족하다. 특히 당시 사회문제에 비판적인 관심을 가지고 정치개혁을 통한 혁신을 지향하는 개명적 인식을 가진 사람이라면 상식적인 수준에서 언급할 수 있는 탐관오리의 학정에 대한 비판조차 보이지 않는다.

이토를 살해한 후 검찰관의 심문과정에서 안중근은 한국이 "독립해서 스스로를 지킬 수 없는 것은" "군주국이란 점에 기인하며, 그 책임이 위에 있는지 밑에 있는지 의문"[39]이라고 답했다. 즉 안중근은 조선이 독립하지 못한 이유는 국가 정체가 군주제인 것에 있으나 이러한 군주제 국가가 기울게 된 근본 원인이 정권담당자의 무능과 부패에 있는지 아니면 동학병과 같은 반정부 집단에게 있는지 판단하지 못하고 있다. 그러나 이어지는 질문에 안중근은 다음과 같이 답한다.

검찰관 　독립해서 스스로를 지킬 수 없다는 것을 아는 이상, 한국을 일본이 보호하는 것은 당연한 일이라고 생각하는데, 어떻게 생각하는가.

안응칠 　그건 당연하다. 그러나 그 방법이 아주 잘못 돼 있다. 즉 박영효와 같은 인물을 조약을 집주하지 않았다 하여 제주도로 유배하고, 현재 이완용 이지용 송병준 권중현 이근택 신기선 조중응 이병무 따위의 하등 쓸모없는 자들을 내각에 두어 정치를 시키고 있다. 이는 정부의 잘못으로, 정부를 근본부터 타파하지 않으면 한국은 스스로를 지킬 수 없는 것이다.[40]

---

39) 이기웅 옮겨 엮음, 앞의 책, 114쪽.
40) 위의 책, 114쪽.

안중근은 우선 한국이 스스로 독립할 수 없는 한 일본의 보호 하에 들어가는 것을 어쩔 수 없다고 판단한다. 그리고 현재 반일본파 중심의 한국정부가 개화적인 인물인 박영효를 제주도로 유배 보내고 능력 없는 자들을 요직에 앉히고 있기 때문에 독립을 지킬 수 없는 상태가 되었다고 판단한다. 즉 안중근은 반일본파를 해임하고 박영효 등 과거 일본의 힘을 빌려 국정개혁을 추진하려고 한 정치집단 중심의 내각을 구성하여야한다는 생각을 가지고 있다. 그러나 위에서 말하는 '정부'가 한국에 정치 고문을 파견한 일본까지 포함하는 것인지는 애매하다. 문제는 이들의 뒷 배경에 일본이 있음에도 불구하고 안중근은 일본에 대한 경계심이 없으며 오히려 일본을 신뢰하고 있다는 점이다. 어쨌든 위의 두 가지 내용을 종합해서 한국이 독립하지 못하는 이유로 안중근이 제시한 것은 밑으로부터의 동학군과 위로부터의 반일본파 내각이라고 할 수 있다.

국내의 정치정세를 파악하는 안중근의 인식 속에는 국가의 미래를 혁신할 기회를 막아버린 반일본파에 대한 비판은 존재하지만, 개혁을 성공시키지 못한 친일파의 다양한 정치적 오류에 대한 비판적 서술이 거의 없다. 특히 이 글은 옥중에서 자신의 삶을 마감할 수밖에 없는 상황을 인지하고 왜 자신이 이토 히로부미를 사살할 수밖에 없었는지에 대한 자기 정당성을 주장하는 내용인 만큼 조선 내의 정치 상황을 이용하여 자국의 이해관계를 관철시키려는 일본에 대한 비판과 더불어 국가의 내치를 개혁하지 못한 국내 정치집단에 대한 치열한 비판이 포함되어야 마땅하다고 본다. 또한 자서전에는 탐관오리와 관련된 일화를 소개하고는 있으나 이를 국가 통치적 차원에서 언급하지는 않고 있다. 특히 안중근이 한학을 수학한 지식인이라고 한다면, 유교적 도덕과 덕치주의에 입각하여 국가가 기울게 된 원인을 분석하는 시각을 가지고 있었을 것이고 그렇다면 탐관오리의 행위는 천륜과 인륜을 위반한 통치행위로 비판해 마땅하다.

2) 이토 비판과 안중근의 국제정세 인식의 한계

(1) 러시아 비판과 일본 긍정론

안중근의 사상과 국제정세 인식에 대하여 살필 수 있는 자료는 극히 제한적이다. 안중근이 직접 진술하고 작성한 자료는 크게 4가지가 있다. 작성된 시간적 순서로 나열하면 다음과 같다. 첫째는 안중근이 이토 히로부미를 저격한 후 1909년 10월 30일부터 하얼빈 일본 총영사관에서 시작된 심문기록이다. 이 심문은 검찰관 미조부치 타카오(溝淵孝雄), 서기 기시다 아이분(岸田愛文)이 참석하고 통역 촉탁 소노키 스에요시(園木末喜)의 통역으로 진행되었다. 둘째는 이토 히로부미 저격사건 전말에 대한 조사를 마치고 1910년 2월 7일부터 시작된 공판기록이다. 이 기록은 몇 가지 형태로 존재하는데 필자가 인용한 것은 『만주일일신문(滿州日日新聞)』 기자의 속기록을 번역한 자료이다. 세 번째는 안중근 의사가 옥중에 있으면서 직접 집필한 『안응칠 역사』와 네 번째로 미완 원고 『동양평화론』이다. 이 네 가지 자료에는 안중근이 왜 이토 히로부미를 저격하였는가에 대한 이유와 당시의 동아시아 정세에 대한 그의 인식이 잘 드러나 있다.

무엇보다 이들 자료에 나타나는 안중근의 동아시아 정세 인식의 특징 중 하나는 러시아에 대한 비판과 일본에 대한 기대이다. 신문조서에서 안중근이 밝힌 러일전쟁에 대한 견해를 살펴보자.

> 검찰관 또 일러전쟁도, 일본이 요동 반도를 청국에 환수하자, 러시아가 관동주(關東洲)를 조차(租借)하여 군사를 두고, 또 뤼순항(旅順港) 내에 군함을 배치하여 한국에 출병하려고 위협하여 일어난 것으로, 한국이 지극히 자위력이 없기 때문에 마침내 일본이 러시아와 전쟁을 하게 된 셈인데, 이에 대해 어떻게 생각하는가.
> 안응칠 그건 그렇다.

검찰관	한국에 자력이 없기 때문에, 일본이 보호하여 장차 한국을 자주
	독립의 문명국으로 만들고, 일본 자국의 안전을 도모할 필요에서
	통감제도까지 두어 한국을 보호하고 있는 것인데, 이를 모르는가.
안응칠	그렇다는 것은 알고 있다.[41]

　이 문답은 검찰관이 안중근을 심문하는 과정에서 일본은 자력이 없는 한국을 대신하여 청일, 러일 전쟁을 치뤘으며, 이를 통해 한국의 국익을 지키고 동양평화를 위해 노력하고 있는데 이러한 사실을 어떻게 생각하는지 안중근에게 묻는 과정에서 진행된 대화의 일부분이다. 내용을 자세히 보면 검찰관은 한국에 대하여 야욕을 가지고 있는 중국과 러시아를 견제하기 위해 일본이 노력하고 있다는 의견을 피력하고 있다. 여기에 대해서 안중근도 긍정적으로 평가하고 있다. 즉 바꾸어 말하면 안중근은 러일전쟁은 러시아의 야욕을 저지하기 위하여 일본이 대응하는 과정에서 일어난 것으로 인식하고 있다. 안중근은『동양평화론』의 서문에서 다음과 같이 러시아를 비판하고 있다.

　　구주의 여러 나라들은 가까이 수백 년 이래로 도덕을 까맣게 잊고 날로 무력을 일삼으며 경쟁하는 마음을 양성해서 조금도 기탄하는 바가 없다. 그중 러시아가 더욱 심하다. 그 폭행과 잔해(殘害)함이 서구나 동아에 어느 곳이고 미치지 않는 곳이 없다. 악이 차고 죄가 넘쳐 신과 사람이 다같이 성낸 까닭에 하늘이 한 매듭을 내려 동해 가운데 조그만 섬나라인 일본으로 하여금 이와 같은 강대국인 러시아를 만주 대륙에서 한 주먹으로 때려눕히게 하였다. 이것은 하늘에 순하고 땅의 배려를 얻은 것이며 사람의 정에 응하는 이치이다.[42]

　위의 문장에서 보는 것처럼 안중근은 서구의 여러 나라 가운데서도 러시아가 가장 잔악한 폭행을 일삼고 있으며 그 폭행은 동서양 모두에 걸쳐

41) 위의 책, 112-113쪽.
42) 윤병석 편역, 앞의 책, 564-565쪽.

해악을 끼치고 있다고 인식한다. 즉 안중근은 서양의 여러 제국주의 국가 가운데서도 러시아가 가장 사악한 나라라고 규정한다. 그리고 안중근은 이러한 악이 차고 죄가 넘치는 러시아의 행동은 결국 하늘도 분노하게 만들었으며, 그 결과 일본과의 전쟁에서 패하게 되었는데 이것은 하늘의 이치와 사람의 인정에 따른 결과라고 보았다. 나아가 일본의 승리는 단순이 일본만의 승리가 아니라 "한 청 양국 인민이 상하가 일치해서 전날의 원수를 갚고자 해서…… 일본군대를 환영하고 운수, 치도(治道), 정탐 등 일에 수고로움을 잊고 힘을 기울"[43]여 일본에 협조한 때문이라고 안중근은 판단한다. 안중근이 보기에 한국과 중국의 인민이 러일전쟁에서 일본의 승리를 기원하면서 도운 것은 두 가지 이유가 있는데 그것은 다음과 같다.

> 일본과 러시아가 개전할 때, 일본천황의 선전포고하는 글에 "동양평화를 유지하고 대한독립을 공고히 한다"라고 했다. 이와 같은 대의가 청천백일의 빛보다 더 밝았기 때문에 한·청 인사는 지혜로운 이나 어리석은 이를 막론하고 일치동심해서 복종했음이 그 하나이고, 일본과 러시아의 다툼이 황백인종의 경쟁이라 할 수 있으므로 지난날의 원수진 심정이 하루아침에 사라져 버리고 도리어 하나의 큰 인종 사랑하는 무리(愛種黨)를 이루었으니 이도 또한 인정의 순서라 가히 합리적인 이유의 다른 하나이다.[44]

여기에 나열되어 있는 협력 이유 두 가지는 일본이 러일전쟁을 감행한 목적은 동양평화와 조선의 독립인만큼 한국과 중국인은 일본에 기꺼이 협조한 것이며, 다른 하나는 백인종에 대한 황인종의 대동단결의식이다. 문제는 러시아를 경계하고 비판하는 안중근의 의식이 어디에서 유래한 것이며, 이러한 사고를 통해 동아시아 국제정세를 어떻게 인식했으며 그에 따

---

43) 위의 책, 565쪽.
44) 위의 책, 565쪽. 선행연구에서는 여기에 언급된 인종주의 역시 안중근이 가진 사상적 한계의 하나라고 지적하고 있다.

른 대처방안은 무엇인가란 점이다.

안중근은 청일전쟁을 전후한 동아시아 국제정세를 논하는 과정에서 청일전쟁의 결과 일본이 요동반도 점령을 인정받았으나 러시아가 동양함대를 조직하고 프랑스·독일 양국이 연합하여 요코하마(橫浜) 해상에서 시위하여 일본은 어쩔 수 없이 요동반도를 청국에 반환하고 청일전쟁 배상금도 감액되었다고 인식한다. 따라서 안중근은 이러한 러시아의 행동을 "호랑이의 심술보다 더 사납다"45)고 일갈한다. 러시아가 이와 같은 심술을 부리는 이유는 "불과 수년 동안에 민첩하고 교활한 수단으로 여순구를 조차한 후에 군항을 확장하고 철도를 부설하였"으며 "부동항을 한 곳이라도 억지로라도 가지고 싶은 욕심이 불같고 밀물 같았"46)기 때문이라고 안중근은 판단한다. 즉 러시아는 동아시아에서 제국주의 정책을 추진하기 위하여 무엇보다 필요한 부동항을 확보하고자 주력하였는데 이러한 침략 야욕이 동아시아 평화에 절대적인 해악을 미친다고 안중근은 판단한다. 여기서 그치지 않고 러시아는 만주에 "군대 11만이 철도 보호를 칭탁하고 만주 경계상에 주둔해있으면서 철수하지 않았"고 오히려 "군사를 증원하였다".47) 그 결과 "일·러 양국 간에 대 참화를 종내 모면하지 못하였"으며 "이것이야말로 동양의 일대전철"이었다고 안중근은 평가한다.

즉 안중근은 동아시아에서 제국주의적 팽창을 기도하고 있던 러시아가 부동항을 확보하기 위하여 군사력을 증강하는 것에 대하여 일본을 중심으로 한 한중일이 대동단결하여 러시아를 물리치고 동양평화를 위한 초석을 놓았다고 평가한다. 따라서 안중근은 동양평화를 위협하는 러시아에 대하여 상당히 비판적이고 배타적인 경계심을 가지고 있었으며 이를 저지하기

---

45) 위의 책, 568쪽.
46) 위의 책, 568쪽.
47) 위의 책, 569쪽.

위한 중심세력으로 일본에 대하여 기대를 가지고 있었다. 일본이 러시아를 제압하여 동양평화를 기대할 바로 그 순간에 이토 히로부미가 개인적인 돌출행동을 통해 동양평화를 저해하였다고 안중근은 판단한다. 이후 이와 관련된 내용을 구체적으로 살펴보자.

(2) 이토 비판과 천황에 대한 기대

안중근은 이토 저격 이후 검찰관의 심문과정에서 러일전쟁을 전후하여 이토 히로부미에 대하여 가지게 된 신뢰와 배신의 감정을 다음과 같이 표현하고 있다.

실제로 한국국민은 일러전쟁 전까지는 적당한 친구로 일본을 좋아했고, 또 한국의 행복으로 믿고 있었다. 우리들 따위도 결코 배일사상 같은 것은 가지고 있지 않았다. 그런데 일러전쟁 후 일본이 러시아로부터 배상금을 받는 바람에 분란이 있어나기 시작했는데, 이토는 그 대신 한국을 탈취해 버리자고 주장하여 그 결과 한국에 그 방침을 채용하게 되었다. 오늘 내가 이와 같이 몸을 그르치게 된 것도 다 이토의 행위에 기인하는 것이다. 일러전쟁 전까지는 이천여만의 동포가 일본의 종민(從民)임을 기뻐하고 있었다.[48]

---

[48] 이기웅 옮겨 엮음, 앞의 책, 147-148쪽. 인용문 가운데 '러시아로부터 배상금을 받는 바람에'라는 부분은 의미전달이 역으로 되어있다. 원문대로 인용한 것이나 내용적으로 보면 '러시아로부터 배상금다운 배상금을 받지 못하여'로 되어야 한다. 이는 안중근의 여러 저작을 읽어보면 알 수 있는 부분이다. 이 인용문은 안중근의 국제정세 혹은 일본인식을 있는 그대로 표현한 문장인지 아니면 일본이 지금까지 행한 주장과 행동을 역으로 활용하여 이토의 한국 합병이 일본의 입장에서 보더라도 얼마나 자기모순적인 것인지를 주장하기 위한 문장인지 판단하기 힘들다. 이와 유사한 성격의 문장은 각주 54, 57, 58, 61의 문장이다. 이들 인용문장에서 보는 것처럼 이토의 행위가 천황의 의지에 반한 것이라는 주장이나, 결국 동양평화를 유지하는 것은 천황의 뜻이므로 일본정부는 이를 준수해야만 한다는 안중근의 주장은 일본의 논리에 입각하여 일본의 잘못을 주장하는 수사로 읽을 수도 있다. 그러나 문제는 이렇게 읽기 위해서는 다른 저작물이나 심문조서, 공판기록에 국제정세를 꿰뚫어보는 날카로운 지적이 있어야하나 이러한 부분이 적다는 점이다.

안중근은 러일전쟁의 결과 일본이 승리했음에도 불구하고 러시아로부터 배상금다운 배상금을 받지 못하게 되자 대신에 한국을 '탈취'하여 전쟁비용을 메우려하였다고 판단한다. 즉 안중근이 파악하는 러일전쟁의 원래 목적은 아시아로 세력을 넓히는 러시아를 견제하고 이를 통해 한국의 독립을 보장하며 그 결과 동양의 평화를 유지한다는 것이었다. 그러나 일본이 전쟁배상금을 받을 수 없게 되자 이토 히로부미는 일본정부와 천황의 의도와는 달리 러일전쟁의 원래 목적을 파기하고 한국을 탈취하였다고 안중근은 판단한다.

앞에서 본 것처럼 안중근은 1910년 2월 17일 관동도독부 법원장과의 면담에서 러일전쟁 개전을 알리는 선전조칙에서 일본은 천황의 이름으로 "한국의 독립을 공고히 한다고 했고 또한 한일협약에도 그렇게 쓰여 있다"[49]고 강조한다. 그럼에도 불구하고 전쟁 종결 이후 이토 히로부미가 이러한 천황의 약속을 어기고 한국의 군부와 사법권을 일본의 수중에 넣고 행정권까지 탈취하려는 것은 곤란한 일본의 재정을 "청과 한국 두 나라를 통해 해결하려는"[50] 것에서 기인한다고 안중근은 판단한다. 안중근이 보기에 이러한 이토의 정책은 잘못된 것으로 올바른 일본의 재정확보 방법을 제안한다.[51] 이처럼 안중근은 일본 정부와 천황이 러일전쟁 개전 당시의 약속을

---

49) 윤병석 편역, 「청취서」, 『한국독립운동사자료총서 제28집 안중근 문집』(독립기념관 한국독립운동사연구소, 2011), 555쪽.

50) 위의 책, 556쪽.

51) 안중근은 고등법원장과의 대화 과정에서 "일본이 해야 할 급선무는 현재의 재정을 정리하는 것" "둘째는 세계 각국의 신용을 얻는 것" "셋째는 세계 각국이 일본의 약점을 노리고 있으니 이에 대비"(위의 책, 557쪽)할 것을 제안한다. 그리고 그 구체적인 방안으로 다음의 내용을 언급하고 있다. "새로운 정책은 뤼순을 개방하여 일본, 청국 그리고 한국이 공동으로 관리하는 군항으로 만들어 세 나라에서 대표를 파견해 평화회의를 조직한 뒤 이를 공표하는 것이다. 이것은 일본이 야심이 없다는 것을 보이는 일이다. ……재정확보에 대해 말하자면 뤼순에 동양평화회의를 조직하여 회원을 모집하고 회원 한 명당 회비로 1원씩 모금하는 것이다. ……은행을 설립하고……지점도

어긴 것이 아니라 이토 히로부미가 약속을 어겼다고 판단하고 있다.

러일전쟁 직후 이토 히로부미는 자신의 "공을 믿고 망녕되이 건방지고 눈앞에 아무것도 없는 듯이 교만하고 극악해져서 위로 임금을 속이고 백성들을 함부로 죽이며, 이웃나라의 의를 끊고 세계의 신의를 저버리니 그야말로 하늘을 반역하는"[52] 행위를 했다고 안중근은 평가한다. 안중근이 말하는 구체적인 이토의 반역행위는 다음과 같다.

> 한국에 대한 정략이 이같이 잔폭해진 근본을 논한다면 전혀 그것은 이른바 대정치가 늙은 도둑 이등박문의 폭행인 것입니다. 한국 민족 2천만이 일본의 보호를 받고자 원하고 그래서 지금 태평무사하며 평화롭게 날마다 발전하는 것처럼 핑계하고 위로 천황을 속이고 밖으로 열강들의 눈과 귀를 가려 제 마음대로 농간을 부리며 못하는 일이 없으니 어찌 통분한 일이 아니겠습니까.[53]

이토는 조선인이 일본의 속국이 되기를 원하고 있으며, 일본의 통치하에서도 태평무사하고 평화롭게 지내게 된 결과 날마다 발전하고 있다고 천황을 속여서 한국을 병합했다고 안중근은 인식한다. 이 발언을 역으로 읽으면 천황은 한국을 병합할 의사가 없었으나 간교한 이토가 한국인 스스로가 일본의 속국이 되기를 원한다고 천황을 속여서 한국을 병합했으므로 병합

병설하면 일본의 금융은 원만해지고 재정은 완전해질 것이다. ……이상의 방법으로 동양의 평화는 지켜지나 일본을 노리는 열강에 대응하기 위해서는 무장하지 않을 수 없다. ……세 나라의 건장한 청년들로 군단을 편성하고 이들에게는 2개국 이상의 언어를 배우게 하여……"(위의 책, 558쪽). 이 인용문은 안중근이 제시한 동양평화론의 구체적인 내용을 논하는 논문에서 자주 언급되는 곳이다. 필자가 굳이 이러한 내용을 여기서 언급하는 것은 이 내용이 기술된 경위 때문이다. 즉 위의 인용문은 러일전쟁의 전비보충을 위해 일본이 조선을 식민지로 삼는 것 이외에 위에서 인용한 방법도 있음을 강조하는 과정에서 안중근이 주장한 것이다. 따라서 이 내용은 안중근의 동양평화론 구상의 일부로 볼 수도 있으나 좀 더 신중하게 읽어야한다는 것이다.

52) 윤병석 편역, 앞의 책, 493쪽.
53) 위의 책, 495쪽.

의 모든 책임은 이토에게 있다는 것이다. 즉 안중근은 러일전쟁 이후 일본
의 태도 변화는 이토 히로부미의 개인적인 악행으로 인식하고 있다. 따라
서 안중근은 처음에는 "일본을 신뢰하고 있었는데, 점점 한국이 이토에 의
해 불행해져서 내 마음은 변했고 결국 이토를 적대시하기에 이르렀다"[54]고
진술한다. 여기서 중요한 것은 안중근은 이토와 일본정부 혹은 천황을 일
관되게 분리하여 사고하고 있다는 점이다. 인용문에서도 나타나듯이 안중
근은 여러 곳에서 굳이 일본정부와 이토를 구분하여 '이토의 행위' '이토의
정책', '이등박문의 폭행' 이라고 적고 있다.[55]

　이러한 인식을 가진 안중근은 재판과정에서 자신이 이토를 살해한 목적
을 진술할 기회를 요구하고 다음과 같이 말한다.

　　일로전쟁 개전 당시 일본 천황폐하의 선전조칙에 의하면 동양의 평화를 유
　지하고 한국의 독립을 공고히 한다는 선언이 있었습니다. ……그런데 이등공
　작이 통감이 되어 ……일본 천황폐하의 성려(聖慮)를 거스려 한 것이므로……
　내가 의견을 진술할 것은 넷이 있습니다. 지금 말씀드린 것이 그 첫째이고 둘
　째는 오늘 일한양국 관계라는 것이 일본신민이 한국에 와서 관계(官界)에 나가
　고 있으며 또 조선 사람도 일본의 관리가 되어 행정에 관여하고 있는 것과 같
　은 점에서 전적으로 한나라 사람과 같이 되어 있기 때문에 조선인이 일본천황
　을 위하여 충의를 다할 수 없다는 것은 있을 수 없습니다.[56]

안중근은 일본인이 조선의 관리가 되어 국정을 담당하고 있는 현상을
긍정적으로 판단한다. 여기에는 일본의 국가적 이익을 위해서 조선의 국정

---

54) 이기웅 옮겨 엮음, 앞의 책, 39쪽.
55) 이러한 구분은 김윤희가 지적하고 있는 것처럼 '일본과의 연대에 기초하여 성립된
　　동양평화의 정당성을 훼손하지 않으려는 인식론적 귀결'인지, 아니면 일본의 논리에
　　입각하여 일본의 잘못을 주장하는 수사적 표현인지 판단하기 어려우나 두 가지 가능
　　성 모두 존재한다고 필자는 생각한다.
56) 최이권 편역, 『애국충정 안중근 의사』 (서울: 법경출판사, 1990), 127-128쪽.

을 유린하고 있다는 판단은 보이지 않는다. 오히려 조선인도 일본의 관리가 되어 일본정부의 행정에 관여하고 있는 만큼 두 나라의 국민은 마치 한 나라의 국민이 된 것과 같으며 따라서 조선인 역시 일본천황을 위하여 충의를 다하는 것은 당연하다고 인식하고 있다. 나아가 안중근은 한일 양 국민들 사이에서 성립하는 임금과 신하의 관계를 다음과 같이 정의한다.

> 이등공작 그 사람도 한국에 와 있는 이상은 한국 황제폐하의 외신으로서 처신하여야 할 것입니다. 그러나 그는 무엄하게도 황제폐하를 억류하고 폐제까지도 하였습니다. 세상에서 존귀한 이는 누구인가 하면 인간으로서는 천황폐하입니다. 그 범할 수 없는 분을 자기 멋대로 침범한다는 것은 천황폐하보다도 더 높은 분이라 하지 않으면 안 됩니다.[57]

일본인이 한국 조정의 신하로 와 있는 이상 그는 한국 황제의 신하일 수밖에 없다고 안중근은 판단한다. 따라서 신하인 이토가 황제인 고종을 폐위하는 것은 있을 수 없는 일이며 이러한 행위는 일본천황을 범하는 것과 같다고 안중근은 주장한다. 이토의 이러한 행위는 스스로를 일본의 천황보다도 더 높은 사람이라고 생각하는 것에서 유래한다고 안중근은 비판하고 있다. 따라서 이러한 이토의 행위는 "일본 천황의 성려인 동양이 평화를 유지하고 한국의 독립을 공고히 하겠다는 성지에 반하는 것"으로 이토는 "일본 측에서 보나 한국 측에서 보나 역적이라는 것을 충분히 알 수 있[58]다고 안중근은 역설한다. 따라서 안중근은 옥중에서 『안응칠 역사』를 집필하면서 검찰관과의 질문에 "내가 죽고 사는 것은 논할 것 없고 이 뜻을 속히 일본 천황폐하에게 아뢰어라, 그래서 속히 이등의 옳지 못한 정략을 고쳐서 동양의 위급한 대세를 바로잡도록 하기를 간절히 바란다"[59]고

---

57) 위의 책, 128쪽.
58) 위의 책, 128쪽.

답한 내용을 적고 있다. 위의 인용문에서 본 '조선 사람도 일본의 관리가 되어 행정에 관여하고 있'다는 주장과 같이 마치 자신이 일본 천황의 신하가 된 입장에서 천황과 일본을 위한 우국충정을 역설하고 있다. 그리고 이러한 자신의 우국충정은 결국 조선을 포함한 동양평화의 기틀이 될 것임을 확신하고 있다. 과연 안중근은 천황을 신뢰하고 있었던가. 아니며 이 발언은 검찰관과의 문답 과정에서 은유적으로 행한 정치적 수사(rhetoric)에 불과한 것인가. 다음의 문장을 보자. 안중근은 재판의 마지막 발언을 다음과 같이 진술한다.

> 이등공이 대한정책상 방침이 잘못되어 있다는 것을 일본 천황폐하가 알아준다면 나를 충신이라고 치하하여 주실 것으로 아옵니다. 이등공을 죽인 자객으로서는 대우할 수 없다는 것을 나는 확신하고 있습니다. 일본의 방침이 개정되어서 일본의 천황폐하의 뜻대로 일한 양국뿐만 아니라 동양의 평화가 언제까지나 유지되기를 나는 희망하고 있습니다.[60]

안중근은 이토 히로부미를 죽인 살인범으로서는 용서받을 수 없겠지만, 자신이 동양평화를 염원하고 있는 천황의 뜻을 실현하기 위하여 이토를 죽였다는 진심을 천황이 알아준다면, 천황은 자신을 충신이라 치하할 것이라고까지 주장한다. 마지막으로 안중근은 "나의 희망은 일본 천황폐하의 참뜻대로 동양의 평화를 기하고 나아가 오대양 육대주에 까지도 모범을 보이고자 하는 것이 목적"[61]이라고 했다. 이러한 안중근의 인식에는 당위와 현

---

59) 윤병석 편역, 앞의 책, 514쪽.

60) 최이권 편역, 앞의 책, 194쪽. 이 문장은 유독 겸양적인 형식으로 되어 있는데 이것은 안중근이 원래 이러한 어투로 말했다기보다는 재판내용을 속기록으로 작성한 사람이 천황과 관련된 내용인 만큼 안중근이 겸양적인 형식으로 말한 듯이 적은 것으로 보인다. 그리고 이를 한국어로 번역하는 과정에서 위와 같은 문장이 되었다고 판단한다.

61) 위의 책, 193쪽.

실이 뒤섞여 있는 복잡한 국제정세에 대한 리얼리티가 부족하다. 이러한 리얼리티 부족은 국가는 무엇보다 자국의 이익을 위해 다양한 형태의 합종연횡과 너무도 태연하게 뒷거래를 행한다는 국제정치의 냉혹한 현실에 대한 무관심에서 유래한 것은 아닐까. 특히 이 발언이 러일전쟁 중에 이루어진 것이라면 일본의 개전조칙을 너무 믿었던 실수라고 할 수도 있다. 그러나 러일전쟁이 종결되고 5년의 시간이 경과했으며 종전처리 과정에서 일본이 주장한 다양한 사실관계를 냉철하게 판단했다면, 재판과정에서 미사여구 뒤에 숨어있는 일본의 침략적 본심을 매우 정확하게 비판하는 주장들이 더 많았을 것이다.

4. 맺음말

19세기의 국제정세는 끊임없는 혼란의 시대였다. 이러한 상황 속에서 객관적인 정세판단을 위해 필요한 능력은 현실에 대한 사실인식 즉 리얼리티(reality)이다. 그러나 조선 지식인은 19세기라는 변동기에 중국을 종주국으로 보는 화이(華夷)적 질서관에서 벗어나지 못하고 있었다. 그리고 일본은 아시아주의나 '동양평화론'이란 담론을 통해 새로운 동아시아 질서구축을 꾀하면서 그 종주국으로서의 위치를 선점하려고 하였다. 이러한 시대적 상황을 염두에 두고 안중근이 당시의 국제정세와 동아시아 정치정세를 어떻게 파악하고 있었는지에 초점을 맞추어 그가 남긴 저작물을 재독하였다.

안중근은 동학에 참가한 농민들을 '관리를 죽이고 백성의 재산을 약탈한 악당으로 묘사하고 있으며, 나아가 이들은 청일 전쟁의 계기를 제공한 '병균'에 지나지 않으며, 이들 때문에 나라가 기울었다고 판단하고 있다. 즉 안중근은 탐관오리들의 학정에 더 이상 견딜 수 없었던 농민들이 동학이란

조직과 새로운 이상 세계에 대한 희망으로 봉기에 참가한 현상을 전혀 읽어
내지 못하고 있다. 그에게는 국가 지배체제에 저항한 동학의 발생 배경과
이와 연동된 국제정세의 상관관계를 사실적으로 인식하는 리얼리티 감각이
매우 부족하였다고 평가할 수밖에 없다.

  안중근은 러일전쟁의 화근을 동아시아에서 제국주의적 팽창을 기도하
고 있던 러시아가 부동항을 확보하기 위하여 군사력을 증강한 사실에 있
다고 파악한다. 그리고 그는 러일전쟁을 통해 일본을 중심으로 한 한중일
이 대동단결하여 러시아를 물리치고 동양평화를 위한 초석을 놓았다고 평
가한다. 안중근이 파악하는 러일전쟁의 원래 목적은 아시아로 세력을 넓
히는 러시아를 견제하고 이를 통해 한국의 독립을 보장하며 그 결과 동양
의 평화를 유지한다는 것이었다. 그러나 일본이 전쟁배상금을 받을 수 없
게 되자 이토 히로부미는 일본정부와 천황의 의도와는 달리 러일전쟁의
원래 목적을 파기하고 한국을 탈취하였다고 안중근은 판단한다. 즉 안중
근은 일본 정부 특히 일본천황이 러일전쟁 개전 당시의 약속을 어긴 것이
아니라 이토 히로부미가 약속을 어겼다고 판단하고 있다. 여기에는 이토
와 일본정부 혹은 천황을 일관되게 분리하여 사고하는 안중근의 인식이
위치하고 있다. 이러한 인식은 김윤희가 지적한 것처럼 '일본과의 연대에
기초하여 성립된 동양평화의 정당성을 훼손하지 않으려는 인식론적 귀결'
이라고 볼 수 있다.

  이러한 안중근의 국제정세 인식은 당시 개화파 지식인과 매우 유사하다.
개화파 지식인들은 일본이 러일전쟁에서 승리하면 아시아로 진출하려는
러시아 세력을 견제하는 결과를 낳아 한국 내에서 러시아 세력을 일소하고
내정개혁을 통한 정국의 변화를 실현할 수 있으리라 기대하였다. 나아가
이들은 일본이 전쟁에서 승리하여 한국을 보호국화 하려고 하더라도 미국
등 국제사회가 이를 용인하지 않을 것인 만큼 한국의 독립유지에 유리한

상황이 전개될 것이라 기대하였다. 이러한 측면에서 개화파 지식인들은 외국의 내정간섭을 초래할 수도 있는 의병운동에 대해서도 부정적인 태도를 취하였다.

　안중근의 국제정세 인식에는 당위와 현실이 뒤섞여 있는 복잡하고 냉혹한 현실정치에 대한 리얼리티가 부족했다. 이러한 리얼리티 부족은 국가는 자국의 이익을 위해 다양한 형태의 합종연횡과 너무도 태연하게 뒷거래를 행한다는 국제정치의 현실에 대한 외면에서 유래한 것은 아닐까.

코민테른의 1922년 12월 결정서 연구

임경석

1. 머리말

이 글의 목적은 국제당의 1922년 12월 결정서(이하 12월 결정서로 줄임) 채택 과정에서 조선인 사회주의자들의 견해가 어떻게 다뤄졌는지를 밝히는 데에 있다. 12월 결정서는 조선 문제에 관해서 국제당 최상급 기구가 채택한 세 번째 문서였다. 이 문서에 앞서서 국제당 집행위원회에 의해서 1921년 11월과 1922년 4월에 각각 조선 문제에 관한 결정서가 채택된 바 있었다.[1] 그래서 당시 조선인 사회주의자들은 12월 결정서를 가리켜 국제당의 '제3차 판결'이라고 지칭하기도 했다. 1년 남짓한 기간에 국제당이 조선 문제에 관하여 무려 세 번이나 연이어 개입한 사실이 눈길을 끈다. 그 당시 조선 문제는 국제당의 뜨거운 현안 문제 가운데 하나였음을 알 수 있다.

12월 결정서 채택과정에 참여한 조선인들은 통일되어 있지 않았다. 입

---

[1] 필자는 제1차, 제2차 결정서에 대해서 이미 연구 결과를 발표한 바 있다. 임경석, 「코민테른의 한국정책 - 1921년 11월 15일자 한국문제결정서를 중심으로」, 『근대전환기 동아시아 속의 한국』(성균관대학교 출판부, 2004); 임경석, 「코민테른의 1922년 4월 22일자 한국문제결정서 연구」, 『대동문화연구』 62, 성균관대학교 대동문화연구원, 2008 참조.

장과 견해를 달리하는 복수의 서로 다른 의견 그룹을 형성하고 있었다. 통일 공산당을 결성하기 위해서 야심차게 소집된 베르흐네우딘스크 대회가 결렬된 사정과 관련하여 복수의 의견 그룹들이 등장했던 것이다. 당 대회를 끝까지 고수한 대의원 그룹과 거기서 탈퇴해 나간 대의원 그룹의 의견은 평행선을 달렸다.

두 그룹 간의 의견 차이는 국제당으로 이관되었다. 12월 결정서는 바로 그 결과물이었다. 12월 결정서는 기존의 두 문서에 비하여 이채로운 특징을 갖고 있다. 그 결정서를 채택한 조선위원회의 위상이 앞선 경우에 비하여 더 높았다는 점이다. 제1차와 제2차 결정 때에는 국제당 집행위원회 간부회에서 위촉한, 3인 위원으로 구성된 조선위원회가 결정서 작성의 책임을 졌다. 그러나 제3차 결정시에는 달랐다. 때마침 국제당 제4차 대회가 개회 중이었으므로, 조선위원회는 국제당 규약상 최고 기관인 세계대회로부터 직접 권한을 위임받았다. 위원 숫자도 3인에서 8인으로 늘었다. 위원들이 늘었기 때문에 그 내부의 정치적 역학 관계도 이전보다 훨씬 더 복잡하게 되었다.

12월 결정서가 조선에 미친 영향과 관련해서는 일찍부터 객관적인 조정자 역할론이 제기되었다. 김준엽·김창순이 이러한 견해를 제시했다. 그들에 따르면 국제당은 베르흐네우딘스크 대회의 분란을 아무런 의의도 갖지 않는 무가치한 것으로 보았다. "코민테른 지도자들의 견지에서는 아무런 가치도 이익도 없는 무원칙한 파쟁이었다"는 것이다. 그래서 쌍방의 옳고 그름을 가리지 않았다고 한다. "쌍방의 가부를 가릴 것 없이 이제부터는 종래의 조직을 전부 해소하고 조선공산당을 완성시키라"고 결정했다는 것이다.[2] 이러한 인식에는 국제당이 쌍방의 우열을 인정하지 않았고, 그들을 대등하게 객관적으로 대했다는 판단이 전제되어 있다. 또한 국제당이 조선 문제에 관하여 하나의 판단

---

[2] 김준엽·김창순, 『한국공산주의운동사(1)』 (고려대학교 아세아문제연구소, 1967); (청계연구소, 1986[신판]), 398-399쪽.

과 의지를 갖는 단일한 행위자였던 것처럼 간주하는 사고방식도 담겨 있다.

그러나 베르흐네우딘스크 대회 이후에 모스크바에서 전개된 외교전을 보면 기존 견해와 배치되는 사실들을 목도할 수 있다. 12월 결정서가 중립적인 조정자 역할을 했다거나, 국제당이 단일한 행위자로서 기능했다는 견해는 재검토의 여지가 있어 보인다. 이제 위 문제를 따져보기 위하여 12월 결정서의 채택 과정을 추적해 보기로 하자.

2. 베르흐네우딘스크 대회를 탈퇴한 대의원들

베르흐네우딘스크 대회가 결렬된 것은 10월 23일 오전에 열린 제3회 본회의 때였다. 이날 상해파 소속 대의원들을 제외한 각파 대의원들이 대회장을 퇴장하고 말았다.[3] 대회장을 박차고 뛰쳐나온 대의원들은 맨 먼저 모스크바 외교에 착수했다. 10월 23일자 전보는 그 정황을 잘 보여준다. 발신자 명의는 10명이었다. 이르쿠츠크파 대표 3인과 조선 내지에서 온 이르쿠츠크파 대표 7인이 연명으로 이름을 올렸다.[4] 조선 내지에서 온 대표들의

---

3) Краткая сводка работы 'объединенного съезда Корейской коммунистической партии' с 19 октября по 28 октября 1922 года в г.В-Удинске (1922년 10월 19일부터 28일까지 베르흐네우딘스크 시에서 열린 고려공산당 통합대회 요약 보고), с.1, РГАСПИ ф.495 оп.135 д.63 л.19-20об.

4) 발신자 명단을 보자. "이르쿠츠크파 대표자 한명세, 남만춘, 세울로프(김만겸), 조선 내지의 이르쿠츠크파 대표자 Кимцхябон(김재봉), Токоден(독고전), Сосноннин(손공린), Тенденгван(전정관), Тенхен(전헌), Теншуден(정수정), Лидонгук(이동국)" 등 10인이었다. [Телеграмма из представителей Иркутской группы Ханменще Намманчун Сеулов, представителей Иркутской группы Корей Кимчзявон Токоден Тенденгван ……(이르쿠츠크파 대표 한명세, 남만춘, 세울로프와 조선 내지 이르쿠츠크파 대표 김재봉, 독고전, 전정관 등의 전보), 1922. 10. 23, с.1, РГАСПИ ф.495 оп.135 д.63 л.97].

비중이 중시되고 있음을 확인할 수 있다. 수신자는 '모스크바 국제당 집행 위원회'였고, 발신 시각은 23일 19시 16분이었다. 그러니까 대회가 분열되 자마자 이르쿠츠크파는 국제당 집행위원회에게 지급 전보를 통해 연락을 취했던 것이다. 그들의 외교 능력의 기민함을 엿볼 수 있다.

이 전보는 "대회가 결렬됐다"는 짧고 강렬한 표현으로 시작되고 있다. "이르쿠츠크파가 전부 대회장을 떠났다"는 문장에 뒤이어, "조선 내지의 노 동자 대중 속에서 사업하는 중립 조선공산당 대표자들과 재일본 조선공산 단체 대표자"도 대회장에서 퇴장했음을 알렸다.[5] 상해파 하나만 대회장에 남고 세 공산그룹의 대표자들이 이탈했다는 말이었다. 대회장에 잔류한 대 의원들은 소수이고 이탈한 대의원들이 진정한 다수라는 주장이었다.

발신자들은 요구 사항을 제시했다. 베르흐네우딘스크 대회를 해산시켜 달라는 요구였다. 만약 베르흐네우딘스크 대회를 국제당이 승인한다면 그 것은 조선 혁명운동을 협잡배들의 수중에 넘기는 거나 일반이었다. 잔류파 와 이탈파 양자 사이에는 타협의 가능성이 전혀 없다는 것이 이들의 판단 이었다.

맨 마지막으로 전보 발신자들은 눈에 띄는 이채로운 주문을 했다. "중국 공산당의 권위있는 지도자 Чендушу(陳獨秀) 동무의 의견을 청취"해 달 라는 요청이었다. 천뚜슈는 중국공산당 대표로서 국제당 제4차대회 참석 차 모스크바에 가 있는 참이었다. 이르쿠츠크파 공산그룹과 천뚜슈 사이에 는 우호적인 연계가 있었음을 쉬이 짐작할 수 있다.

퇴장한 대의원들은 치타로 이동하여 그곳에서 자파만의 '통합 당대회'를 개최했다. 10월 26일부터 28일까지 11개항의 안건을 별다른 논란없이 일사 천리로 통과시켰다. 대회 마지막 날에는 4명으로 이뤄진 국제당 대표단을

---

5) 위와 같음.

선출했다. 한명세(韓明世), 김만겸(金萬謙), 전우(田友), 정양명(鄭羊鳴)이 그들이었다.[6] 네 사람의 자격은 2중적이었다. 하나는 치타 당대회의 적법성을 승인받기 위해 국제당 집행위원회에 파견하는 대표단이라는 자격이었고, 다른 하나는 국제당 제4차 대회에 출석할 조선공산당 대표단이라는 자격이었다.

치타 당대회에서 선출된 4인 대표단은 그들의 경쟁자들이 그랬던 것과 마찬가지로 지체 없이 모스크바로 향했다. 그들은 자신의 주장을 뒷받침하는 증빙 문서 작성에 착수하는 한편 국제당 요인들과의 외교 접촉에 나섰다. 이들이 작성한 문서는 「대회 분열에 관한 보고」를 비롯하여 조선 사회주의 운동의 기원과 역사, 상해파 공산그룹의 약점, 자기네가 본 베르흐네우딘스크 대회 의사록, 치타 대회 의사록 등이 포함된 방대한 것이었다.

이들의 활동을 측면에서 지원하는 또 하나의 강력한 외교 활동가가 있었다. 바로 남만춘(南萬春)이었다. 러시아공산당 극동국 소수민족부장에 재임 중이던 그는 강렬한 이르쿠츠크파의 정체성을 갖고 있었다. 그러면서도 그는 베르흐네우딘스크 대회에 끝까지 잔류했다. 그리하여 베르흐네우딘스크 대회의 자초지종과 성격에 관해서 독립적인 목소리를 낼 수 있었다.

그는 대회가 끝난 뒤 자신의 임지인 치타에 복귀했다. 모스크바로부터 멀리 떨어져 있음에도 불구하고 그는 국제당 극동부장 보이틴스키와 전보와 문서를 통하여 직접 교신할 수 있는 위치에 있었다. 그는 이르쿠츠크파 10인 대표자가 연명으로 보낸, 10월 23일자 긴급 전보에 이미 이름을 올린 바 있었다. 그의 영향력 행사는 거기에서 멈추지 않았다. 남만춘은 독자적으로 베르흐네우딘스크 대회의 자초지종에 관한 장문의 보고서를 서면으로 제출했다.[7] 또 베르흐네우딘스크 대회의 승인을 강력히 반대하는 별도

---

[6] Журнал объединенного съезда Коркоморганизаций г.Чита(치타 시에서 열린 고려공산당 통합대회 문건), с.6, РГАСПИ ф.495 оп.135 д.64 л.8-13.
[7]

의 정책 제안서도 작성했다.[8] 남만춘의 편지는 공적인 내용들로 채워져 있지만, 행간에는 사적인 친밀감을 드러낸 부분도 삽입되어 있었다. 보기를 들면 편지 말미에 "저는 심리적으로 비정상적입니다. 따라서 또한 쉬고 싶습니다."[9]라는 문장이 적혀 있다. 남만춘과 보이틴스키의 관계는 개인적으로 극도의 피로감을 느끼고 있다는 푸념을 늘어놓을 수 있을 만큼 무람없는 사이였던 것이다.

3. 잔류파 대의원들의 동향과 견해

베르흐네우딘스크 당대회가 끝난 것은 1922년 10월 29일이었다. 그날 폐회식이 거행됐다.[10] 개회식을 가진 이래 11일간 계속되어 온 고려공산당 통합대회가 막을 내렸던 것이다. 끝까지 자리를 지킨 78명의 대의

---

7) Краткая сводка работы 'объединенного съезда Корейской коммунистической партии' с 19 октября по 28 октября 1922 года в г.В-Удинске(1922년 10월 19일부터 28일까지 베르흐네우딘스크시에서 열린 고려공산당 통합대회 요약 보고), РГАСПИ ф.495 оп.135 д.63 л.19-20об. 이 문서의 지은이가 누군지는 명시되어 있지 않지만, 남만춘이라고 추정할 수 있다. 남만춘이 대회가 끝난 직후 보이틴스키 앞으로 보낸 편지에는 "당신에게 간략한 사업보고서(краткий отчет работы)를 보냅니다"라는 문장이 적혀 있다.[Намманчун(남만춘), Заведующему Дальневосточным отделом Исполкома Комитерна тов.Войтинскому(국제당 극동부장 보이틴스키 동무 앞), 1922.10.30, с.4, РГАСПИ ф.495 оп.135 д.63 л.26-27об] 바로 이 문서를 가리키는 것으로 판단된다.

8) Намманчун(남만춘), 앞의 글, 1-4쪽.

9) 위의 글, 4쪽.

10) Делегаты Объединенного съезда Коммунистической Партии Кореи: Лидонхы Юндяени КимШену(고려공산당 통합대회 대표 이동휘, 윤자영, 김성우), Краткий доклад о работах объединительного съезда Коммунистической Партии Кореи (「고려공산당 통합대회에 관한 개괄 보고」) 1922.11.23, с.9-10, РГАСПИ, ф.495 оп.135 д.55 л.18-23об.

원들은 당대회의 결정 사항을 실천에 옮기자고 다짐하는 선언문을 채택
했다.

당대회를 끝마친 대의원들의 마음은 희망으로 부풀었다. 조선 사회주의
자들의 숙원 사업이던 공산당 통합대회를 마침내 성사시켰기 때문이었다.
그뿐 아니라 연해주가 이제 막 '해방'된 사실도 그들의 가슴을 뜨겁게 했다.
당대회 일정이 막바지에 이른 10월 26일자 본회의 석상에서 대의원들은 그
소식을 들었다. 블라디보스토크에 웅크리고 있던 백위군이 패퇴하고 인민
혁명군이 그 도시를 해방시켰다는 소식이었다. 대회 회의록에는 기쁨으로
격동하는 대회장의 풍경이 묘사되어 있다. '길고 오래 지속되는 박수 소리'
가 울려 퍼졌고, 모든 사람들이 소리 높여 만세 삼창을 했으며, 인터내셔널
노래를 불렀다고 한다. 대의원들은 인민혁명군 총사령관에게 축전을 보냈
다. 거기에는 블라디보스토크가 해방됐다는 사실은 "조선 근로대중이 일본
제국주의의 지배에서 벗어나는데 매우 중요한 의미를 가지고" 있다는 믿음
이 표명되어 있었다.[11]

그러나 기쁨은 오래가지 않았다. 대회가 끝난 뒤 채 10일도 지나지 않았
는데, 모스크바에서 전혀 뜻밖의 소식이 날아들었다. 국제당 집행위원회
명의의 전보가 도착했던 것이다. 소식을 접하던 당시의 상황을 전하는, 당
사자들의 기록을 보자.

"대회 사업을 끝마친 뒤 대의원들은 동방으로 향하는 도중에 치따에서 머물
렀다. 거기서 그들은 조선문제에 관한 국제당 집행위의 결정을 받아보았다. 그
것은 대의원들은 물론이고 러시아당 극동국까지도 커다란 혼란에 빠트렸다.
그 결정의 내용은 이랬다. (1)대회 불승인, (2)이르쿠츠크파, 상해파, '중립파'로
부터 두 명씩의 대표를 모스크바로 초청함. 그 속에는 세울로프(세레브랴코프)

---

[11] Протокол объединительного съезда коммунистической партии Кореи
(고려공산당 통합대회 회의록), с.32, РГАСПИ ф.495 оп.135 д.63 л.2-180б.

도 포함함. (3)대회 분열에 책임있는 일부 대의원들에 대해서 악의적인 선동을
행하지 말 것.”[12]

'고려공산당 통합대회 대표단'이 작성한 보고서의 일 절이다. 그에 따르
면 베르흐네우딘스크 대회 대의원들은 연해주, 북간도, 조선 내지 등으로
되돌아가기 위해서 귀로에 올랐다고 한다. 도중에 그들은 극동공화국의 수
도인 치타에 한동안 머물러 있었다. 그때 그 전보를 받았다고 한다.

전보 내용은 충격적인 것이었다. 베르흐네우딘스크 대회를 공산당 통합
대회로 인정하지 않겠다는 말이었다. 국제당 파견원의 지도하에 적법한 절
차를 거쳐서 개최된 통합 당대회를 송두리째 부인하는, 전혀 예상치 못하던
조치였다.[13] 그뿐만이 아니었다. 당대회 석상에서 집단적으로 퇴장했던 일
부 대의원들을 옹호하는 내용이 포함되어 있었다. 그들에게 대회 분열의 책
임을 물어서는 안된다는 뜻이었다. 대회장에서 집단 퇴장한 사실은 범죄 행
위나 부도덕한 것이 아니라 정당한 행동이라고 손을 들어준 셈이었다.

더욱 놀랄 일은 베르흐네우딘스크 당대회를 끝까지 고수한 사람들을 전
체 사회주의 운동권의 1/3의 지분을 가진 것으로 파악한 점이었다. 전보에
의하면 그들은 단지 '상해파'가 재결속한 것에 지나지 않았다. 그에 반하여
대회장에서 집단 퇴장한 사람들은 '이르쿠츠크파'와 '중립파' 두 그룹으로
간주됐다. 결과적으로 보아 당대회를 지킨 사람들은 2명의 대표를, 대회장
에서 이탈한 사람들은 4명의 대표를 초청받았다. 당대회 탈퇴파가 고수파
보다 두 배의 대표성을 인정받은 셈이었다. 국제당의 전보는 당대회 고수

---

12) Делегаты Объединенного съезда Коммунистической Партии Кореи:
   Лидонхы Юндяени КимШену(고려공산당 통합대회 대표 이동휘, 윤자영, 김
   성우), 앞의 글, 10쪽.

13) 베르흐네우딘스크 대회의 개최 및 결렬의 경위에 대해서는 임경석, 「1922년 베르
   흐네우딘스크 대회의 결렬」, 『한국사학보』 27, 고려사학회, 2007 참조.

파에게는 불리하고, 탈퇴파에게는 훨씬 유리한 내용으로 이뤄져 있었던 것이다.

모스크바로 초청된 대표 6명 가운데 '세울로프(세레브랴코프)'라는 사람을 반드시 포함시켜야 한다는 규정이 눈길을 끈다. 세울로프는 이르쿠츠크파 공산당의 유력한 지도자 가운데 한 사람인 김만겸의 가명이었다. 국제당 집행위원회가 그를 특정한 이유는 무엇일까? 그 이유를 명시적으로 설명해 주는 문서는 아직 발견되지 않았지만, 저간의 사정을 짐작하기란 어렵지 않다. 김만겸은 러시아 이주민 상층부의 일원으로서 러시아어에 능통하고 러시아 사회주의자들과의 교제가 능숙한 사람이었다. 그는 1920년 이래로 상해와 이르쿠츠크, 모스크바 등지에서 국제당의 동방부 당료들인 보이틴스키, 슈먀츠키, 사파로프 등과 같이 호흡을 맞춰왔다. 이로부터 미뤄보면 베르흐네우딘스크 당대회가 막 내린지 불과 10일 만에 그를 부정하는 국제당의 결정이 이뤄진 데에는 강력한 비공식적인 커넥션이 있었던 것으로 볼 수 있다. 그것은 바로 국제당 동방부 당료들과 이르쿠츠크파 공산당 요인들 사이에 맺어진 커넥션이었다고 판단된다.

베르흐네우딘스크 당대회 대의원들은 긴급히 대책 모임을 가졌다. 11월 8일 치타에서였다. 국제당의 예기치 못한 태도에 대응할 방법을 모색하기 위해서였다. 이날 회의에서 베르흐네우딘스크 대회의 입장을 대변하는 모스크바 파견 대표단을 선정했다. 이동휘(李東輝), 윤자영(尹滋英), 김성우(金聲宇) 등 3인이었다. 모스크바 외교에 최적합한 진용이었다. 이동휘는 상해파 공산당의 지도자이자 모스크바 외교에서 남다른 영향력을 보여줬고, 윤자영은 조선 내지의 학생운동 출신이자 베르흐네우딘스크 대회에서 의장을 맡아본 요인이었다. 김아파나시라는 러시아식 이름으로 더 잘 알려진 김성우는 러시아 교민 2세로서 러시아어에 능통했기 때문에 대표단의 통역 역할을 겸임하였다. 이들 대표단의 임무는 뚜렷했다. "국제당 집행부

앞으로 대회 회의록과 대회 관련 서류를 제출하고, 그로부터 조속히 고려
공산당 통합대회의 승인을" 받아내는 데에 있었다.[14]

3인 대표단은 즉각 행동에 나섰다. 우선 국제당 집행위원회 총비서 쿠시
넨 앞으로 대회 상황에 관한 자파의 견해를 담은 전보(1922년 11월 9일자)
를 발송했다. 이동휘의 명의였다. 여기에는 베르흐네우딘스크 대회를 보는
그의 견해가 잘 드러나 있었다.

그에 따르면 통합 당대회에서는 "아무런 분열도 일어나지 않았다"고 한
다. 일부 참석자들이 말썽을 피우긴 했지만, 그들은 대의원 자격도 갖추지
못한 채 다만 내빈 자격으로 임했던 사람들이었다. 그들은 러시아 이주민
상층부를 대표하는 사람들로서 조선 혁명의 주된 담당자가 될 수 없는 이
들이었다. 따라서 그들에게는 의결권을 주지 않았다고 한다. 다만 '조선,
간도, 일본'에서 온 대의원에게만 의결권을 부여했다고 말했다. 그렇게 결
정하는 데에는 국제당의 파견관이자 러시아당 극동국장인 쿠뱌크(Кубяк)
도 동의했음을 환기했다.

이동휘는 당대회를 끝까지 고수했던 사람들은 상해파 한 그룹만이 아니
라고 말했다. 그 속에는 '조선에서 온 이르쿠츠크 계열의 대표자들'도 포함
되어 있었다. 그에 반하여 대회장을 탈퇴한 이들은 모두 이르쿠츠크파에 속
하는 사람들뿐이었다. 중립파를 대표한다고 자임하는 전우와 정양명은 실
제로는 이르쿠츠크파의 일원일 뿐이라고 폄하했다.[15] 대회장에 잔류한 사
람들이 진정한 다수이고, 이탈한 사람들은 소수에 불과하다는 주장이었다.

3인 대표단은 잔류 및 탈퇴파 대의원들의 분포에 관한 면밀한 통계를 작

[14] Мандат, перевод с корейского(위임장, 조선어로부터 번역), 1922. 11. 8, с.1,
РГАСПИ ф.495 оп.135 д.63 л.37об.

[15] Лидонхы(이동휘), Телеграмма Генеральному Секретарю ИККИ Куусинену
(국제당집행위 총비서 쿠시넨 앞 전보), 1922.11.9 РГАСПИ ф.495 оп.154 д.139.

성했다. 그에 따르면 통합 당대회 대의원 총수는 도합 90인이었다. 이들이 의결권을 가진 정식 대의원이었다. 이 중에서 12명만이 대회장을 이탈했고, 대회장을 끝까지 고수한 대의원은 78명이었다. 대회장을 고수한 대의원들이 압도적 다수파이고, 탈퇴파는 극소수에 해당한다는 것이 이들의 주장이었다.16)

이들의 주장 가운데 이채를 발하는 것은 보이틴스키에 관한 언급이었다. 이들은 국제당 극동부장 보이틴스키가 편파적이고 불공정한 태도를 취하고 있다고 맹렬히 비난했다. 그가 탈퇴파 대의원들과 유착 관계를 맺고 있다는 것이었다. 대회장을 떠난 일부 대의원들이 거짓 정보를 보내자, 기다렸다는 듯이 정보의 진위를 확인하지도 않고서 통합 당대회 불승인 전보를 타전했다는 주장이었다. 베르흐네우딘스크 대회 대표단의 분노는 깊었다. 그들은 보이틴스키의 편파적 행동의 증거만을 모아서 하나의 문서를 만들 정도였다.17)

3인 대표단은 서둘러 모스크바로 길을 떠났다. 모스크바 시내 '말르이빠리쉬(Малый Париж)' 호텔에 여장을 푼 그들은 즉시 외교 활동에 착수했다. 국제당 집행부와 러시아당 중앙위원회, 국제당 제4차 대회의 조선문제위원회 등이 이들의 외교 상대였다.

4. 조선문제위원회의 구성

국제당 제4차 대회는 통일 조선공산당 몫으로 1석의 의결권을 배정했었

16) Члену ЦКРКП тов.Зиновьеву(러시아당 중앙위원 지노비에프 동무에게), с.2, РГАСПИ ф.495 оп.135 д.56 л.230б.
17) 위와 같음.

다. 베르흐네우딘스크 통합대회에서 통일 조선공산당이 결성될 터이고, 그 당이 파견하는 대표자가 의결권을 인정받는 정식 대의원이 될 예정이었기 때문이다. 그러나 통합대회가 분열된 탓에 모든 게 헝클어졌다.

11월 17일 국제당 제4차 대회 제13회 본회의 석상에서 자격심사위원회 보고가 있었다. 심사위원회를 대표하여 독일 대의원 에벌라인(Eberlein, Hugo)이 등단했다. 그는 '조선공산당' 심사 결과를 발표했다.

> "한 사람의 대표가 초청됐으나, 네 사람의 대표가 출현했다. 조선의 당내 분쟁은 매우 격렬하여 누가 본래의 공산당의 대표이고, 누가 공산그룹의 대표 인지 확인할 수 없었다. 그래서 두 사람에게는 내빈 자격을 허용하고, 두 사람 에게는 아무 것도 허용하지 않았다."[18]

이 정보는 이미 미즈노 나오키(水野直樹)가 책자로 간행된 제4차 대회 의사록을 통해서 소개한 바 있다.[19] 이 문장에 다시 주목하는 이유가 있 다. "네 사람의 대표가 출현했다"는 말의 의미를 곰곰이 되새겨볼 필요가 있기 때문이다. 서대숙이 그랬듯이,[20] 베르흐네우딘스크 대회 대표 2인과 치타 대회 대표 2인을 가리키는 것으로 생각하기 쉽다. 하지만 이는 실제 와 다르다. 베르흐네우딘스크 대회 대표단은 3인이었고, 치타 대회 대표단 은 4인이었음을 상기해 보자. 여기서 말하는 4인의 대표란 바로 4개 공산 그룹과 각 그룹을 대표하는 한 사람씩의 대표자를 가리키는 것으로 해석된 다. 다시 말해서 상해파 공산당, 이르쿠츠크파 공산당, 조선 내지의 조선공

---

18) 13-е заседание(제13회 본회의), с.12, РГАСПИ ф.491 оп.1 д.126 л.13.

19) 水野直樹, 「コミンテルンと朝鮮: 各大會の朝鮮代表の檢討を中心に」, 『朝鮮民族運 動史研究』1 (靑丘文庫, 1984); 임영태 옮김, 「코민테른 대회와 조선인」, 『식민지시대 한국 사회와 운동』 (사계절, 1985), 329쪽.

20) DAE-SOOK SUH, The Korean Communist Movement(1918-1948) (Princeton University Press, 1967); 현대사연구회 옮김, 『한국공산주의운동사 연구』 (서울: 화다, 1985), 53쪽.

산당(중립당), 재일본조선인공산단체의 대표자였을 것이다. 각 공산그룹으로부터 한 사람씩 나섰다면 아마도 이동희, 한명세, 전우, 정양명이 그들이었을 것이다.

그들은 서로가 조선공산당의 적법한 대표자를 자임했지만, 자격심사위원회는 어느 누구에게도 정식 대의원 자격을 부여하지 않았다. 결국 조선공산주의 운동은 국제당 제4차 대회에서 의결권을 갖는 정식 대의원을 단 한 사람도 내지 못했던 것이다. 그러기는커녕 발언권조차 인정받지 못했다. 단지 대회장 방청만 허용되는 내빈으로 간주됐을 뿐이었다. 상해파와 이르쿠츠크파 공산당 대표자가 1인씩 그런 대우를 받았다. 그나마 역사가 일천한 두 개의 공산그룹은 그 존재 자체도 의심을 받았던 것으로 보인다. 아무런 자격도 부여받지 못한 것을 보면 말이다.

제4차 대회가 조선문제위원회를 설립한 것은 11월 30일자 제27회 회의에서였다. 이 회의에서 조선 문제를 결정하기 위해서 위원회를 구성하자는 의장의 제안이 가결됐다.[21] 제4차 대회 의사일정이 거의 다 종료되어 가던 시점이었다. 조선문제위원회가 첫 회의를 개최한 것은 그보다 이틀 뒤인 12월 2일이었다. 국제당 제4차 대회 폐막일이 12월 5일이었다. 조선문제위원회는 폐막일로부터 불과 3일전에 처음 개최됐음을 알 수 있다.

그즈음 모스크바의 분위기는 세계 각국에서 몰려든 다양한 인종과 민족 출신의 사회주의자들 덕분에 추운 날씨에도 불구하고 후끈 달아올라 있었다. 각종 국제회의가 여기저기서 열리고 있었다. 11월 5일에 개회했던 국제당 제4차 대회가 근 한 달째 계속되었으며, 이제 폐막을 앞두고 있었다. 좀 더 작은 규모의 방계 국제기구들도 모스크바에서 대회를 열고 있었다. 프로핀테른 제2차 대회와 국제공청 제3차 대회가 각각 진행 중에 있었다.

---

21) 水野直樹, 앞의 글, 330쪽.

이처럼 여러 개의 국제대회가 한꺼번에 개최되는 데에는 이유가 있었다. 세계 각지에서 여러 나라 대표자들이 어렵사리 한 자리에 모였기 때문에, 그러한 기회를 활용할 필요가 있었던 것이다.

이런 시점이었으므로 조선문제는 파장 분위기 속에서 설립됐다. 위원회 바깥에서는 파장에 즈음한 이완된 분위기가 흘렀지만, 위원회 내부에서는 그렇지 않았다. 팽팽한 긴장감이 감돌았다.

위원은 8인이었다. 회의록 참석자 명단에 의하면, 의장인 펠릭스 콘(Ф. Кон)을 비롯하여 쿠시넨(Куусинен), 가타야마 센(片山潛), 에드바르트 프루흐냑(Прухняк), 만네르(Маннер), 보이틴스키(Войтинский), 천뚜슈(陳獨秀), 체틀린(Цетлин)이 그들이었다.[22] 이들은 모두 국제당 제4차 대회 대의원이었다. 그 구성을 자세히 들여다보면, 민족문제를 심도 있게 논의할 수 있는 전문성을 고려하여 인선했음을 인정할 수 있다. 이 중에서 4명은 서방 소수민족 대표였다. 폴란드인 2인(펠릭스 콘, 에드바르트 프루흐냑)이었고, 핀란드인이 2인(만네르, 쿠시넨)이었다. 이 중에서 쿠시넨은 국제당 간부회 위원 자격으로 선출됐던 것으로 보인다. 조선에 인접한 극동 두 나라의 공산주의자도 2인이었다. 일본의 가타마마 센과 중국의 천뚜슈가 그들이다. 다른 두 사람은 국제기구의 동방담당관들이었다. 국제당 극동부장 보이틴스키, 국제공청 동방 담당 체틀린이 그에 해당했다.

조선문제위원회가 8인으로 이뤄진 것은 이례적인 일이었다. 이전의 위

---

[22] 필자는 기왕에 발표한 한 논문에서 조선문제위원회 위원을 7인으로 판단한 바 있다. (임경석, 「1922년 베르흐네우딘스크 대회의 결렬」, 『한국사학보』 27, 고려사학회, 2007, 115쪽) 그렇게 본 근거는 위원회 제1회 회의록이었다. 구 코민테른문서보관소 분류번호 「ф.495 оп.135 д.55 л.17」에 소장된 회의록에는 7명의 인명만 기재되어 있었기 때문이었다. 그러나 한 사람이 누락됐음이 확인되었다. 같은 문서보관소 분류번호 「ф.495 оп.45 д.3 л.11」에 위치한 동일한 회의록에는 한 사람이 더 적혀 있다. 「Чан-Ту-Шу」라고 펜글씨로 첨가되어 있다. 후자가 사실에 부합한다. 조선문제위원 총 숫자는 8명이었다.

원회들은 위원 수가 그렇게 많지 않았다. 1921년 11월의 제1차 조선문제위원회와 1922년 4월의 제2차 위원회는 둘 다 위원 숫자가 3인에 지나지 않았다. 이처럼 위원 숫자가 소수였던 이유는 위원회가 국제당 간부회의 부속기구로서 설립됐기 때문이었다. 간부회 위원과 극동부장을 포함한 세 사람의 핵심 관계자들만으로 위원회가 구성됐다.

이번에는 달랐다. 조선문제위원회는 제4차 대회의 부속기구로서 설립됐다. 따라서 그 위원진은 대회 대의원들 가운데 조선 문제나 민족 문제를 다룰 수 있는 사람들로 구성됐다. 그러다보니 조선 문제의 향방은 예측 불가능한 상황에 놓이게 됐다. 예전에는 위원회의 결론을 어느 정도 예상할 수 있었다. 국제당 극동담당부서의 의견과 간부회의 의견이 불일치했기 때문에 그 결론은 절충론에서 벗어나지 못했다. 조선 사회주의 운동을 양분하는 두 공산그룹의 값어치와 과오를 동등하게 대하는 '양파 동등론'과 '양비론'의 관점이 관철됐던 것이다.

예측 불가능성이 증대됐다. 위원 숫자가 다수가 됐을 뿐 아니라 새로운 인물들이 위원회 내부에 참여했기 때문이었다. 8인 위원 중에서 조선 문제에 관여해 온 사람은 둘이었다. 국제당 간부회 위원이자 총서기인 쿠시넨과 극동부장 보이틴스키가 그들이다. 그 외에는 모두 조선 문제를 처음 접하는 사람들이었다. 민족문제에 관한 일반적 이론과 제각각 관여해 온 활동 경험이 그 사람들의 자산이었다. 그렇더라도 조선의 구체적인 현실에 관해서는 잘 알 수 없었다. 이 때문에 그들은 유경험자의 판단에 의존해야만 했다. 다만 변수가 있었다. 조선에 인접한 동아시아 두 나라 공산주의자들이 그것이다. 조선 사정에 상대적이나마 더 밝은 위치에 있는 사람들이었다. 가타야마 센과 천뚜슈는 조선문제위원회의 향방을 좌우하는 캐스팅보트를 쥔 셈이었다.

폐회에 임박한 시점에 설립됐기 때문에 위원회는 제4차 대회 마지막 날

(12월 5일)까지 소임을 완수하지 못했다. 폐회일까지 고작해야 두세 번 회합한 것 밖에 없었다. 본격적인 업무에는 미처 착수하지 못했다고 할 수 있다. 위원회의 소속을 변경할 필요가 제기됐다. 공간된 의사록에 의하면, 제4차 대회는 "폐회일인 제33회 회의에서, 문제의 해결을 확대집행위원회의에 위임할 것을 결정했다"고 한다.[23] 조선문제위원회의 소속을 국제당확대집행위원회로 이관한다는 말이었다.

실제로 조선문제위원회는 제4차 대회 폐회에도 구애됨이 없이 그 뒷 시기까지 계속 활동했다. 보기를 들면 베르흐네우딘스크 통합대회 대표단이 12월 8일자로 작성한 문서는 '국제당집행위 조선문제위원회' 앞으로 제출됐다.[24] 조선문제위원회의 소속이 제4회 대회 폐막일인 2월 5일 이후에 국제당 집행위원회로 옮겨졌음을 보여준다.

조선문제위원회의 활동 기간은 약 한달 간이었다. 위원회는 「조선 문제에 관한 결정서」를 작성하여 상급기관인 국제당집행위 간부회에 제출했다. 예각적인 논쟁점을 깎고 다듬은 결과였다. 위원들 사이의 이견은 이미 조정을 마친 뒤였다. 따라서 간부회는 이 결정서를 기각하거나 유보할 이유가 없었다. 통례에 따라서 조선문제위원회가 작성한 결정서를 원문 그대로 통과시켰다. 1922년 12월 30일의 일이었다.[25]

---

[23] 근거는 『국제공산당 제4차 대회 의사록』(독일어판) 957쪽이다. (水野直樹, 앞의 글, 330쪽).

[24] Представители Объединительного съезда Компартии Кореи: Лидонхы Юндяени КимШену(고려공산당 통합대회 대표 이동휘, 윤자영, 김성우), Комиссии ИККИ по Корейскому Вопросу копия ЦКРКП(국제당집행위 조선문제위원회 앞, 사본을 러시아당중앙에게), 1922.12.8, с.4, РГАСПИ ф.495 оп.135 д.55 л.35-36об.

[25] Секретарь Исполкома Коминтерна Куусинен(국제당집행위 비서 쿠시넨)·Задальвостотделом ИККИ Войтинский(국제당집행위 극동부장 보이틴스키), Телеграмма: Чита Дальбюро ЦКРКП(치따, 러시아공산당 극동국 앞 전보), 1922.12.30, с.1, РГАСПИ ф.495 оп.154 д.206 л.1.

5. 12월 결정서의 내용과 의미

> "코민테른 제4차대회 조선문제위원회는 모든 문서를 조사하고, '상해파'와 '이르쿠츠크파' 대표자들의 설명 그리고 자칭 '조선공산당 (재 서울)' 대표자들과 재일본조선인혁명학생단 대표자의 설명을 청취한 뒤, 다음과 같이 결정한다."[26]

12월 결정서의 첫 문장이다. 짧지만 시사하는 바가 풍부하다. 결정서는 네 개 공산그룹의 존재를 거론하고 있다. 그동안 국제당의 조선문제 논의의 장에서 상해파와 이르쿠츠크파 두개 그룹만이 등장했음을 고려한다면 획기적인 변화라고 볼 수 있다. 제1차, 제2차 조선문제결정서에서는 상해파와 이르쿠츠크파의 상호 관계에 관해 규정하는 것이 주된 문제였다. 그런데 이제 처음으로 그들 외에 또 다른 두개 그룹이 등장했던 것이다. 국제당은 조선 사회주의 운동의 실제 변화 추세를 그대로 인정한 바탕 위에서 정책을 결정하고 있었음을 알 수 있다.

각 공산그룹의 호칭이 주목된다. 상해파와 이르쿠츠크파에는 각각 따옴표를 달았다. 고려공산당이라는 정식명칭 대신에 별칭으로 불리고 있음을 확인할 수 있다. 양자의 정식 명칭이 동일한 점을 감안하여 현실의 호칭을 그대로 사용했던 것이다. 중립당에 대해서는 당사자들이 사용하는 정식명칭을 그대로 사용하고 있는 점이 눈에 띈다. 다만 따옴표를 쳐서 객관화시켰다. 러시아어 번역어로는 'Коммунистическая Организация Кореи (Сеульская организация)'라고 옮겼다. 재서울 조선공산'당'이 아니라 '단'이라는 용어를 사용하고 있다. 통일적 전위당으로 보지 않고 공산그룹

---

[26] Комиссия 4-го конгресса Коминтерна по Корейскому вопросу(국제당 제4차대회 조선문제위원회), Резолюция по Корейскому вопросу(조선 문제에 관한 결정), с.1, РГАСПИ ф.495 оп.45 д.3 л.12-19.

의 하나로 인정한다는 뜻일 것이다. 재일본 공산그룹에 대해서는 그동안 사용하던 '재일본조선인공산주의단체'라는 용어 대신에 재일본조선인혁명 학생단이라는 일반명사를 사용한 점이 주목된다. 일반명사이므로 따옴표 를 붙이지 않았을 것이다. 이 글을 작성한 사람은 단체의 호칭 하나 하나에 까지 섬세한 주의를 기울이고 있음을 알 수 있다.

각파 대표자들의 숫자도 섬세하게 표현하고 있음을 본다. 상해파, 이르 쿠츠크파, 중립당 그룹의 대표자는 복수형으로 표시했다. 상해파의 대표자 들이란 이동휘, 윤자영, 김아파나시를 가리키고, 이르쿠츠크파의 대표자들 이란 한명세와 김만겸을 지칭한다. 중립당의 대표자들이란 전우와 조봉암 을 뜻하고, 재일본그룹의 단수 대표자는 바로 정태신을 염두에 둔 표현이 었다.

12월 결정서에서 가장 중요한 문제는 베르흐네우딘스크 대회와 치타 대 회에 관한 것이었다. 과연 어느 대회를 공산당 통합대회로 인정할 것인가.

> "1922년 11월에 베르흐네우진스크에서 열린 통합당대회를 통해서 그 기초 를 구축하려 했던 일은 실패했다. 위 대회를 무효로 한다. 그와 마찬가지로 이 르쿠츠크파, 재서울 공산단체의 대표자, 재일본조선인혁명학생단의 대표자 등 의 이탈 그룹이 치타에서 '불법적인' 조건하에 개최한 대회도 무효로 한다."[27]

결정서는 이 문제에 관해서 의문의 여지없이 명백한 표현을 사용하고 있다. 두 대회를 다 무효로 판정했던 것이다. 여러 공산그룹으로 나뉘어 있는 운동 대열을 통합하여 단일한 혁명당을 건설하려던 계획이 결국 실패 로 끝났음을 자인한 셈이다.

두 개 대회의 효력을 다 같이 무효화했지만, 그렇다고 해서 양자의 값어

---

[27] 위의 글, 6쪽.

치를 동일하게 봤던 것은 아님에 유의할 만하다. 치타 대회를 가리켜 특별히 '불법적'이라고 판정한 점이 주목된다. 이는 곧 베르흐네우딘스크 당대회가 적법하다고 인정하는 것과 다름없었다. 하나는 합법이고 다른 하나는 불법인데, 그 두 가지를 똑같이 대우하는 것은 모순되는 조치였다. 이처럼 앞뒤 상충되는 결정이 나온 까닭은 조선문제위원회 내부 논의가 팽팽히 맞서는 두 의견으로 분화된 사정과 연관되어 있었던 것 같다. 내부 불일치를 기약 없이 되풀이하고 있을 수는 없었던 것이다.

공산당 통합대회가 실패로 돌아갔다면, 앞으로 어떻게 해야 할 것인가. 12월 결정서는 이 물음에 답을 내놓았다.

> "향후 통일 조선공산당 대회를 개최할 때까지 조선 공산주의 사업을 직접 지도하기 위해 7명의 위원으로 구성하는 국제당 극동부 산하 고려총국(Корейское Бюро при Дальне-Восточном Отделе Коминтерна)을 설립한다. 고려총국 내에는 구 상해파와 이르쿠츠크파에서 각각 두 명, 재서울 공산당에서 두 명(국제당 극동부가 이 단체를 검열하고, 총국의 다른 위원들이 동의하는 조건으로), 재일본 조선인혁명단체에서 한 명(일본공산당의 추천으로)이 들어와야 한다."[28]

조선 공산주의 운동의 최고 기관을 국제당이 직접 설립한다는 결정이었다. 이 결정은 최고 기관의 명칭, 존속기간, 직무, 구성, 위상 등을 거론하고 있다. 이 짧은 표현을 통해서 다섯 가지를 명백히 했다. 최고 기관의 호칭은 '고려총국'이라고 명명되었다. 그 존속 기간은 통일 공산당 대회가 개최될 때까지였다. 다시 말하면 고려총국의 가장 중요한 임무는 통일 공산당 대회를 소집하는 일이었다. 그 직무에 관해서는 "조선 공산주의 사업을 직접 지도"한다고 규정했다. 당대회 소집을 준비하는 기관임과 동시에

---

28) 위와 같음.

그때까지 조선 공산주의 운동 전반을 지도하는 최고 집행기구로 설정했던 것이다.

위원 7인의 선임 원칙이 제시되어 있다. 기존에 존재하던 상해파와 이르쿠츠크파 공산그룹에 더하여 재서울 중립당과 재일본 공산그룹의 존재를 새로이 인정하고 있다. 다만 비중에는 차이를 뒀다. 상해파, 이르쿠츠크파, 중립당에게는 2인의 위원을 배정하고, 재일본 공산그룹에게는 1인의 위원만을 배정했다. 공산그룹들 사이에 역량의 편차가 존재함을 인지하고 있었던 것이다.

고려총국의 위상이 주목된다. '국제당 극동부 산하'라고 표현되어 있다. 그러나 이 표현은 결정서 내부의 다른 규정과 충돌되고 있다. 국제당 간부회와 고려총국의 상호 관계에 관한 규정이 그것이다. 결정서에 따르면, 고려총국은 국제당집행위 간부회에게 총국의 모든 위원들이 서명한 보고서를 한 달에 두 번씩 제출할 의무가 있었다. 권리도 있었다. "고려총국은 국제당집행위 간부회의 결정이 필요하다고 간주하는 모든 문제를 간부회에 제기"할 수 있는 권한이 부여되었다.[29] 간부회에 안건을 제출할 권한이 주어져 있었던 것이다. 결국 고려총국의 상급 기관은 국제당집행위 간부회였다. 그렇지만 앞서 본바와 같이 고려총국의 위상은 혼란스럽게 규정되기에 이르렀다. '극동부 산하 고려총국'이라는 표현은 극동부의 조선담당관들이 고려총국 위원들에 대해서 관료적인 태도를 취하는 근거로 작용될 우려가 있었다.

공산당 조직 문제만이 아니었다. 12월 결정서는 민족통일전선 정책에 관해서도 혼란을 초래할 가능성을 안고 있었다. 결정서는 조선 내지의 민족주의 그룹이 타협 노선을 걷고 있다고 평가했다. 그에 따르면, "1919년까

---

29) 위의 글, 7쪽.

지 민족해방운동에 참가했던 지주, 관료, 구 상류층은 조선인 대중이 아니라 영미제국주의 측의 원조에 기대를 걸었는데, 이들은 지금 민족해방운동에서 완전히 이탈했다"고 한다. 그리하여 1922년 시점에서는 "부분적인 자치를 얻고자 일본제국주의와의 타협 노선을 실행에 옮기고 있다"고 진단했다.[30] 이 문장에 따르면 12월 결정서는 1922~1923년 시기 조선 내부 사회주의자들의 가장 큰 논쟁점이었던 문화운동에 대한 태도 문제에 관련하여 그들과의 연대를 부인하는 입장을 천명한 셈이 된다.

그러나 12월 결정서는 상충되는 또 하나의 관점을 드러냈다. 결정서는 상해파의 조선 내지 활동상을 언급하기를, "이 그룹은 지금까지 조선 내지의 노동자단체, 혁명적 민족주의 단체, 종교단체와 일정한 연계를 갖고 있다"고 판단했다. 이어서 상해파가 이들 민족주의 단체와 종교 단체 등과 더불어 협력하는 것에 대해서 "용인할 수 있다"고 평가했다.[31] 중요한 언급이다. 1922~23년 시기에 상해파 공산당이 추진한 문화운동과의 제휴 운동을 승인하고 있는 점이 주목된다. 그렇지만 이 문장은 심각한 결함을 갖고 있다. 민족 상층부가 일제와 타협하고 있다는 앞선 구절과 충돌한다. 결국 12월 결정서는 문화운동에 대한 태도 문제와 관련하여 일관된 정책을 제시하는 데에 실패했다고 판단된다. 앞에서는 그에 반대했고, 뒤에서는 그를 용인했다.

12월 결정서가 조선혁명에 초래한 혼란의 여지는 또 있었다. 그것은 러시아령 한인 사회의 지도권에 관한 문제였다. 결정서에는 고려총국이 그 권한을 가진 것처럼 기술되어 있다. "고려총국은 러시아 극동과 시베리아 관내에서 러시아공산당의 해당 기관의 지도하에 한인 대중 내부의 당 사업을 수행한다. 또한 해당 소비에트기관의 지도하에서 연해주, 아무르주, 우

---

30) 위의 글, 2쪽.
31) 위의 글, 4쪽.

수리스크 지방의 한인 주민 속에서 문화 및 소비에트 사업을 수행한다"는 문장이 명시되어 있다.[32] 다시 말하면 고려총국이 러시아 관내 한인에 대한 당과 지방정부 사업을 수행하는 것처럼 간주되고 있다.

하지만 이는 현지의 러시아공산당과 지방정부의 반발을 불러일으킬 수도 있는 위험성을 갖고 있었다. 한인 이주민들이 밀집해 있는 연해주의 조선인을 관할하는 것은 러시아 연해주당 고려부의 소관 업무였다. 그럼에도 불구하고 12월 결정서는 고려총국이 그에 개입할 여지를 부여하고 있었다. 실제로 이 조항은 1923년도 연해주 한인 사회 내부의 새로운 혼란을 야기했다. 국제당 고려총국과 연해주당 고려부 사이의 분란을 낳은 원인이 되었다.

6. 맺음말

국제당의 조선문제 담당관들은 하나의 판단과 의지를 갖는 단일한 행위자가 아니었다. 그들은 조선 사회주의 운동이 베르흐네우딘스크 대회 잔류파와 이탈파로 분열된 것에 조응하여 나뉘어 있었다. 잔류파를 지지하는 그룹과 이탈파를 지지하는 그룹으로 말이다. 전자의 중핵은 국제당 간부회 총비서 쿠시넨이었다. 그는 간부회 내부에 갖고 있는 영향력과 몇몇 조선문제위원들의 지지를 받아서 하나의 의견 그룹을 형성할 수 있었다. 후자의 중핵은 국제당 극동부장 보이틴스키였다. 그는 간부회와 극동부, 조선문제위원회 내부에서 동료들의 지지를 받았다. 그에게 강력한 힘이 된 것은 조선문제위원회 내부의 지지였다. 특히 중국 대표 천뚜슈의 역할이 컸

---

32) 위의 글, 8쪽.

다. 그의 견해는 동아시아 인접국 공산당 지도자의 뜻이었으니만큼, 조선
문제에 그다지 익숙하지 않은 다른 위원들의 태도 형성에 일정한 영향을
미쳤다. 그리하여 국제당 내부의 두 견해 사이에 조성된 팽팽한 균형을 어
느 한쪽으로 기울게 만드는 데에 큰 역할을 했다.

쿠시넨과 보이틴스키로 대표되는 조선문제위원회 내부의 의견 차이는
제1차, 제2차 결정서 채택 시와 마찬가지로 절충적으로 봉합되었다. 그렇
지만 국제당이 쌍방의 우열을 인정하지 않고 그들을 대등하게 객관적으로
대했다는 판단은 사실과 다르다. 12월 결정서는 분파 문제에 관하여 편파
적인 태도를 취했다. 베르흐네우딘스크 당대회는 적법하고 치타 당대회는
불법적이라고 보았음에도 불구하고, 양자를 동일시했다. 두 대회를 똑같이
무효화했다. 12월 결정서는 베르흐네우딘스크 대회 고수파의 우세 국면을
이탈파의 우세 국면으로 전환하는 역할을 했음에 유의할 필요가 있다.

12월 결정서는 조선혁명의 앞길에 혼란을 가져올 소지를 안고 있었다.
고려총국의 위상 문제가 그중 하나였다. 결정서에 따르면 고려총국의 상급
기관은 국제당집행위 간부회로 상정됐지만, 그와 동시에 '극동부 산하 고
려총국'이라는 표현도 사용되었다. 후자의 표현은 극동부의 조선담당관들
이 고려총국 위원들에 대해서 관료적인 태도를 취하는 근거로 작용될 우려
가 있었다.

민족통일전선 정책에 관해서도 12월 결정서는 일관된 태도를 보이지 못
했다. 결정서는 3·1운동 당시 민족해방운동에 참여했던 민족 상층부가 이
제는 식민지 통치 정책에 타협적 태도를 보인다고 평가했다. 그와 동시에
조선 내지의 상해파 공산당이 문화운동자들과 제휴하는 정책을 승인한다
고 표명했다. 이 두 가지 태도는 상충되는 것이었다.

또 하나의 혼란은 러시아령 한인 사회의 지도권 문제를 둘러싸고 야기
됐다. 연해주의 러시아공산당과 지방정부가 맡고 있는 업무를 국제당의 고

려총국이 지휘할 수 있는 것처럼 기술함으로써, 뒷날 국제당 고려총국과 러시아 연해주당 고려부 사이의 알력을 격화시키는 원인을 제공했다.

제3부

———

'대동아공영권'

1940년대 전반 일본의 동북아지역 정치경제 인식

동아광역경제론을 중심으로

송병권

1. 머리말

만주사변 이후 일본과 조선, 그리고 '만주', 화북으로 전선을 넓혀가면서 '日滿支 블록경제론'을 제시하고 있었던 일본 제국주의가 태평양전쟁의 발발과 함께 동남아시아로 침략해 들어감에 따라 '대동아공영권'론이 광역 지역질서 구상에서 우세를 점하게 되었다. 이에 따라 동북아시아 지역에 대한 일본의 정치경제 인식은 동남아시아 지역과의 관련 속에서 재정립되었다. 본고에서는 전시기 동북아지역에 대한 일본의 정치경제 인식을 동아광역경제론을 중심으로 정리해보고자 한다. 또한 기존 정치경제인식에 대한 개별 담론들의 문제의식을 공유하면서 광역경제라는 개념을 통해서 각 담론들에 통일성을 부여함으로써 전시기 일본의 동북아 정치경제인식을 이론과 실무적인 논의들에 결부시켜 파악하고자한다. 따라서 본고는 당시에 이루어졌던 이론적인 접근과 실무적인 접근을 모두 흡수하여 이를 통일적으로 파악하고자 하는 것이다. 또한 동북아지역의 공업 중심이었던 조선과 '만주' 지역에 대한 일본의 정치경제적 인식을 분석하는 도구로서 조선 재계의 주요 시국 경제단체의 하나였던 京城經濟懇話會[1]가 개최한 좌담회

기록(1942년 2월 15일)을 통해 태평양전쟁의 발발과 함께 나타난 동남아시아 지역 즉 '南方共榮圈'[2)]과 동북아 지역의 관계 재설정에 대한 조선 재계의 논의를 통해 '대동아공영권' 속에서 동북아시아 지역의 역할에 대한 당시 인식의 변화 모습을 살펴보고자 한다.

1940년대 일본의 동아광역경제권에 대해 착목한 송병권은 경제적 비교우위론에 입각한 블록경제론에 대한 비판으로 채산성을 초월한 광역경제론이 등장하게 된 논리를 밝혔다.[3)] 일본제국주의의 광역경제론의 이론형성사적 측면에 대해서는 야나기사와 오사무(柳澤治)[4)]가 일본의 광역경제론이 나치의 그것에 깊은 영향관계에 있음을 구체적으로 밝혔다. 일본제국주의의 북방경제권 내에서의 '만주'와 조선의 관계에서 임성모는 경쟁이란 측면에서, 송규진은 협력이란 측면에서 각각 그 경쟁과 협력문제를 규명했다.[5)]

본고에서는 1940년대 전반 조선의 재계가 직면한 문제의식과 이에 대한

---

1) 京城經濟懇話會는 조선은행, 조선식산은행, 경성전기주식회사 등 경성에 본점이나 지점을 가진 주요 은행과 회사에 근무하는 중견 행원 및 사원들로 구성되어 있었으며, 조선총독부, 경성부청과 같은 조선통치기구 실무그룹, 그리고 경성상공회의소, 조선상공회의소, 경성제국대학, 조선문인협회, 녹기연맹, 전기협회 등 외곽단체 구성원, 마지막으로 경성일보, 東洋經濟新報 등 조선에서 활동했던 일본계 언론기관 인사가 참여하고 있었다. 참석자들은 대체로 조선 '재계'의 실무진들로 구성되어 있었다고 할 수 있다. 대략 1939~1940년경에 설립된 것으로 추정된다. 이 좌담회를 개최할 당시인 1942년에 60여명 정도의 회원을 보유하고 있었다. 時局研究會 편, 『第二十輯 南方共榮圈と朝鮮經濟(座談會速記)』(京城, 1942), 44쪽(이하 『南方共榮圈と朝鮮經濟』). 주요 소속 회원과 직함에 대해서는 제4장 참조.

2) 이 논문에서 다루는 동남아시아에 대한 명칭은 당시의 서술 용어에 따라 '남방', '남방권', '남양', '남방공영권'으로 사용하도록 하겠다.

3) 송병권, 「1940년대 스즈키 다케오의 식민지 조선 정치경제인식」, 『민족문화연구』 37, 2002.

4) 柳澤治, 『戰前·戰時日本の經濟思想とナチズム』(東京: 岩波書店, 2008).

5) 임성모, 「중일전쟁 전야 '만주국'·조선 관계사의 소묘－'日滿一體'와 '鮮滿一如'의 갈등」, 『역사학보』 201, 2009; 송규진, 「일제하 '선만 관계'와 '선만일여론'」, 이내영·이신화 편, 『동북아지역질서의 형성과 전개: 역사적 성찰과 정치·경제적 쟁점』(아연출판부, 2011).

반응을 '광역경제론'이라는 개념 속에서 분석하여, '대동아공영권'에 대한
경제적 인식의 다양성과 지역적 이해관계의 차이를 드러냄으로써 이시기
동북아시아 지역의 입체적인 모습을 드러낼 수 있을 것으로 생각한다. 이
론적 차원에서의 동아광역경제론의 문제의식을 드러내고, 그것이 실무적
차원에서의 동아광역경제론과 연관하여 논의를 전개시키고자 한다.

2. 동아협동체론, 동아경제블록론 비판

동아광역경제론은 기존의 동아시아 지역질서를 이론적으로 제시한 동아
협동체론과 동아경제블록론에 대한 비판 속에서 동아시아 지역의 새로운
지역질서론으로 제시되었다. 대표적인 동아광역경제론자인 나라사키 토시
오(楢崎敏雄)와 타니구치 요시히코(谷口吉彦)[6]는 대표적인 동아협동체론
자인 미키 키요시(三木淸)의 주장[7]을 비판적으로 다루고 있다.

---

[6] 나라사키 토시오는 츄오대학(中央大學) 경제학부 교수로 당시의 대표적인 동아광역
경제론자였다. 이 논문에서 다루는『東亞廣域經濟論』(千倉書房, 1940) 이외에도『東
亞交通論』(千倉書房, 1939),『航空政策論』(千倉書房, 1940),『廣域經濟と南方經濟』
(ダイヤモンド社, 1943),『廣域經濟と全球經濟』(ダイヤモンド社, 1943) 등의 저서
를 남겼다. 타니구치 요시히코는 쿄토제국대학 경제학부 교수로, 신체제 경제연구와
광역경제론을 주도하고 있었다고 평가된다. 타니구치는 1940년 1월에 초판을 낸 후
1941년 1월 현재 280쇄를 찍을 정도의 주목을 받았던『新體制の理論』(東京: 千倉書
房, 1940)이 있으며, 동아종합체에 대한 자신의 연구성과를 정리한『東亞綜合體の原
理』(東京: 日本評論社, 1940)를 간행하였고, 다시 이를 남방경제권 관련 논문들을 포
함하여 증보 개정한『大東亞經濟の論理』(東京: 千倉書房, 1942)를 간행하였다.

[7] 미키 키요시의 동아협동체론은 문화주의적 혁신론이란 측면에서 일본의 '자기혁신'에
대한 요구를 전면에 내세웠지만, 식민지·민족문제에 대한 사고에서 일본주의를 극
복하지 못했다고 지적할 수 있다(임성모,「대공아공영권에서의 '지역'과 '세계'」, 이내
영·이신화 편,『동북아지역질서의 형성과 전개: 역사적 성찰과 정치·경제적 쟁점』,
아연출판부, 2011, 58-59쪽).

미키는 민족적 전체주의를 동아시아 즉, 일본, '만주', 중국에서 발전시키고자 시도한 것으로 파악하였다. 즉, 추상적 세계주의에 대한 부정의 계기라는 의미에서 민족주의의 발전 이유를 찾았다. 민족은 극히 자연적인 공동사회이며, 종래의 여러 사회형태 중에 전체주의를 가장 직관적으로 보여주기 때문에, 전체주의가 민족주의로 먼저 구현되었다는 것이다. 전체주의는 이제 민족을 넘어선 동아협동체라는 한층 더 큰 전체로 확충되어야 하는데, 그 확충으로서 동아 사상은 의의가 있다는 것이다. 동아협동체론에서 제시된 전체성은 각 구성 국가의 독자성과 자주성을 승인하면서, 개인주의, 평등주의, 자유주의를 바탕으로 성립된 것으로 파악하였다. 즉, 일본, '만주', 중국 등 삼국이 협동사상에 기반을 두더라도, 결국 각각은 자유·평등의 입장에서 서서, 각자의 이기적 입장에 서서, 단지 각자의 이익을 조장하기 위한 수단으로서만 '신동아질서'를 건설하고자 할 것이라고 주장하였다. 이러한 동아협동체의 행동원리는 지역적인 제약 속에서 동양 문화/주의에 집착하지 않고, 비제국주의적, 개방적, 세계문화적, 공공적, 지성적이어야 한다는 논리로 귀착된다.[8] 그러나 일본, '만주국', 중국의 민중을 지도한다는 선언적 용어로서 동아협동체론은 부족할 뿐 아니라, 각각의 이익과 이해관계가 일치하는 동안에만 존속할 수 있을 것이며, 만약 상호이익이 충돌하는 경우에는 즉시 해체될 것이라고 전망하였다. 동아협동체론은 협동체 전체를 규율할 강력한 광역경제 정책이 결여되어 있었다는 점에서 결정적인 한계를 가지고 있었다. 따라서 실제적인 측면을 확보하기 위해서는 강력한 광역경제의 방책이 필요하다는 점을 강조했다.[9]

동아블록경제론 혹은 일만지 블록경제론의 대표적 논자는 타카하시 카

---

8) 楢崎敏雄, 『東亞廣域經濟論』, 130-131쪽.

9) 楢崎敏雄, 『東亞廣域經濟論』, 130-131쪽; 谷口吉彦, 『東亞綜合體の原理』(東京: 日本評論社, 1940), 128-133쪽.

메키치(高橋龜吉)였다. 타카하시는 일만지 블록 전체를 정치경제적으로 가장 효과적으로 발전시키기 위해 블록의 중추인 일본을 중심으로, 블록 내에서의 자급자족 정책과 상호 경제 유통을 가능한 한 확보해야 한다고 주장했다. 일만지 블록 단위의 종합적 求償力을 이용하여 블록 바깥 지역과의 무역을 가장 유리하게 운영하는 것을 블록경제론의 중심과제로 삼았다.[10] 블록 경제는 블록 구성원에게 결성 이전보다 큰 이익을 확보시켜 주어야 유지 가능한 체제이므로, 블록 내 이익을 조정할 필요가 있었다. 자국만이 아니라 블록 구성원 전체에 이익을 확보시켜줄 지도적 역량이 있는 동아시아 지역의 유일한 국가인 일본이 블록경제의 중심이 되어야 한다는 점을 강조했다. 반면 동아블록경제를 구성하는 중국은 블록 구성원을 지원할 경제력과 자본력을 보유하고 있지 못할 뿐 아니라, 반식민지 상태로 구미열강의 각축장에 불과하기 때문에 일본을 대신할 수 없다는 것이다. 게다가 일본 중심의 블록경제권에서 이탈하여 다른 블록지역과 연계 가능성도 희박하다고 진단했다. 이미 식민지 자원을 확보하고 있는 구미 열강에게 자원면에서 중국은 매력적인 존재가 아니며, 또한 중국의 낮은 구매력은 미국이나 소련 등과 블록경제를 결성할 근거도 낮다는 것이다. 따라서 식량 및 원료생산과 함께 이제 겨우 경공업 단계에 도달한 중국은 일본의 기술력, 자본력의 결합을 통한 블록결성으로 나아갈 수밖에 없으며, 이것이 일본과 중국 모두에게 이익이 되는 방향이라는 것이었다. 타카하시는 이를 일만지 블록경제 또는 동아블록경제라고 표현했던 것이다. 그 구체적인 내용은 일본을 중심으로 일만지 경제블록을 창설하여, 일본은 중공업 및 정밀공업을 담당하고, 중국은 경공업, '만주'는 중공업을 배치하는 산업분포를 결정하여 블록내 求償力을 높인다는 것이었다. 그러나 블록경제 내에서의 삼국 간의 관세철폐

---

10) 高橋亀吉, 『東亞経済ブロック論』(東京: 千倉書房, 1939), 22쪽.

나 관세동맹을 설정할 것에 대해서는 반대하였다. 불균등한 산업 발전 상태에 있는 일본, '만주', 중국에서 관세철폐는 도입할 필요가 없고, 관세동맹도 블록 바깥의 제3국을 불필요하게 자극할 우려가 있다는 것이었다. 오히려 중국이 일본의 생산품을 비경제적인 이유로 배척하지 않는다면, 지리적 근접성, 생활습관의 유사성, 저렴한 가격 경쟁력 등을 고려할 때, 구미 제품과의 자유경쟁에서 일본은 우위를 점할 것으로 예측하였다.[11]

나라사키와 타니구치는 블록경제론의 비판을 통해 광역경제론의 주장으로 나아가고 있었다는 점에서 공통점을 가지고 있었다. 나라사키는 '블록'이라는 용어 자체에 대한 문제를 제기하였다. 블록 개념은 세계대공황에서 헤어 나오기 위해 전통적인 자유무역체제에서 이탈한 영국이 자국 식민지인 인도 등의 희생을 밟고 활로를 개척하고자 했던 본국 중심의 제국주의 경제시스템이라는 것이다. 게다가 소극적, 방어적인 어감이 강하여, 일본 중심의 신동아를 건설하기 위해서는 '대일본'(滿鮮一體)과 중국의 경제적 합작이 필요한 상황에서 배외적인 블록 개념은 어울리지 않는다는 것이었다. 또한 장래의 경제권역 확장 가능성을 고려할 때, 동아광역경제라고 하는 편이 적절할 것이라고 주장했다.[12]

타니구치는 한층 본격적으로 블록경제론을 비판하였다. 광역경제권으로서의 대동아공영권과 블록경제를 대비하면서 세 가지 차이점을 가지고 설명하고 있다. 먼저 블록경제는 1930년대의 세계공황의 타개를 목적으로 성립하였지만, 대동아공영권은 중일전쟁과 태평양전쟁을 계기로 하여 세계 구질서의 붕괴 위에 건설되어야 할 신질서의 이념으로서 제기된 것이므로 양자는 역사적 단계가 전혀 다르다는 것이다. 두 번째로 블록경제는 세계 구질서의 정치 관계와 식민지 예속관계를 유지한 채로 세계대공황을 타개

---

11) 楢崎敏雄, 『東亞廣域經濟論』, 133-135쪽.
12) 楢崎敏雄, 『東亞廣域經濟論』, 136-137쪽.

하려는 목적을 가지고 있었으므로 반드시 전쟁을 통해 블록경제를 건설할 필요는 없는 것이었다. 그러나 대동아공영권은 기존의 정치관계를 타개하고, 영미 중심의 구질서로부터 동아시아를 해방시키려는 신질서 수립을 목표로 하고 있으므로, 반드시 전쟁을 거쳐야 한다는 점에서 다르다고 할 수 있었다. 즉, 중일전쟁과 태평양전쟁, 세계대전에서 승리해야만 가능할 과제라는 것이다. 세 번째로 블록 경제는 세계 구질서를 유지하고자 하는 영국중심의 현상유지를 위해 결성되었다는 것이다. 그러나 대동아공영권은 세계 구질서에 대한 '현상타파'를 위해 성립한 것이었다. 따라서 평화국가의 존재를 전제로 한 블록경제과 달리 광역경제는 국방국가 체제를 정비할 필요가 있다는 것이었다. 다시 말하면, 광역경제는 국방국가의 완성을 현실의 목표로 삼고 있다는 것이었다. 결론적으로 블록경제는 세계 구질서의 최후의 단계이자, 영국 자본주의의 최후의 단계로서 영미적 성격이 현저한 경제체제이므로 대동아공영권 건설이념으로 삼을 수 없다는 것이었다.[13]

3. 동아광역경제론의 구조와 성격

이제 논의를 광역경제 자체로 옮겨가고자 한다. 광역경제 사상/정책은 제1차 세계대전 이후에 시작된 것이었다. 패전 후에 식민지를 상실한 독일은 자국과 경제적으로 깊은 관계를 가진 국가들과 상호 보완할 수 있는 광역경제[14]를 고려하였다. 특히 스웨덴의 철과 루마니아의 석유 등 북유럽

---

[13] 谷口吉彦, 『大東亞經濟の理論』(東京: 千倉書房, 1942), 45-58쪽.

[14] 광역(Groβraum) 또는 광역경제(Groβraumwirtschaft)라는 개념은 제1차 세계대전 이후에 등장하였고, 세계영역(Weltgebiete), 대륙블록(Kontinentalblöcke), 영향권(Einflußsphären), 이익권(Interessensphären) 등과 같은 단어와 함께 여러 가지 방식으로 쓰였다. 칼 슈미트, 최재훈 역, 『대지의 노모스 – 유럽 공법의 국제법』(민음사, 1995), 280쪽.

내지 발칸 지역과의 광역경제 관계를 설정하고자 했다. 일본도 「經濟新體制確立要綱」(1940)에서 일본-'만주'-중국(日滿支)을 일환으로 하고, '대동아'를 포함한 자급자족적인 공영권의 확립, 그 권내 자원에 기초한 국방경제의 자주권 확립, 그리고 관민협력하의 중요산업을 중심으로 한 종합적 계획경제의 수행를 목표로 하였다. 야나기사와 오사무의 해석처럼 나치스 독일의 영향을 깊게 받은 아우타르키적 광역국방경제구상이었던 것이다.[15]

독일에서 형성된 광역경제론은 단지 독일의 발전만을 위해서 구상된 정책이었다는 점에서 한계가 있었다. 광역경제의 각 구성국 관계는 독일에게만 유의미한 관계일 뿐, 구성국들의 입장에서는 광역경제를 구성해야할 필연성이 없었다는 것이다. 즉, 독일과 통합할 상대구성국과의 관계는 상호공생적인 방식이 아니었다는 것이다. 독일에게는 단지 숙주가 필요할 뿐이다. 이렇게 쌍방향적이지 않고 일방적인 이익문제를 다룬다는 점은 독일 광역경제의 약점으로 파악되었다.

동아광역경제론은 이런 약점에 대처해야 했다. 일본-'만주'-중국의 연계에 의한 동아광역경제의 숙명적이고 유기적인 관계를 강조했다. 일본은 식민지 조선, '만주국'을 통해 중국과 육지로 연결되어 있어서, 자원국이면서 경공업국인 중국과 중공업국이면서 정밀공업국인 일본과는 상호보완적

---

15) 柳澤治, 앞의 책, 162-178쪽. 이러한 국방광역경제구상은 전쟁수행을 위한 '공익우선 원칙'과 지도자원리, 그리고 경제단체 조직화를 그 특징으로 하였다. 그러나 공익우선의 원칙이라는 것이 사적 영역을 부정하는 원칙은 아니었다. 즉 경제활동을 국가가 통제하여 사적인 영리활동을 억제하는 방향성을 가지고 있었지만, 사적 소유와 그에 기초한 개인적 사적 이니셔티브, 그 독창성과 책임을 부정한 것은 아니었다. 즉 공익 우선원칙에서의 '공익'과 '사익'의 관계, 즉 '사익'을 승인하고 '사익'과 결부된 사적 이니셔티브를 통한 창조적 경제활동을 촉진하는 면과 '공익'이란 관점에서 그것을 통제한다는 방향성의 대립을 품고 있는 것이었다. 개인의 활동을 용인하고 기존의 모든 경제단체, 은행·회사 내지 사업경제관계를 용인하면서 동시에 지도자원리에 기초하여 일정한 목적과 방향을 가지고 경제계를 유기적으로 재편성하고자 했던 것이다.

이었다. 동아광역경제는 구성원 국가 간의 밀접한 산업연관에 기초하고 있다는 것이다. 두 번째로 정치, 산업, 자본력, 근대적 문화 등 모든 면에서 앞서 있는 국가가 광역경제의 지도국이 되어야 한다고 전제한다. 물론 이러한 조건이 충족된다면 중국도 지도국이 될 수도 있다고 전제하였지만, 당시에 일본이 광역경제의 지도국이라는 점에는 차이가 없었다. 현재 일본과 동아광역경제권의 상대구성국 사이의 불균등 발전 상황을 전제하면서도 각 구성국은 정치적 독립성, 산업적 독자성은 유지해야 한다는 것이다. 동아광역경제는 일단 일본, '만주국', 중국으로 하고, 여기에 프랑스령 인도차이나, 네덜란드령 인도차이나, 태국으로 확장가능성이 있고, 말라야 지역의 식민지, 버마, 인도, 호주, 기타 남양 각지, 아프가니스탄, 이란, 소련 등도 동아광역경제의 구성원이 될 수 있었다. 광역경제는 그 경제권 내에 주요 도시 간 항공로, 철도(東京－京城－奉天－北京－南京－西南地方－중앙아시아－近東), 자동차 도로, 해로 등을 포함한 뛰어난 교통기관의 설비가 동반되어야 한다. 이렇게 형성된 동아광역경제론의 개념을 통해, 동아협동체나 블록경제론을 대신할 일본, 중국, '만주국'의 국책상 기본이념이 형성될 것이고, 나아가 동아시아 지역이 육지로 연결한 광역경제에 참여하게 할 것이라는 것이다.[16]

　동아광역경제론에 대해서는 동아블록경제론과의 대비를 통해 그 내용을 파악할 수 있다. 먼저 지구횡단적인 블록경제에 대해 광역경제는 지구를 종단하며 형성되는 경향을 보이고 있다. 자본주의적 성격을 가진 블록경제에 대해 광역경제가 국방국가적 성격을 가지고 있기 때문에 발생한 결과였다. 지구를 횡단하는 영국의 제국주의적 블록에 대해, 전쟁을 통한 현상타파를 목적으로 하는 광역경제는 열대지방부터 한대지방에 이르기까지 자

---

16) 楢崎敏雄, 『東亞廣域經濟論』, 138-140쪽.

원과 노동, 시장을 모두 확보해야 하므로 지구종단적이 될 수밖에 없으며 이는 필연적으로 지구횡단적인 블록경제와 충돌할 수밖에 없다는 것이었다. 두 번째로 블록경제는 본국에 대한 식민지 예속 관계를 온존시킨 정치체제에 기반하고 있지만, 광역경제는 상호완전 독립국 관계유지와 함께 지도자원리에 입각한 지도와 협력을 중심에 두고 새롭게 창설될 정치관계를 바탕으로 하고 있다는 것이다. 세 번째로 블록경제는 공황타개를 위해 본국과 식민지 사이의 특혜관세 등의 설정을 기본으로 하는 무역문제에 중점을 둔 것이었다. 그러나 광역경제에서는 생산부분까지 포괄하는 종합경제 성립을 목표로 한 것이었다. 즉 광역경제에 의한 국방국가의 완성은 국방 자원의 개발을 중심문제로 삼기 때문에, 상품, 노동, 자본의 세 요소에 걸친 경제의 전면적 이동을 포괄한 것이었다. 네 번째로 신질서의 광역경제에서는 무역협정에 의해 상호 무역량을 직접 통제하는 것을 목표로 한다. 동아시아 전체에 대한 종합계획 속에서의 통제경제를 상정하고 있는 것이다. 마지막으로 공황타개를 위한 경제문제 해결에 국한된 블록경제와 달리 대동아공영권에서의 광역경제론은 정치, 경제는 물론 문화질서의 문제까지도 포함하고 있는 것이다.[17]

나라사키의 동아광역경제론은 일본의 동남아시아 지역 침략 직전인 1940년에 간행되어 동북아시아 지역 중심의 동아광역경제론을 서술하고 있지만, 동아광역경제의 1차 구성원으로서의 일본(조선을 포함한), 중국, '만주'로 구성되는 북방권에 더하여 2차 및 3차 구성원으로서의 남방권 설정을 이미 하고 있었다는 점에서 광역경제권의 구상 자체는 태평양전쟁으로 확전하기 이전에 이미 형성되어 있었다고 할 수 있다.[18] 타니구치의 동아광역경제론은 동남아시아 지역침략 이후인 1942년에 발간된

---

17) 谷口吉彦, 『大東亞經濟の理論』, 51-54쪽.
18) 楢崎敏雄, 『東亞廣域經濟論』, 3-4쪽.

만큼 '남방공영권'마저 포함한 동아광역경제를 논하고 있다. 그러나 타니구치는 남방지역으로의 관심이 북방지역의 몰각을 의미하는 것이 아니라, 북방지역의 수비에서 남방지역의 진출이 확보되는 것이라는 점을 강조하고 있다. '대동아의 국방국가 완성'을 위해서 경제적, 자원적 측면에서도 남방과 북방 양 지역의 상호 보완관계를 강조하고 있는 것이다.[19)

이 동아광역경제권 내에서의 남방과 북방 양 지역의 상호보완관계에 대한 해석은 '適地適業'[20)이란 문제를 제기했다. 남방경제권의 편입에 따라 '대동아공영권' 내에서의 적지적업 문제는 일본의 세력권으로 새로 확보된 남방 지역을 포함한 동아광역경제권 내에서의 국제적 분업에서 동북아시아 지역의 산업 분업 및 배치에서의 위상 재설정 문제가 발생시켰다. 이에 대해서는 당시에도 논란이 있었던 것으로 보인다. 먼저 카다 테츠지(加田哲二, 慶應義塾大學 경제학부 교수)는 막강한 해군력을 배경으로 해양적인 대동아공영권을 건설해야한다는 입장에 서 있었다. 경제적 활동 및 기능들을 중심 원리로 한 '이익사회적 결합'에 기반을 둔 '경제협동체'로서의 東亞協同體論을 주창했던[21) 카다는 국제적 분업의 이익을 최대한 확보하기 위해서는 비교생산비설에 맞추어 지역단위에서 생산성이 떨어지는 부분을 억제하면서, 우위를 확보한 부분에 집중해야 한다는 생각을 가지고 있었다. 또한 그는 자원적인 우위라는 측면을 중시하여 '대동아공영권' 내에서의 '남방공영권' 지역의 중요성을 강조하였다. 반면, 야마다 유조(山田雄三,

---

19) 谷口吉彦,「大東亞戰爭と北方問題」,『大東亞經濟の理論』, 472-473쪽.

20) '대동아공영권' 경제건설의 통합원칙으로 제시된 '適地適産, 有無相通'과 같은 개념으로 이해하고자 한다. 總力戰硏究所,『[機密]大東亞共榮圈建設原案(草稿)』, 1942, 71쪽, 일본 防衛省 防衛硏究所 소장, 국사편찬위원회 소장.

21) 石井知章,「加田哲二の〈東亜共同体〉」, 石井知章・小林英夫・米谷匡史 편저,『一九三〇年代のアジア社会論』(東京: 社會評論社, 2010), 148-149쪽; 高橋久志,「〈東亜共同体論〉－蝋山政道, 尾崎秀実, 加田哲二の場合」, 三輪公忠 편,『日本の一九三〇年代－国の内と外から』(東京: 彩流社, 1981), 76쪽.

東京商科大學 교수)는 국가라는 정치 주체가 자신의 정치 목적에 따라 경제 질서를 변경하는 과정을 중시하였다. 이에 입각하여 야마다는 국가가 경제질서에 대한 효과를 고려하면서 그 변경조건을 추구하는 과정에서 계획 문제가 발생하는 점을 인정해야 한다고 주장하였다.[22] 그는 '適地適業' 즉, 국제분업상의 이익에 대하여 이론적인 비판의 여지가 상당히 있는 것으로 파악하였다. 자연적인 조화라는 신앙에서 벗어나 경제질서를 인위적이고 가변적인 것으로 파악해야 한다고 주장한 야마다는 자유주의 경제학이 상정했던 보이지 않는 손에 의한 자연진행적인 질서의 존재를 부정하였으며, 오히려 자유경제마저도 개인적인 차원의 계획성이 항상 전체의 움직임을 예상하여 행동하여야 한다는 불안정함을 포함한 질서로서 인식하였다. 따라서 경제질서를 지탱하는 생산·소비·분배·계산에 관한 제 요청의 가변적인 내용을 음미함으로써, 여러 종류의 경제형태의 대립을 계획적으로 고찰하고자 했던 것이다. 이렇게 경제질서를 인위적이고 가변적인 것으로 보고, 동시에 거기에서 인위적인 조작을 한정하는 조건 또는 법칙을 추구하는 데에서 계획적인 견해가 발생할 수 있다는 것이었다.[23] 이런 견해를 바탕으로 국제분업을 통한 이익이라는 것이 본래적으로 무조건 이익이 된다는 보장은 없는 것이라는 입장에 서서, 실제로는 국제분업 구조에 국가의 정책적이며 인위적인 개입과 가공을 통해 국가 이익을 창출하는 것이라고 주장하였던 것이다. 경제적인 범주만이 아니라 정치적 사회적 견지를 동시에 고려하면서 국제적 분업 문제에 접근한다면, 適地適業에는 커다란 제한 사항이 존재할 것이라고 주장했던 것이다.[24] 이렇게 정치적 사회적 견지를 고려할 때 가장 중요한 제한사항은 바로 전쟁 수행을 위한 국방

---

22) 宮田喜代藏, 「山田雄三著『計畫の經濟理論』」, 『一橋論叢』 11-2, 1943. 2, 185쪽.

23) 山田雄三, 『計畫の經濟理論 [序說]』 (岩波書店, 1942), 序文 2-5, 3-4쪽.

24) 相川尚武(朝鮮銀行) 발언, 『南方共榮圈と朝鮮經濟』, 4-5쪽.

국가 건설이라는 문제였다. 이점에 대해서는 카다도 동의하고 있었던 것으로 보인다. 태령양전쟁의 수행이 동남아시아에서의 미국의 생명선을 절단하는 것이라는 점을 강조한 카다는 대미 경제 전쟁이란 측면에서 남방공영권의 문제를 중요하게 다루었던 것이다.[25]

동아광역경제권 내에서의 상호보완관계를 고려할 때 북방의 역할이란, 동북아지역에서 전개되는 전쟁수행 능력을 확보하는 문제와 함께 동아광역경제권 전체차원에서 전쟁 수행에 필요한 물자의 생산과 분담이란 부분을 지칭하게 되는 것이었다. 먼저 일본제국주의의 동남아시아 침략/점령과 함께 일본 경제는 '남방공영권'을 편입함으로써 자주적 경제건설이 가능해졌으며, 이는 동북아시아 지역 경제블록을 통해 확보한 자주적 경제건설보다도 더욱 완벽에 가까워진 것으로 평가할 수도 있었다.[26] 그러나 다른 한편 외연의 확장을 통해 자원과 시장의 확대에는 시차 문제가 발생하는 것으로 이해되었다. 즉, 동남아시아 지역의 점령이 남방공영권의 즉각적이고 완전한 즉 안정적인 수립을 확보하기 위해서는 개발과 건설에 드는 시간이 필요하다는 점을 고려하여야 한다는 것이었다. 따라서 대동아공영권 즉 동아광역경제권의 완성은 상당히 먼 미래에 달성될 것으로 파악하였다. 동남아시아 지역 개발의 시차에 대한 문제는 식량자원 확보 문제에서도 드러난다. 남방 식량생산 지역의 확보로 인해 더 이상 북방지역의 식량증산 정책의 유효성이 상실될 것으로 생각하기 쉽지만, 그렇지 않다는 것이다. 질소비료가 충분하지 못한 동남아시아 지역에서 미곡 증산요구는 결국 질소비료 생산을 위한 수력발전 시설의 증설을 요구할 것인데, 질소비료공장과 수력발전시설의 완비에는 대략 30년 정도의 시간이 필요할 것이라는 점에서 동남아시아 지역의 점령이 즉각적으로 식량자원의 확보로 이어지는 것

[25] 加田哲二, 『太平洋經濟戰爭論』 (東京: 慶應書房, 1941), 64-65쪽.
[26] 相川尚武(朝鮮銀行) 발언, 『南方共榮圈と朝鮮經濟』, 3-4쪽.

은 아니라는 것이었다. 게다가 전쟁 지역으로 전화한 동남아시아 지역이 군인, 군속을 포함한 미곡 소비인구의 증가, 난민 구제 문제, 비농업인구의 증가로 인해 미곡의 추가적인 대일수출 능력은 높지 않을 것이므로, 인도차이나 지역의 미곡 자원을 일본으로 가져올 여력은 그다지 높지 않을 것으로 평가했던 것이다.[27] 즉 일본의 동남아시아 침략과 점령에 이어서 곧바로 남방경제권이 확립되어 일본의 광역경제에 편입되어 즉각적이고 직접적으로 기능할 수는 없을 것이라는 점을 먼저 명확히 해야 했던 것이었다.

이를 광역경제론의 측면에서 다시 살펴본다면, 일본과 동남아시아 지역이 직접 연결되어 동남아시아 지역에 대한 관심이 집중되는 부분에 대응하여, 동북아시아 지역이 기존에 일본에 대해 광역경제권 내에서 맡았던 역할의 일부를 분담해야 한다는 논리를 전개함으로써, 광역경제권에서의 역할을 재조정해야 한다는 논의에서 동북아시아 지역의 이해관계와 연결된다고 할 수 있었다.

4. 동아광역경제론 내 동북아지역의 역할분담론: 식민지 조선 재계의 인식을 중심으로

동아광역경제론 내에서의 동북아시아 지역의 역할분담론을 구체적으로 분석하기 위해 조선 재계의 주요 시국단체의 하나였던 京城經濟懇話會의 좌담회 기록(1942년 2월 15일)을 이용하고자 한다. 경성경제간화회가 주최한 좌담회는 일본의 진주만 공격이후 동남아시아로 전선이 확대되는 과정

---

27) 岩田龍雄(朝鮮殖産銀行) 발언, 『南方共榮圈と朝鮮經濟』, 9-12쪽.

에서 동북아시아 지역의 공업 중심이었던 조선과 '만주' 지역에 대한 일본의 정치경제적 인식을 드러냈다는 점에서 중요한 의미를 가진다. 조선 재계의 경영자 그룹을 주요 회원으로 구성된 주요 시국단체였던 시국연구회(時局研究會)에서 『第二十輯 南方共榮圈と朝鮮經濟(座談會速記)』라는 제목으로 간행된 이 좌담회 기록을 통해 태평양전쟁의 발발과 함께 나타난 동남아시아 지역 즉 '南方共榮圈'과 동북아 지역의 관계 재설정에 대한 조선 재계의 논의를 확인할 수 있을 것이다. '대동아공영권' 즉 동아광역경제권에서 동북아시아 지역 특히 식민지 조선의 위상은 북방전진기지라는 것이었다.[28]

중일전쟁 발발 이래 일본제국주의가 구상한 조선 경제의 개발방침은 '농공병진주의(農工竝進主義)'였다. 즉, 농업과 공업을 동시에 끌고 간다는 의미에서 경제의 종합적 육성을 도모하고자 한 것이었다. 그 논리적 근거로 제시되었던 것은 조선이 일본과 바다로 분리되어 있다는 점이었다. 물론 일본의 식민지로서 조선은 당연히 일본 경제의 지배 아래에서 기능해야 한다는 점을 부정한 것은 아니지만, 바다로 인한 자연 지리적 분리로 말미암아 일정한 경제단위로서 조선의 개별성을 확보해야 한다는 점을 강조했던 것이다. 이에 따라 조선의 재계에는 일본 경제의 일 지방으로서의 기능보다는 독자적인 종합적 경제를 육성해야 한다는 조선 경제의 독자적 발전을 주장하는 목소리가 있었다. 그런데 남방경제권의 편입에 따라 '대동아공영권' 내에서의 '적지적업' 문제 즉 일본의 세력권으로 확보한 남방 지역을 포함한 광역경제권 내에서의 국제적 분업에서 조선 경제의 위상을 재설정해야 한다는 문제가 발생했다. 일본 제국주의의

---

[28] 나라사키는 "일본-'만주'-북지"라는 라인을 그리면서 조선과 타이완을 언급한 부분이 있다. 즉, 조선은 북방전진기지, 타이완은 남방전진기지로서 표현하였다(楢崎敏雄, 『東亞廣域經濟論』, 151쪽).

동남아시아 지역 확보라는 새로운 상황에 맞추어 이번에는 '대동아공영권' 지역 내의 다른 바다와 비교하면 조선과 일본은 오히려 '地續' 즉 육지로 연결되어 있는 것이나 마찬가지라고 주장했다. 따라서 조선은 오히려 일본 내의 '내지의 일환'으로서 대동아공영권의 중추를 이루면서 경제의 종합적인 육성을 도모해야 한다는 논리를 내세워 그동안 조선에서 추진되었던 중점주의를 새로운 내선일체적 각도에서 재해석하여 수행해야 한다고 주장하였던 것이다.[29]

태평양 전쟁의 발발에 반응하여 경성경제간화회 그룹의 관심은 다음과 같은 것이었다. 먼저 동남아시아 지역 '개발'에 의해 초래될 향후 일본 경제의 변화 전망에 관한 문제였다. 이에 이어서 일본경제의 일환으로서의 조선 경제의 변화에 대한 전망을 분석하는 것이었다. 그리고 동남아시아 '획득' 후 일본의 광역권 내에서의 자주적 지역경제 질서 건설이 가능해졌다는 인식, 즉 일만지 블록 범위 내에서의 자주적 건설보다도 더욱 완벽에 가깝게 되었다는 인식에 대해 조선 재계의 대응 방안에 관한 문제 등이었다. 이런 기본 인식을 바탕으로 남방경제권의 편입에 따라 식민지 조선 경제가 일본경제의 일환으로서 어떠한 영향을 받을 것인지에 대해 전망을 내놓고 있다. 먼저 동남아시아 지역의 수출여력에 대한 회의에 더하여 국방상의 견지에서도 대일이출 미곡 확보와 조선 내 식량 자급문제를 해결하기 위해서는 조선에서의 미곡 증산이 여전히 필요하다는 점을 강조했다. 특히 전시체제기라는 특수성을 감안하여 미곡은 경제적 수익여부를 떠나 과잉 생산에 빠지더라도 반드시 자급을 확보해야 한다는 과제가 있으므로, 식량 자급율이 높은 일본과 조선, 타이완을 한 단위로 하여 '전시하 국민생활의 안정'을 도모해야 하는데, 조선, 대만, 일본은 각각 생산력의 차이와 함께

29) 相川尚武(朝鮮銀行) 발언, 『南方共榮圈と朝鮮經濟』, 5-6쪽.

바다를 경계로 지리적으로도 격리되어 있으므로, 각 지역별로 일정한 소비계획에 따른 필요최소한도의 자급책을 강구해야 할 필요가 있다는 점을 강조하고 있다[30]. 따라서 증산과 함께 생산된 미곡의 적절한 광역 내에서의 분배를 위한 소비계획의 수립이 중요한 문제이고 이를 기초로 식량정책을 수립해야 한다고 지적했다.[31]

다음으로 남방지역을 일본이 획득함으로써 조선의 '중공업' 부문이 위축되지는 않을 것이라고 전망하였다. 남방지역에서의 중화학 공업 부분의 성장 가능성을 낮게 보았기 때문이었다. 조선의 중화학 공업이 남방 지역에 직접적으로 기여할 수는 없다는 점도 명확히 하였다. 다만 조선의 중화학 공업은 일본이 남방을 확보하기 위해 필요한 일본 경제력의 발전/확충을 위한 기초산업에 해당한다는 점을 강조하였다.[32] 즉, 북방권과 남방권의 산업연관 상에서의 일정 정도의 격절 문제를 다루고 있다고 생각한다.

남방공영권의 자원이 들어오면 조선의 산업이 쇠퇴할 것이라는 비관론도 점차 정정되어, 채산성 자체를 떠나 자원은 많으면 많을수록 좋다는 입장이 강화되었다.[33] 예를 들면 철광석의 경우 채산성이 떨어지는 일본 본토, 조선, '만주', 화북지방의 철광자원도 모두 개발해야 한다는 것이다. 당시 일본의 철광석 수요를 4,000~5,000톤 정도를 예상하고 있었는데, 남방에서 공급가능한 양은 2,000톤 정도에 불과하다는 점을 강조하였다. 즉, 자원은 가격보다는 현물의 문제라는 것이다. 또한 근본적으로 경제관이 변경되었다는 점도 중요했다. 또한 남방지역의 철광석이 상당한 매장량을 가지고

30) 相川尚武(朝鮮銀行) 발언, 『南方共榮圈と朝鮮經濟』, 13쪽.
31) 中谷忠治(朝鮮總督府) 발언, 『南方共榮圈と朝鮮經濟』, 9쪽; 藤田文治(朝鮮殖産銀行) 발언, 『南方共榮圈と朝鮮經濟』, 13쪽.
32) 藤田文治(朝鮮殖産銀行) 발언, 『南方共榮圈と朝鮮經濟』, 16-18쪽.
33) 동아광역경제권에서의 채산성에 대한 문제는 송병권, 위의 논문, 411-413쪽 참조.

있지만, 이들 지역은 기존수입 지역이었으며, 일본군의 작전 지역에 해당하여 산출액이 상당부분 감소된 상태일 것으로 예상하였다.[34]

한편 '대동아공영권' 차원에서의 조선 중공업의 장래는 전전과는 전혀 다른 바탕에서 고려되어야 한다고 주장했다. 戰備 수요에 감당하기 위해 '대동아공영권' 차원에서 선철 300만 톤 이상을 생산해야 하는 과제가 향후 중공업－광업 부문의 중심을 이룰 것이고, 조선의 중공업－광업의 장래도 이에 연관되어 있다는 것이다. 중공업 입지면에서도 일본본토에 더 이상의 공업화가 불가능한 것으로 판단된 상황에서 남방지역보다는 철과 석탄이 모두 풍부한 조선 북부－'만주'－화북으로 이어지는 渤海灣 중심지역이 가장 유리하다는 것이었다. 남방자원 개발론의 근거로 활용되고 있었던 일본 본토의 부존자원 보존론에 대해 향후 일본경제의 규모를 과소 설정한 오류를 지적하고 제철능력이 한계에 놓여 있다는 주장에 대한 비판을 통해, 전쟁 후 도래할 세계정세 전망에서 일본 경제의 비약적 발전에 필요한 생산력의 방대한 확충을 위해서는 일본 국내의 지하자원은 물론 조선의 지하자원도 적극적으로 개발하여 이용해야 한다고 주장했다.[35]

대동아공영권 내에서 차지하는 남방지역의 전기 자원은 자원적으로는 약 1000만 kw 정도가 가능하다는 점에서 개발 잠재성과 가능성에 대해서는 높은 평가를 내릴 수밖에 없지만, 그것은 어디까지나 개발 이후에나 가능한 것으로 당시 발전능력은 70만 kw에 불과하다는 점을 강조하였다.[36]

대동아공영권에서의 조선이 차지하는 위상에 대해서는 다음과 같은 견해를 드러냈다. 동아공영권의 맹주로서의 일본과 자원 공급처로서의 외변인 남양의 중간에 외지인 조선, 타이완, '만주', 화북 지역을 주목하면서, 일

---

34) 中根忠雄(日本高周波工業株式會社) 발언, 『南方共榮圈と朝鮮經濟』, 19쪽.

35) 西垣菊三(三和鐵山) 발언, 『南方共榮圈と朝鮮經濟』, 21-24쪽.

36) 岸謙(京城電氣株式會社) 발언, 『南方共榮圈と朝鮮經濟』, 25-26쪽.

본이 모두 감당할 수 없는 '대동아공영권'을 커버해야 할 공업화의 압력을 조선이 분담해야 한다고 주장하였다.[37] 대동아공영권에서의 지역 내 생산구조에서 '맹주' 일본의 산업력에 남양의 자원을 결합한 남양지역 개발이라는 구조 속에서 조선의 위치를 재인식해야 한다는 것이다.[38]

종래 '일본' 경제에 의존하던 조선의 평화산업 부문을 단시간 내에 자급자족경제로 확립하는 데는 무리가 따르므로, 생산력 확충에 중점을 두어야 할 것이라고 하였다. 조선 중소공업에 대한 전망은 산업재편성과 국토계획에 따라 수출용 잡품공업 부문의 경우는 일본에서 조선으로 이전될 가능성이 높으므로, 조선의 기술 및 노동자의 질적 향상을 위한 시책도 강구해야 할 것이라고 전망했다. 대동아공영권 내에서의 조선의 평화공업의 장래는 조선 내의 자급자족 확립의 필요성에 따라 그리고 일본이 점령지역에 살포할 군표의 구매품으로서 기능해야 한다는 논리로 수출용 잡화공업의 발전가능성을 전망하고 있었다.[39] 조선의 공업부문을 크게 중화학공업과 평화산업으로 나누어, 먼저, 중화학공업 부문에서는 입지조건의 적정성, 일본과 함께 중화학공업기지로서의 역할을 기대할 수 있고, 평화산업의 경우에는 조선 내 자급자족산업과 수출산업으로 발전시켜야 한다고 주장하였다. 이런 전망은 기본적으로 통제경제, 계획경제의 틀 안에서 이루어져야 하는 만큼 쉽게 낙관할 수만은 없을 것으로 평가했다.[40]

향후 무역의 문제는 광역경제권에서 이루어지는 것으로, 동아공영권 내의 단순한 유통문제에 불과하다는 것이다. 물품과 수량을 모두 일원적 계획 하에 수행하는 대동아공영권 내의 물동계획에 따라 이루어지게 되

---

37) 岡林直枝(京城日報) 발언, 『南方共榮圈と朝鮮經濟』, 27쪽.

38) 岡林直枝(京城日報) 발언, 『南方共榮圈と朝鮮經濟』, 27-38쪽.

39) 末永力二郎(京城商工會議所, 朝鮮製鐵) 발언, 『南方共榮圈と朝鮮經濟』, 29-30쪽.

40) 末永力二郎(京城商工會議所, 朝鮮製鐵) 발언, 『南方共榮圈と朝鮮經濟』, 31쪽.

었다는 것이다. 수입이나 수출도 결국은 전쟁에서 승리하기 위한 수단에
불과하므로, 생산은 물론 유통도 일본의 전쟁경제력 강화를 위해 기능해
야 한다는 점을 역설했다. 따라서 조선의 무역 문제도 결국 일본의 경제
력의 일환이란 측면에서 다루어야 한다는 것이다. 따라서 무역도 결국
물동계획에 따라 할당된 일본을 중심에 둔 공영권 내의 물자교류 문제로
귀결되므로, 조선의 경제력은 앞으로 일본의 물동계획에서 어느 정도의
비중을 차지할 것인가 또는 현재 보유하고 있는가라는 측면에서 조선의
향후 물자교류라는 문제도 결정될 것이라는 것이다. 결론적으로 조선의 무
역상의 지위는 북방권에 대한 전진기지로서의 한계 내에서, 남방권과의 자
원 개발, 물자교류라는 측면에 두어져야 한다고 역설했다. 남방권에서 석
유, 고무, 보크사이트, 목재, 설탕, 철광석, 양모(오스트레일리아도 가능하면
포함), 수지, 옥수수 등의 개발물자를 필요로 하므로, 조선이 보유하지 못한
자원을 확보하기 위해서는 남방에 유통되는 군표, 엔계 통화의 보증으로서
물자공급을 남방에 할 수 있어야 한다는 점을 강조하였다. 따라서 조선의
여성 잉여 노동력을 공출하여 남방의 원료와 결합시켜 수출산업으로서 방
적업, 식료품공업, 약품 공업을 진흥시켜야 한다고 주장하였다.[41]

조선 경제의 광역경제 내에서의 역할은 북변을 지키는 병참기지로서의
한계에서 남방권과의 연계를 모색한다는 점에 두었다.[42]

금융문제라는 측면에서 남방권과의 관계에 대해서는 조선이 직접적으
로 공헌할 방도는 없다는 점을 전제로 생산력과 금융기관의 문제를 다루
고 있다. 당시의 대중국 금융 공작[43]처럼 일본과 조선의 자금 흐름이 이

---

41) 緖方朝二(朝鮮貿易振興會社) 발언, 『南方共榮圈と朝鮮經濟』, 31-33쪽.

42) 緖方朝二(朝鮮貿易振興會社) 발언, 『南方共榮圈と朝鮮經濟』, 34쪽.

43) 일본제국주의가 행한 중국에서의 금융 공작에 대한 연구는, 波形昭一, 『日本植民地金融政策史の研究』(早稻田大學出版部, 1985)를 참조.

어지는 차원에서 이루어지던 상황과는 다르다는 것이다. 남방의 장기개
발자금은 별도로 '남방개발금고'가 담당하게 되어 자금 관계에서는 일본
과 조선 사이의 완벽한 격절(隔絕) 상태를 유지하고자 한다는 점을 들고
있다. 남방지역에서 유통되는 화폐가 가치를 가지기 위해서는 생산재와
소비재 구매 능력을 가져야 하는데, 이러한 재화를 공급하는 문제가 조선
에 요청되는 역할이라는 것이다. 즉 조선이 남방에서 필요로 하는 생활
필수품, 건설자재 등의 물자를 수출하여 남방지역 진출 금융을 재화차원
에서 보증해 주는 것이 필요하며, 그 대신에 남방에서 설탕, 고무, 광물,
목재 등의 원료를 수입한다는 것이다.[44]

태평양전쟁 발발 전에는 '만주' 측은 일본과 직접 연결하여 조선을 건너
뛰고자 하던 태도로 수입통제기구를 수립하고 있었던 상황이었는데, 일본
경제가 태평양전쟁의 발발로 인해 '대동아전쟁경제'와 '남방공영권' 개발에
집중하게 되었고, 북방대륙권에 대해 일본 경제가 돌아볼 여유가 없어졌다
는 점을 제기하였다. 또한 남양권과의 수송문제를 해결하기 위해 선박들이
모두 징발된 상황에서 조선을 건너뛰고 일본과 직접 연결할 수 없게 되었
다는 새로운 상황이 나타났고, 따라서 북방권이 일본경제로 연결하기 위해
서 다시 조선을 거쳐야 한다는 점이 다시 부각되었다. 이런 문맥에서 대륙
병참기지론에서 원래 착안했던 내용이 현실화되었다는 것이다. 대동아공
영권과의 관계에서 먼저 공업중심(industrial center)이란 측면에서의 역할
을 재조명하였다. 일본 '내지'를 제1중심이라고 한다면, 제2중심은 조선이
고, 제3중심은 '만주'와 화북 지역이 될 것이라고 전망했다. 공업입지면에
서 정밀, 화학, 중공업 등은 열대권보다는 역시 북방권에서 담당할 수밖
에 없다는 것이다. 또한 자급자족 경제의 확보라는 측면에서 일정 정도

---

[44] 高田治一郎(朝鮮銀行) 발언, 『南方共榮圈と朝鮮經濟』, 34-35쪽.

의 농업/농촌 인구의 확보가 긴요해졌기 때문에 일본 '내지'에서도 무한정 공업화를 확장시킬 여지가 적다는 점에서 볼 때 일본 '내지'가 '대동아공영권'을 모두 커버할 수 없으므로, 그 일부를 담당할 수 있는 현실적인 지역은 조선일 수밖에 없다는 것이다.

이것을 모두 포함하는 내용은 바로 '대륙전진병참기지(大陸前進兵站基地)'라는 기존의 개념을 재해석하는 것이었다. 즉, 조선 경제라는 것은 전진방향이 대륙이라는 점, 그리고 병참기지가 전진하여 있는 내지경제라는 것이다. 따라서 대동아공영권 내에서 일본(내지)에 이은 공업중심이 되어야 할 사명을 가지고 있으므로 대동아공영권 내에서 조선 경제의 전도는 결코 비관할 필요가 없다는 것이다.[45]

5. 맺음말

일본의 제국주의화 과정은 동북아시아 지역 침략의 확대 과정이기도 했다. 1910년에 조선을 식민지로 만든 일본은 1931년에 '만주'를 침략하여 '만주국' 수립에 성공하였다. 이를 통해 일본은 기존의 식민지 조선에 이어 자신의 경제적 배후지로 '만주'지역을 확보하였으며, 1937년에 중일전쟁을 도발하여 중국 관내 지역으로 점점 전선을 확대하여 갔다. 이 과정 속에서 일본 경제론의 외연도 점점 확대되었다고 할 수 있다. '내선일체론'(內鮮一體論)을 통해 일본은 조선을 통합하여 자신의 경제권의 일부로 편입하였고, '만선일여론'(滿鮮一如論)/'선만일여론'(鮮滿一如)[46]을 통해 '만주'와 조

---

45) 鈴木武雄(京城帝國大學) 발언, 『南方共榮圈と朝鮮經濟』, 38-42쪽.

46) 鮮滿一如/滿鮮一如論에 대한 해석은 두 가지로 크게 나뉜다. 임성모는 조선과 '만주'의 갈등관계와 '만주' 우위라는 측면을 중시하며, 송규진은 조선-'만주'의 통합 부분을

선을 통일적으로 경영하고자 했는데, 이를 '日滿經濟블록론'을 통하여 동북
아 지역의 자신의 배후지 확보를 정당화하고자 하였다. 즉 중일전쟁 이후
일본은 다시 '日滿支經濟 블록론'을 통해 동북아시아 지역을 통합한 경제권
을 설정한 경제론을 전개했던 것이라고 할 수 있다. '만주'와 조선 지역의
일본의 광역경제권 내에서의 경합문제도 발생했다. '日滿一體論'과 '鮮滿一
如論'의 대립이었다. 이는 '滿洲飛地論'을 둘러싼 논쟁이기도 했다. 조선지
역보다 '만주'지역을 중시했던 관동주와 관동군 측은 일본과 직접 '만주'를
연결하여 '만주'를 동북아시아 지역의 산업중심으로 발전시키고자 추구했
던 것이다. 이에 대해 조선총독부에서는 대륙병참기지론을 통해 조선의 경
제적 의미를 부각하면서, '만주비지론'에 대항하여갔던 측면을 보여주고 있
다. 그러나 이 경합문제는 어디까지나 일본의 동북아시아 지역에 대한 경
제적 배후지에서 문제에서 나타난 것이었다.

　1941년에 일본이 태평양전쟁을 도발하여 동남아시아로 침략해 들어감에
따라 기존의 동북아시아 지역을 중심으로 했던 경제권은 재설정되어야 했
다. 동북아시아 지역에 더하여 동남아시아 지역을 통합시킨 경제권의 확대
를 통해 일본은 세계대전의 한복판으로 돌입했던 것이었다. 기존에 구미

　중시하고 있다(임성모, 「중일전쟁 전야 '만주국'·조선 관계사의 소묘－'日滿一體'와
'鮮滿一如'의 갈등」, 『역사학보』 201, 2009; 송규진, 「일제하 '선만 관계'와 '선만일여
론'」, 이내영·이신화 편, 『동북아지역질서의 형성과 전개: 역사적 성찰과 정치·경
제적 쟁점』, 아연출판부, 2011). 갈등이란 측면과 통합이란 측면도 사실은 서로 길항
하면서도 통합되는 측면을 다루었다는 점에서 양 논점을 통합적으로 이해할 수 있
는 측면 또한 존재한다. 특히 일본의 진주만 습격 이래 태평양전쟁하에서 동북아시
아 지역에 대한 일본의 위상 점검이란 측면에서 보면 이 두 가지는 공존할 수 있는
여지가 있었다. 실제 조선과 '만주'의 협력관계가 형성되어 감과 동시에 일본과 '만
주'의 직접적인 협력관계도 또한 가동되고 있었다. 특히 해상의 물류수송에 곤란을
겪고 있던 일본으로서는 바다로 격리된 동북아시아지역이 자급적인 전시경제 시스
템을 유지하면서 동북아시아지역의 전쟁 수행을 뒷받침하는 것은 중요했던 것이라
고 생각한다.

열강의 식민지였던 동남아시아 지역의 자원과 시장을 일본이 확보하게 되자, 기존의 동북아지역을 중심으로 주장되었던 '일만지경제블록론'만으로는 동남아시아 지역을 포괄하기 어렵게 되었다. 이에 대한 대응으로 '대동아공영권론'의 등장하게 되었던 것이다. '대동아공영권론'은 동북아지역에 형성된 일본의 광역경제권에 동남아지역을 통합하고자 시도한 것이었다. 또한 '대동아공영권론'은 최종적으로는 자원 중심지로서 동남아시아지역을 중시한 광역경제론으로 자림매김할 수 있었다. 그렇지만 아시아태평양전쟁이 한창인 상황에서, 동남아시아 지역은 여전히 개발되지 못한 채 남아있었으며, 기존의 동북아시아지역에 존재하는 자원적 중요성은 당분간 유지되어야 했다. 물론 시간의 흐름에 따라 동남아시아 지역의 자원이 순조롭게 확보된다면 그것의 가공, 생산지역으로서 동북아시아지역이 재인식되는 단계를 거칠 것이었다. 이런 점은 전시기 미국의 대일배상정책에도 일정 정도 영향을 주었다. 초기에 대일 배상을 통해 전개될 아시아의 공업화 중심지역은 북조선과 '만주'지방을 중심으로 한 동북아시아 지역이었던 것이다.

이런 일련의 경제권론들은 각각 일본의 제국주의적 팽창 상황에 대응해서 나타났으며, 동아광역경제론의 자기 확대이자 복잡화 과정에 다름 아니었다. 이러한 경제권론은 일본제국주의만의 독특한 경제론 해석은 아니었으며, 오히려 당시 제국주의 열강이 자신의 경제적 영역을 해석하는 일반적인 방식이었다. 따라서 일본의 각종 경제권론은 이들 제국주의 열강의 세계경제 및 지역경제 해석과 전혀 다른 인식론적 틀을 가지고 형성되었다고는 할 수 없다. 그 근본에는 일본을 중심으로 일국적 틀을 넘어서 지역단위의 경제권 형성을 추구했던 일본 제국주의의 욕망이 자리 잡고 있었다. 대동아공영권의 단계로 들어가면 광역경제질서론에서 일정 정도의 수직적 분업체계가 형성되었고, 기존에 일본이 맡고 있던 역할의 일부를 조선과

'만주' 등 동북아시아 지역 공업 중심으로 이양하게 되는데, 이는 조선에 대한 대륙병참기지, 대륙전진기지로서의 재인식을 수반한 것이었다. 이런 측면을 고려하면 조선 경제의 1940년대 전반기의 대륙전진기지로서의 역할 중시론은 광역질서 내에서 동북아시아 지역 역할분담론과 관련 속에서 전개되었던 것이다. 경성경제간화회 좌담회에서 제기된 조선 '재계'의 논의는 이런 역할 분담에 적극적으로 공명했던 모습을 보여주고 있었던 것이다.

왜 『帝國主義下の朝鮮』은 없었는가?

야나이하라 타다오(矢內原忠雄)의 식민지 연구와 대만 · 조선

문명기

1. 머리말

 1945년 이전 일본의 대표적인 자유주의적 식민정책학자이자 『帝國主義下の臺灣』(이하 『臺灣』으로 줄임)의 저자로 널리 알려진 야나이하라 타다오(矢內原忠雄, 1893~1961)의 식민정책학에 대해서는 수량적인 면에서나 시각의 다양성이라는 면에서나 이미 적지 않은 연구가 진행되어왔고,[1] 최근까지도 여전히 주목을 받는 연구주제이기도 하다.[2] 예컨대 1945년 이전 그의 자유주의적 식민정책학의 한계(폭력을 동반한 식민지 독립의 반대와 평화적 독립의 지지 등)를 인정하면서도 戰前의 철저한 비폭력 입장이 戰後의 재군비 반대(='절대적 평화') 주장에 연결된다고 보아 긍정적인 측면을 강조한 연구도 있고,[3] 보다 급진적인 입장에서 그의 자유주의적 식민정

---

[1] 최근까지의 야나이하라 연구를 종합적으로 정리한 논문으로는 岡﨑滋樹, 「矢內原忠雄研究の系譜-戰後日本における言說」, 『社会システム研究』 24권 (立命館大学社会システム研究所, 2012)가 있다.

[2] 예컨대 鴨下重彦 等編, 『矢內原忠雄』 (東京大學出版會, 2011)은 야나이하라 50주기를 기념하여 2009년부터 개최된 학술회의의 성과를 모은 것이다.

[3] 竹中佳彦, 「帝国主義下の矢內原忠雄-1931-1937年」, 『北九州大学法政論集』 20-4,

책학의 한계를 지적한 연구도 있다.[4] 식민지의 입장에서 야나이하라의 식
민정책론을 비판적으로 검토한 연구도 있고[5] 야나이하라의 식민지 연구를
1945년 이후 일본 지역연구의 선구로 위치지운 연구도 있으며,[6] 야나이하
라로 대표되는 근대 일본의 자유주의적 입장에서의 '과학적 식민정책학'에
내장된 사회진화론에 입각한 문명관을 비판적으로 재구성한 연구도 있다.[7]

하지만 각도를 달리 하여 개별 식민지에 대한 연구라는 관점에서 볼 때,
대만·만주·남양군도 및 인도 등에 비해 조선에 대한 야나이하라의 학술적

1993, 176쪽. 다케나카(竹中)는 서론에서 "야나이하라의 戰前·戰中의 생애를 완전히
부정해버리면, 그 당시의 일본인은 일부의 마르크스주의자 외에는 모두 같은 사상에
물들어 있었고 패전에 이르는 도정은 '숙명'이었다는 極論만 남게 된다."면서 이러저러
한 한계에도 불구하고 "현재의 시각에서 그를 단순히 외재적으로 비판하는 것이 아니
라 당시의 역사적 문맥 속에 그를 놓고" 볼 것을 제안하고 있다(130쪽). 대만의 연구로
는 何義麟, 『矢內原忠雄及其帝國主義下の臺灣』(臺灣書房, 2011)이 대표적이다.

[4] 일본에서는 淺田喬二, 『日本知識人の植民地認識』(校倉書房, 1985)와 戴國輝, 「細川
嘉六と矢內原忠雄」, 戴國輝, 『日本人とアジア』(新人物往來社, 1973) 등이 그러한
입장을 취하고 있고, 한국에서는 이규수, 「야나이하라 타다오(矢內原忠雄)의 식민정
책론과 조선인식」, 『대동문화연구』 46, 2004가 조선 문제에 대한 자유주의적 접근의
한계를 지적한 바 있다. 동시대의 비판적 시각으로는 宋斐如, 「評『帝國主義下的臺灣
』」(1931年), 宋斐如 著, 深圳臺盟 主編, 『宋斐如文集』(卷5) (臺海出版社, 2005)가 사
회주의의 입장에서 야나이하라의 『臺灣』에 비해 야마카와 히토시(山川均)의 『殖民政
策下の臺灣 - 弱小民族の悲哀』(1926)를 상대적으로 더 높이 평가한 바 있다.

[5] 李承機, 「植民地期臺灣人の'知的體系' - 日本語に'橫領された'知'の回路」, 古川ちか
し 等編, 『臺灣·韓國·沖繩で日本語は何をしたのか-言語支配のもたらすもの』
(三元社, 2007)은 대만 항일운동 지도자 簡吉의 주장이 사실상 야나이하라의 입장과
대동소이함에도 불구하고, 야나이하라의 입장만이 일방적으로 유통되어 온 데 대하
여 문제제기하면서, 이를 제국의 지적 권위에 의한 '知의 횡령'으로 표현하고 있다.

[6] 矢內原勝, 「矢內原忠雄の植民政策の理論と實証」, 『三田学会雑誌』 80-4, 慶応義塾
経済学会, 1987, 309쪽은 야나이하라를 '발전도상국에 대한 학제적 연구 또는 지역연
구의 선구자'로 위치지우고 있고, 若林正丈 編, 『矢內原忠雄『帝國主義下の臺灣』精讀』
(岩波書店, 2001), 352-353쪽은 야나이하라의 식민지 연구가 전후에 동경대학 경제학
부의 국제경제론, 그리고 같은 대학 교양학부의 지역연구로 연결되었다는 것을 볼 때,
야나이하라의 식민지 연구는 '사회과학적 지역연구'를 배태하고 있었다고 보았다.

[7] 이석원, 「近代 日本의 自由主義 植民政策學 研究: 야나이하라 타다오(矢內原忠雄)의
植民政策學을 中心으로」, 연세대학교 석사학위논문, 2003.

연구가 상대적으로 훨씬 적었다는 점은, 야나이하라의 조선에 대한 현실적·종교적 관심에 비추어 다소 의외이다. 즉 개별 식민지에 대한 연구로서는『帝國主義下の臺灣』(1929),『滿洲問題』(1934),『南洋群島の硏究』(1935)는 물론이고 일본의 식민지가 아닌 인도에 대해서도『帝國主義下の印度』(1937)를 남긴 데 반해, 대만과 함께 일본의 가장 대표적인 식민지인 조선, 나아가 야나이하라 자신이 큰 관심과 애정을 가지고 있었던 조선에 대해서는 세 편의 논설만 있을 뿐 專著가 없다는 점은 확실히 눈에 띈다.[8] 이 점에 대하여 이미 많은 연구자들이 지적해 왔다.

예컨대 무라카미 가쓰히코(村上勝彦)는 "일본 식민지의 기념비(원문은 ケルン[cairn] – 필자)라 할 만한 조선에 관하여 저서가 없고 논문도 적다는 것은 기묘한 사실이고 금후 검토해야할 문제"라고 했고,[9] 한상일 역시 "기이하게도 학문적 입장에서도 일본의 식민지로서 가장 전형적이라 할 수 있는 조선의 식민지지배에 대해서는 소수의 논문이 있을 뿐이다."라고 했다.[10] 이외에도 많은 연구자들이 거의 공통적으로 이 점을 지적해왔다.[11]

---

8) 1916년 동경제대 학생이던 야나이하라는 조선총독이 되면 기쁠 것이라거나 재정을 통해 조선을 구하려고 생각했다거나, "이전에는 일본제국의 식민지인 조선반도의 통치를 생각했다. 하지만 이번에는 인류동포로서 나라가 망한 조선인의 모습이 떠올랐다. '조선인을 위해 몸을 바치자'는 생각이 들었다."고 하는 등 청년기의 야나이하라에 조선은 결코 작지 않은 의미였다(이규수, 앞의 글, 183-184쪽).

9) 村上勝彦,「矢內原忠雄における植民論と植民政策」, 大江志乃夫 等編,『近代日本と植民地』제4권(統合と支配の論理) (岩波書店, 1993), 225쪽.

10) 한상일,「식민지 자치론 – 야나이하라 타다오(矢內原忠雄)의 자치론을 중심으로」,『사회과학연구』15집, 국민대 사회과학연구소, 2002, 608쪽.

11) 木畑洋一,「植民政策論·國際關係論」, 鴨下重彦 等編, 앞의 책, 93-94쪽은 "야나이하라가 강한 관심을 보였던 조선 문제에 대한 연구는 저서로서는 정리되어 있지 않다."면서 조선에 대한 관심에 비하면 연구는 적거나 없었던 편이라고 했고, 飯田鼎,「矢內原忠雄と日本帝國主義硏究」,『三田学会雑誌』75-2, 慶応義塾経済学会, 1982, 43쪽 역시 "그의 일본 제국주의 연구에서 가장 극명한 것은『帝國主義下の臺灣』이 대표적이고 그 다음이『滿洲問題』인데, 일본 제국주의와의 관련에서 직접적으로 조선을 언급한 것은 비교적 적다는 점이 주목된다."고 말하고 있다. 또한 幼方直吉,

하지만 정작 이 문제를 비교적 깊이 천착한 연구는 1960년대 우부카타 나오키치(幼方直吉)의 연구 외에는 없다.[12] 왜 야나이하라는 『帝國主義下 の朝鮮』 같은 저서를 남기지 않았던 것일까. 이 글은 야나이하라의 연구와 활동 이력을 따라가다 보면 자연스럽게 드는 이 의문에 답해보는 것을 일 차적인 목적으로 한다. 이는 야나이하라 연구의 공백을 메운다는 기초적인 의의도 없지 않겠지만, 더 중요하게는 이 의문에 대한 해답을 추구하는 과 정에서 야나이하라가 수행한 식민지 연구의 중요한 특질이 보다 선명히 드 러날 수 있고, 한 발 더 나아가서는 (특히) 대만과 조선의 식민지로서의 '차 이'와 그 의미를 보다 분명히 드러내주는 데 기여할 수도 있을 것이다.

위의 의문을 해명하기 위해 필자는 우선 야나이하라의 저작을 시간적 추이에 따라 정리하고 이를 연구 지역별로 구분하여 식민지 조선에 대한 그의 연구가 상대적으로 빈약했음을 일차적으로 확인하고(제1절), 이를 연 구 외적 환경과 연구 내적 연관성의 측면으로 나누어 접근해보고자 한다. 구체적으로는 연구 외적 환경의 문제를 대만 · 조선 연구의 대비를 통해 검 토하고(제2절), 연구 내적 문제에 대해서는 야나이하라의 대만론과 조선론

「矢內原忠雄と朝鮮」, 『思想』 495, 岩波書店, 1965, 1177쪽은 "야나이하라는 일본의 시민적 식민정책학자로서 최초이자 최후의 인물이다. 따라서 그가 학문적 입장에서 일본의 식민지로서 가장 전형적이었던 조선에 무관심했을 리는 없다. 더욱이 그의 신앙의 입장에서도 가장 관심을 가진 것은 조선이었다. 그럼에도 불구하고 그는 명저 『帝國主義下の臺灣』에 필적하는 『帝國主義下の朝鮮』을 완성하지 못했고 약간의 논 고를 남기는 데 그쳤다. 이들 논고는 『矢內原忠雄全集』(이하 『全集』으로 줄임)의 수 많은 식민지정책 연구 업적에 비하면 극소수인 것이다."고 지적하고 있다.

12) 우부카타는 "왜 「帝國主義下の朝鮮」을 완성할 수 없었는가?"라는 의문에 대하여 주 로 연구 외적 환경, 즉 조선총독부를 비롯한 정부 측의 압박을 그 원인으로 제시했다 (幼方直吉, 앞의 글, 1182-1183쪽). 하지만 후술하듯이 그러한 학문 외적인 압박은 조 선 연구에만 국한된 것은 아니었다. 또 한상일, 앞의 글, 608쪽은 "야나이하라가 (조 선에 대해 - 필자) 『臺灣』에 필적하는 업적을 생산할 수 없었던 것은 어쩌면 3 · 1운 동, 6 · 10만세사건 등에서 볼 수 있는 것과 같이 피식민지 조선은 대만 문제보다 훨 씬 복잡했고 그 대안을 찾기가 대단히 어려웠기 때문인지도 모른다."고 지적한 바 있 지만, 이러한 지적만으로 해당 의문이 해소되었다고 보기는 힘들다.

을 그 자신의 식민지 연구의 구조와 특징에 의거하여 분석함으로써, 야나이하라에 있어서 식민지 '이론'과 식민지 '현실'이 어떻게 연관되고 있었는지를 추적해보고자 한다(제3절과 제4절).

2. 야나이하라의 식민지 연구와 연구의 외적 환경

야나이하라의 이력에 관해서는 많은 연구가 이미 다루고 있으므로 여기서는 본문에 필요한 내용에 관해서만 간략히 언급하기로 한다.[13] 1917년 3월 동경제대 법학부를 졸업한 야나이하라는 졸업과 동시에 스미토모(住友) 總本店에 입사, 1920년까지 벳시(別子)광업소에 근무했다. 같은 해 3월에 동경제대 경제학부 조교수에 임용되었고[14] 부임과 동시에 문부성 유학생으로서 유럽 유학의 기회를 얻어 약 2년간 영국(10개월), 베를린(1년), 미국(1개월) 등지에서 연구할 기회를 얻었다. 유럽 유학에서 돌아온 1923년부터는 스승인 니토베 이나조(新渡戸稻造)의 뒤를 이어 식민정책학 강좌 담당교수가 되었다. 이때부터 그의 식민지 · 식민정책 연구도 본격적으로 진행되었고 식민지 관련 논설 역시 이때부터 대량으로 생산되었다. 이 글 말미에 첨부된 〈부록〉에 근거하여 야나이하라의 식민지 관련 논설을 대상 지역별로 나누어 보면 다음의 표와 같다.

---

13) 야나이하라의 경력에 대해서는 楊井克己 等編,『帝國主義硏究』(矢內原忠雄先生還曆 記念論文集) (岩波書店, 1959)에 수록된 「矢內原忠雄先生略年譜」도 유용하고,『全集』 제29권의 「年譜」도 유용하다.

14) 조교수 임용 당시 한 편의 학술 논문도 없었던 야나이하라가 동경제대 경제학과 교수로 임용된 것은 상당히 파격적이라 할 수 있는데, 이에 대해 그의 동료이기도 했던 오오우치 효에(大內兵衛)는 "이 인사가 東大에서 가장 훌륭한 인사였다는 것은 30년 후에 입증되었다."고 평가하고 있다(大內兵衛,『經濟學五十年』(上), 東京大學出版會, 1959, 98-99쪽).

〈표 1〉 식민지 관련 논설의 대상지역별 빈도(1923~1945)[15]

지역	빈도	지역	빈도
대만	7	영국	9
조선	4(3)	미국	1
만주	9	仏日	2
중국	5	아일랜드	1
남양군도	10	팔레스타인	1
인도	8	식민지 일반	22
이집트	1	합계	80(79)

　전체적으로 보아 조선 관계 논설의 빈도가 일본의 식민지 중에서 가장 적었음이 확연하게 드러나는데, 특히 1922년에 위임통치령이 된 南洋群島나 만주사변의 결과 1932년 '만주국'이 된 滿洲에 비해서도 식민지로서의 역사가 긴 조선에 대한 논설이 훨씬 적었다.

　시기적으로 보면 1926년에 조선 관계 논설이 두 편 발표되었으나 그 이후 1938년까지 한 편도 없다. 1928년에는 대만 관계 논설이 6편에 걸쳐 집중적으로 발표되었고 1929~1931년에는 인도 관계 논설이 6편에 걸쳐 집중 발표되었다. 1932~1933년 초까지는 만주 관계 논설 7편이 집중적으로 발표되었고, 1933~1936년까지는 남양군도 관계 논설 9편이 집중적으로 발표되었으며, 1937년 중일전쟁 발발을 전후한 시기에는 중국 관계 논설이 집중적으로 발표되었다. 그의 식민지 연구는 시간적 추이에 따라 조선 → 대만 → 인도 → 만주 → 남양군도 → 중국으로 이어진 셈이다. 이렇게 특정

---

15) 이 표는 이 글 말미의 〈부록〉: 야나이하라의 식민지 관련 논설 목록(1923~1945)〉의 분류에 근거하여 작성했다. 합계가 〈부록〉의 79편과 달리 80편이 된 것은, 일련번호 '78'(「英國の印度征服史論」)을 영국과 인도에 각각 한 번씩 포함시켰기 때문이다. 또 조선의 빈도가 4(3)으로 표시된 것은, 일련번호 '74'("Problems of Administration in Korea")의 경우 일련번호 '73'(「朝鮮統治上の二三の問題」)의 英譯에 해당하기 때문이다.

시기에 특정 지역에 대한 연구가 집중된 것은, 대상 지역을 집중적으로 연구함으로써 연구의 효율을 높인다는 야나이하라 자신의 연구 전략의 결과 (대만, 인도, 남양군도의 경우)일 수도 있고, 식민지 관련 현안에 대해 기민하고도 순발력 있게 반응해온 야나이하라의 현실에 대한 관심 표명의 결과 (만주, 중국의 경우)일 수도 있다.

이렇게 집중적으로 발표된 논설은 시간적 격차를 거의 두지 않고 저서로 묶여 출판되었는데, 대만 논설은 『帝國主義下の臺灣』(1929년), 인도 논설은 『帝國主義下の印度』(1937년), 만주 논설은 『滿洲問題』(1934년), 남양군도 논설은 『南洋群島の硏究』(1935년) 등의 저서로서 편집·출판된 데 반해 조선 관계 논설은 그렇지 못했다. 저서로 묶여 출판할 만큼의 논설 자체가 부족했던 것이 일차적인 이유겠지만, 어쨌든 이 점은 야나이하라의 연구 및 출판 패턴에 비추어 이례적임에는 틀림없는 것 같다. 그리고 한 연구 대상 지역에 대해서는 몇 년에 걸쳐 집중적으로 연구하는 그의 연구 패턴에 비추어본다면, 조선 관계 연구는 '갑자기' 중단된 듯한 인상을 주는 것도 사실이다. 그 이유는 무엇일까.

여기에는 기존 연구가 지적하듯이 외부의 '압력'이 분명히 작용한 것 같다. 1923년 식민정책학 강좌 담당교수가 된 이래 야나이하라는 최초의 연구여행지로 조선을 택하여 1924년 9월 30일부터 10월 29일까지 연구여행을 다녀왔다.[16] 1개월의 여정 중 가능한 한 조선총독부의 신세를 지지 않으면서 조선의 산업실태를 시찰하려 애썼지만, 당시 '경찰정치' 하에 있던 조선에서의 연구여행에 총독부 관료가 동행하는 등 많은 제약이 있었다.[17] 뿐만 아니라 1926년 6월 『中央公論』에 발표한 「朝鮮統治の方針」은 조선인들 사이에서 큰 반향을 불러 일으켰지만[18] 동시에

---

[16] 「年譜」, 『全集』 제29권, 826쪽.

[17] 幼方直吉, 앞의 글, 1179쪽.

"조선총독부도 자극하여, 경무국장 마루야마 쓰루키치(丸山鶴吉)가 어느 날 밤에 야나이하라를 제국호텔로 불러 회유적 태도로 압박을" 가했다고 한다.[19] 이 압박의 결과인지는 분명치 않지만 야나이하라는 1940년 敎友이자 조선총독부 재무국 稅務課長인 무라야마 미치오(村山道雄)의 도움으로 26년 만에 두 번째 조선여행에 나설 때까지 조선을 방문하지 않았다.[20]

이러한 압박은 비단 야나이하라에게만 국한된 건 아니었다. 1928년 『京城法學會論集』에 「朝鮮と內地との經濟的關係」를 발표한 미야케 시

---

[18] 야나이하라에 따르면 "이 빈약한 나의 논문이 『중앙공론』에 발표되었을 때, 적지 않은 조선인들로부터 감격과 감사의 말을 들었다. '이런 입장에서 조선 문제를 논한 글은 처음일 것이.'라고 누군가 말했다. 이들은 자신의 사회 상태를 사실대로 보는 눈, 그리고 그들의 빈궁을 빈궁으로, 불안을 불안으로, 절망을 절망으로 인정하는 목소리에 굶주려 있었던 것 같다."(『全集』 제1권, 538-539쪽)

[19] 盧平久, 「矢內原先生と韓國」, 『矢內原忠雄全集月報』 6, 幼方直吉, 같은 글, 1182쪽에서 재인용. 하지만 이 회고에는 사실 관계의 오류가 일부 포함되어 있다. 마루야마가 조선총독부 경무국장을 지낸 것은 1922년 6월부터 1924년 9월까지(1919년 8월부터는 조선총독부 경무국 무임소사무관으로 근무)이고, 야나이하라가 해당 논설을 『中央公論』에 발표한 것은 1926년 6월이다. 따라서 실제로 '회유적 압박'이 있었다면 1926년 6월 이후일 터인데, 이때 마루야마는 이미 조선총독부 경무국장을 그만두고 동경에 돌아가 東京市助役 등으로 활동하고 있었다. 따라서 야나이하라에 대한 마루야마의 압박이 실제로 있었다면, 그것은 조선총독부 경무국장의 자격으로 행한 것은 아니었다고 보아야 한다. 다만 마루야마의 조선 근무 당시 조선총독이었던 사이토 마코토(齋藤實)가 총독을 사임하고 組閣할 당시 마루야마가 참모의 한사람이었다는 점, 그리고 경시총감(1929~1931)과 귀족원 칙선의원(1931~1946)을 역임하는 등 정치적 비중도 꽤 컸던 관료이자 정치가였다는 점 등을 미루어볼 때, 실제로 마루야마에 의한 압박이 있었다면 야나이하라가 적지 않은 부담을 느꼈을 가능성은 없지 않다. 또한 마루야마는 야나이하라가 고등학생이던 시절 제일고등학교에서 조선에서의 활동에 대한 회고를 강연했던 인물이기도 하다(이규수, 앞의 글, 180-181쪽). 마루야마의 조선 근무와 조선 인식 및 주요 경력에 대해서는 김종식, 「근대 일본 내무관료의 조선 경험 – 마루야마 쯔루키치(丸山鶴吉)를 중심으로」, 『한일관계사연구』 33, 2009 및 松田利彦, 『日本の朝鮮植民地支配と警察, 1905~1945』(校倉書房, 2009)의 제4부 제2장 (朝鮮總督府警察官僚・丸山鶴吉の抗日運動認識, 398-447쪽)을 참조.

[20] 幼方直吉, 앞의 글, 1183-1186쪽.

카노스케(三宅鹿之助, 경성제대 법문학부 조교수) 역시 "내가 가장 유감으로 생각하는 것은 종종의 사정에 의해 문제를 정당하게 세우고 그 해결로 나아갈 수 없는 점이다. 특히 정치관계의 분석에 이르러서는 완전히 포기하지 않을 수 없는 입장에 있다. 현재 내가 할 수 있는 것은 단지 조선과 내지의 경제적 관계(그 극히 표면적인 현상 형태의 분석), 그것도 매우 왜곡된 방법에 의한 분석에 불과하다."라고 토로할 만큼 연구 또는 표현의 부자유를 겪고 있었다.[21] 즉 "식민지에서는 연구 및 언론에 대한 자유가 결핍"되어 있는 등 "정치상의 이유로 그 연구 및 발표가 특히 부자유하다는 것이 식민지 문제 연구의 특별한 곤란"이라고 본다면,[22] 조선총독부나 일본 중앙정부에 비판적인 입장에서 조선을 연구하려는 야나이하라 같은 연구자에게 다양한 형태의 압력이 행사되었을 가능성은 없지 않았을 것이다.

하지만 이들 제약과 압박은 조선 연구에만 해당되는 건 아니었다. 야나이하라가 1927년 3월 18일부터 5월 6일에 걸쳐 대만 조사여행을 다녀왔을 당시에도 대만총독부와 사전 접촉(과 양해)을 구했고 일본 중앙부처의 소개도 받고 있었다.[23] 이러한 과정을 거쳐 야나이하라가 대만에서 접촉한 인사들의 면면을 (그가 남긴 명함 메모를 통해) 보면, 대만총독부 사무관, 지방청 이사관, 전매국 직원과 기사, 경찰 간부 등 총독부 관료가 상당수였다. 이 과정에서 야나이하라가 연구에 필요한 정보와 자료를 습득함과 동

---

21) 矢內原忠雄, 「書評: 植民・人口に關する著書論文若干」, 『社會科學』 제5권 제2호, 1929년 9월, 『全集』 제5권, 404쪽.

22) 矢內原忠雄, 「書評: 京城帝國大學法文學會編『朝鮮社會經濟史研究』; 臺北帝國大學農業經濟學教室編『農林經濟論考』」, 『レッェンゾ』 제3권 제5호, 1934년 5월, 『全集』 제5권, 424-425쪽.

23) 辻雄二, 「矢內原忠雄「台灣調査ノート」の分析(1)」, 『琉球大学教育学部紀要』 74, 2009, 141쪽.

시에 이들의 감시도 피할 수 없었음은 물론이다.[24] 뿐만 아니라 『帝國主義
下の臺灣』이 출판된 후에는 대만 내에서의 판매 및 유통이 금지되기도 했
다.[25] '비판적' 식민지 연구에 대한 제약과 압박은 대만총독부나 조선총독
부나 큰 차이가 없었던 것이다.[26] 따라서 연구 외적 환경이 조선 연구에
영향을 끼쳤음은 분명하지만, 이것이 식민지 조선 연구의 상대적 빈약에
대한 유일한 설명 방식이라고 보기도 곤란하다. 이 문제는 결국 야나이하
라의 식민(정책)론의 구조와 특징의 검토를 통해야만 보다 적절한 해답을
얻을 수 있지 않을까.

---

[24] 辻雄二, 앞의 글, 142-144쪽. 야나이하라는 전술했듯이 1926년 6월에 「朝鮮統治の方
針」을 발표하여 조선총독부의 전제적 통치를 비판했고, 또 같은 해 7월에는 『帝國大
學新聞』에 「二百万市民と四百万島民」을 발표하여 대만총독 재임 시절 전제정치를
행한 이자와 다키오(伊澤多喜男)의 도쿄시장 전출 시도를 비판했다. 때문에 당연하
게도 대만총독부의 경계를 불러일으키기에 충분한 존재였다. 실제로 야나이하라가
대만 체류 중에 행한 강연을 대만총독부 관료들은 못마땅해 했고, 그의 동경제대 동
기생으로 총독부 부장급의 지위에 있던 자로부터 "君(=야나이하라)은 빨리 일본으로
돌아가시오. 대만에 대해서는 우리들이 고심하여 나라를 위해 일하고 있으니 우리에
게 맡겨 두시오. 괜한 말 하지 말고 빨리 돌아가시오."라는 편지를 받은 일도 있었다
고 한다(若林正丈 編, 앞의 책, 366쪽).

[25] 1929년 12월 14일자 『臺灣日日新報』에는 『臺灣』에 대한 〈新書廣告〉가 게재되기도
했지만, 그로부터 불과 한 달도 되지 않은 시점에 대만총독부 경무국은 『臺灣』에 대
해 '이입발매금지' 처분을 내렸는데(何義麟, 앞의 책, 1-2쪽), 이 처분의 전문은 『臺灣
出版警察報』 제7호(1930년 2월호)에 게재되어 있다(若林正丈 編, 같은 책, 370-372
쪽). 한편 『東亞日報』(1930년 3월 6일)의 〈新刊紹介〉란에도 "이 책(=『臺灣』)은 대학
교수이며 자유주의자인 야나이하라씨가 제국주의(자본주의) 치하의 대만의 정치적·
경제적·사회적 제현상을 분석·강술한 것인데, 대만과 같은 처지에 있는 조선 사람
으로 읽을 가치가 있는 것이다. 대만에서는 이 책이 발매금지를 당하였다 한다."라고
발매금지 처분에 관하여 짤막하게 전하고 있다.

[26] 야나이하라의 학생으로서 1945년 이후 대표적인 대만 경제사 연구자가 된 張漢裕도
당시 관헌의 엄격한 감시의 눈이 있었음을 지적하고 있다(張漢裕, 「『帝國主義下の
臺灣』刊行にちなんで」, 『矢内原忠雄全集月報』 3, 1963년 5월; 飯田鼎, 「矢内原忠雄
と日本帝国主義研究」, 『三田学会雑誌』 75-2, 慶応義塾経済学会, 1982, 49쪽에서 재
인용).

3. 야나이하라 식민지 연구의 구조와 특징

야나이하라 식민(정책)론의 최대의 특징 중 하나는 식민이라는 문제를 일종의 사회현상으로서 포착하고 그 의미를 탐구한 데 있다.[27] 즉 그는 식민을 형식적 식민과 실질적 식민으로 구별하고 후자의 의미를 강조했다. 식민지의 영유 등 법적·형식적 지배를 뜻하는 전자에 대해 후자는 그러한 관계에 반드시 제약받지는 않는 사회적·경제적 활동을 동반하는 '社會群'의 이동을 가리킨다. 즉 식민은 "사회군이 새로운 지역으로 이주하여 사회적·경제적으로 활동하는 현상"이라는 것이다.[28] 이는 식민을 인구의 이동과 정치적 권력으로 보는 통설과 달랐다. 야나이하라의 이 정의는 식민을 국가의 제약에서 '해방'시켰다는 점에서 독특했는데, 바로 이 점 때문에 오오우치 효에(大內兵衛)를 비롯한 동시대의 학자들로부터 정치적·군사적인 지배가 동반되는 현실의 식민 현상에 눈감고 있다는 비판을 받기도 했다.[29]

나아가 그는 실질적 식민의 제반 현상을 논하고 난 후 "실질적 식민의 이익은 문명사회에 있어서 일반적"이라고 파악하여, 식민이 초래하는 결과를 (최소한 부분적으로는) 긍정적으로 논하고 있다.[30] 다시 말해 실질적 식민을 동반하는 식민지화를 기본적으로는 '문명화의 과정'으로 본 점에 야나이하라 식민론의 한 축이 놓여 있었다고 해도 과언은 아니다.[31] 그는 식

---

[27] 木畑洋一,「植民政策論·國際關係論」, 鴨下重彦 等編, 『矢内原忠雄』(東京大學出版會, 2011), 94쪽.

[28] 矢内原忠雄, 『植民及植民政策』, 『全集』(제1권), 18-23쪽.

[29] 矢内原勝, 앞의 글, 292쪽.

[30] 矢内原忠雄, 『植民及植民政策』, 『全集』(제1권), 202쪽.

[31] 이 점에 대해서는 米谷匡史,「矢内原忠雄の'植民·社会政策論 - 植民地帝国日本における'社会'統治の問題」, 『思想』 945, 2003년 1월, 139-140쪽을 참조.

민지를 단순히 착취당하는 존재로만 포착하지 않았다. 식민 본국에 의한 식민지에서의 경제적 개발은 결국 식민지 경제의 발전에도 연결된다고 생각했다.[32] 문명화, 다시 말해 자본주의화의 결과 식민지사회에도 자본가 및 노동자 계급이 생기며, 특히 부르주아지에 의해 필연적으로 국민주의 또는 민족주의 운동이 전개된다고 보았다. 다시 말해 식민지 지배 하의 경제발전이 식민지 독립의 지렛대가 된다는 것이다. 그는 식민지의 경제발전 → 독립이라는 도식을 (남양군도 정도를 제외하면) 거의 보편적인 것으로 인식하고 있었다.[33]

이러한 야나이하라의 식민론의 구조는, 왜 그가 식민정책을 종속주의 · 동화주의 및 自主主義로 구분하고 자주주의를 가장 바람직한 식민정책으로 꼽았는지를 설명해준다. 그에 따르면 종속주의는 식민지를 완전히 본국의 이익에 종속시키는 것(16~18세기 스페인 · 포르투갈의 남미 및 아시아 식민정책)이고, 동화주의는 식민지를 본국의 일부로 취급하여 본국의 법제 · 풍속 · 언어를 보급하고 잡혼을 장려하는, 요컨대 식민지사회 및 식민지인의 본국화(프랑스의 식민지 동화정책)이다. 반면 자주주의는 식민 본국과는 다른 식민지의 역사적 특수성을 인정하고 자주적 발전을 인정하는 입장(영국과 캐나다 · 아일랜드 등 자치령과의 관계)이다. 이 중에서 그는 식민정책의 방침으로서 식민지를 독립의 방향으로 '촉진'하는 자주주의를 가장 바람직한 식민정책 방침이라고 보았다. 요컨대 야나이하라는 문명화 작용을 동반하는 실질적 식민, 식민지 통치에 있어서의 자주주의, 그리고 양자의 결합을 전제로 하여 "각 사회군의 필요가 완전하게 조화된 제국"을

---

32) 竹中佳彦, 앞의 글, 174쪽. 이 점을 야나이하라는 「世界經濟發展過程としての植民史」, 『全集』(제4권), 141쪽에서는 "식민에 의해 인류의 거주구역이 확장되고 문명이 전파되며, 社會群이 접촉하고 '세계역사는 그 진정한 의미에서 성립하기에 이르렀다."고 표현하고 있다.

33) 竹中佳彦, 같은 글, 175-176쪽.

상정하고 있었던 것이다.[34]

20세기 전반기에 실제로 전개된 식민지의 실상과는 다소 동떨어져 보이기도 하고[35] 개념적으로도 모호한 부분이 없지 않은 이러한 '이념형적' 식민(정책)론이[36] 동시대의 다른 주장들과는 구별되는 개성을 가지고 있었던 점도 부인할 수 없다. 특히 그의 식민정책 분류는 "객관적인 분류 기준을 명확히 한 후 전면적·체계적으로 행해진 것이 아니라, 일본의 식민지 통치정책에 대한 비판을 강하게 염두에 두고 보다 나은 정책을 제시한다는 극히 실천적·정책적인" 목적을 가지고 있었던 점도 고려되어야 한다.[37] 뿐만 아니라 제국주의 단계의 식민정책을 구사한 일본 제국주의에 대한 자유주의적 입장에서의 비판이 무의미한 것만은 아니었던 점도 기억해야 할 것이다.[38]

상기한 특징을 가지는 야나이하라의 자유주의적 식민(정책)론은 스승이자 동경제대 식민정책학 강좌의 전임 교수였던 니토베 이나조의 지론, 즉 '식민은 문명의 전파'("Colonization is the spread of civilization")라는 주장

---

[34] 木畑洋一, 앞의 글, 96쪽 및 米谷匡史, 앞의 글, 139쪽.

[35] 이 점에 대해 深川博史, 「1920年代朝鮮・臺灣における日本帝國主義 - 矢內原忠雄の植民政策論」, 『經濟論究』 62호, 九州大學大學院經濟學會, 1985, 88쪽은 "『植民及植民政策』에서는 식민 현상의 본질 구명을 시도하면서 초역사적인 식민 현상 파악이라는 방법을 취했기 때문에 잘못된 식민정책론을 만들어냈다."고까지 평가하고 있다.

[36] 예컨대 아사다 쿄지(淺田喬二)는 야나이하라의 식민정책 구분에 관하여, 동화주의도 식민지의 자주성을 짓밟은 점에서는 종속주의와 마찬가지이므로 종속주의와 동화주의를 구별할 필요는 없다, 식민정책을 구별한다면 종속주의와 자주주의의 두 가지면 충분하다고 비판한 바 있고(淺田喬二, 앞의 책, 19쪽), 무라카미 가쓰히코(村上勝彦) 역시 종속주의와 동화주의의 구분이 엄밀하지 않다는 점을 지적했으며(村上勝彦, 앞의 글, 220-221쪽), 고마코메 다케시(駒込武)는 야나이하라의 동화 개념에 애매한 점이 적지 않다고 지적하기도 했다(駒込武, 『植民地帝國日本の文化統合』, 岩波書店, 1996, 19-20쪽).

[37] 村上勝彦, 앞의 글, 224-225쪽.

[38] 飯田鼎, 앞의 글, 44-45쪽.

을 기본적으로 계승한 것이기도 하지만,[39] 가장 근본적인 연원은 역시 아담 스미스였다. 야나이하라는 아담 스미스의 식민지론을 아래와 같이 총괄했다.

A) 현재 식민지 영유에 의해 얻는 것은 손실일 뿐이다. 이유는 (1) 무역 및 산업의 독점은 오히려 본국의 절대적 이익을 해한다. (2) 식민지통치와 군비에 거액의 경비를 요한다.

B) 식민지 영유의 자발적 포기. 그 이익은 (1) 자유무역에 기초한 통상조약의 체결. (2) 식민지 통치에 매년 소요되는 비용의 면제.

C) 이 제안은 아마도 채용되지 않을 것이다. 그 이유는 (1) 국민의 자부심에 반한다. (2) 그리고 "아마도 더욱 중요한 것은" 지배계급의 개인적 이익에 반한다.

D) 그렇다면 현재의 식민지 영유 관계의 계속을 인정하고 이를 유리한 것으로 만들기 위해서는, 식민지 의원의 본국의회로의 대표를 설정할 필요가 있다. 이 帝國的 結合에 의한 이익은 (1) 본국과 식민지 간의 무역의 자유의 확장, (2) 식민지에 대한 과세의 연장.

E) 위의 제안(=식민지 의원의 본국 의회로의 대표 설정 – 필자)에 대해서는 "극복하기 곤란한, 또는 불가능한 장애"가 있다. 이유는 (1) 국민의 편견, (2) 유력자의 개인적 이해.

F) 위의 제안(=식민지 의원의 본국 의회로의 대표 설정 – 필자)이 실행되지 않는다면 식민지는 포기되어야 한다. 그 이익은 행정적 · 군사적 비용의 면제.[40]

---

39) 동경제대 재학 시절 야나이하라가 가장 영향을 많이 받은 강의는 니토베 이나조의 식민정책 강의와 요시노 사쿠조(吉野作造)의 정치사 강의라고 스스로 밝히기도 했는데(矢內原忠雄, 『私の歩んできた道』, 『全集』 제26권, 18쪽), 니토베는 당시 유행하던 독일 사회정책학이 자유주의적 성격이 농후한 아담 스미스를 강하게 비판한 것에 반발하여 "대학에 있는 동안 한번은 아담 스미스를 읽어야 한다."고 말하기도 했다(矢內原勝, 앞의 글, 287쪽). 야나이하라 역시 아담 스미스의 저작을 읽으면서 니토베 이나조의 사상적 유래를 발견했다고 생각하고 있었다(大內兵衛, 『經濟學五十年』(上), 東京大學出版會, 1959, 22쪽).

40) 「スミスの植民論に關し山本博士に答ふ」, 『全集』(제5권), 248-249쪽.

이를 정리하면, 식민지 영유는 자유무역을 방해하고 통치비와 군사비의 소모로 인해 손실을 낳지만 국민의 자부심과 지배계급의 이해관계로 인해 식민지 포기는 쉬운 일이 아니라고 보았다. 그리고 그 대안으로 식민지 의원의 본국 의회 파견을 내걸었다. 이러한 식민지 인식은 전술한, 자주주의를 가장 적절한 식민정책으로 본 야나이하라의 구상과도 일치하는 것이다.

요컨대 야나이하라의 식민지 경제론(=자본주의화)과 식민지 정치론(=자치주의)의 결합, 그리고 그 결합에 의한 식민 본국과 식민지의 '상호이익'에 관한 사고의 틀은 기본적으로 아담 스미스의 자유주의적 식민지론에 닿아 있었다. 그의 식민(정책)론의 **이론적** 연원으로서 마르크스의 원시적 자본축적 개념이나 레닌의 제국주의론을 비롯한 마르크스주의 경제학 역시 무시할 수 없는 비중을 차지하지만,[41] 식민정책의 **사상적** 연원은 아담 스미스의 자유주의적 식민정책론에 기대고 있었다고 볼 수 있다.[42]

---

[41] 飯田鼎, 앞의 글, 42쪽. 야나이하라가 학부생 시절이던 1910년대 일본에서는 카와카미 하지메(河上肇)에 의해 마르크스주의 경제학이 보급되기 시작했고 이를 야나이하라는 흡수하고 있었다(矢內原忠雄, 『マルクス主義とキリスト敎』, 『全集』 제16권, 7쪽). 또한 "제국주의가 왜 식민지, 즉 비자본주의적 환경을 필요로 하는가?"에 대한 이론적 설명은 로자 룩셈부르크의 『자본축적론』이 제공하는 이론에서 구하고 있었고(『植民及植民政策』, 『全集』 제1권, 71-73쪽), 실제로 야나이하라가 개설한 연습 과목을 수강한 미노베 료키치(美濃部亮吉)는 "야나이하라 선생은 유학에서 돌아온 직후, 요컨대 로자 룩셈부르크의 식민정책론에 경도되어 있었다."고 말하기도 했다(矢內原勝, 앞의 글, 293쪽). 뿐만 아니라 1930년에 발표한 「資本蓄積と植民地」(『全集』 제4권, 63-69쪽)에서는 자본이 비자본주의적 사회로 진출할 역사적 필연성을 설명하기 위한 이론적 근거를 부하린이 역설하는 평균이윤율 저하 경향과 공황의 발생 등에서 구하고 있고, 자신이 번역한 홉슨의 『제국주의론』에 대한 서문에서는 제국주의의 근원을 이루는 추진력이 자본가적 이익, 특히 금융자본가라는 점을 지적하기도 했다(ホッソン 著, 矢內原忠雄 譯, 『帝國主義論』, 「譯者序」, 『全集』 제5권, 471-472쪽). 요컨대 야나이하라는 식민 활동의 경제적 동인을 마르크스-레닌주의의 제국주의론에 의거한 것은 비교적 분명하지만, 여전히 아담 스미스, 홉슨, 로자 룩셈부르크 등에도 의지한 것으로 보아 이론적·사상적 연원은 다양했다고 보는 것이 맞을 것이다(矢內原勝, 앞의 글, 295쪽).

그런데 이상의 야나이하라의 식민(정책)론을 재구성해 보면, 자치주의가 성립하기 위해서는 논리적으로 자치주의를 추진하고 실행할 주체, 즉 자본가(또는 부르주아지) 집단의 형성이 전제되어야 한다는 점, 그리고 이 주체의 형성은 기본적으로 식민지 자본주의화의 진전을 전제로 한다는 점이 비교적 분명해진다.[43] 그렇다면 이상의 구조를 가지는 야나이하라의 식민(정책)론이 대만·조선 등 개별 식민지의 '현실'과는 어떻게, 그리고 어느 정도 조응하였을까. 우선 대만의 사례를 통해 살펴보자.

4. 자본주의화와 자치주의의 결합: 『帝國主義下の臺灣』

『臺灣』은 그 서술 범위가 교육문제(3장), 정치문제(4장), 민족운동(5장) 등 다양한 방면에까지 미치고 있어 1929년까지의 식민지 시대 대만 역사에 관한 역사서로 읽어도 될 정도이지만[44] 기본적으로는 일제하 대만의 경제적 발전에 초점을 맞추었다. 때문에 야나이하라는 "내가 가장 주력을 기울인 점은 경제적 발전이고 다른 방면은 간략하게 기술했을 뿐이다. (중략)

---

[42] 이 점을 飯田鼎, 앞의 글, 41-42쪽은 "야나이하라의 제국주의는 결국, **이론으로서는** 마르크스주의로부터 많은 것을 취하고 레닌의 제국주의론의 강한 영향하에 있었다는 것은 의심할 바 없지만, **사상으로서는** 아담 스미스의 자유주의적 식민정책론에 거의 전면적으로 의거하고 있었다는 점을 주목해야 한다."(밑줄은 인용자)고 표현하고 있다.

[43] 야나이하라는 이 점을 "植民國에 의한 식민지의 통치·개발, 그 자본주의화는, 식민지 자신의 투쟁반항의 실력을 양성한 것에 다름 아니다. (중략) 식민정책은 결국 자신에게 반항하는 존재의 반항력을 양성해온 것이다."라고 표현하고 있다(「世界經濟發展過程としての植民史」, 『全集』 제4권, 162-163쪽).

[44] 야나이하라 역시 『臺灣』을 청대 대만을 다룬 이노 카노리(伊能嘉矩)의 대저 『臺灣文化志』의 뒤를 잇는 '일본 치하의 대만'을 다룬 것이라고 위치지우기도 했다(『臺灣』, 「序」, iii).

일본의 대만에 대한 경제적 요구가 대만통치의 제반정책을 결정한 가장 유력한 원인이므로, 대만 통치의 의미를 탐구하려면 연구의 주력을 경제적 관계의 분석에 두는 것은 당연하다."고 하고 있다.[45)]

"대만 영유 당시 경영의 원동력인 자본이 충실한 상태가 아니고 정치적 준비에서도 사실상 백지 상태"였으나[46)] "대만이 고다마 겐타로(兒玉源太郎)와 고토 심페이(後藤新平) 통치하의 10년 간 치안이 정비되고 위생이 개선되며 경제가 발달하고 재정이 독립하기에 이른 것은, 일본 식민정책의 성공"으로서 내외의 경탄을 얻기에 이르렀다. 이를 경제적으로 보면 "대만 자본주의화의 진척"에 다름 아니었다.[47)]

이를 구체적으로 살펴보면, 우선 대만 자본주의화의 기초사업으로서 人籍(호구조사)과 地籍(토지조사)의 정밀한 파악, 도량형의 통일 및 화폐제도 개혁이 완성도 있게 수행되었다. 토지조사사업은 '봉건유제'인 大租·小租 관계를 소멸시키고 小租戶를 業主로 확정하여 토지소유의 권리관계를 단일하고 명확하게 만들었다.[48)] 토지조사사업 완료 후인 1910년부터는 임야 조사 및 정리에 착수했다. 그 취지는 임야에 대한 사유재산제의 확립, 자본의 유인, 자본가적 기업 진출의 길을 준비하는 것이었다. 즉 '임야의 자본주의화'였다.[49)] 그 결과 토지와 임야에 대해 업주권이 확정되고 원주자의 토지는 합법적으로 자본가 수중에 이전·집중되는 길이 열렸지만, 정부의

[45)] 『臺灣』, 「序」, iv.

[46)] 『臺灣』, 12쪽.

[47)] 『臺灣』, 13쪽.

[48)] 토지조사의 경제상의 이익은 요컨대 자본의 유인이었다. 일본 자본가의 대만에서의 토지 투자와 기업 설립의 안전을 제공하는 것이었다. 다시 말해 "토지조사는 대만의 자본주의화, 일본 자본에 의한 대만 정복의 필수적 전제이고 기초공사였다."(『臺灣』, 17-18쪽).

[49)] 『臺灣』, 20쪽.

强權的 보호가 없었다면 대만에서의 자본의 본원적 축적은 성취가 곤란했다. (국가) "권력은 본원적 자본축적의 助産婦"였던 것이다.[50]

한편 자본주의화의 전제는 생산물의 상품화이고 따라서 상품의 물리적 크기와 가치량의 규정을 필요로 했다. 전자가 도량형이고 후자가 화폐이다. 1900년 발포하고 다음해 실시한 「臺灣度量衡條例」에 따라 일본식으로 도량형을 개정·통일했고, 1906년 4월에는 도량형기의 제작 및 판매를 관영으로 했다. 요컨대 대만 도량형의 통일이고 중국식에서 일본식으로의 변화이며 도량형기 공급의 관영이었다.[51] 화폐제도 역시 유사한 과정을 거쳐 정비되었다.[52] 요컨대 대만의 토지조사, 도량형 및 화폐제도 개혁 등은 모두 투자의 안전을 보장하고 내지 자본가에 의한 각종 사업의 발흥을 장려하는 '대만 자본주의화의 기초공사'였다.[53]

이 기초공사를 토대로 하여 일본 자본과 대만총독부는 상호 협력하면서 과거 서양 상인이 독점하던 대만 3대 수출품인 설탕, 장뇌, 차 수출을 (주로 三井物産에 의해) 대체했고, 최대 수입품인 아편 역시 전매제도로의 전환을 통해 대만총독부와 三井物産의 독점으로 만들었다. 해운 또한 영국 상인 더글라스(Douglas)汽船會社가 독점하던 것을 보조금 정책 하에서 오사카(大阪)商船會社가 대체하기 시작하여 1905년에는 더글라스기선회사를 완전히 퇴출시켰다. 요컨대 대만의 무역과 해운 부문에서 1907(明治40)년경에는 외국자본이 거의 구축되고 상권은 일본자본가에 돌아가게 되었다.[54]

---

50) 『臺灣』, 25쪽.

51) 『臺灣』, 30쪽.

52) 그 과정에 대해서는 『臺灣』, 30-33쪽을 참조.

53) 『臺灣』, 33쪽.

54) 『臺灣』, 34-38쪽. 야나이하라는 외국 상인의 성공적 구축의 원인을 다음과 같이 설명하고 있다. 1) 三井, 增田屋 등의 일본상인이 외국상인에 비해 우월한 자본력을 가지고 있었다. 2) 일본 자본은 산업자본으로서 대만에 기업을 세웠고, 따라서 일본 상업

뿐만 아니라 상업자본의 산업자본으로의 전환이 성공적으로 이루어짐으로써 자본의 식민지 진출과 기업의 설립, 그리고 생산관계의 자본주의화가 진행될 수 있었다. 예컨대 대만 최초의 신식 제당회사인 臺灣製糖株式會社의 최대 주주는 三井物産이고 東洋製糖은 鈴木商店에 의해 창립되는 등의 사례가 그것이다. 이렇게 상업자본과 산업자본의 결합이 행해질 뿐만 아니라 내지와 대만의 은행자본도 스스로가 하나의 자본가적 기업으로 수립·발전했다. 아울러 기존의 상업 및 산업자본과 결합하는 현상도 발생했는데, (臺灣銀行을 포함한) 이들 금융자본이 자본가적 기업의 발흥 및 집중을 촉진하고 원조한 바는 실로 컸다. 그 결과 1899년에 회사 수는 3개, 자본금 1,017만 엔에 불과했던 근대적 기업이 1926년에는 회사 수 818개, 자본금 5억 8천 764만 엔으로 급증하여 말 그대로 격세지감을 느끼게 할 정도로 발전했다.[55]

대만에서 성립하고 발달한 자본가적 기업은 또한 급격하게 독점화했는데, 이는 내지에서의 자본독점의 운동 및 그 반영이며 총독부의 조력 하에 극히 '溫室的'으로 진행되었다. 특히 대만 기업계에서 가장 중요한 糖業은 신식 제당회사가 독점했고, 이 중 미쓰이(三井), 미쓰비시(三菱), 후지야마(藤山)의 3대 자본이 정립하여 전체 당업의 3/4을 점하는 실정이었다. 대만 총 회사자본의 절반, 경지면적의 절반, 농가호수의 거의 전부는 대체로 이

자본은 산업자본과 결합하여, 상업자본으로서만 활동한 외상에 비해 자본 면에서 유력했다. 3) 일본 자본은 은행자본으로서 대만 내에 수립되었고, 따라서 외상이 유일한 무기로 삼은 자금의 前貸가 자기의 자금력 또는 샤먼(廈門)의 HSBC 지점 등에 의존한 데 반해 일본 상인은 臺灣銀行의 긴밀한 협조를 얻어 서양 상인을 능가했다. 4) 총독부의 전매제도 실시가 일본상인에 수출입 상권을 이전케 했다(장뇌, 아편 등). 5) 항로보조금 등에서 보이듯이, 국가(=총독부)가 직접적이고도 차별적으로 일본 자본을 보호했다. 6) 관세제도의 내지와의 통일에 의해 내지-대만 관세는 소멸하고 대만과 중국·홍콩 관세는 1899년 이래 인상됨에 따라 주된 무역로가 對岸에서 內地로 변화했다(『臺灣』, 38-39쪽).

55) 『臺灣』, 40-43쪽.

3대 당업자본의 독점적 지배 아래 놓였다. 여기에 더하여 모든 제당회사는 1910년 10월 이래 臺灣糖業聯合會라는 카르텔을 조직하여 시장을 독점하여 이윤율을 제고하고자 했다.[56]

이렇게 독점화를 완수한 대만의 일본 자본은 대만을 발판으로 삼아 대만 이외의 지역으로 사업을 확장하여 자본가적 지배를 확장하기에 이르렀다. 제당회사와 대만은행은 그 현저한 사례인데, 帝國製糖, 明治製糖, 大日本製糖 등의 대만 당업회사는 내지의 精糖業, 오키나와의 粗糖業, 홋카이도 및 조선의 甛菜糖業에 걸쳐 일본 제국의 당업 전체를 독점 지배할 뿐 아니라 만주·상해·남양까지 사업을 확장했다.[57] 대만은행 역시 내지 각지에 지점을 증설함과 동시에 1900년 샤먼지점, 1903년 홍콩지점을 두었고, 이후 華中·華南·南洋은 물론이고 런던·뉴욕·뭄바이에까지 지점을 개설하여 일본인의 대외무역 및 기업 발전을 원조했다.[58]

이상의 내용을 총괄하여 야나이하라는 다음과 같이 말한다. "일본 자본은 일본 국기와 함께 대만에 와서 외국자본을 구축하고 자기 세력을 넓혔다. 그리고 내지로부터의 투자와 本島人 자본의 동원에 의해 자본가적 기업을 발전시키고 帝國的 및 地方的 독점을 형성하여, 대만 사업계의 모든 것을 내지인 대자본가의 지배하에 장악했다. 내지자본은 대만의 풍부한 천연(자원), 저렴한 노동(력)과 강고한 총독부의 보호 하에 축적되었다. 이렇게 축적된 자본은 일본 자본의 축적의 일부이고 일본의 제국주의적 축적이며 그 자체가 제국주의의 실행력이 되었다."[59]

풍부한 대만의 재정은 대만 자본주의화를 촉진하는 중요한 요인이었다.

56) 『臺灣』, 50-54쪽.
57) 『臺灣』, 64-65쪽.
58) 『臺灣』, 65-66쪽.
59) 『臺灣』, 69-70쪽.

대만이 통치 개시 10년 만인 1905년에 재정독립에 도달한 것은 '일본 식민
정책상의 성공'이라고 그 자신도 수긍하지 않을 수 없었다.[60] 즉 토지조사,
전매사업, 사업공채 및 지방세제 실시를 주된 내용으로 하는 대만재정독립
계획이 성공한 결과 "대만 재정은 비상한 호황을 맞아 收入의 洪水를 現出
하여 총독부 당국마저 현혹케 하는 황금시대를 보여주었다."[61] 이러한 재
정 호황은 총독부가 처분할 수 있는 재원을 풍부하게 하여 土木·勸業·理
蕃에 거액의 투자를 행할 수 있었고 이는 다시 대만 자본주의의 발달을 촉
진시켰다. 식민지 대만에서 재정과 자본주의화는 서로 상승작용을 일으킨
것이다.[62]

즉 풍부한 재정은 대만총독부로 하여금 1) 당업보조금의 교부, 2) 왕성
한 토목건축공사의 관영, 3) 전기사업(1909년) 및 아리산 임업(1910년)의
관영 및 4) 임야조사(1910~1914년)와 이번사업을 가능케 했다.[63] 재정적
보조에 의한 자본의 보호는 제당회사 등 민간의 자본가적 기업을 일시에
흥기시켰고, 관영의 계속적 대사업과 함께 토목재료 기타 내지상품의 이입
을 왕성하게 했다. 그 결과 1908~1911년 내지 경제계가 러일전쟁의 반동적

---

[60] 『臺灣』, 71쪽.

[61] 東鄉實·佐藤四郎, 『臺灣植民發達史』, 361쪽.

[62] 당시 대만 재정의 풍부함을 단적으로 말해주는 것이 총독부의 지나친 '事業熱'에 대한
'識者'들의 우려 섞인 비평이었다. 예컨대 오랜 기간 대만총독부 관료로 근무한 모치
지 로쿠사부로(持地六三郎)는 "만일 현재 재정의 표면상의 盛況을 낙관하여 경비의
경제적 사용을 고려하지 않고 過大하고 不急한 사업을 계획한다면, 장래에 대만 식민
정책의 약점은 오히려 재정에 있게 되어 不測의 禍患에 빠져 마침내 과거의 재정상
의 성공을 몰각하기에 이를지도 모른다."고 했고, 역시 총독부 관료를 지낸 바 있는
도고 미노루(東鄉實) 역시 "1907년 이후의 세출 예산을 보면 대만 재정은 수입의 과
대함에 촉발된 경향이 없지 않다. 즉 황금시대에 현혹되어 전후와 경중을 고려할 여
유 없이 목전의 문제를 해결하려 하여, 10년의 中期計劃도 고려하지 않는 경향이 있
음은 유감이다."라고 할 정도였다.

[63] 『臺灣』, 77-78쪽.

불경기에 빠져 있을 때에도 대만 사업계는 '이상한' 활기를 보여 투자 및 상품 이입의 好市場을 제공했다. "도내 각종 산업의 발달, 특히 製糖業의 흥성과 製茶業의 호황에 더하여 토목사업의 흥륭은 주민 생활정도의 향상과 맞물려 크게 시황을 북돋았고, 내지의 불황에 대비되어 거의 別世界의 모습일 정도"였던 것이다.[64] 이렇게 메이지40년대의 소위 '臺灣特別會計의 황금시대'가 지난 후에도 대만 세입은 그 규모를 유지했다. 일반회계(=중앙정부)의 보조에 기대지 않았을 뿐만 아니라 적극적으로 토목·권업경비의 지출을 행했으니, 이들 사업이 "그(=대만) 인구 및 민도에 비해 과대한 施設"이라는 지적까지 있을 정도였다.[65] 요컨대 '제국주의하의 대만'은 1920년대 말의 시점에서 "일본 식민지 중 가장 고도의 자본주의화를 달성한" 것이다.[66]

이러한 야나이하라의 대만 자본주의화 인식은 이후 여러 학자들에 의해 비판의 대상이 되었다. 특히 『臺灣』 전체를 관통하는 핵심 개념인 자본주의화 개념에 대하여 비판이 집중되었다. 예컨대 마르크스의 원시적 축적 개념과 레닌의 제국주의론을 활용하여 내지 자본이 식민지에서 기존 생산양식의 저항을 극복하고 상품경제를 확대해나간 과정만을 강조한 점이 지적되었다.[67] 다시 말해 "외래 자본의 운동법칙이 어떻게 식민지에서 자신을 표현하는지에만 집중한 나머지 피식민지의 기존의 사회적 생산방식이 어떻게 저항했으며, 토착·외래 생산양식 양자가 어떻게 타협·병존했는지에 관해서는 별로 관심을 기울이지 못함"으로써,[68] 外因을 과도하게 강조한 日本本

---

[64] 『臺灣』, 79쪽.

[65] 『臺灣』, 81쪽.

[66] 『臺灣』, 152쪽.

[67] 커즈밍 지음, 문명기 옮김, 『식민지시대 대만은 발전했는가』 (일조각, 2008), 29쪽.

[68] 커즈밍 지음, 문명기 옮김, 같은 책, 33쪽.

位論으로 귀결되었다는 것이다.[69]

　하지만 이러한 비판에도 불구하고 대만의 경제적 성장이 여타 식민지에 비해 두드러진 것은 분명한데, 이러한 식민지 대만의 현저한 경제적 변모에도 불구하고 정치적 권리의 측면에서는 경제적 변모에 상응하는 발전이 이루어지지 못하여 대만 통치는 여전히 전제적이라는 것이다. 즉 "本島人의 생산력과 부유함과 문화의 정도는 식민지화 이전에 비해 현저하게 향상"되었지만, "정치적 관계에 있어서 주민의 참정권은 아직 미약하여 총독 전제가 극을 달리고" 있다는 것이다.[70] 달리 말하면 "소위 대만 통치 성공의 결과 그 자체(자본가적 대기업, 교통의 발달, 교육 등)가 경제적·사회적·정치적으로 대만 통치정책의 변혁을 불가피하게 만드는 물적·인적 조건을 갖추어놓은 것"이므로 적절한 시기에 대만인의 참정권을 용인하는 '문명적 식민통치'를 실행할 단계에 도달했다는 것이다.[71] 그리고 야나이하라에 있어서 이 단계에 적절한 식민정책은 바로 자치의 실현, 곧 식민지 의회의 설립이었다.

　무장 항일운동의 실패로 인한 항일운동의 방향전환 모색과 '신세대' 지식인그룹의 출현을 배경으로 하여 식민지의회의 설립을 목적으로 전개된 臺灣議會設置請願運動(이하 청원운동)은,[72] 전술한 대만의 자본주의화 진전에 대한 야나이하라의 판단을 배경에 놓고 보면, ① 문명화(=자본주의화) 작용을 동반하는 '실질적 식민'의 긍정과 ② 식민지통치에 있어서의 자주주의(=식민지의회의 설립을 통한 자치의 확대)의 입장, 이 두 요소가 긴

---

69) 涂照彦, 『日本帝國主義下の臺灣』(東京大學出版會, 1975), 4-6쪽. 야나이하라와 투자오옌(涂照彦)을 포함한 전전/전후 대만 식민지 경제사 연구에 대한 포괄적이고 체계적인 비평으로는 커즈밍 지음, 문명기 옮김, 앞의 책, 「서론」(27-57쪽)을 참조.

70) 『臺灣』, 199쪽.

71) 『臺灣』, 201-202쪽.

72) 周婉窈, 『日據時代的台湾議会設置請願運動』(自立晚報社, 1989), 9-18쪽.

밀하게 결합된 야나이하라의 식민(정책)론에 정확하게 부합하는 정치적 움직임이었다.[73] 실제로 야나이하라는 청원운동 추진 주체와 밀접한 연계도 가지고 있었다.

예컨대 청원운동의 가장 중요한 지도자로 꼽히는 林獻堂(1881~1956)과는 1927년, 1929년, 1934년, 1937년 및 1951년 등 총 5회에 걸쳐 만남을 가졌다. 또 臺灣文化協會의 계몽운동과 청원운동의 활동가이자 동화정책에 대항하여 臺灣語 로마자 보급운동을 추진한 문화운동가로 잘 알려진 蔡培火(1889~1983)와도 긴밀하게 교류했다.[74] 여기에 임헌당의 개인 비서이자 臺灣地方自治聯盟 서기장과 『臺灣新民報』(『臺灣民報』의 후신) 통신부장을 지낸 葉榮鐘(1900~1978)과[75] 야나이하라의 교류까지 포함하면 야나이하라와 청원운동 추진 주체가 밀접한 연관을 가지고 있었음을 쉽게 알수 있다. 야나이하라 역시 채배화 등의 권유로 1927년의 대만 조사여행 기간에 屛東, 臺南, 嘉義, 彰化, 臺中 등지의 강연을 통해 청원운동을 간접적으로 지원했다.[76]

이러한 우파 민족운동 진영과 야나이하라의 연계는 1927년 3~4월을 전

---

[73] 이러한 대만 경제론과 대만 정치론의 결합은 "제국주의에 저항하는 식민지의 자립이나 탈식민지화도, '식민' 현상이 초래한 개발과 발전의 성과"로 파악하는 야나이하라의 기본 입장과도 잘 맞아떨어진다. 여기에서 식민주의를 내장한 문명화론이나 근대화론의 틀을 볼 수 있음은 물론이다(米谷匡史, 앞의 글, 140쪽).

[74] 채배화는 임헌당의 경제적 원조로 東京高等師範 유학 중에 기독교에 입문한 후 우에무라 마사히사(植村正久)의 소개로 1924년 야나이하라와 알게 되어 이후 깊은 교류를 가지게 된다. 1927년 야나이하라의 대만 조사여행 당시에도 基隆과 臺南에서 안내를 맡고 강연을 주선하는 등 신앙을 공유한 敎友로서뿐만 아니라 식민지 통치에 대한 자유주의적 비판이라는 면에서 깊이 연결되어 있었다. 야나이하라는 『臺灣』에서 채배화가 쓴 『日本本國國民に與ふ－植民地問題解決の基調』를 몇 차례나 인용하고 있다(若林正丈, 「臺灣との關わり－花瓶の思い出」, 鴨下重彦 等編, 『矢内原忠雄』, 東京大學出版會, 2011, 110-111쪽).

[75] 許雪姫 主編, 『臺灣歷史辭典』(遠流, 2004), 992쪽.

[76] 若林正丈 編, 앞의 책, 368-369쪽.

후한 대만문화협회의 좌우 분열, 그리고 후세 다쓰지(布施辰治)를 앞세운
대만문화협회 좌파의 활동과 겹치면서 미묘한 대립을 낳기도 했지만,[77] 어
쨌든『臺灣』에서 드러난 야나이하라 자신의 식민정책론이 구체적으로 실
천되는 과정이기도 했다. 이러한 야나이하라의 청원운동에 대한 관심과 지
지가 실제로 청원운동에 얼마나 기여했는지는 불분명하지만,[78] 적어도 식
민지 대만은 야나이하라에게 자신의 식민정책론을 '검증'할 수 있는 유력한
사례연구의 대상이기도 했던 것이다. 그렇다면 조선 관계 논설에 드러난
야나이하라의 식민지 조선 인식은 대만과 비교하여 어떠했는가.

5. 자본주의화 없는 자치주의: 조선 관계 논설

서론에서도 언급했지만 야나이하라는 식민지 조선에 관해서는 체계적인
경제적 분석을 남기지 않았다. 기존의 야나이하라 연구가 조선에 관해서는
경제론이 빠진 정치론(주로 자치론)이나[79] 기독교 신앙 문제에[80] 집중되
어 온 것도 기본적으로는 이 때문이지만, 식민지 조선의 경제 문제를 전혀
다루지 않은 것은 아니다. 여기서는 상대적으로 빈약하기는 하지만 야나이

77) 若林正丈 編, 같은 책, 367쪽.
78) 若林正丈이 양자의 관계를 '정치동맹'이 아니라 '言說同盟'이라고 표현한 것은, 야나이
하라의 청원운동 세력과의 연계에 '정치적' 성격이 아주 강하지는 않았기 때문이기도
하고, 아울러 야나이하라의 청원운동에서의 실질적 기여에 대한 일정한 평가도 포함
되어 있는 것 같다.
79) 한상일, 앞의 글; 이규수, 앞의 글; 幼方直吉, 앞의 글 등.
80) 박은영, 「야나이하라 다다오(矢內原忠雄)의 조선 인식 연구 – 그의 기독교 사상을 중
심으로」, 『신앙과 학문』 제16권 제2호, 2011; 崔吉城, 「植民地朝鮮におけるキリスト
敎 – 矢內原忠雄を中心に」, 崔吉城・原田環 編, 『植民地の朝鮮と臺灣 – 歷史・文化
人類學的硏究』(第一書房, 2007) 등.

하라가 식민지 조선 경제에 대해 남긴 부분적 논설에 근거하여 야나이하라의 朝鮮經濟觀을 거칠게나마 재구성한 후 그의 조선정치론과 관련지어 설명해보고자 한다.

우선 식민지 조선 경제를 다룬 논저에 대한 야나이하라의 서평 중에서 시카타 히로시(四方博)의「市場を通じて見たる朝鮮の經濟」를 소개·비평한 것이 눈에 띈다. 한편으로는 자본가적 기업의 발전이 있지만 동시에 半中世紀的인 물물교환적 재래시장이 여전히 우세한 조선 경제의 '역설적 현상'을 소개한 후, 시카타의 논문 등으로부터 각인된 "조선인 경제의 모습은 빈궁! 피폐!"라고 지적하고 있다.[81] 주목되는 것은 야나이하라가 시카타에 대해 "내지인의 자본주의적 세력과 조선인의 半中世紀的 경제의 병행적 존재의 사실과 함께, 양자의 사회적 관계, 즉 내지인의 자본주의가 조선인의 경제와 접촉하여 이를 변혁시키는 내면적 과정이 어떠한 방향으로, 어떠한 정도로 행해지고 있는가, 라는 사실의 연구가 필요"하다고 주문한 점이다.[82] 즉 내지 자본에 의한 조선 경제의 변혁이라는,『臺灣』에서 살펴본 식민지 대만 경제에 대한 야나이하라 자신의 분석 패턴을 시카타에게 그대로 주문하고 있는 것이다. 그렇다면 식민지 조선 경제, 특히 조선의 '자본주의화'에 대한 야나이하라 자신의 판단은 어떠했을까.

이 때 참고가 되는 것이 1938년 1월에 공간된「朝鮮統治上の二三の問題」라는 논설이다. 이 논설의 초점은 주로 조선총독부 재정의 상대적 빈곤의 원인을 추적하고, 이를 기초로 '고비용'을 필요로 하는 일본의 조선통치 방침인 '官治的 내지연장주의'의 수정을 촉구하는 데 있었지만, 재정 문제와 연결된 조선 경제에 대해서도 언급하고 있어서 야나이하라의 조선 경제에

---

81) 矢內原忠雄,「書評: 京城帝國大學法文學會 編,『朝鮮經濟の研究』」,『帝國大學新聞』, 1929년 9월 23일,『全集』(제5권), 413-415쪽.

82) 矢內原忠雄,「書評: 京城帝國大學法文學會 編,『朝鮮經濟の研究』」, 416쪽.

대한 판단을 어느 정도는 읽을 수 있다. 이 논설에서 조선총독부의 재정자
립계획이 (대만총독부의 그것과 달리) 실패로 돌아간 점을 지적하면서 그
원인을 산업구조의 측면에서 분석하고 있다. 즉 조선의 주요 산업은 농업
인데, 조선의 주요 생산물로서 장려정책의 대상이 되는 상품이 쌀이라는
것은, 대만 및 남양군도에서 같은 지위를 점하는 생산물이 설탕인 것에 비
하여 재원조달의 측면에서 뒤지는 것이라고 보았다.[83]

　생산의 측면에서 설탕산업은 농업부문과 공업부문의 기술적·자본적
연결을 가지는 혼합기업인 데 반해 미곡산업은 단순한 농업부문이다. 물
론 미곡의 상품화에 수반하여 籾摺 및 精米業이 공업공장으로 성립했지
만, 그 생산과정은 극히 간단하여 성격상 거대자본의 집적에 적합하지
않다는 것이다. 실제로 정미공업은 대부분이 중소기업이고 자본금 역시
영세했다. 朝鮮米의 생산도 전체적으로는 여전히 봉건적 생산관계 및 생
산방식을 존속하고 있다는 것이다.[84] 유통 측면에서도, 대만과 남양군도
의 설탕은 일본 내지에서 경쟁자가 없고 외국 설탕에 대해서는 관세장벽
에 의해 보호되므로 내지 시장에서 독점적 지위를 향유한데 반해, 朝鮮
米는 내지미 공급의 부족을 보충하는 차원에서만 내지시장 진출을 인정
받은 데 불과하여 시장에서의 독점적 지위를 가지지 못한 결과 독점이윤
을 획득할 수 없다는 것이다.[85]

　공업 분야를 보면, 조선에서 대자본가적 공업이 활기를 띤 것은 ① 제
1차 세계대전 직후의 '호경기 시대'와 ② 1931년 만주사변 이후의 '대기업
발흥 시대'이다. 하지만 ①의 경우 공업 자원이 수량과 품질 면에서 가격경
쟁 조건을 구비하지 못했기 때문에 공업발달 속도가 현저히 늦어졌다. ②의

83) 矢內原忠雄, 「朝鮮統治上の二三の問題」, 『全集』(제4권), 312쪽.
84) 「朝鮮統治上の二三の問題」, 313쪽.
85) 「朝鮮統治上の二三の問題」, 314쪽.

경우 조선질소비료주식회사, 오노다(小野田)시멘트회사 등의 대자본가적 기업의 설립은 조선공업에 있어서 획기적인 사실이고, "상품경제의 보급과 침투, 임금노동자 계급의 증대, 농촌지대로부터 新工業 중심지로의 인구이동 등 자본주의화의 범위와 정도를 진척시킬 것"으로 예상은 되지만,[86) 만주와의 경쟁적 지위로 인해 만주시장 진출이 어려워 조선과 해외시장에 의존해야 하므로 대만 제당업 같은 독점적 지위를 가지기는 어렵다는 것이다. 따라서 자본축적이나 재정기여도는 상대적으로 높지 않을 것이라고 보았다.[87)

대만의 자본주의화를 상당히 확고한 어조로 선언한 것에 비하면, 조선의 자본주의화에 대해서는 신중하고 주저하는 논조가 감지된다. 야나이하라의 조선 관계 논설과 『臺灣』에 집대성된 대만 관계 논설을 완성도 면에서 비교하더라도, 자료의 인용이나 분석의 정밀도 등에서도 현저한 차이가 있다. 야나이하라에 있어서 조선의 자본주의화는 아직 성취되지 않았거나 최소한 (대만에 비해) 훨씬 느리고 완만하게 진행되고 있었던 것이다. 그럼에도 불구하고 식민지의회의 설립을 핵심으로 하는 자치론을 조선에 적용한 점은 대만과 동일했다.

야나이하라는 1926년 6월에 『中央公論』에 발표한 「朝鮮統治の方針」에서[88) 종속/동화/자주정책으로 구분하는 자신의 식민지 통치에 관한 일반론을 소개한 후,[89) 3·1운동 이래 추진해온 "공존공영을 목적으로 하는 문화정치가 구두선으로 끝나지 않기 위해서는 객관적 보장을 필요로 한다.

---

86) 「朝鮮統治上の二三の問題」, 316-319쪽.

87) 「朝鮮統治上の二三の問題」, 320쪽.

88) 이 글은 『東亞日報』에도 「朝鮮統治觀(一~七) - 日本學者의 所論」이라는 제목으로 1926년 5월 29일부터 6월 5일까지 총 7회에 걸쳐 譯載되어 있다.

89) 矢內原忠雄, 「朝鮮統治の方針」, 『全集』(제1권), 731-735쪽.

그것은 조선인의 참정"이라고 확언한다.[90] 다시 말해 "조선에 사회상·정치상 자주적 발전을 완수케 하여 자주적 지위를 용인하는 것은 정의가 요구하는 바이다. 그리고 이는 조선과 일본의 帝國的 결합을 공고히 하는 유일한 길"이며, "조선의회의 개설은 조선통치의 근본방침이자 목표여야 한다."는 것이다.[91]

하지만 식민지의회 개설이 대만에서처럼 자본주의화의 달성 또는 진전의 결과로 정당화된 것은 아니었다. 오히려 문화정치 이래의 조선의 정치적·사회적 불안의 원인으로 경제적 불안이나 저발전을 들고 있다. 예컨대 토지조사사업의 결과 "그들(=조선인)은 無産者化되었다. (중략) 그리고 이들 무산자가 모두 조선 내에서 직업을 구하는 것은 불가능하다. 왜냐하면 조선의 주된 산업은 농업이고 공업은 매우 유치하여 도저히 다수의 노동자를 수용할 능력이 없기 때문이다." 다시 말해 조선인의 경제적 "욕망은 자극되었지만 욕망 충족의 수단은 얻지 못했다. (중략) 그 결과는 불안, 절망, 無光明. 조선사회의 저류에 이 절망적 불안이 鬱積하는 것처럼 느껴진다."는 것이다.[92] 요컨대 야나이하라의 조선자치론은 (대만자치론이 자본주의화의 결과로 정당화된 것과는 달리) 경제적 절망과 불안을 벗어나기 위한 방안으로 제시되었다.

이 점은 12년 후인 1938년 1월에 발표된 「朝鮮統治上の二三の問題」에서도 거의 유사하게 보인다. 즉 식민지 조선이 일본 중앙정부로부터 지속적으로 군사비와 행정비(=보충금) 등의 재정지원을 받는 상황은 일본의 통치정책, 즉 '父權的 보호정책'이나 '官治的 내지연장주의' 등으로 표현되는 동화주의의 결과이므로, 이 상황을 벗어나기 위해서는 동화주의 정책의 포

---

90) 「朝鮮統治の方針」, 737쪽.
91) 「朝鮮統治の方針」, 743쪽.
92) 「朝鮮統治の方針」, 729쪽.

기로 나아가야 한다고 주장하고 있다.[93] 대만자치론이 고도의 자본주의화, 그리고 그 결과 (민도에 비해 과대하다고 칭해질 정도로) 풍부해진 재정상황의 결과로 제기된 반면, 조선자치론은 오히려 자본주의화의 부진과 그 결과로서의 빈약한 재정상황을 해결하기 위한 방안으로 제기된 것이다.

어쨌든 전술한 바와 같이 야나이하라의 식민(정책)론이 식민지 경제론(=자본주의화)과 식민지 정치론(=자치주의)의 결합, 그리고 그 결합에 의한 식민 본국과 식민지의 상호이익을 핵심적인 골자로 하고 있다면, ('상호이익'을 논외로 할 경우) 식민지 대만은 자본주의화와 자치주의가 무리 없이 결합된 사례인 반면, 식민지 조선은 '자본주의화 없는', 또는 '자본주의화 달성을 위한' 자치주의의 사례가 될 수밖에 없었다. 대만의 사례와 달리 『帝國主義下の朝鮮』이라고 이름붙일 만한, 식민지 조선 경제에 관한 본격적인 분석이 없었던 것은, (단순히 식민지 조선 경제 연구를 둘러싼 외부적·정치적 압력의 결과라기보다는) 자신이 식민정책학자로서 설정한 '이론'과 식민지 조선 경제가 보여주는 '현실' 간의 괴리를 강하게 의식한 결과일 수도 있지 않을까.[94]

---

[93] "동화주의 식민통치는 군대 및 경찰의 감시 하에서만 행해진다. 따라서 식민지 통치에 관한 군사비 및 행정비 보충금을 본국이 부담하는 것은 동화주의 정책의 비용이라고 생각해야 하며, 당해 식민지의 생산 조건이 유리하여 재원이 풍부하지 않은 한 식민지의 재정독립은 기대할 수 없고 또 기대해서도 안된다고 보아야 한다."(「朝鮮統治上の二三の問題」, 325쪽).

[94] 「朝鮮統治の方針」이 다른 식민지 문제를 논하는 경우 유지해왔던 냉정한 태도와 달리 '열정적'이고 '감정적'으로 총독부의 통치를 비판했고, 그런 의미에서 그의 논설 중에서도 극히 이례에 속하게 된 것(幼方直吉, 앞의 글, 1180쪽)은, (조선에 대한 강한 애착의 결과일 수도 있지만) 식민지 조선의 사례가 자신이 설정한 식민이론과 잘 들어맞지 않는다는 점을 강하게 의식한, 다시 말해 자신의 이론적 결함을 강하게 의식한 결과로서의 감정의 과잉이라고 볼 수도 있지 않을까.

6. 맺음말

무엇이 야나이하라로 하여금 식민지 조선(경제) 연구를 주저하게 만들었는가? 야나이하라의 관점에서 보았을 때, 대만에 대한 식민통치는 최소한 부분적으로나마 '성공'이었다고 할 수 있다. 야나이하라는 대만 통치를 "難治로 칭해지는 대만이 고다마-고토 정치하의 10년 간 치안이 정비되고 위생상태가 개선되며 경제가 발달하고 재정이 독립하기에 이른 것은, 일본 식민정책의 성공으로서 내외의 경탄을 얻은 바이다."라거나,[95] "대만 재정 독립에 이처럼 일찍 도달한 것은 일본 식민정책상의 성공이라고 하지 않을 수 없다."라거나,[96] "대만총독부는 위생조치에 의해 페스트나 말라리아 등의 惡疫을 줄이고 내지인의 이주를 용이하게 함과 동시에 본도인의 위생상태를 현저히 개선했다. 그 성공은 상찬할 만하다." 등으로 표현했다.[97]

다시 말해서 "일본의 대만 통치 30여 년, 그 치적은 식민지경영이 성공했다는 稀有의 모범으로서 상찬된다. 대만 할양 때에 청국 전권대표 이홍장이 대만이 難治인 소이로서 기후와 풍토의 불건강함, 주민들이 아편 관습에 물들어 탈각할 수 없다는 점, 匪亂의 근절이 어렵다는 점 및 慓悍不治의 蕃人이 거주한다는 점 등을 들어 일본의 대만 할양 요구의 기세를 잠재우려 했던 사실은, 일본의 통치에 의해 모두 면목을 일신했다."라고 하는 등,[98] 문명화(=자본주의화) 작용을 동반하는 '실질적 식민'의 실체가 가시적인 형태로 존재했다. 때문에 논리적으로 야나이하라의 식민론에 있어서의 다음 단계, 즉 자주주의의 실현을 요구할 수 있었다.

---

95) 『臺灣』, 13쪽.

96) 『臺灣』, 72쪽.

97) 『臺灣』, 166쪽.

98) 『臺灣』, 199쪽.

　　반면 조선에 대한 식민통치의 현상은 야나이하라가 보기에 '부분적 성공'
을 운위하기도 곤란한 상황이었고, 이는 식민(정책)론에 관한 자신의 일반
론의 타당성에 의문을 품게 만들 수도 있는 아킬레스건이었던 것은 아닐
까. 바로 그렇기 때문에 조선에 관한 한 경제론(=자본주의화)은 비워둔 채
로 정치론(=자치주의) 일변도로 나갈 수밖에 없었던 것은 아닐까. 다시 말
해서 야나이하라의 입장에서 볼 때 식민지 조선에 관한 한 일본의 식민통
치가 정당화될 수 있는 최소한의 충분조건이 마련되지 못했던 것이고,[99]
이것이 식민지 조선 경제에 대한 '침묵'으로 이어진 것은 아닐까.[100]

---

[99] 幼方直吉, 앞의 글, 1177쪽에 따르면, 야나이하라의 自傳에 해당하는 『私の步んで
　　きた道』(『全集』 제26권)은 그의 학문과 신앙을 내면생활을 통하여 아는 데 있어서
　　귀중한 자료이나, 청 · 장년기에 그의 학문과 신앙에 큰 영향을 미친 조선과의 관계
　　에 대해서는, "어떤 이유에서인지는 분명치 않지만 아무것도 말하지 않고 있다." 이
　　렇게 보면 야나이하라가 조선에 대해 아무것도 말하지 않은 것은 단순한 '결락'이
　　아닌, 대단히 의식적인 행위의 결과라고 보는 것이 맞을 것이다.

[100] 이 논문을 한 학술회의에서 발표하고 난 후 몇몇 일본인 연구자들로부터 (비공식적
　　인) 귀중한 코멘트를 들을 수 있었다. 이들 일본인 연구자들의 공통된 지적은, 야나
　　이하라가 애초 조선에 대해 그리 큰 관심이 없었을 가능성도 있다는 것이었다. 대만
　　에 대해서는, 대만이 중국의 일부였고 따라서 중국에 대한 관심의 연장선상에서 상
　　세한 연구를 남겼지만 조선에 대해서는 그렇지 못했다는 것이다. 하지만 같은 논리
　　로 관심의 정도의 차이라면, 남양군도에 대하여 專著를 남긴 것은 어떻게 설명해야
　　할까. 이들 일본인 연구자들의 지적은, 전전/전후 일본 지식인사회의 조선(및 한국)
　　에 대한 '의외의 무관심'을 상기시켰다는 점에서 신선하게 느껴지기도 했지만, 그 지
　　적만으로는 야나이하라의 식민지 조선 연구, 특히 식민지 조선경제 연구의 결여를
　　충분히 설명할 수 없는 것 같다.

| 부록 | 矢内原忠雄의 식민지 관련 논설 목록 및 대상지역, 1923~1945

	제목	수록 잡지/책	간행 시점	지역
1	シオン運動に就て	經濟學論集	1923년 10월호	팔레스타인
2	米國の日本移民排斥に就て	經濟學論集	1924년 6월호	美(=미국)
3	アダム・スミスの植民地論	經濟學論集	1925년 3월호	일반
4	スミスの植民地論に關し山本博士に答う	經濟學論集	1925년 11월호	일반
5	人口過剩に關する若干の考察	經濟學論集	1925년 11월호	일반
6	朝鮮産米增殖計劃に就て	農業經濟硏究	1926년 2월호	朝(=조선)
7	朝鮮統治の方針	中央公論	1926년 6월호	朝
8	第一回英帝國勞動會議	經濟學論集	1926년 9월호	英(=영국)
9	帝國主義の現勢	中央公論	1927년 1월호	일반
10	時論としての人口問題	中央公論	1927년 7월호	일반
11	人口問題と移民	移植民問題講習會講演集	1927년 8월	일반
12	アイルランド問題の發展	經濟學論集	1927년 12월호	아일랜드
13	人口問題	日本評論社 編, 『社會經濟體系』(第141册)	1928년 3월	일반
14	帝國主義下の臺灣(一)	國家學會雜誌	1928년 5월호	臺(=대만)
15	帝國主義下の臺灣(二)	國家學會雜誌	1928년 6월호	臺
16	帝國主義下の臺灣(三)	國家學會雜誌	1928년 7월호	臺
17	臺灣糖業帝國主義	經濟學論集	1928년 7월호	臺
18	帝國主義下の臺灣(四)	國家學會雜誌	1928년 8월호	臺
19	帝國主義下の臺灣(五)	國家學會雜誌	1928년 9월호	臺
20	戰後のイギリスの資本輸出	我等	1929년 2월호	英
21	世界經濟發展過程としての植民史	『經濟學硏究』(山崎敎授還曆記念) 第1卷	1929년 4월	일반
22	印度の民族運動	改造	1929년 5월호	印(=인도)
23	印度幣制の植民政策的意義(一)	國家學會雜誌	1929년 10월호	印
24	印度幣制の植民政策的意義(二)	國家學會雜誌	1929년 11월호	印
25	植民地國民運動と英帝國の將來	改造	1930년 4월호	英
26	資本蓄積と植民地	社會科學	1930년 6월호	일반
27	超帝國主義論について	經濟學論集	1930년 9월호	일반

28	英國對支政策の經濟的根據	東亞	1930년 9월호	英
29	印度工業と植民政策	國家學會雜誌	1930년 10월호	印
30	英帝國會議の悩み	帝國大學新聞	1930년 10월	英
31	最近の英帝國會議に就て	外交時報	1931년 1월호	英
32	資本主義帝國の對立と植民地市場	經濟往來	1931년 2월호	滿(=만주)
33	滿蒙新國家論	改造	1932년 4월호	滿
34	滿洲植民計劃の物質的及び精神的要素	社會政策時報	1932년 5월호	滿
35	滿洲經濟論	中央公論	1932년 7월호	滿
36	國民主義と國際主義	理想	1932년 7·8월호	일반
37	滿洲國承認	帝國大學新聞	1932년 10월	滿
38	滿洲見聞錄－昭和七年八月－九月	改造	1932년 11월호	滿
39	植民なる文字の使用に就て－長田三郎氏に答う	經濟學論集	1932년 11월호	일반
40	移民の必然性と效果	國家學會雜誌	1932년 11월호	일반
41	滿洲國·一九三三年	帝國大學新聞	1933년 1월	滿
42	リットン經濟文書を讀む	エコノミスト	1933년 3월	滿
43	未開土人の人口衰退傾向について(一)	國家學會雜誌	1933년 5월호	일반
44	未開土人の人口衰退傾向について(二)	國家學會雜誌	1933년 5월호	일반
45	南洋委任統治論	中央公論	1933년 6월호	南(=남양군도)
46	南洋群島の研究	帝國大學新聞	1933년 10월	南
47	南洋群島視察談	講演	1933년 11월	南
48	滿洲國の展望(上·下)	大阪·東京朝日新聞	1934년 1월	滿
49	民族と平和	中央公論	1934년 4월호	일반
50	軍國主義·帝國主義·資本主義の相互的關連	國家學會雜誌	1934년 5월호	일반
51	南洋群島の經濟	經濟	1934년 7월호	南
52	臺灣白話字問題に就いて	『臺灣白話字普及の趣旨及び臺灣島內贊成者氏名』의 付錄	1934년 8월	臺
53	ヤップ島紀行	帝國大學新聞	1934년 9월	南

54	マルサスと現代	改造	1935년 1월호	일반
55	南洋群島パラオ及びヤップの貨幣	『經濟學の諸問題』	1935년 5월	南
56	南洋群島民の教育に就いて	『倫理講演集』(丁酉倫理會) 391輯	1935년 5월	南
57	南洋群島の土地制度	經濟學論集	1935년 6월호	南
58	伊エ戰爭と世界の平和	改造	1935년 11월호	이집트
59	植民地再分割論	東京朝日新聞	1936년 2월	일반
60	南洋政策を論す	改造	1936년 6월호	南
61	植民地再分割問題	婦人之友	1936년 6월호	일반
62	印度農業と植民政策(一)	國家學會雜誌	1936년 8월호	印
63	印度農業と植民政策(二)	國家學會雜誌	1936년 9월호	印
64	民族精神と日支交涉	帝國大學新聞	1936년 12월	中(=중국)
65	大陸政策の再檢討	報知新聞	1937년 1월	中
66	支那問題の所在	中央公論	1937년 2월호	中
67	軍事的と同化的・仏日植民政策比較の一論	國家學會雜誌	1937년 2월호	仏日
68	植民政策より見たる日仏	國際知識	1937년 2월호	仏日
69	太平洋の平和と英國	改造	1937년 7월호	英
70	植民政策より見たる委任統治制度 - 故新渡戸博士にささぐ	國家學論集	1937년 7월	南
71	國家の理想	中央公論	1937년 9월호	일반
72	大陸經營と移植民教育	教育	1938년 1월호	中
73	朝鮮統治上の二三の問題	國家學會雜誌	1938년 1월호	朝
(74)	Problems of Administration in Korea	*Pacific Affairs* 11-2	1938년 6월	(朝)
75	植民政策に於ける文化	教育	1939년 4월호	일반
76	大陸と民族	大陸	1941년 12월호	中
77	大東亞戰爭と英國植民政策	帝國大學新聞	1942년 1월	英
78	英國の印度征服史論	改造	1942년 5월호	英印
79	印度統治批判	帝國大學新聞	1943년 6월	印

※ 楊井克己 等編, 『帝國主義研究』(矢內原忠雄先生還曆記念), 岩波書店, 1959에 수록된 「著作目錄」 중에서 〈論文〉만을 대상으로 하여 작성하되, 식민지 이외 문제(종교 등) 관련 논설은 제외함.

'생존공간'(Lebensraum)과 '大東亞共榮圈' 담론의 상호전이
칼 하우스호퍼의 지정학적 일본관을 중심으로

이진일

1. 머리말

제1차 세계 대전 이후의 세계는 열강들 간의 대립의 기간이기도 했지만, 동시에 전례 없던 자본과 상품, 이념, 사람들의 상호 이동기이기도 했다. 1차 세계대전 시기 중국이 프랑스와 영국 전선에 보낸 중국인 노동력은 약 14만 명 정도로 추정되며, 전후 고스란히 유럽에 남는다.[1] 세계는 지구화의 소용돌이 속에 있었으며, 일본을 포함하여 동아시아는 이미 실질적으로 세계경제의 일부로 작동하고 있었다. 세상은 더 값싸게 더 빨리 소통하며, 활발한 이동이 가능하게 되었다. 생산과 자본, 소비와 무역, 학문 등에서 전지구적 네트워크가 형성되어 있었으며,[2] 전쟁과 식민지 세계의 균열은 사람들로 하여금 무엇보다 공간에 대한 관심을 불러 일으켰고, 공간을 과거와는 다른 새로운 시각에서 보게 된다. 공간은 더 이상 단지 영토를 구성하는 물질적 기반으로만 받아들여진 것이 아니라, 국민의 정신까지 지배하

---

[1] Xu Guoqi, *China and the Great War* (Cambridge, 2005), p.126 ff.

[2] Sebastian Conrad, Jürgen Osterhammel (eds.), *Das Kaiserreich transnational. Deutschland in der Welt 1871-1914* (Göttingen, 2004).

는 즉, 공간이 국가의 주인이 되었다.

이처럼 1920년 이후 새롭게 강조된 공간에의 관심은 '지정학'(Geopolitik /geopolitics)이라는 하나의 분과학문으로 발전한다.[3] 지정학은 1차 세계대 전 이후 제국주의적 팽창에 따른 지역 중심의 문명담론, 각 지역 혹은 대륙 을 중심으로 제기되기 시작한 판-운동(Pan-Bewegung) 등 지역에 대한 지 리적 관심과 관련을 맺으며 국경을 넘어 전개되는데, 이러한 지정학 담론 을 구성하는 중요한 개념 중 하나가 'Lebensraum'(생존공간)과 '대동아공영 권' 개념이다. 양 개념 모두 1920년대 처음 만들어진 것은 아니면서 이후 점차 구체화된다는 공통점을 갖고 있다. 전자가 1933년 히틀러의 집권을 통해 실현의 단초가 만들어지게 된다면, 후자는 1940년 일본 정부에 의해 공식적으로 발표되면서 실현의 과정에 들어간다. 전자가 독일과 동부유럽 을 중심으로 진행되었다면, 후자는 일본과 동아시아를 중심으로 진행되 지만, 양 개념 사이에는 독일인 지리학자 칼 하우스호퍼(Karl Haushofer, 1869~1946)가 있어서 그를 매개로 국가와 국가의 경계를 넘어서는 개념 간 의 주고받음, 전유, 상호 발전, 변화의 추동 등이 이루어지게 된다. 그는 아시아와 유럽을 유라시아라는 하나의 대륙이면서 동시에 하나의 독립 적 블록으로 상정하였다. 그는 자신의 저술과 다양한 활동을 통해 글로 벌화된 세계에서 하나의 지리적 통합체로서의 아시아가 갖는 독립적 위

---

3) Geopolitik(geopolitics)이라는 표현 안에는 지리학에 바탕을 둔 정치 행위와 학문체계 로서의 지정학(Geopolitische Wissenschaft)의 두 개념이 모두 포함되어 있어 이를 구 분해 표현해야 하겠으나, 일반적으로 지정학이라는 표현 안에 두 개념을 모두 집어 넣는다. Geopolitik과 Politische Geographie(정치 지리학) 또한 각기 달리 발전한 개 념이며, 1920년대부터 이를 구분하고자 하는 다양한 시도들이 있어 왔으나 1945년 이후 냉전과 반공주의의 영향을 받으면서 일반적으로 Geopolitik은 하우스호퍼와 나 치로 대표되는 독일의, 그리고 1945년 이후에는 소련의 지정학적 정책과 같은 지극히 호전적이고 부정적 성격의 학문으로 취급되어 왔다. 냉전의 종식 이후 '지정학의 복 원'시대가 오면서 새롭게 개념을 부여하는 시도가 진행되고 있다. Gearoid O'Tuathail, Simon Dalby (eds.), *Rethinking Geopolitics* (London, 1998) 참조.

상과 역할을 학술적 담론의 형태로 제공하고자 시도하였다. 그는 아시아를 유럽적 시각에서 벗어나 아시아 고유의 문화적, 경제적, 지리적, 인류학적 층위에서 분석할 줄 알았고, 아시아를 글로벌한 맥락 속에서 드러내는 작업을 하였지만, 궁극적으로 그의 목적은 러시아, 일본과 연결되는 유라시아 대륙체제의 구성을 통해 독일의 팽창과 발전을 담보하는데 있었다.

하우스호퍼에 대한 세상의 평가는 그리 곱지 않다. '히틀러의 정치고문'(Hitlers politischer Berater), '독일 지정학의 아버지'(The father of German Geopolitik), '히틀러의 전쟁을 뒤에서 조정하는 사람'(The man behind Hitler's war aims), '히틀러의 사악한 천재'(Hitler's evil genius), '전 세계 지정학자의 영웅'(the hero of geopoliticers all over the world), 심지어는 "판도라의 상자를 열어 세상에 악마를 풀어준"[4] 인물로 표현되는 등 부정적 평가가 주를 이룬다. 그의 무엇이 그토록 부정적인 평가를 후세에 남기게 한 것일까?

지금까지 하우스호퍼에 대한 연구는 비교적 풍성하다. 이미 1979년 야콥슨(Hans-Adolf Jacobsen)에 의해 하우스호퍼의 독일 내 활동을 중심으로 한 연구가 그의 서신과 회고록, 가족 일기 등 출판되지 않은 사적 기록들을 모은 자료집과 함께 출간된 바 있다.[5] 야콥슨은 자신의 책을 통해 하우스호퍼의 지정학이 얼마나 나치의 프로파간다에 적절히 이용되었고 그의 지정학이 체제순응적이었는지를 밝혔다. 코스트(Klaus Kost)는 랏첼(Friedrich Ratzel, 1844~1904) 이후 1945년까지 독일 지리학 내에서의 정치지리학과 지정학의 학문사적 가치에 대해 검토하면서, 특히 하우스호퍼의 지정학 개념들을 분석하고 있다.[6] 이러한 연구들이 주로 하우스호퍼를 유

---

4) Edmund A. Walsh, *Total Power. A Footnote to history* (NY, 1948), p.247.

5) Hans-Adolf Jacobsen, *Karl Haushofer: Leben und Werk*, 2 Bände (Boppard, 1979).

럽 정치와 관련지어 이해하고자 하는 시도였다면, 지난 2009년 프라이부르
크 대학에 제출된 1,000페이지가 넘는 박사학위 논문을 통해 슈팡(Christian
W. Spang)은 하우스호퍼와 일본의 관계, 특히 그가 일본 지리학과 지정학
에 미친 영향에 대해 상세히 논구함으로써 그에 관한 가장 큰 퍼즐이 채워
지게 된다.[7] 슈팡은 자신의 학위논문을 통해 하우스호퍼의 일본에서의 행
적을 꼼꼼히 추적하며, 하우스호퍼가 받아들였던 일본과 그의 매개자로서
의 역할에 대해 풍성한 자료를 동원해 서술하고 있다. 또 그 다음해인 2010
년 미국 코넬 대학에 제출된 이석원(Lee Seokwon)의 박사학위 논문에서는
대동아공영권 이론에 하우스호퍼가 미친 영향을 논문의 일부로 훌륭하게
재생시키고 있다.[8]

　본 글은 하우스호퍼와 일본과의 관계에 주목한다. 슈팡의 글이 하우스
호퍼와 그의 지정학을 추적하면서 교토학파나 도쿄학파등 주로 그가 일본
지리학에 미친 구체적인 영향에 집중하고 있다면, 본 글은 부분적으로 기
존 하우스호퍼 연구의 성과들을 공유하면서, 원체험으로서의 일본 체류와
일본 수용이 하우스호퍼의 지정학적 전략과 방향에 어떤 영향을 미쳤는가
를 추적의 중심에 두고자 한다. 나아가 그의 지정학 이론이 대동아공영권

---

[6] Klaus Kost, *Die Einflüsse der Geopolitik auf Forschung und Theorie der Politischen
Geographie von ihren Anfängen bis 1945*, Diss. (Bonn, 1988). 영미권에서는 특히 2
차대전기와 전후 초기를 중심으로 지정학 연구의 중심에 하우스호퍼를 두면서 그에
대한 다양한 연구들이 나온다. 이에 대한 언급은 본 글의 후반에서 다시 제시하겠다.

[7] Christian W. Spang, *Karl Haushofer und Japan, Die Rezeption seiner geopolitischen
Theorien in der deutschen und japanischen Politik* (München, 2013).

[8] Seokwon Lee, *Rationalizing Empire: Nation, space and community in Japanese social
sciences, 1931-1945* Diss. (Cornell Univ., 2010). 특히 pp.153-203. 이석원, 「대동아
공간의 창출」, 『역사문제연구』 19, 2008, pp.271-311. 그밖에도 Rudolf Gottschlich,
*Der Stellwert Japans und Chinas in politischer Geographie und Geopolitik vor dem
Hintergrund der Ostasienpolitik des Deutschen Reiches (1919-1945)* (Frankfurt/M.,
1998)는 하우스호퍼를 중심으로 다양한 독일 지리학자들의 일본과 중국에 대한 지정
학적 시각을 비교 검토 하고 있다.

이론 형성과 관련하여 맺어지는 두 이론 간의 연관성을 검토해 볼 것이다. 아울러 지금까지 그에 대해 내려진 평가에서 과장되거나, 지나치게 악의적으로 폄하되어 온 배경을 살펴, 그의 학술적 성과와 세계관을 편견 없이 이해하고자 하는 것에 본 글의 의도가 있다. 앞의 소개한 글들이 모두 두꺼운 분량의 저서 혹은 학위논문임을 감안한다면 이 글이 보여 줄 수 있는 한계는 분명하다 할 것이다.

경계를 넘어 형성되는 관계에서 한 방향 만으로의 전달, 혹은 수용과 같은 일방적 영향력이란 없다. 세상의 모든 관계는 주는 쪽은 주는 대로, 받아들이는 쪽은 받아들이는 대로 변화하기 마련이며, 그 사이에서는 언제나 변용의 계기가 생겨난다. 역사학자 코졸(Wendy Kozol)은 바람직한 트랜스내셔널 역사 연구방식으로 다음과 같은 사항을 지적한다.

"나의 생각으로는 가장 효과적인 트랜스내셔널 역사연구는 어떻게 문화적 실천과 이데올로기가 사람과 상품이 지방과 지역, 또 글로벌한 범위 안에서 순환하는, 경제적 사회적 정치적 조건들을 만들고 억제하고, 혹은 가능하게 하였는지를 검토하는 것이다."[9]

그런 면에서 본 글은 국경을 넘나드는 인간의 사고와 정책에 대한 추적이지만 제대로 된 이론적 틀을 갖고 작성하였다고 하기는 힘들다. 다만 아직 트랜스내셔널 역사와 관련된 구체적이고 실재적 분석이 부족한 가운데 본 글은 이러한 시도에서 하나의 시론적 역할을 할 것을 기대한다.

---

[9] Wendy Kozol, "AHR Conversation: On Transnational History", *American Historical Review* Vol. 111, Issue 5, 2007. 트랜스내셔널 역사서술의 방법론에 관하여는 Gunilla Budde u. a (ed.) *Transnationale Geschichte: Themen, Tendenzen und Theorien* (Göttingen, 2006); Akira Iriye, *Global and transnational history. The Past, Present and Future* (London, 2013) 참조.

2. 하우스호퍼의 일본경험

1908년 10월 19일 하우스호퍼는 독일 바이에른 주 군부가 파견하는 정탐장교(Militärbeobachter)의 자격으로 부인(Martha Haushofer)과 함께 뮌헨을 떠나 선편으로 인도와 싱가포르, 홍콩, 샹하이를 거쳐 이듬해 2월 19일 도쿄에 도착한다.[10] 그의 나이 서른 아홉의 일이었다. 이후 하우스호퍼 부부는 1909년 4월 중순 도쿄를 떠나 교토로 향하였고, 이듬해 6월 12일 교토를 떠나 트랜스시베리아 열차 편으로 귀국하기까지 교토 외곽 병영에 머무른다. 그는 일본의 군사시설과 지형을 관찰하였고, 훈련에 참가하고, 조언하면서 주로 군인, 정치가들과 교류하였다.[11] 그에게 주어진 임무는 다음과 같은 것이었다.

"코만도의 목표는 단지 일본 군 시설물들에 대한 탐색이며, 가능한 절차에 따르면서 주변의 이목을 끌지 않는 방식으로 한정하였다. 따라서 첩보원들과

---

[10] 여러 연구에서 그의 일본 파견 시 직위를 무관(Militärattache), 혹은 군 고문관(Armee-Berater) 등으로 표기하지만, 슈팡의 세밀한 검토에 의하면 정탐장교가 정확한 표현이다. 독일 중앙정부는 무관을 도쿄에 별도로 파견하였으며, 하우스호퍼는 부분적으로 그에게 보고서를 제출하였다. 이에 반해 바이에른 주에서는 별도로 외부에 무관을 파견하지 않았다. C. Spang, *Karl Haushofer und Japan*, p.82 참조.

[11] 청나라와의 대결에 대비해 일본 육군은 참모 양성을 위한 육군대학(Rikugun daigakko)을 1883년 창설한다. 육군은 독일의 입헌군주정체, 군민 일치의 국민성 등이 일본의 상황에 적합했던 점과 보불전쟁의 승리를 통해 독일의 군제가 유럽에서도 특히 뛰어났다는 점을 평가하여 독일식 군제를 모델로 채용하였다. 이에 따라 독일에서 몰트케(Moltke)가 추천한 멕켈(Klemens Wilhelm Jacob Meckel 1842-1906)을 초빙하여 독일식 전술을 중심으로 실천적 참모교육을 실시했다. 하지만 이러한 독일식 군제의 수입은 궁극적으로 일본으로 하여금 군부에 대한 민간과 내각의 효과적 컨트롤을 어렵게 만들고, 참모본부가 독주하게 되는 계기를 만들게 된다. 쿠로노 타에루, 『참모본부와 육군대학교』(논형, 2015); Masaki Miyake, "Japan's Encounter with Germany, 1860-1914: An Assessment of the German Legacy in Japan", *The European Legacy*, Vol.1, N. 1, 1996, p.246.

의 접촉 같은 것은 전혀 없었고, 그보다는 어디서건 주의와 일정 정도 조심스
러움을 갖고 살펴보아야만 했다. … 그런 것들 중 주목할 만한 점들이 있으면
파견된 무관에게 보고서를 제출했거나, 만일 그것이 불가능할 경우에는 신뢰
할 만한 독일인 항해사나 상인 등의 중개를 통해 본국으로 전달하였다."[12]

그가 자신의 부인과 함께 일본에 머문 기간은 합하여 1년이 조금 넘는
시간이었다.[13] 그럼에도 하우스호퍼에게 이 기간은 하나의 '원체험'이었고,
장차 지정학 이론의 전개와 세계관 형성에 결정적 계기가 된다. 그는 아직
자신이 독일로 돌아가 지리학 학위과정을 새롭게 시작하리라 생각하지 못
하였으며, 더욱이 자신이 일본 지정학의 조언자가 되리라고는 전혀 상상할
수 없었다.

귀국 후 그는 군에 복귀한다. 그는 1911년부터 다시 군 사관학교에서 군
사와 지리 등을 가르쳤으며, 1913년에는 병가를 이용하여 정식으로 뮌헨
대학교 지리학과 박사과정에 들어가게 된다.[14] 1차 세계대전에 포병 부대
장으로 참전하였지만 다른 한편으로 교수자격인정논문(Habilitation)을 준
비하며 스웨덴의 지정학자 켈렌(Rudolf Kjellen)과 교류하는 등, 지리, 지정

---

[12] K. Haushofer, Dienstanweisung KM Nr. 207179 (1908.10.31), Jakobsen, *Karl Haushofer*, Bd. 2에서 재인용.

[13] 그는 도쿄 주재 무관의 업무요청에 따라 1909년 9월 11일 - 10월 7일까지 조선, 만주, 중국에 대한 공식적 정찰여행을 수행한다. 특히 그는 1909.9.11-1909.9.21 사이에 서울을 방문하며 일본군 장교와 독일영사 등과 함께 조선의 군 시설을 돌아본다. Christian W. Spang, *Karl Haushofer und Japan*, p.102.

[14] 그는 1913년 입학과 동시에 자신의 박사학위를 쓰기 시작하여 그 해 말에는 이미 자신의 학위논문을 완성해 제출한다. 그것은 그가 일본에서 돌아오자마자 자신의 일본에 대한 생생한 체험을 바탕으로 『Dai Nihon』을 1913년 출간했기 때문에 가능했다. K. Haushofer, *Der deutsche Anteil an der geographischen Erschliessung Japans und des subjapanischen Erdraums, und deren Förderung durch den Einfluss von Krieg und Wehrpolitik*, Erlangen (Diss., 1914). 이 논문에는 상당 부분 조선지리 관련 연구가 포함되어 있으며, 기본적으로 일본의 일부로서의 조선이라는 시각이 반영되어 있다.

학과 관련된 연구를 계속하였고, 1919년 전쟁이 끝나는 해 일본 지리학을 주제로 자신의 교수자격인정논문을 제출한다.[15] 이후 그는 지정학자로서, 대학교수로서, 사회 활동가로서, 국민교육자로서 여러 분야에서 자신의 일본 경험을 응용하였고, 일본 체류기간 동안 맺은 다양한 사람들과의 인연을 바탕으로 자신의 학문적, 사회적 기반을 넓혀나갈 수 있었다.

그는『대일본』(Dai Nihon, 1913) 서문에서 자신의 일본 체류를 "많은 것을 둘러볼 수 있었던 행복했던 시기였으며 아름다운 기억들의 지속되는 원천"으로 회상한다. "보병여단이 2월의 가슴까지 차는 얼음장 같은 계곡물을 가로질러 건너는 당연한 훈련을 보면서도 나는 얼마나 자주 질투심을 갖고 지켜보았는가!"라던가, "거기에 더해 이 행복한 섬왕국은 대륙의 이웃 국가들과는 달리 신선한 계곡물이 넘쳐나고 도처에 자연이 만든 절벽이 있어 이를 통해 위생과 청결을 유지한다"[16]고 서술하는 것을 보면, 그가 얼마나 감정적으로 일본과 일본인에게 함몰되었던지를 짐작할 수 있다. 그는『대일본』과『일본과 일본인』(1933) 등에서 일본의 자연지리적 환경을 시작으로 인종적 기원, 인구, 언어, 교통, 학문, 문학, 예술, 가족관계, 생활습관, 민족정신, 헌법과 의회제도, 현재까지의 정치적 현황과 외교정책, 해외진출상황, 경제와 무역상황, 일본과 관련된 여타 외국인들의 문헌 등을 상세히 서술하고 있다. 이러한 일본에 대한 신뢰와 경탄, 애호는 그의 일본에 대한 마지막 단행본인 1941년의『일본, 자신의 왕국을 건설하다』까지 지속된다.[17]

이러한 그의 일본에 대한 정보는 독일인들에게는 새로운 것이었다.

---

15) K. Haushofer, *Grundrichtungen in der geographischen Entwicklung des Japanischen Reiches* (München, 1919).

16) K. Haushofer, *Dai Nihon*, p.13.

17) K. Haushofer, *Japan baut sein Reich* (Berlin, 1941).

사실 일본은 1차 세계대전이 시작되자마자 곧바로 독일의 조차지인 칭다오와 독일 식민지인 남양군도를 점령함으로써 독일인들로부터 맹렬한 분노를 불러 일으켰었다. 독일인들은 일본에게 수많은 분야에서 앞선 문명을 전수해 왔음에도 이러한 일을 당하자 일본을 일종의 배은망덕한 학생으로 보았고, 일본의 행위를 "숨김없이 드러난 아시아인들의 교활함(Verschlagenheit)을 인지할 수 있는 기회"로 받아들였다.

일반적으로 유럽인들이 가졌던 일본에 대한 관념에는 두 가지 극히 상반된 관점이 공존하였는데, "한편으로 일본은 여전히 유럽의 문명과 근대화를 자신들과 유사한 수준까지 끌어올린 유럽의 또 다른 자아처럼 생각하는 반면, 동시에 일본인의 심성을, 속을 알 수 없고 이해하기 어려우며, 그래서 그들이 앞으로 어떻게 발전해갈지 예견하기 힘든 존재"로 받아들여졌다.[18] 이는 사실 유럽인들이 이미 19세기 중반부터 갖고 있던 황화(yellow peril) 개념에서 그리 멀리 떨어진 사고가 아니었다.

반대로 일본 측에서는 청일전쟁 이후 독일이 다른 서구 열강들과 함께 일본의 청에 대한 영향력을 막고, 자신들의 경제적 이해관계만을 유지하는 데 주력했음에 대해 섭섭하게 생각하고 있었다. 이처럼 다소 소원해진 정치적 배경에서 전후 하우스호퍼는 일본과 동아시아의 낯선 소식들을 전하는 흔치않은 메신저 역할을 수행하였을 뿐만 아니라, 독일의 외교정책에도 간섭함으로써 아시아—태평양 공간의 전략적 중요성을 알리는 역할을 하였다. 그것은 그에게는 일종의 사명의식과 같은 것이었다.

그가 일본에서의 짧은 경험을 그처럼 지속적으로 자신의 경력의 발판으로 삼은 경과에는 분명 일본과의 관계에 대한 과장이 있었다. 그럼에도 자신이 의식하지 못하는 가운데 그의 경험은 자신의 삶의 전환점이 되었고,

---

18) Bettina Lockemann, *Das Fremde sehen* (Bielefeld, 2008), p.70.

학문을 추구해 나감에 있어 하나의 지향점이 되었다. 그에게 일본은 "지정학적 작업을 큰 규모에서 진행시킬 수 있는 파트너"였다.[19]

처음 그가 일본을 연구했던 주된 동기는 독일의 1차 세계대전 패전에 대한 원인을 일본과 비교하여 규명하고자 하는 것에서 시작되었다. 이후 점차 그의 관심은 독일과 일본의 공통점과 상이점을 바탕으로 양국의 지정학적 전개방향을 제시하는 것으로 진행된다. 이러한 지정학적 효용성을 바탕으로 중부유럽에서 소련을 거쳐 극동까지 유라시아 대륙을 가로지르는 지정학적 세계체계 구성의 가능성을 탐사해 보는 것이었다. 때마침 독일도 중부유럽으로의 팽창이 하나의 시대정신을 이루고 있었다. 그가 보기에 일본과 독일은 참으로 많은 역사적 유사성이 존재했다.

> "일본은 아테네—스파르타 사이의 반목과 같이 대륙—해양의 반목이 갖는 상처를 자신의 가슴에 지니고 있으며, 자신들 민족의 영혼 속에 간직하고 있다. 대독일도 이와 같이 해양과 동부 식민화 사이에서의 상처를 갖고 있다는 점에서 일본과 공통적이다; 이것이 긴 시각에서 양 국가 간의 상호이해를 가능하게 만드는데, 그것은 이들이 동일한 어려움과 싸워야만 하기 때문이다."[20]

그는 독일과 일본이 서로 문화와 정치, 경제, 지리 등에서 서로 다르지만, 고대 독일제국과 고대 일본제국은 서로 비슷한 시기, 비슷한 삶의 형태를 거쳤으며, 양국이 1869년과 1870년 외부로부터의 굴욕을 딛고 새로운 국가적 전기를 마련했다는 점에서도 공통성을 갖고 있다고 주장한다. 나아가 오늘날은 양국이 공통적으로 러시아로부터 압력을 받고 있으며, 양국이 모두 식

---

[19] K. Haushofer, *Das Japanische Reich in seiner geographischen Entwicklung* (Wien, 1921), p.160. ("ein Partner, mit dem sich geopolitische Geschäfte grossen Stils machen lassen").

[20] K. Haushofer, "Verpflichtung zum klaren Weltbild", *ZfG (Zeitschrift für Geopolitik)* 20, 1943, H.1, p.3.

민지를 획득하고자 준비가 되어 있다는 점에서도 유사하다고 설명한다.[21] 즉 이러한 공통점들로 인해 양국은 '운명공동체(Schicksalsgemeinschaft)'라는 것이다.

이러한 자신의 일본에 대한 소견을 바탕으로 그는 "어떻게 일본은 거대한 두 앵글로색슨 제국의 시샘과 봉건제 이후 의회주의적 왕국의 성립 후에도 유지될 수 있었는가? 이들과 러시아의 압력 등으로 사라질 수도 있었을 텐데"라는 문제를 제기하면서, 이러한 상황, 즉 영국과 미국, 러시아 등에 둘러싸여 국가적 존립의 위기를 맞은 상황이 독일과 일본 양 제국이 동일하며, 그렇다면, 동일한 위험을 맞아 함께 방어를 위한 협력이 필요하다고 보았다.[22] 이처럼 그의 지정학적 사고는 제국주의 대열에서 뒤쳐진 스스로의 처지를 합리화시키는 대단히 자의적인 발상에서 시작되었다. 궁극적으로 그는 독일이 패전으로 해외 식민지를 모두 잃은 마당에 더 이상 국제정치에서 일본과 이해관계 충돌로 부딪히지는 않을 것으로 판단하였던 것이다. 나아가 일본의 힘을 빌려 동남아에 있는 영국의 기지와 해군을 격파하고 싶었고, 일본과 독일이 동맹함으로써 미국을 아시아에 묶어, 미국의 유럽에의 개입을 저지하려는 효과도 노렸다.

3. 하우스호퍼의 지정학

하우스호퍼의 지정학은 독일이 전쟁에서 패전을 통해 연합군들에게 당했다고 생각하는 피해의식과 영토의 상실에 대한 원상회복 욕구에서 시작

---

[21] K. Haushofer, "Deutschland und Japan", *ZfG* 21, 1944, pp.131-132.

[22] K. Haushofer, *Japans Reichserneuerung. Strukturwandlungen von der Meiji-Ära bis heute* (Berlin, 1930), p.5.

되었다. 이는 바이마르공화국의 시작과 끝을 관통하는 독일인들의 주된 시대정신이기도 하였다. 그는 1945년 미군 군사법정에 제출한 심문 답변서에서 다음과 같이 설명했다.

> "독일 지정학의 탄생은 동시에 그에 대한 정당화이다; 왜냐하면 이것은— 1919년 대학에 공식적으로 지정학이 생기기 시작할 때부터— 위기의 소산이기 때문이다. 특히 이는 다음 세 개의 문제설정을 보면 그렇다는 것이 명확히 드러나는데 … 생존공간, 경계, 해양적 지리정책과 대륙적 지리정책의 상호대립이 그것이다."[23]

이어 그는 전쟁 직후 과도한 산업화와 도시화의 결과 당시 독일인의 생활공간의 분포가 불균형적이었고, 국토의 쪼개진 상태가 장기적으로 지탱하기 어려웠으며, 그래서 독일 학자로서 지정학적으로 정당화될 수 없는 국경을 그대로 묵과할 수는 없는 불가피한 일이었다고 자신의 학문적 동기를 정당화한다. 즉 지리라는 객관적 상황을 바탕으로 현실에서 상실한 영토를 되찾기 위한 하우스호퍼식의 현실참여 방법이었던 것이다. 그런 까닭에 그는 지정학이 추구하는 목표에 대해 서술할 때도 유독 정의로움을 강조한다. "생존공간과 지구상의 권력의 정의롭고 더 나은 분할과 유지, 능력과 인구수에 따른 정의로운 영토 분할!"[24]

다만 그가 다른 보수적 엘리트나 대부분의 보수적 지리학자들과 달랐던 점은 독일의 정황과 전략을 유럽 내 상황에 국한시켜 구상하는 관점에서 벗어났다는 점이었다. 그는 유럽의 경계를 넘어 유라시아 대륙과 오세아니아 대륙, 서반구의 아메리카 세력 등을 모두 포괄하는, 특히 동아시아와 유럽의 관련성을 강조하는 큰 그림을 드러내고자 시도하였다. 그는 전후 독

---

23) K. Haushofer, *Apologie der deutschen Geopolitik* (Frankfurt/M., 1946), p.18.

24) K. Haushofer, "Geopolitische Gedankensplitter", *ZfG*, 21, 1944, p.135.

일의 사회민주주의가 공간문제를 초국가적 계획경제와 제 국민들 간의 연대를 통해 극복하고자 한다고 지적하면서, 그처럼 폭넓은 사고로 전후를 생각하면서도 실재로는 너무도 유럽중심주의적이라고 비판한다.[25] 그런 점에서 그는 새로웠고, 독일인에게 바다건너 극동의 다른 세상에 눈뜨게 해 줌으로써 일반 대중들로부터 큰 호응을 끌어낼 수 있었다. 하우스호퍼에게 지정학이란 국민을 향한 교양교육이면서, 독일의 제국주의적 팽창을 목표로 하는 군인과 정치적 엘리트들을 향한 훈련이기도 했다.[26] 그는 지정학 학자로서 이처럼 '유럽과 아시아를 잇는 대륙정책의 형성에 증언록을 제출하는 것'이 자신의 임무라고 적는다. 독일의 1차 대전 패전의 원인으로 그는 무엇보다 '지정학적 직관의 결여'를 지적하면서, 따라서 다른 나라의 지정학적 사정과 비교해야 함을 강조한다.

하지만 바이마르 공화국에서 전개되는 공간담론에서 영토와 경계의 개념은 더 이상 국민국가를 구성하는 조건으로만 제한되지 않았다. 민족을 기반으로 하는 영토(Volksboden) 개념과 문화를 기반으로 하는 영토(Kulturboden)개념이 한데 섞이면서, 실현시켜야 할 미래 독일국가의 영토

25) K. Haushofer, *Raumüberwindende Mächte* (Leipzig, 1934), p.74.

26) 하우스호퍼는 1924년부터 당대의 가장 인정받는 지리학자인 Hermann Lautensach, Otto Maul, Erich Obst 등 함께 창간한 월간 학술지 『지정학 잡지(Zeitschrift für Geopolitik)』를 통해 매달 자신이 동아시아 정세에 관해 브리핑할 수 있는 장을 마련하였고, 그밖에도 정기적으로 라디오에서 지정학에 관한 강연을 함으로써, 국민들의 정치적 의사형성에 공개적으로 영향을 미칠 수 있었다. 하지만 점점 잡지가 학문적 성격이 줄어들고 정치적 성격이 강화되면서 1929년 이후 그의 동료들은 그만두기 시작했고 결국은 처음 발기인들 중에서는 그 혼자 잡지의 편집인으로 남아 출간을 이어간다. 하지만 그렇다고 그들 지리학자들과 인간관계까지 단절된 것은 아니었다. 이 잡지의 발행부수는 잡지의 영향력과 관련하여 종종 논쟁의 대상이 되었다. 경우에 따라서는 연 70만 부를 찍어내기도 했다는 주장이 제기되기도 했으나, 실제 밝혀진 부수는 최고 연도에도 그의 약 1/10 정도로 추산된다. Holger H. Herwig, "Geopolitik: Haushofer, Hitler and Lebenraum", C. Gray, Geoffrey Sloan (eds.), *Geopolitics: Geography and Strategy* (London, 1999), p.231 등등.

는 무한히 확장되고 급진화된다.[27] 이러한 사고를 구성하는 논리의 중앙
에 '생존공간' 개념이 자리 잡고 있었다.

'생존공간' 개념은 하우스호퍼의 지정학 전체를 이끄는 주된 실마리로
서 그의 이론 전체를 관통한다. 물론 '생존공간'이라는 개념이 하우스호
퍼만의 전유물은 아니었고, 이미 19세기 랏젤 이후 많은 지리학자, 지정
학자, 인구학자, 정치가, 문필가, 역사학자, 저널리스트들에 의해 논구
되고, 요구되고, 구체화된 개념이었으며, 패전과 바이마르 공화국을 거
쳐 최종적으로는 히틀러에 의해 구체적 실천목표로 선포되기에 이른
다.[28] 보수 우파와 극우 민족주의자들의 단체인 '독일 식민협회'(Deutsche
Kolonialgesellschaft)와 '전독일 연맹'(Alldeutscher Verband)의 회원이기도
했던 랏젤은 자신의 『정치 지리학』을 통해 국가가 인간과 토지에 기반한
유기체(Organismus)로서의 특징을 갖는다고 설명하면서, 모든 국가는 각
기 저마다의 적절한 생존공간이 필요하다고 제시한다.[29] 물론 하우스호
퍼가 보여준 일본에 대한 선호와 앵글로색슨 세력에 대한 혐오가 랏젤이
나 켈렌 등의 지정학에서 연유된 것은 아니다. 전쟁 중에도 켈렌을 탐독
할 정도로 그에 경도됐던 하우스호퍼는 그의 생명을 갖는 유기체로서의

---

[27] Ulrike Jureit, *Das Ordnen von Räumen. Territorium und Lebensraum im 19. und
20. Jahrhundert* (Hamburg, 2012), p.26.

[28] 'Lebensraum'은 지정학이나 정치학 용어 이전에 기본적으로 인문학 용어로서, 인간과
살아있는 유기체가 살고 추구하는 생물학적 환경공간 전체를 의미하며, 그런 의미에
서 '생존공간'보다는 '생활공간'이 더 적절한 번역이다. 하지만 19세기 후반 독일의 지
리학자 랏젤 등에 의해 독일인들이 지속적으로 살아가기 위한 동부와 동남부로의 팽
창을 위한 공간이라는 정치적 의미를 획득하면서 일상적 개념으로서의 표현이 갖는
의미를 상실하게 된다. 이러한 배경으로 '생존공간'이라는 표현이 20세기 초반 제국
주의적 팽창과 관련된 지정학 논의에서는 더 적절하다고 판단된다. 역사적, 지정학적
성격이 배제된 생활공간으로서의 'Lebensraum'은 오늘날도 지리학 일반이나 일상생
활에서 통용되는 용어이다. 생존권(生存圈)이라는 용어로 번역되기도 하지만, 한자를
동반하지 않을 경우 生存權으로 받아들이기 쉽게 된다.

[29] Friedrich Ratzel, *Politische Geographie* (München, 1897).

국가 개념을 바탕으로 독일적 공간학을 창출해 낸다.[30] 비록 하우스호퍼가 생존공간 이론을 발전시키면서 이를 민족의 미래 모델로 상정하기는 하였지만, 그는 자신의 글에서 어떤 방식으로 이를 획득할 것인지, 혹은 그럴 권한이 구체적으로 어떤 국가에 있는지는 밝히지 않는다. 또한 히틀러처럼 무력으로 점령해야 한다는 주장을 펼치지도 않았다. 하지만, 이런 대공간을 소유하고 누릴 수 있는 국민은 유럽의 '위대한 민족'의 힘에서 나오는 그들만의 특권이며, 그런 의미에서 식민지 시스템을 유지하는 것은 그에게 자연스러운 일로 받아들여졌다. 식민지를 통해 독일은 인구의 조밀을 해결하거나 토지의 합리적 이용, 경제적 발전, 문화적 행위 등을 영위할 수 있을 것으로 보았다. 일단 이러한 공간이 형성되면 그 민족은 자신들의 공간 안에서 아우타키(Autarkie, 자급자족경제)를 구성할 수 있으며, 외부의 부당한 압력이나 불균등 거래 없이 독립적이고 평화롭게 살아갈 수 있는 것이다. 이러한 그의 구상은 국민경제적 가능성과 한계를 고려하지 않은 사고였고, 산업화와 근대화라는 전 지구적 시대의 흐름에 반대하고 이를 과거로 되돌리고자 하는 전형적인 바이마르 민족보수주의자들의 세계관이었다. 이들은 근대화를 통해 전통적 가치가 버림받게 되었고, 도시로의 인구집중과 도시에 대한 농촌의 종속화 등 국토와 인구의 불균형 발전이 초래되었다고 믿었다.

하우스호퍼 지정학 이념의 뒤늦은 인정이면서 동시에 정점은 1939년 8월, 독일-소련 불가침조약과 1940년 9월의 독일-이탈리아-일본의 삼국동맹, 그리고 1941년 4월의 일본-소련 중립조약으로 이어지는 2년이 채 안 되는 기간이었다. 그는 독일-이탈리아-일본의 삼국동맹을 자신의 '지정학적 3각관계의 완성'으로 보았다.[31]

---

[30] 지정학이라는 용어를 처음 만들어 사용한 사람이 스웨덴의 국가학자 켈렌이었다. Rudolf Kjellen, *Der Staat als Lebensform* (Leipzig, 1917).

이러한 사고의 정점으로서 1941년, 히틀러가 스탈린그라드를 향한 진격 명령을 목전에 둔 상황에서 그는 『대륙블록』 이론서를 출간한다.[32] 55페이지에 불과한 비교적 짧은 글을 통해 그는 '중부유럽'과 (그는 자신의 많은 글에서 독일과 중부유럽을 동일시하는 표현을 사용하고 있다.) 유라시아 대륙, 일본 등을 연결시키는 전 세계적 네트워크 구성의 불가피성을 강조한다. 이는 새삼스러운 제안은 아니었고 이미 1913년 자신의 『대일본』에서 제시한 바 있는 사고였다.[33] 그는 열강 간에 새로운 분화가 생겨날 것이며, 이를 통해 세계는 몇 개의 블록으로 나뉘어지게 될 것으로 보았다. 각 블록은 그 블록의 지배적 열강에 의해 지배될 것이다. 각 세력은 더 많은 자원을 얻기 위해 자신들의 국민을 동원하며, 다른 민족의 경제 정치적 영향력을 자신의 지배권 하에 놓고자 각축할 것을 예상했다.

이러한 추정의 근거로서 그는 영국의 정치지리학자 맥킨더(Halford Mackinder, 1861~1947)의 논리를 받아들이는데, 즉 맥킨더에 따르면 세상에는 'have'(가진) 국가들과 'have-not'(갖지 못한) 국가들이 있으며, 현재도 특권적 'have'국가들과 그들에게 억눌린 'have-not'국가들 간의 대치와 긴장 상태가 유지되고 있다는 것이다. 맥킨더의 심장부 이론(heartland theory)에 따르면 유라시아 대륙 덩어리에 대한 컨트롤이 세계 권력의 열쇠와 같은 역할을 하게 되리라는 것이다.

하우스호퍼는 자신의 지정학의 학술적 토대에 관해 설명하면서, 그 토대가 맥킨더, 즉 '적'으로부터 응용해 온 것임을 숨기지 않았다.[34] 즉 '적'은

---

31) K. Haushofer, "Eine geopolitische Dreiecks-Vollendung. Zum 27. September 1940", *ZfG*, 17, 1940, N. 10, pp.455-456.

32) K. Haushofer, *Kontinentalblock. Mitteleuropa-Eurasien-Japan* (München, 1941).

33) K. Haushofer, *Dai Nihon*, p.261 ff.에서 그는 중국의 정체로 말미암아 일본과 러시아가 중국을 지배하기 위해 협력할 수밖에 없을 것으로 설명하면서 일본-독일-소련의 동맹을 제안하였다.

자신들의 중요한 정치교육을 시행하는데 있어 종종 자신들에게 위험한 것에 대해 예민하게도 아주 먼 곳으로부터도 그 감을 잡을 수 있으며, 아직 멀리 있는 위기를 초기단계부터 감지할 수 있기 때문에, 이런 판단을 배워오는 것은 중요하다는 것이었다. 즉 그들이 우려하는 가장 위험한 상태를 먼저 만들어 냄으로써, 앵글로색슨 족의 대륙블록 형성을 통한 세계지배의 가능성을 막아내야 한다는 논리였다. 맥킨더가 세계를 육상세력과 해양세력으로 분할하는 정책을 구상한 것에 대한 대응으로서 하우스호퍼는 중부유럽의 신질서가 필요하다고 보았다.

이처럼 사고나 이데올로기의 전이와 확산, 상호 교환은 상호 이해와 접근을 통해 뿐 아니라 적대적 상황을 통해서도 진행된다. 모든 전이의 과정이 그렇듯이, 전이의 결과가 반드시 전달자나 전수자의 의도나 내용대로 진행되는 것이 아니며, 완전히 다른 방향, 혹은 모순적인 결과로 귀결되기도 한다.[35] 그는 이미 1851년 영국의 팔머스톤 경이, 중부유럽이 대유라시아 대륙을 넘어 동아시아의 지도적 국가와 서로 협력을 구축할 가능성이 있음을 간파해 "비록 현재 프랑스와의 관계가 아무리 불편하다 하더라도 우리의 등 뒤에서 러시아가 유럽 동아시아와 함께 연합하여 위협할 수 있기 때문에 프랑스를 분명하게 잡아야 한다"는 언급을 했음을 상기시켰다.[36] 즉 맥킨더의 우려를 현실화시켜 독일과 러시아, 중국, 나아가 일본까지 연결된 하나의 거대한 대륙블록을 형성함으로써 '세계 역사의 축'(pivot)을 구성하자는 것이었다.[37] 이를 위해 하우스호퍼는 러시아와

---

[34] "적으로부터 배우는 것은 성스러운 의무이다." K. Haushofer, *Kontinentalblock. Mitteleuropa-Eurasien-Japan*, p.3.

[35] 이진일, 「서구의 민족사 서술과 동아시아 전이」, 『한국사학사학보』 29, 2014. 06, p.337.

[36] K. Haushofer, *Kontinentalblock. Mitteleuropa-Eurasien-Japan*, p.4.

[37] Halford Mackinder, "The Geographical Pivot of History", *Geographical Journal 23*, 1904, pp.421-437.

독일 간의 동맹을 대륙지배의 관건으로 보았다. 그는 대륙블록 이론의 글머리에서 유럽과 북아시아(러시아를 의미), 동아시아 전체를 포괄하는 대륙블록의 형성이 오늘날 우리 시대의 가장 크고 중요한 세계정치적 전환이라고 적는다.[38) 승전국들이 독일을 고립시켰기 때문에 독일은 남동아시아의 'have-not' 민족들과 협력하여 식민 국가세력과 대결할 수 있도록 단결해야 한다고 본 것이며, 이를 위한 독일과 동아시아의 국가들 사이의 공통의 이해를 위한 기반은 충분히 존재한다고 그는 판단하였다.

물론 그는 기본적으로 철저한 반공주의자였고 반소련주의자였기 때문에 그가 소련에게 독일과 일본을 잇는 대륙의 다리 역할을 지정함에 있어서는 스스로 거부감이 있었다. 하지만 이를 바탕으로 그는 독일 제국이 다시금 세계열강으로 발돋움 할 수 있으리라 생각했다. 유럽으로의 확장과 관련하여 소련 영토로의 침범은 염두에 두지 않았으며, 이에 따라 히틀러의 독소 불가침조약을 그는 긍정적으로 받아들인다.

하지만 히틀러에 의해 주도된 이러한 국제 정세가 하우스호퍼 구상의 인정이 아닌 일시적 전략이었음은, 이어지는 1941년 6월 독일의 소련침공으로 분명히 드러나게 된다.[39) 그는 독소 불가침조약이 단지 시간을 벌기 위한 히틀러의 계산에 불과한 것일 줄은 전혀 생각지 못하였다. 따라서 1941년 6월의 히틀러 침공은 그에게 하나의 쇼크였다. 그럼에도 일단 1941년 6월 자신의 잡지에서는 사건에 대한 직접적 반응을 피하면서 분명치 않은 모호한 수사로 소련으로의 침공을 긍정적으로 해석하고자 노력한다.

[38) 이미 형성되었다는 것인지, 아니면 형성의 임무가 중요하다는 것인지 그의 표현은 확실하지 않다.

[39) 하우스호퍼는 자신의 책에서 1901년에서 1940년 사이 좀 더 많은 공간과 지정학적 사고, 그리고 좀 더 적은 이데올로기가 베를린－모스크바－도쿄를 잇는 전체 축의 구성에서 그 희생과 충돌을 줄일 수 있었을 것이라면서, 1941년에야 독소 불가침조약이 성립된 것에 대해 아쉬워하고 있다. K. Haushofer, *Kontinentalblock*, p.40.

"1941년 6월 22일의 결정으로 마침내 광범위한 사람들에게 구세계 공간의 활성화 필요성과 가장 넓은 공간을 차지한 대륙의 저항을 극복해야만 하는 절실함이 거의 동시에 드러남으로써 20세기 지정학의 가장 큰 과제가 베일을 벗게 되었다. 유라시아와 유라프리카에 대하여 현실에 맞는 긍정적이며 창조적인 가치를 만들어내야 하는 과제가 그것이다. 현실 세계정치에서는 1939년 여름 이래, 독일 지리학에서는 그보다 훨씬 이전부터 선의를 갖고 유라시아로부터 이해 가능한 장점들을 끌어내고자 노력해 왔으며, 베를린-로마-도쿄의 삼각형을 잇는 방어동맹을 만들고자 노력해왔다. 지금까지 우리는 초지구적인 인내심을 갖고 가능할 때까지 이러한 사고를 유지해 왔던 것이다."[40]

이제 더 이상 그에게 남은 역할은 없어지게 된 것이다. 헤스(Rudolf Hess)의 영국으로의 도피 이후 그의 정책이나 사고를 정권의 핵심부에 전해줄 사람도 더 이상 없게 되었으며, 이후 그의 사회적 활동은 뚜렷이 위축된다. 이미 그의 나이도 70을 넘어서고 있었다.

4. 일본의 독일 지정학 수용과 대동아공영권의 구성

오일렌부르크(Friedrich Albrecht Graf zu Eulenburg, 1815~1881) 백작이 이끄는 프로이센 동아시아 탐험대(Preußische Ostasienexpedition)가 1860년 에도 항에 도착한 이래, 독일과 일본은 공식적 외교관계를 시작한다. 일본은 적극적으로 독일에 학자와 학생들을 보내어 선진 학문 흡수에 진력했다. 1873년에는 도쿄에 독일인에 의한 일본연구의 중심 단체인 '동아시아 자연과학 및 인류학 독일학회'(Deutsche Gesellschaft für Natur-und Völkerkunde Ostasiens, OAG)가 조직되었다. 도쿄대학에서 1887년 지질학과가, 1919년에는 지리학과가 만들어지며, 교토대학에는 1908년 지리학과

---

[40] Karl Haushofer, "Die Grösste Aufgabe", *ZfG*, 18, 1941, N. 7, p.369.

가 설립된다. 1925년에는 일본 지리학회(Nihon Chiri Gakkai)가 조직되었다. 초창기 이들 학자들의 상당수가 독일에서 공부한, 적어도 독일어가 낯설지 않은 학자들이었다.[41]

이들을 중심으로 1930년대 중반 일본에서도 'Geopolitik' 혹은 'Chiseigaku'(지정학)라는 이름이 자주 등장하게 된다. 지정학을 갖고 어떤 방식으로 대외정책상의 목적을 달성할 수 있는가, 그리고 어떻게 이를 위한 이론적 기반을 제공할 것인가가 문제였다. 하우스호퍼는 이미 1920년대 중반부터 동아시아나 일본과 관련된 글의 일본어 번역을 통해 일본 지식인들에게 비교적 잘 알려져 있었기 때문에, 이러한 문제의식과 관련해 관심을 끌기에 충분했다. 1926년 일본의 아사히 신문이나 오사카 마이니치 신문은 이미 하우스호퍼의 글을 소개하였고, 1930년대 후반부터 시작된 하우스호퍼 지정학 도서의 일본으로의 본격적 유입은 1940년대 초반 정점에 이른다. 1944년까지 약 10여 권이 번역 소개됨과 아울러, 그의 주저인 『태평양 지정학』(Geopolitik des pazifischen Ozeans)은 무려 3회에 걸쳐 번역되는 등 과열 양상마저 보였다.[42] 1941~44년 사이 랏젤의 책은 네 권이 번역되었고, 1941년에는 '일본 지정학회'(Japanische Gesellschaft für Geopolitik)가 구성된다. 특히 하우스호퍼가 가졌던 동아시아에 대한 지정학적 관심과 일본에 대한 애착이 일본에 전해지면서 독일 지정학은 일본에서 일종의 붐처럼 확산된다.[43] "오늘날 퍼시픽 공간에서의 지정학을 얘기하자면 그것은

---

[41] Keiichi Takeuchi, *Modern Japanese Geography: an intellectual history* (Tokyo, 2000), 특히 55 ff. Keiichi Takeuchi, "The Japanese Imperial Tradition, Western Imperialism and Modern Japanese Geography", Anne Godlewska (ed.), *Geography and Empire* (Oxford, 1991), pp.188-206. Keiichi Takeuchi, "Japanese Geopolitics in the 1930s and 1940s", Klaus Dodds (ed.), *Geopolitical Traditions: Critical Histories of Century of Political Thought* (London, 2000), pp.72-92. 특히 1930년대 중반 이후 강화되는 독일 지정학의 영향에 대해서는 p.76 ff. C. Spang, *Karl Haushofer und Japan*, p.480 ff.

[42] C. Spang, *Karl Haushofer und Japan*, p.491.

하우스호퍼의 지정학을 의미한다. 같은 방식으로 일본인들이 아시아의 지정학에 대해 얘기한다면, 그것은 하우스호퍼의 아시아 지정학을 의미하는 것이다"[44]라고 얘기될 정도로 일본 지정학에서의 하우스호퍼의 영향력과 지명도는 절대적이었다.[45]

왜 일본 지리학은 1930년대, 40년대 지속적으로 이웃 국가들과의 관계에서 서구의 지정학적 방식들을 자신들 행위의 논거로 삼았는가?

일본의 엘리트들은 지정학이 "전통적 정치 학설들보다 국제 정치학의 실재성을 더 많이 고려하고 있다"고 생각했다.[46] 1925년 처음 일본에 소개된 지정학 이론은 하우스호퍼가 아니라 스웨덴의 정치지리학자 켈렌의 이론이었다.[47] 일본에서의 독일 지정학에 대한 관심은 30년대 정치적 상황의 심각한 변화에 따라 생겨나게 되는데, 1931년 만주점령 이후, 그리고 이와 관련하여 1933년 국제연맹 탈퇴 등으로 일본은 외교적으로 심각한 고립에 처하게 된다. 반면에 내정에서는 국가와 사회의 확연한 군사화가 진행된다. 이들은 국제적으로나 국내 여론에서 자신들의 만주나 조선에서의 침략

---

[43] 하우스호퍼의 저서들은 조금 늦은 1940년부터 *Geopolitik des Pazifischen Ozeans*를 시작으로 *Weltmeer und Weltmacht* (1943), *Geopolitische Grundlage*(1940) 등 약 10여종의 단행본들이 번역된다. 물론 그 이전에 그의 단편적인 글과 논문들은 1922년부터 수십 편의 글들이 소개되었다. Keiichi Takeuchi, *Modern Japanese Geography: an intellectual history*, p.139. 하우스호퍼의 일본어 번역 리스트는 Christian W. Spang, *Karl Haushofer und Japan.* pp.786-789 참조.

[44] Saneshige Komaki, *Toa no Chiseigaku* (Tokyo, 1942), p.3, Spang, p.569 재인용.

[45] 하우스호퍼는 일본이야말로 경제적으로나 기술적으로, 문화적으로나 인종적으로 아시아를 이끌 가장 적절한 국가임을 학문적으로 증명한 인물로 받아들여졌다. 이렇게 그가 일본에서 유명하게 된 배경에는 그 자신의 일본에 대한 적극적인 구애에도 있었다. 그는 자신의 책이 출간되면 교류를 유지해오고 있는 일본의 중요한 학자나 지도급 인사들에게 빠짐없이 우편으로 발송하였으며, 그와 관련된 여러 자료들이 코블렌츠 연방 사료보관소에 남아있다.

[46] Keiichi Takeuchi, *Modern Japanese Geography: an intellectual history*, p.127.

[47] *Ibid.*

행위에 대해 스스로를 정당화할 필요를 느꼈으며, 그들은 서양의 지정학에 서 동아시아를 일종의 자신들의 '생존공간'으로 응용할 수 있는 이론적 기 반을 발견할 수 있었다.

　"일본 같은 후발주자들은 영원히 선진국들의 종속국으로 남도록 만들어 지 기 때문에, 이러한 식민지 지역의 시장과 자원에 동등한 접근권을 제공하는 식 으로 상황을 바꾸기 위한 조치를 취하지 않으면 일본은 독일처럼 자기보존을 위한 현실타개를 할 수 밖에 없게 된다."[48]

더욱이 하우스호퍼의 대륙블록 이론은 일본인들을 감동시켰다. 이 이론 이 일본을 독일의 평등한 파트너인 동시에 극동 지역의 지배자로 인정했 기 때문이다. 하우스호퍼가 일본을 자신의 지정학적 모델로 상정하여 자 신만의 지정학을 발전시켰다면, 일본의 지리학자들은 하우스호퍼의 지정 학과 특히 '생존공간' 이론에서 일본과의 상황의 유사성을 발견하였고, 이 이론이 만주나 타이완, 조선 등에 적용함에도 유효하다고 단정하게 된다. 이러한 사고는 일본으로 하여금 만주로의 출병에 대한 논리적 근거를 제 공하였다.

---

[48] Oka Yoshitake, *Konoe Fuminaro* (Madison Books, 1983), p.1013, Beasley,『일본제국 주의 1894-1945』(한국외국어대출판부, 2013), p.226 재인용. 슈팡은 일본 지정학이 1930년대 이후 한 역할을 크게 세 측면으로 압축하여 1) 대외정책적 개념, 특히 동아 신질서 계획수립 등과 같은 과정에서 학문적 정당화의 도구로, 2) 국방 지정학, 3) 천황의 지배를 확대하고 정당화하는 방식 등으로 기여하였다고 정리한다. 결과적으 로 1930년 대 후반 이후 일본에서의 지정학은 내적으로는 전체주의적 정권을 강화시 키는 작용을 하였으며, 대외적으로는 동아시아와 동남아시아의 나머지 부분으로의 식민화의 확대는 서구 열강들로 하여금 지정학적 이론의 실현으로 비춰졌으며 다른 추축국을 제외한 국가들과의 관계에서 국제적 고립을 초래하였다. C. Spang, *Karl Haushofer und Japan*, pp.481-482; Keiichi Takeuchi, "Geopoltics and geography in Japan reexamined", *Hitotsubashi Journal of Social Studies* 12(1), 1980, p.14; Gottschlich, *Der Stellwert Japans und Chinas in politischer Geographie und Geopolitik*, p.94.

하우스호퍼 또한 자신의 글에서 조선은 스스로 독립을 지탱해 나가기는
어려운 상황으로 판단하였다.

> "조선의 경우는 이와 반대로 1909년 내가 본 바로는 오직 일본이나 중국,
> 러시아 혹은 해외 국가의 후견(Vormundschaft)을 받아야 하는 선택에 놓여 있
> 는 것처럼 보였으며, 당시의 만주처럼 스스로는 자립하지 못할 것 같았다."[49]

하우스호퍼는 중국의 조선에 대한 압력이 점점 더 커지는 상황에서 일
본이 조선을 먼저 합병함으로써 중국과 러시아 등 북으로부터의 영향력을
차단하고 일본의 이익을 지켜낸 것은 적절한 행위로 판단하였으며, 이러한
합병의 예는 독일에도 적절한 본보기가 될 수 있다고 보았다.[50]

결국 일본의 지배 엘리뜨들은 '대동아공영'을 선택함으로써 서구와의 공
영을 포기한다. 하지만 일본은 상충하는 두 지향점을 두고 갈등해야 했다.
즉 한편으로는 기존 지배세력의 식민지들을 흔들고 새로운 국제현실을 만
들어야 하는 반면, 기존의 분할된 세계를 나눠먹는 블록들에 참가해 지속
적으로 그 안에서 한 몫을 차지하고자 하는 희망이 그것이었다. 점차 늘어
가는 인구증가, 도시화 속에서 일본은 서양 제국주의 세력과 대항할 새로
운 공간이 필요했고, 이러한 팽창주의적 정책을 전형적으로 확인해 줄 수
있는 곳이 만주와 남양이었다. 그런 면에서 '대동아공영권'은 두 개의 '대공
간' 개념이 경쟁하는 프로젝트였다. 조선과 만주를 발판으로 시베리아까지
나가고자 하는 북방 대륙진출이 그 하나라면, 이러한 대륙진출을 방어하고
보완할 기지로서의 남방 해양진출이 다른 하나였다. 전쟁의 조짐이 분명해
질수록 남방진출은 점점 더 큰 의미를 부여받는다. 상대적으로 부족한 북

---

49) K. Haushofer, *Apologie der deutschen Geopolitik*, p.24.

50) K. Haushofer, *Apologie der deutschen Geopolitik*, p.20; Andreas Dorpalen, *The World of General Haushofer, Geopolitics in Action* (NY, 1942), pp.11-13.

방지역의 자원을 충당하기 위해 또 다른 '생존공간'의 확대가 필요했던 것이다. 미국이나 서구 제국주의 세력과의 전쟁까지 불사했다는 것은 대동아공영권이 얼마나 일본의 사활이 달린 문제였는가를 극적으로 보여준다.

대동아공영권 논의를 대외에 설득시키는 방식은 두 방향으로 진행된다. 서구 열강을 향한 합리적 설득 방식의 지정학적 정당화가 그 하나였다면, 이에 반해 공영권에 포함된 국가들에게는 "아시아를 아시아인에게"라는 구호에서 드러나듯이 문화적, 심리적 관점에서의 프로파간다를 통해 일본의 논리를 확산시켰다.[51] 서구 열강에 대한 위무작업을 확인할 수 있는 하나의 자료가 일본 외무성에서 발간한 '컨템퍼러리 저팬'[52](Contemporoary Japan)인데, 외무성 장관을 지냈고 대동아공영권 이론을 만든 사람의 하나로 지목되는 아리타 하치로는 이 잡지를 통해 공영권 사고가 일본인들에 의해 만들어진 것이 아닌 외부의 논리를 들여온 것이라는 방식으로 방어에 나선다.

> "대동아공영권의 창설과 관련된 일본의 프로젝트에 관해 해외에서는 심각한 오해가 만들어지고 있는 듯하다. 일본이 동아시아에 대한 전적인 지배를 수립하고 이 공간 안에서 일본이 독점을 통해 모든 이윤을 혼자 즐기기 위해 갑자기 이 계획을 수립한 것으로 일반적으로 받아들여지고 있다. 하지만 공영권 사고(idea of spheres of common prosperity)는 일본의 발명품이 아니다. 더욱이 일본이 다른 모든 이들을 제외시키고, 이 지역을 독점하고자 하는 열망으로 만들어진 방편도 아니다.…"[53]

---

51) 하우스호퍼의 대륙블록 이론과 『컨템퍼러리 저팬』에 실린 글들을 비교한 슈팡은 다음과 같이 중간 결론을 내린다. "하우스호퍼의 대륙블록이념과 '컨템퍼러리 저팬'이 확산시키는 (반-공식적) 논의 사이에는 간과하기 어려운 유사점들이 존재한다. 이는 당연히 무엇보다 독일의 소련 침략, 일본의 진주만 공격을 통해 전쟁이 확대되기 이전 시기에 적용되는 얘기다." C. Spang, *Karl Haushofer und Japan*, p.564.

52) 『Contemporary Japan: A Review of Far Eastern Affairs』는 1932년부터 1970년까지 일본 외무성에서 출간한 계간지이며, 일본정부의 '반-공식적' 입장을 확인할 수 있다.

일본 지리학사가인 다케우치 케이이치의 견해에 따르면,

"1930년대 말, 나치는 자신들의 '베르사이유에 대항하는 투쟁' 혹은 베르사이유 조약으로 불리는 용어의 해체라는 목표를 달성하였다; 그들은 '유럽 신질서'라는 새로운 슬로건을 과시하기 시작한다. 직접적으로건 간접적으로건, 이는 일본의 지도자들로 하여금 후일 '대동아공영권'으로 발전될 '아시아 신질서'를 만들어내도록 자극하였다."[54]

이러한 가운데 하우스 호퍼의 영향력은 때로는 암시적으로, 때로는 보다 직접적인 표현 속에 드러난다. 지리학자 사토 히로시(Sato Hiroshi)의 경우 좀 더 분명하게 하우스호퍼의 영향력을 확인할 수 있다.

"만일 우리가 이를 독일 지정학자 칼 하우스호퍼가 일본 제국과 관련하여 제기한 사고에 따라 생각한다면, 즉 일본이 전체 통합 몬순 공간에 대한 인도양에서 말레이시아 해, 필리핀을 거쳐 중국의 강과 바다가 만나는 곳까지 확장해야만 한다면, 이는 즉 일본이 대동아공영권을 건설하고 이와 더불어 남양까지 통합시키는 불가피한 운명의 길을 가야한다는 것을 의미한다."[55]

많은 일본의 지정학 연구자들의 경우와 같이 로야마 마사미치(1925~27)

---

[53] Arita Hachiro, "The Greater East Asian Sphere of Common Prosperity", *Contemporary Japan*, 10, 1941, p.9. *Contemporary Japan*은 일본 외무성에서 일본 대외정책을 해외에 알리기 위해 만들어진 성격이 강하다. 고노에의 동아시아 신질서 발표는 아리타가 외무부장관으로 임명된 몇 주 후에 이루어진다.

[54] Keiichi Takeuchi, "Japanese Geopolitics in the 1930s and 1940s", Klaus Dodds (ed.), *Geopolitical Traditions: Critical Histories of Century of Political Thought* (London, 2000), pp.77-78. 일본의 범—아시아주의(Pan-Asianism)의 역사적 기원에 관해서는 Sven Saaler, *Pan-Asianism in Meiji and Taisho Japan – A Preliminary Framework* (Tokyo, 2002) 참조.

[55] Hiroshi Sato, *Nanpo Kyoeiken no zenbo* (Tokyo, 1943), p.5, C. Spang, *Karl Haushofer und Japan*, p.631 재인용.

와 시라토리 토시오(1926~29)도 1920년대 독일에 머물렀고, 그들의 강력한
지정학적 논의들은 이미 상당 정도 하우스호퍼 지정학의 영향을 받은 것으
로 판단된다. 하우스호퍼가 『오늘날의 세계정책(Weltpolitik von heute)』
(1936)에서 세계 국가들을 '버티는 세력'(Mächte des Beharrens)과 '개혁하
려는 세력'(Mächte der Erneurung)의 두 부류로 나누었던 것과 같이, 당대
의 이론가 로야마도 세계를 '현 상태'(status quo)를 유지하고자 하는 국가
들과 이를 변경시키고자 하는 국가들로 구분한다.[56] 그들뿐 아니라 이 시
기 일본의 지도적 학자들은 많은 경우 대학에서의 연구와 군이나 정부 정
책 관련 작업을 병행하고 있었다. 정치인 구보이 요시미치는 1941년 유럽
에 머물면서 칼 슈미트(Carl Schmitt)와 하우스호퍼에게 각각 편지를 보내
슈미트에게는 그의 대공간에 관련된 국제법 이론에 대한 자신의 관심을,
하우스호퍼에게는 일본 외교정치에서의 하우스호퍼의 지정학 이론, 그중
에서도 특히 대륙블록 이론이 갖는 중요성을 각각 전달한다.[57]

일본은 사회과학 이론과 전통적 동아시아관들이 합쳐진 형태의 '동아신질
서', '동아협동체론', '동아연맹론'에 이어 '대동아공영권'론 까지 만들어 내었
지만, 그 속에서 하우스호퍼의 지정학적 세계관은 지속적으로 중심축을 구
성하고 있었다. 'Lebensraum'이나 'Geopolitik'과 같은 지정학 개념뿐 아니
라, '도덕적 에네르기(moralische Energie)', '공간운명(Raumschicksal)', '공간편
재(Raumordnung)', '공동체'(Gemeinschaft), '광역경제(Grossraumwirtschaft)',
'혈통과 토지(Blut und Boden)' 등의 용어, 나아가 '게르만 신질서계획
(Germanische Neuordnungspläne)'을 바로 뒤집은 '동아 신질서' 등 많은 독

---

56) Royama Masamichi, "The moral basis for World Politics", *Contemporary Japan*, 1941,
p.1338.

57) C. Spang, *Karl Haushofer und Japan*, p.632. 편지의 자세한 내용은 pp.632-633. 참조.
이후 구보이는 하우스호퍼의 승락을 받아 1943년 자신이 직접 『대륙블록』을 번역 출
판한다.

일의 지정학 용어들이 '대동아공영권' 논의 이전에 이미 수입되었으며 정치적, 학문적 용어로 통용되었다. 하지만 '대동아공영권' 논리가 그래서 곧 히틀러의 '생존공간' 개념의 직접적 모방, 혹은 수입품이라고 할 수는 없다. '대동아공영권' 논리는 메이지 유신 이후 일본이 구성해 낸 다양한 제국주의적 지배와 식민의 논리들이 모두 흘러들어가 모인 거대한 담수호와 같다.

자신의 『대륙블록』에서 일본의 팽창이 아시아의 대륙보다는 천연자원이 풍부하고 기온이 온화한 남쪽, 즉 네덜란드령 인도네시아와 프랑스령 인도차이나, 영국 지배하의 말레이 반도 등 have국가들의 식민지로 향해야 함을 강조한 바 있던[58] 하우스호퍼는, 1941년 일본으로부터 대동아공영권 선포의 소식을 전해 듣자 여전히 모호한 문체로써 일본의 시도에 대해 "해방을 위한 고귀한 싸움"(Das edle Ringen um Befreiung)으로 찬양한다. 이미 서구인들이 동아시아로 들어가기 오래 전부터 아시아에는 아시아 전체를 통합하고자 하는 바람과 목표가 있었음을 지적하면서, 오늘날 그 목표가 일본에 의해 진행되고 있다는 것이다. 동시에 그는 이러한 진행에 우려도 분명히 드러낸다.

> "대동아운동과 같은 최초의 대아시아에 다시 활기를 불어 넣은 것은 역시나 무기와 자신들의 정치적 존재 전체를 건 일본의 개입이었다; 그리고 그 안에 방위정치적 지역에서 문화정치적 지역으로 뛰어오르고 싶은 그들의 사실상의 지배의 욕구가 뿌리를 내리고 있다. 당연히 이러한 이해 당사자들은 그 안에 놓여있는 위험을 인식하고 있으며, 그래서 … 대륙의 몬순국가들의 자주결정권 운동이나 일본의 시도도 모두 민주적−금권정치적 이데올로기로 위장하고 있다."[59]

---

58) K. Haushofer, *Der Kontinentalblock,* p.22 ff.

59) K. Haushofer, "Gross-Ostasien als Wunschziel", *ZfG* 18,1941, N. 7, pp.545-546.

독일의 대공간 프로젝트와 달리 일본은 영토확장에 상응하는 전반적이면서 적절한 자국민 이주계획을 세우지 못하였다. 그보다는 현지에서의 갑작스러운 대응과 돌발사태에 본토가 끌려가기에 바빴다. 본토는 본토대로, 현지는 현지대로 각각 자신들이 체제의 궁극적 주도권을 쥐고 있다고 생각했던 듯싶다. 군인은 자신들이 국가를 주도한다고 생각했으며, 정부 내 중앙부서 엘리트들은 자신들이 전체 제국을 지휘하고 방향을 제시한다고 생각했다. 또한 만주와 시베리아는 일본인들이 대대적으로 이주해 살기에는 너무 춥고 모든 것들이 부족했으며, 남동아시아 지역은 이미 인구밀도가 높은 지역들이었다. 물론 본토에서의 인구과밀도 중요한 식민지 확장의 원인이었지만 남동 아시아로의 팽창의 일차적 목표는 천연자원의 확보였다. 독일과 일본의 대공간 확보라는 목표의 유사성과는 달리 이 두 나라가 이를 위해 공동의 협력이나 정책을 펴나갈 그 어떤 구체적인 정책상의 협조도 제안되거나 실행되지는 못했다. 하지만 이미 1차 세계대전 이전부터 대공간 확장의 이론적, 역사적 필연성을 준비했던 독일이나, 성급히 팽창전략을 작성한 일본이나 결과에서는 마찬가지로 헛된 수고로 끝나게 된다. 지식인과 언론인, 작가, 정권의 홍보가들에 의해 구상되고 입안되고 정당화되었지만, 막상 작전이 시작되고 공간이 확보된 후에는 그 모든 작업은 이러한 계획과 개념들을 지도상에 입안했던 사람들의 손을 떠나 전쟁의 논리에 따라 진행되어 갔고, 입안자들에게는 거의 자신들의 이상이 실현될 기회가 주어지지 않는다.

'공간 없는 민족'(Volk ohne Raum)이라는 의식과 이의 슬로건화는 독일에서 이미 1차 세계대전 이전부터, 특히 민족주의적 우익과 청년보수주의자들(Jungkonservative)을 중심으로 형성된 중요한 시대적 이슈였다. 이러한 정신적 환경에서 성장한 하우스호퍼가 전쟁의 패배와 베르사이유 조약을 지켜보면서 독일 민족을 위한 '생존공간'의 확대를 당대의 사명으로 받아들인 것은 어느 면에서는 자연스러운 일이었을 것이다. 하지만 그러한 각성이 반드시 인종차별적, 제국주의적 침략으로 나가야 하는 것은 아니었다. 하우스호퍼는 그럼에도 1920년대 '지정학'이 하나의 분과학문으로 자리 잡도록 함과 동시에 제국주의적 침략을 '학문적' 방식으로 정당화시키는 도구를 제공하는 데에도 결정적으로 기여했다. 비록 그가 나치당(NSDAP)에 입당한적도, 히틀러 추종자였던적도 없지만, 그와 나치 엘리뜨들 사이의 연계는 그의 이론이 현실에서 실천될 수 있는 근거들을 마련해 주었고, 또 그는 이러한 상황을 기꺼이 만들고자 했다. 그의 제국주의적 영토팽창 사고는 나치의 침략정책과 상호 관련을 맺으며 발전했다고 판단할 수 있다. 더욱이 보수주의자들의 1차 세계대전 결과에 대한 수정주의적 외교정책의 요구와 '영토의 정의로운 분배' 요구는 나치가 세력을 잡을 수 있도록 국민적 기반을 조성하는데 큰 역할을 하였고, 1933년 이후 히틀러의 팽창정책을 정당화시키는 역할을 한다. 하우스호퍼는 객관적 요소와 주관적 판단을 함께 섞는 오류를 범하였고, 그 스스로 호와 불호, 피와 아를 너무도 분명히 드러냄으로써 정책구상에 실패했다고 판단된다.

100여 년의 시간이 지난 오늘날 맥킨더의 지정학적 예상도, 하우스호퍼의 지정학적 예상도 모두 실재와 빗나간 결과가 이들의 오류를 입증한다. 두 차례의 세계대전은 그들이 예견했던 것처럼 해양세력과 대륙세력 간의 충돌로 진행되지 않았다. 독일이나 일본을 포함하여 이탈리아와 러시아 등 '생존공간' 개념을 받아들이고 '대공간'(Grossraum)을 바탕으로 자급자족 경제를 추구하고자 했던 모든 국가들은 결국 실패하는 공통점을 갖고 있지만, 또 다른 공통점은 이들 정권들이 모두 권위주의 혹은 전제주의적 정권이었다는 점이다. 그러면서 그가 폭력의 동원 없는 팽창을 주장한 것은 현실성 없는 단지 자신의 사고에 대한 알리바이에 불과할 것이다. 특히 구체적 계산이 생략된 자급자족 경제이론과 대공간 경제이론의 구상도 기반 없

는 구호로 끝날 수밖에 없는 운명이었다. 그럼에도 그의 글이, 그를 호의적
으로 평가하는 국가건, 비판적으로 평가하는 국가건 가리지 않고 전 세계
적으로 번역되고 읽혔음은 주목할 만한 일이며, 세상에는 여전히 그의 글
의 유효성을 신봉하는 이들이 있음도 놀라운 일이다.

맥킨더는 타계하기 삼 년 전 지리학에 이바지한 공로로 런던 주재 미국
대사관에서 공로메달을 받는 자리에서 지금까지 자신과 하우스호퍼를 연
결시켜온 시각의 부당함에 대해 호소한다.

> "…터무니없어 보이기는 해도, 저는 그 동안 특정 부류로부터 나치 군국주
> 의가 기반을 형성하는데 도움을 주었다는 어이없는 비난을 받아 왔습니다. 소
> 문에 따르면, 제가 하우스호퍼에게 영감을 주고, 하우스호퍼는 헤스를 자극했
> 으며, 그는 다시 히틀러에게 『나의 투쟁』 속에서 나오는 특정한 지정학적 개
> 념을 제공했는데, 그 개념이 제게서 나왔다는 것입니다. 여기에는 세 개의 개
> 념이 한 고리에 연결되어 있지만, 두 번째와 세 번째 개념에 대해서 제가 아는
> 바는 없습니다. 하지만 하우스호퍼의 저술에서 분명히 드러나듯이, 그는 제가
> 40년 전 영국 왕립지리학회에서 행했던 연설에서 따왔고, 그때는 나치당이니
> 하는 문제가 생기기 훨씬 전이었던 것입니다."[60]

학문적 근거를 제시하며 공간의 정의로운 분배를 내세운 팽창적 지정학
이 궁극적으로 학문을 사칭한 침략정책의 정당화로 귀결된 것은 어느 면에
서는 지정학이 갖는 숙명일 수밖에 없다. 미국에서 활동하는 원로 역사학
자 아키라 이리예는 일본의 대동아공영권 비전을 다음과 같이 정리한다.

> "일본인들은 스스로를 속였다. 대동아를 위한 계획은 지정학의 현실세계에
> 서 획득 될 수 없는 것이었을 뿐만 아니라, 그 비전도 자신들이 생각했던 것보

---

60) Gerard Kearns, *Geopolitics and empire: the legacy of Halford Mackinder* (Oxford, 2009), p.62.

다 훨씬 일본이나 아시아인의 구상에 못 미치는 것 이었다; 그것은 사실상 또 다른 서구로부터의 수입품이었다."61)

5. 맺음말: 하우스호퍼를 어떻게 평가할 것인가?

하우스호퍼가 뮌헨이라는, 독일에서도 가장 강한 지방색을 간직한, 결코 세계적이라 할 수 없는 도시의 외곽에서 세계를 내다보며, 멀리 극동에서 벌어지는 국제관계를 읽고 그들과 교류했음은 인정해야만 할 사안이다. 그 럼에도 그가 독일 안에서 교류하고 정보를 나누었던 사람들이 모두 민족보 수에서 극우에 이르는 세계관의 소유자들이었음을 상기해야 한다. 그 세계 는 단지 지방성이 강한 평범한 보수의 세계가 아니라 대단히 협소한 시각 으로 세계를 바라보는 극우 민족주의에서 쇼비니스트까지를 포함하는 공 격적인 세계였다. 그가 지리학자로서 보인 대도시에 대한 반감, 전통적 농 촌 공동체에 대한 향수, 산업과 경제적 문제에 대한 소홀은 바이마르 시대 보수주의자들이 지녔던 전형적 세계관이었다.62)

비록 그가 생전에 나치의 당원으로 활동한 바는 없었지만, 그럼에도 히 틀러의 외교적 성과에 그는 대단히 고무되었던 사람이다. 학자로서 그의 문체는 번잡하고 화려한 비유와 주관적 표현으로 가득 차있어 해독이 쉽지 않다. 그의 평생의 일본 바라보기가 철저히 자신의 개인적 경험에 의존했 지만, 사실 그 경험이란 1909년 전후 약 일 년 반이 채 안되는 시간과 인상

61) Akira Iriye, *Japan & the Wider World. From the Mid-19th Century to the Present* (London, 1997), p.81.
62) 그는 나치 시대 국외에서의 독일정신(Deutschtum)을 보존하기 위한 극우 민족주의자 단체인 『Der Deutsche Akademie』(1934-37)와 『Volksbundes für das Deutschtum im Ausland』(1938-1941)의 회장을 각각 맡는 등, 공식 당원만 아니었을 뿐 사실상의 당 간부 역할을 수행했다.

을 기반으로 만들어진 것이었으며, 이후 그는 죽을 때까지 다시 일본을 방문하지 못하였음을 기억할 필요가 있다. 그럼에도 1910년대 구성된 자신의 일본관과 세계관을 1940년대까지 일관되게 적용시키고자 하였다. 이러한 점들로 인해 1930년대 일본의 일부 지정학자들 내에서는 그의 개념이 너무 불분명하거나 혹은 비체계적이라는 비판과 함께 하우스호퍼의 지정학이 갖고 있는 비학문적 성격에 대한 비판이 제기되기도 하였다.[63]

물론 지정학적 고려가 국가적 결정의 중요한 척도이기는 하지만 지정학적 결정론으로의 결박은 오히려 자유로운 정책결정을 제한할 수밖에 없다. 특히 우리는 지정학 이론이 한 국가의 공간적 팽창을 위한 학문적 근거나 정당화의 논리로 이용될 때 국가를 지속적으로 성장해야 하는 일종의 자연적 유기체로 인식하고, 지배와 확장을 불가피한 자연스런 과정으로 정당화시키는 일방적 논리로 귀결되어 왔음을 역사에서 확인한다.

그렇다면 하우스호퍼의 지정학은 실재로 얼마나 독일과 일본 양국의 대외정책에서 영향을 미쳤을까? 분명한 것은 하우스호퍼는 자신의 주도로 어떤 외교관계를 진행시킬 위치에 있지 않았다는 것이다.[64] 일본과의 외교에서 그의 역할은 정보를 제공하거나 자문과 중개의 역할 이상은 아니었을 것으로 판단된다.

또 다른 차원에서 그에 대한 대표적 오해 중 하나는 그가 히틀러의 집권

---

63) Christian W. Spang, "Karl Haushofer und die Geopolitik in Japan. Zur Bedeutung Haushofers innerhalb der deutsch-japanischen Beziehungen nach dem Ersten Weltkrieg", I. Diekmann et al. (eds). *Geopolitik. Grenzgänge im Zeitgeist*, Vol.2, (Potsdam, 2000), p.618.

64) 1930~45년 사이 독일과 일본 군부 사이의 인적 교류와 양군 간의 실재 정책적 협력 관계를 다룬 John M. Chapman의 *Ultranationalism in German-Japanese Relations, 1930-45 from Wenneker to Sasakawa* (Kent, 2011)에서 하우스호퍼는 참고문헌에 조차 등장하지 않는다. 다만 여러가지 정황으로 보아 1936년 일본과의 반코민테른 협정을 성사시킬 때 뒤에서 자문과 소개의 역할을 수행한 것으로 판단된다. C. Spang, *Karl Haushofer und Japan*, p.409 ff. 참조.

이후 뮌헨에서 '지정학 연구소'(Institut für Geopolitik)를 지휘하면서 많은
지정학 연구자들을 모아 나치의 지정학 연구를 총 지휘하고 방향을 제시했
다는 비판이다. 하지만 이 시기 뮌헨은 물론이고 독일 어디에도 이러한 이
름을 갖고 활동했던 연구소는 존재하지 않았다. 그럼에도 이러한 소문은
전쟁기 다양한 매체를 통해 확인없이 확산되었고, 학술논문에도 흔히 인용
된다.[65] 특히 전쟁기 미국의 학자들은 독일군의 전략에 하우스호퍼를 중
심으로 한 일련의 지정학자들이 강대한 영향력을 미치고 있다고 판단했다.

"사람들은 '하우스호퍼와 그의 동료들이 히틀러의 사고를 지배하고 있으며,
세계지배를 위한 독일 장군 스탭들의 계획을 지휘하는 이가 하우스호퍼였다'
고 언론을 통해 듣고 얘기한다. ··· 아마도 역사는 후에 히틀러보다 하우스호퍼
를 더 중요한 인물로 평가할 것인데, 왜냐하면 하우스호퍼의 연구가 히틀러에
이르러 비로써 권력정치와 전쟁, 이 두 면 모두에서 승리를 가능케 했기 때문
이라는 것이다."[66]

지리와 공간적 배치를 정치와 연결시키고 이를 학문적 기반 위에 체계
화시키고자 하는 작업은, 비록 그 독자적 분과학문으로서의 경계가 분명치
는 않다 하더라도, 그 자체로서 문제될 것도, 악일 수도 없는 중립적 작업

---

[65] 미국의 연구자들 중 학계에서 진지한 학자로 평가되지만 하우스호퍼에 대해 과장되
거나, 팩트와 다른 평가를 발표한 예로는 Andreas Dorpalen, *The World of General
Haushofer. Geopolitics in Action* (NY, 1942); Hans Weigert, *Generals and
Geographers: The twilight of Geopolitics* (NY, 1942); Derwent Whittlesey, *German
Strategy of World Conquest* (NY, 1942) 등이 있다. 이러한 오류의 지적에 대한 연구
로는 David Thomas Murphy, "Hitler's Geostrategist?: The Myth of Karl Haushofer and
the 'Institut für Geopolitik'", *The Historian* 76, 2014, N. 1, pp.1-25; C. Spang, *Karl
Haushofer und Japan* 참조. 하지만 이러한 오류는 1945년 전쟁이 종료된 이후에도
계속 발견되며, 인터넷 시대를 맞아 오히려 더욱 활발히 퍼져나가는 경향도 있다.

[66] Hans W. Weigert, "Asia through Haushofer's Glasses", Hans Weigert, Vilhjalmur
Stefansson, Richard E. Harrison, (ed.), *Compass of the World. A Symposium on
Political Geography* (NY, 1944), p.396.

이다. 그럼에도 그의 지정학은 정작 독일 내 동료 지리학자들에게서는 진지하게 받아들여지지 못했음에 비해, 서구에서는 실재 이상으로 그 영향력이 과장되어 알려진 경우이다. 그 점은 일본의 경우에도 마찬가지였던 것으로 판단된다. 그를 비판적으로 평가하는 입장이건 혹은 그에 대한 과장된 평가를 바로잡으려는 입장이건, 지금까지 연구에서 팩트에 기반한 확인이 부족했다.

일이 이렇게 된 것에는 몇 가지 지적할 수 있는 근거들이 있다. 우선은 이러한 그의 활동은 외부에 드러나기 쉬웠고, 특히 의심의 눈으로 바라보던 영국이나 미국의 정치가나 군부에게 대단히 활동적인 모습으로 비춰졌을 것이다. 더욱이 하우스호퍼의 그때까지의 주장대로 1939년 독일과 소련이 불가침조약을 맺고, 1940년 일본과 소련이 서로 불가침 협정을 맺자, 이 모든 히틀러의 진행의 뒤에는 하우스호퍼의 지정학적 구상이 존재하고 실현되고 있다고 믿게 되었을 것이다. 또 서구의 관찰자들은, 알려진 그와 헤스 사이의 친밀한 관계가 헤스를 매개로 하우스호퍼와 히틀러를 쉽게 연관 지을 수 있었을 것이다.

또 다른 근거로서, 하우스호퍼 자신의 과장된 글쓰기 스타일에도 연유한다. 그는 연구와 국민교육이라는 스스로 설정한 목적을 실현하는 과정에서 지속적으로 글을 통해 자신을 과대포장하거나, 자신의 세계적 네트워크나 정보력을 늘어놓았고, 일본에서의 체류활동과 교류관계를 과장해서 회고하였다.

마지막 책임은 그의 독일 지리학 동료들에게 돌아가야 할 것이다. 전후 학문적 과거청산과 지리학의 나치즘에의 연루를 해명하는 과정에서 독일의 지리학자들은 누군가에게 책임을 돌려야 할 희생양이 필요했고, 그런 면에서 여러 가지로 하우스호퍼는 적절한 대상이었다.[67] 더 이상 하우스호퍼가 살아있지 않은 상태에서 그것은 비도덕적 행위였지만, 충분히 생겨날 수 있는 일일 것이다.

요약하자면, 그는 왕성한 지적 생산력을 가졌고, 복잡한 현상을 단순하게 정리함에 능했다. 전 지구적으로 세계를 보고자 했음에도, 도를 넘어선 민족주의자였다. 그와 히틀러의 직접적 관계에 대하여는 현재까지 추측 이상의 자료는 없다.[68] 일본에 대한 일방적 편애에서 나온 일본의 군사력과 국력에 대한 과대한 평가와 앵글로색슨에 대한 일방적 혐오는 그의 지정학을 비이성적, 과거 회귀적으로 이끌었다. 그가 독일사회에서, 또 국제적으로도 강한 영향력을 소유한 학자였음에는 분명하지만, 그것이 폄하든 영웅화든, 정치적으로나 학문적으로 그에 대해 부풀려 평가되어 온 부분들에 대해서는 여전히 교정이 필요하다.

2차 세계대전 이후 냉전기간 중 많은 학자들이 생각했던 것처럼, 지정학 자체를 일종의 학문적 사칭(Pseudowissenschaft)으로 보던 입장은 오늘날은 더 이상 일반적이지 않다. 오히려 '지정학의 르네상스' 혹은 '공간적 전환'(spatial turn) 이라는 말이 나올 만큼 공간은 오늘날 그 어느 때보다도 특별한 관심의 대상이다. 하지만 1차 세계대전 이후 하우스호퍼가 지정학의 목표로 설정했던 영토의 정의롭고 공정한 분배란 현실정치에서는 애초

---

67) 가장 대표적인 경우가 하우스호퍼의 제자이기도 했던 트롤(Carl Troll)에 의해 종전 직후 작성된 "Die geographische Wissenschaft in Deutschland in den Jahren 1933-1945. Eine Kritik und Rechtfertigung", *Erdkunde*, Bd. 1; 1947, pp.3-48이다.

68) 그는 1945년 심문에서 1933년 이후 자신이 쓰고 인쇄된 것들은 나치의 다양한 검열과 압력 하에 이루어진 것이며 이를 감안해 판단되어져야 한다면서 자신의 의도가 제3제국에 의해 그로테스크하게 왜곡되어졌다고 의향서를 제출하였지만 이는 사실과 많이 다른 변명이다. K. Haushofer, *Apologie der deutschen Geopolitik*, p.22. 오스트리아의 작가 슈테판 쯔바이크는 그에 대해 긍정적 평가를 내린다. 1908년 하우스호퍼가 아시아로 향하는 길에 두 사람은 인도행 배 안에서 우연히 교류하게 되었고, 이후 두 사람이 유럽으로 돌아온 후에도 관계는 지속된다. 그는 자신의 회고록인 『Die Welt von Gestern』에서 하우스호퍼에 대한 평가를 전반적으로 긍정적으로 내리면서 그의 생존공간 사고가 나치에 의해 오용되었다고 평가한다. Stefan Zweig, *Die Welt von Gestern* (Hamburg, 1981), pp.173-176.

부터 불가능한 일이었음을 생각한다면, 이 시기 지정학이 얼마나 자의적이고 기반 없는 논리 위에 구성되었었는가를 확인시켜 준다. 더욱이 1차 대전 중 일본의 독일 식민지 획득이나 이후의 화해, 독일과 일본의 반공조약이 독소, 일소 조약으로 뒤집어지고, 다시금 독일의 소련 침공으로 그 모든 과정이 무효화되는 과정에서 확인할 수 있듯이 기본적으로 20세기 전반기 국제관계에서 신뢰란 단지 레토릭에 불과했다. 일본도 독일도 진심을 갖고 상호 조약을 맺은 것이 아니라 그때그때 자신들의 상황 이용을 위해 조약을 작성했고, 일시적 국면전환에만 관심이 있었다. 그들에게는 능력도, 보다 넓은 세계관도, 이를 이끌 비전도 없었다. 이것이 2차 세계대전까지 지정학이 기반을 두었던 세계였다.

전후 하우스호퍼는 전범혐의로 체포되어 심문을 받지만 최종적으로 전범명단에서 제외되어 1945년 10월 석방되었고, 이듬해 3월 뮌헨의 자택에서 부인과 함께 스스로 생을 마감했다.[69]

---

[69] 1945년 이후 하우스호퍼의 전범혐의와 관련된 심문과정에 대해서는 당시 그에 대한 심문을 맡았던 에드먼드 월쉬(Edmund Walsh)의 *Total Power*, pp.1-67에 상세히 담겨져 있다.

찾아보기

【ㅇ】

필자소개(논문게재순)

● 최규진 | 성균관대학교 동아시아역사연구소 수석연구원

저서로는 『조선공산당 재건운동』(독립기념관, 2009), 『근대를 보는 창 20』(서해문 집, 2007), 『근현대 속의 한국』(공저, 방송통신대학교출판부), 『제국의 권력과 식민 의 지식』(선인, 2015) 등이 있다. 논문으로는 「근대의 덫, 일상의 함정」 등이 있다.

● 김종복 | 안동대학교 사학과 교수

성균관대학교 대학원 사학과에서 한국 고대사로 박사학위를 받았다. 안동대학교 사학과 조교수로 재직 중이다. 발해를 중심으로 8~10세기 동아시아 국제관계사, 동아시아 삼국의 발해사 인식의 추이 등에 관심을 갖고 있다. 주요 논저로는 『한 국고대사』(2016, 공저) 『발해정치외교사』(2009). 「8세기 초 나당관계의 재개와 사 신 파견」(2016), 「大東歷史(古代史)를 통해 본 신채호의 초기 역사학」(2013, 공저) 등이 있다.

▶ 김지훈 | 성균관대학교 동아시아역사연구소 수석연구원

성균관 대학교 사학과 대학원을 졸업하였다.(Ph. D. 중국현대사), 현재 성균관대학교 동아시아 역사연구소에서 중국현대사를 연구하고 있으며, 주요 저서와 논문(혹은 역서) 으로는『중국 고등학교 역사교과서의 현황과 특징』(공저),『근현대 전환기 중화의식의 지속과 변용』(공저),「1950년 경기침체와 중국정부의 사영 상공업 조정정책」,「중국 정무원 재정경제위원회의 인적 구성」,「중일전쟁기 중국공산당의 한국인식」 등이 있다.

▶ 정현백 | 성균관대학교 사학과 교수

1953년 부산에서 태어났다. 서울대학교 역사교육과를 졸업하고, 서울대학교 대학원 서양사학과에서 석사학위, 독일 보훔대학교에서 박사학위를 받았다. 현재 성균관대학교 사학과 교수. 저서로는『처음 읽는 여성의 역사』(공저),『여성사 다시쓰기』,『민족과 페미니즘』,『노동운동과 노동자문화』,『민족주의와 역사교육』(공저),『페미니스트』(번역서),『주거유토피아를 꿈꾸는 사람들. 독일과 오스트리아의 주거개혁 정치와 운동』,『글로벌시대에 읽는 한국여성사』(공저) 등이 있다.

▶ 도면회 | 대전대학교 역사문화학과 교수

서울대학교 국사학과에서 한국 근대 형사재판제도사로 박사학위를 받았다. 현재 대전대학교 역사문화학과 교수로 재직 중이다. 한국의 일본 식민지화 원인, 문화 변용 등에 관심을 갖고 있으며, 현재는 일제강점기 사학사 및 개항기 경제적 개념들의 변용 과정에 대해 연구하고 있다. 주요 논저로는『한국근대사 1』(공저, 2016),『한국 근대 형사재판 제도사』(푸른역사, 2014),『역사학의 세기』(편저, 휴머니스트, 2009),『국사의 신화를 넘어서』(공저, 휴머니스트, 2004) 등이 있으며, 논문으로는「조선총독부의 문화 정책과 한국사 구성 체계:『조선반도사』와『조선사의 길잡이』를 중심으로」,「한국에서 근대적 역사 개념의 탄생」 등이 있다.

▚ 최종길 | 고려대학교 글로벌일본연구원 HK 연구교수

영남대학교 사학과를 졸업한 이후 일본의 츠쿠바대학에서 일본근대사를 전공하여 박사학위를 받았다. 현재는 고려대학교 글로벌일본연구원 HK연구교수로 재직 중이다. 일본의 근현대 사회운동사, 사회사상사와 관련된 주제를 연구하고 있다. 주요논저로『근대 일본의 중정국가 구상』(경인문화사, 2009), 「행정문서 재구성을 통해본 일본군 '위안부' 제도의 성립과 운용」(2015) 등이 있다.

▚ 임경석 | 성균관대학교 사학과 교수

성균관대학교에서 한국근대사 전공으로 박사학위를 받았다. 현재 같은대학교 사학과 교수로 재직 중이다. 현재 코민테른 한국 관련 자료를 연구하고 있다. 주요 저술로는『모스크바 밀사』(푸른역사, 2012),『잊을 수 없는 혁명가들에 대한 기록』(역사비평사, 2008),『이정 박헌영 일대기』(역사비평사, 2004),『한국 사회주의의 기원』(역사비평사, 2003) 등이 있다.

▚ 송병권 | 고려대학교 아세아문제연구소 연구교수

일본 토쿄대학교 대학원 총합문화연구과에서 한미일관계 연구로 박사학위를 받았다. 현재 고려대학교 아세아문제연구소 연구교수로 재직 중이다. 세계사적 맥락 속에서 해방 전후 동아시아 지역질서의 법, 정치, 경제, 사상의 담론 형성과 그 역사적 변이 등에 관심을 가지고 있다. 현재는 식민지 제국 일본의 지식권력 공간 속에서의 조선 지식인 문제에 대해 연구하고 있다. 주요 논저로는『東アジア地域主義と韓日米關係』(2015), 「식민지 통치권력 재해 조사를 둘러싼 일반과 특수의 간극: 1928년 경북지역 가뭄 조사를 중심으로」(2015), 「일본의 전후 경제재건 구상과 조선 인식의 연속성」(2010), 「1940년대 스즈키 다케오의 식민지 조선 정치경제 인식」(2002) 등이 있다.

▚ 문명기 │ 국민대학교 국사학과 교수

서울대학교 동양사학과 학사/석사/박사과정 졸업. 현재 국민대학교 국사학과 조교수로 재직. 저서로는『동아시아는 몇 시인가? 19세기의 동아시아 I 』(너머북스, 2015, 공저),『대만을 보는 눈: 한국·대만, 공생의 길을 찾아서』(창비, 2012, 공저) 등이 있고 역서로는『잠 못 이루는 제국: 1750년 이후의 중국과 세계』(까치글방, 2014),『식민지시대 대만은 발전했는가: 쌀과 설탕의 상극, 1895~1945』(일조각, 2008) 등이 있으며 논문으로는「國運과 家運: 霧峰 林家의 성쇠를 통해 본 국가권력의 교체와 지역엘리트의 운명」(2016),「일제하 대만·조선 공의(公醫)제도 비교연구」(2014),「대만·조선의 '식민지근대'의 격차: 경찰 부문의 비교를 통하여」(2013) 등이 있다.

▚ 이진일 │ 성균관대학교 동아시아역사연구소 수석연구원

독일 튀빙겐 대학교 역사학부에서 독일 현대사로 박사학위를 받았다. 현재 성균관대학교 동아시아역사연구소 수석연구원으로 재직 중이다. 20세기 전반 서구의 지정학적 발전의 역사, 서구로부터 동아시아로의 학문 전이의 과정 등에 관심을 갖고 있다. 주요 논저로는『횡단적 역사, 담론의 형성』(공저, 2015) 등과「전간기 유럽의 동아시아 인식과 서술: 지정학적 구상을 중심으로」(2016),「통일 후 분단 독일의 역사 다시 쓰기와 역사의식의 공유」(2015) 등이 있다.